桥梁工程技术

（第2版）

主 编　申 建　慕 平

副主编　孟凡成　郭 梅　于澜涛

　　　　钱雪松　郭丰敏

参 编　李月姝　范庆华　李海波

　　　　李瑞涛　李 博　崔晓义

　　　　赵万英　李志刚

主 审　于 辉

北京理工大学出版社
BEIJING INSTITUTE OF TECHNOLOGY PRESS

内 容 提 要

本书以道路桥梁工程技术专业教学标准和课程标准为依据,紧紧围绕桥梁结构的设计与施工过程进行编写,重点培养学生认识桥梁结构构造,熟悉设计程序和步骤,从而达到"懂设计、精施工、会管理"的人才培养目标。全书共二十三章,主要内容包括桥梁基本知识、桥梁总体设计、桥梁设计荷载、桥面布置与构造、梁式桥的一般特点及分类、板桥的构造、装配式简支梁桥的构造、简支梁桥上部结构的计算、桥梁支座、超静定混凝土梁桥的构造设计要点、拱桥的构造、拱桥的设计要点、桥梁墩台的构造 桥墩计算、桥台计算、涵洞的类型与构造、涵洞的设计计算、桥梁施工准备与测量、梁式桥上部结构的施工、圬工和钢筋混凝土拱桥的施工、桥梁墩台施工、涵洞的施工和桥面系及附属工程施工等。

本书可作为高等院校道路桥梁工程技术等相关专业的教材,也可供从事公路与桥梁工程专业技术人员参考。

图书在版编目(CIP)数据

桥梁工程技术 / 申建,慕平主编 . —2 版 . —北京:北京理工大学出版社,2021.1
ISBN 978-7-5682-7933-8

Ⅰ . ①桥… Ⅱ . ①申…②慕… Ⅲ . ①桥梁工程-高等学校-教材 Ⅳ . ① U44

中国版本图书馆 CIP 数据核字(2019)第 253281 号

出版发行 / 北京理工大学出版社有限责任公司

社 址 / 北京市海淀区中关村南大街5号
邮 编 / 100081
电 话 / (010)68914775(总编室)
        (010)82562903(教材售后服务热线)
        (010)68948351(其他图书服务热线)
网 址 / http://www.bitpress.com.cn
经 销 / 全国各地新华书店
印 刷 / 北京紫瑞利印刷有限公司
开 本 / 787毫米×1092毫米 1/16
印 张 / 25   责任编辑 / 李玉昌
字 数 / 654千字   文案编辑 / 李玉昌
版 次 / 2021年1月第2版 2021年1月第1次印刷   责任校对 / 周瑞红
定 价 / 82.00元   责任印制 / 边心超

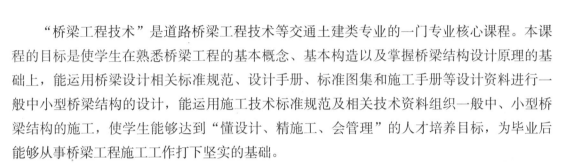

第2版前言

QIANYAN

  "桥梁工程技术"是道路桥梁工程技术等交通土建类专业的一门专业核心课程。本课程的目标是使学生在熟悉桥梁工程的基本概念、基本构造以及掌握桥梁结构设计原理的基础上，能运用桥梁设计相关标准规范、设计手册、标准图集和施工手册等设计资料进行一般中小型桥梁结构的设计，能运用施工技术标准规范及相关技术资料组织一般中、小型桥梁结构的施工，使学生能够达到"懂设计、精施工、会管理"的人才培养目标，为毕业后能够从事桥梁工程施工工作打下坚实的基础。

  本书以道路桥梁工程技术专业教学标准和课程标准为依据，在第1版的基础上进行修订编写，内容基本覆盖了课程标准中给出的知识内容要求和技能内容要求。本次修订以国家和交通运输部颁布的现行有关专业技术标准规范等为依据，以职业岗位工作目标为切入点，紧紧围绕桥梁结构的设计与施工过程来编写。本书编写过程中遵循了"工学结合"原则，使教材的内容具有针对性和实用性，重点培养学生认识桥梁结构构造，熟悉设计程序和步骤，套用标准图集进行施工图设计、掌握梁桥和拱桥施工方法，具备编制桥梁工程施工方案和现场组织施工的能力。

  本书由吉林交通职业技术学院申建、慕平担任主编，由吉林交通职业技术学院孟凡成、郭梅、于澜涛、钱雪松、郭丰敏担任副主编，吉林交通职业技术学院李月姝、范庆华、李瑞涛、李博、崔晓义、赵万英、李志刚和中交第四公路工程局有限公司李海波参考编写。具体编写分工如下：第一章、第二章、第三章、第八章、第十一章、第十九章由申建编写，第六章、第七章、第二十章由慕平编写，第二十一章由郭梅编写，第十三章由钱雪松编写，第十四章、十五章由孟凡成编写，第五章、第十二章由于澜涛编写，第九章由郭丰敏编写，第二十二章由李月姝编写，第十六章由范庆华编写，第十七章由李海波编写，第四章由李瑞涛和李博编写，第十八章崔晓义编写，第二十三章赵万英编写，第十章由李志刚编写。全书由申建统稿，由于辉主审。在编写过程中，编者参考和引用了大量有关文献资料，在此向原作者顺致谢意。

  由于编写时间仓促，加之编者水平有限，即使经过反复修改，书中内容仍难免存在缺点和错误，敬请广大读者批评指正。

编　者

第1版前言

QIANYAN

桥梁工程技术是土木工程专业的一门重要的专业课。本书是根据全国交通高等教育路桥工程学科委员会制定的土木工程专业学生培养目标、培养方案，以及相应的教材编写大纲而编写的。考虑到目前交通路桥专业高等教育的实际情况，在教材编写过程中以"理论上够用为度，注重实践"为原则。

本书共六篇二十二章，第一篇为总论（第一章至第四章），介绍桥梁的发展概况、桥梁的分类、设计程序和设计原则、作用及其分类和确定方法、桥面组成和布置；第二篇为钢筋混凝土和预应力混凝土梁式桥（第五章至第十章），介绍梁桥的一般特点及分类、板桥的构造、装配式简支梁桥的构造、简支梁桥的计算、桥梁支座超静定梁桥的构造设计要点；第三篇为圬工和钢筋混凝土拱桥（第十一章至第十二章），介绍拱桥构造和设计要点；第四篇为桥梁墩台（第十三章至第十五章），介绍桥梁墩台的构造、墩台的设计计算要点；第五篇为涵洞（第十六章至第十七章），介绍涵洞的类型和构造、涵洞的分类和有关计算；第六篇为桥梁施工技术（第十八章至第二十二章），介绍了桥梁上部结构和下部结构施工工艺和方法、涵洞的施工等。

参与本书编写的人员有：吉林交通职业技术学院申建、李辅元、于辉、郭梅、慕平、孟凡成、汤宏丽、徐静涛、范庆华、朱春凤、王东杰、李长成、李月姝、钟沂平、王雨楠、赵金云、李瑞涛、徐词、张月、钱雪松，吉林交建集团于文瑞，吉林省高速公路管理局李岩松。本书由申建、李辅元担任主编，于辉、郭梅、慕平、孟凡成担任副主编。全书由吉林交通职业技术学院王连威教授主审。具体分工情况如下：第一章、第二章、第三章、第八章、第十八章、第二十二章由申建编写，第十六章由李辅元编写，第四章、第五章由郭梅编写，第六章、第九章由于辉编写，第七章、第十章由慕平编写，第十九章由孟凡成编写，第十一章由汤宏丽和徐静涛编写，第十二章由范庆华和朱春凤编写，第十三章由王东杰和李瑞涛编写，第十四章由李长成和李月姝编写，第十五章由钟沂平和王雨楠编写，第二十章由赵金云和于文瑞编写，第二十一章由徐词和张月编写，第十七章由钱雪松和李岩松编写。全书由申建统稿。

在教材编写过程中，得到了北京理工大学出版社刘翠英和孟丽华的大力支持和帮助，同时，附于书后的主要参考文献的作者们对本书的完成给予了巨大支持，在此一并致以诚挚的谢意！

由于编者们水平有限，编写时间也较紧迫，书中若有不妥和谬误之处，敬请读者批评指正，在此表示衷心感谢。

编　者

CONTENTS
目 录

第一篇　总论

第一章　桥梁基本知识···1

第一节　国内外桥梁的建筑概况···1

第二节　桥梁的基本组成和分类···8

第二章　桥梁总体设计···14

第一节　桥梁总体规划原则及基本设计资料···14

第二节　梁纵、横断面设计和平面布置···15

第三节　桥梁设计与建设程序···20

第四节　桥梁设计方案比选···22

第三章　桥梁设计荷载···25

第四章　桥面布置与构造···31

第一节　桥面组成与布置···31

第二节　桥面铺装···33

第三节　桥面防水排水设施···34

第四节　桥面伸缩装置和桥面连续···36

第五节　人行道、栏杆与灯柱···40

第二篇　钢筋混凝土和预应力混凝土梁式桥

第五章　梁式桥的一般特点及分类···43

第一节　钢筋混凝土和预应力混凝土梁式桥的一般特点···43

第二节　梁式桥的主要类型及适用条件···44

第六章　板桥的构造·······49

第一节　板桥的特点及分类·······49

第二节　简支板桥的构造·······50

第三节　斜交板桥的受力特征与构造特点·······55

第七章　装配式简支梁桥的构造·······59

第一节　装配式简支梁桥的构造类型·······59

第二节　装配式钢筋混凝土简支梁桥·······62

第三节　装配式预应力混凝土简支 T 形梁桥·······70

第八章　简支梁桥上部结构的计算·······83

第一节　行车道板的计算·······83

第二节　荷载横向分布系数的计算·······90

第三节　主梁内力计算·······99

第九章　桥梁支座·······110

第一节　概述·······110

第二节　桥梁支座的设置原则·······111

第三节　桥梁支座的类型和构造·······113

第四节　板式橡胶支座的设计计算·······116

第十章　超静定混凝土梁桥的构造设计要点·······122

第一节　钢筋混凝土悬臂和连续体系梁桥的构造和设计要点·······122

第二节　预应力混凝土连续梁桥·······124

第三篇　圬工和钢筋混凝土拱桥

第十一章　拱桥的构造·······127

第一节　拱桥的受力特点及适用范围·······127

第二节　拱桥的构造和主要类型·······128

第三节　主拱圈的构造·······130

第四节　拱上建筑的构造·······140

第十二章　拱桥的设计要点·······148

第一节　拱桥的总体设计·······148

第二节 拱轴线形的选择和拱上建筑的布置 ……………………… 149

第三节 拱桥主要尺寸的拟定 ……………………………………… 150

第四节 拱桥上部构造体积计算 …………………………………… 152

第四篇 桥梁墩台

第十三章 桥梁墩台的构造 …………………………………………… 154

第一节 概述 ………………………………………………………… 154

第二节 桥墩构造 …………………………………………………… 155

第三节 桥台构造 …………………………………………………… 162

第十四章 桥墩计算 …………………………………………………… 171

第一节 作用及其作用效应组合 …………………………………… 171

第二节 重力式桥墩计算 …………………………………………… 175

第三节 桩柱式桥墩的计算 ………………………………………… 189

第十五章 桥台计算 …………………………………………………… 192

第一节 重力式桥台的计算 ………………………………………… 192

第二节 梁桥轻型桥台的计算特点 ………………………………… 194

第五篇 涵洞

第十六章 涵洞的类型与构造 ………………………………………… 198

第一节 涵洞的分类 ………………………………………………… 198

第二节 涵洞的洞身和洞口构造 …………………………………… 199

第三节 涵洞勘测设计 ……………………………………………… 206

第十七章 涵洞的设计计算 …………………………………………… 210

第一节 涵洞长度计算 ……………………………………………… 210

第二节 洞口建筑工程数量计算 …………………………………… 212

第六篇 桥梁施工技术

第十八章 桥梁施工准备与测量 ……………………………………… 216

第一节 概述 ………………………………………………………… 216

第二节　桥梁施工方法的分类与选择 ……………………………… 218

第三节　桥梁施工准备工作 ……………………………………… 223

第四节　桥位施工测量 …………………………………………… 226

第十九章　梁式桥上部结构的施工 ……………………………… 234

第一节　钢筋混凝土简支梁桥的施工工艺 ……………………… 234

第二节　装配式简支梁的运输、安装和连接 …………………… 248

第三节　预应力混凝土简支梁桥的施工工艺 …………………… 261

第四节　悬臂施工法 ……………………………………………… 275

第二十章　圬工和钢筋混凝土拱桥的施工 ……………………… 292

第一节　拱桥的有支架施工 ……………………………………… 292

第二节　拱桥的悬臂浇筑施工 …………………………………… 300

第三节　拱桥的装配式施工 ……………………………………… 302

第四节　钢管混凝土拱桥的施工 ………………………………… 313

第五节　拱桥的转体施工 ………………………………………… 319

第二十一章　桥梁墩台施工 ……………………………………… 326

第一节　明挖扩大基础施工 ……………………………………… 326

第二节　桩基础施工 ……………………………………………… 335

第三节　混凝土和石砌墩台的施工 ……………………………… 349

第四节　桩柱式墩台施工 ………………………………………… 357

第五节　特殊模板系统下的高墩施工 …………………………… 361

第二十二章　涵洞的施工 ………………………………………… 368

第一节　施工准备工作和施工放样 ……………………………… 368

第二节　各种类型涵洞施工技术 ………………………………… 369

第二十三章　桥面系及附属工程施工 …………………………… 385

第一节　桥面铺装施工 …………………………………………… 385

第二节　桥面防水与排水施工 …………………………………… 386

第三节　桥梁伸缩缝的施工 ……………………………………… 388

第四节　支座安装 ………………………………………………… 390

参考文献 …………………………………………………………… 392

第一章　桥梁基本知识

· 学习要点 ·

主要阐述了桥梁的基本组成部分、主要尺寸和术语名称、桥梁的类型和结构体系，国内外桥梁发展的概况。

第一节　国内外桥梁的建筑概况

一、桥梁发展的基本历程

在 17 世纪中期以前，由于生产力的落后，没有动力机械，当时用于桥梁的材料基本上是木材、砖、石、土等。由于当时生产力和材料的限制，桥梁跨径都比较小。18 世纪，第一次工业革命，出现蒸汽机和动力机械等，生产力得到了较大的发展。19 世纪出现了钢材，使桥梁工程的发展出现了第一次飞跃，桥梁的跨径从几十米发展到了几百米。发展到 20 世纪，钢筋混凝土的应用，以及 20 世纪 30 年代预应力混凝土技术与高强度钢材的出现，使桥梁建筑获得了廉价、耐久，且刚度和承载力均较大的建筑材料，从而大大推动了桥梁的发展，称之为桥梁建设的第二次飞跃。20 世纪 50 年代之后，随着计算机和有限元计算方法的出现，大大提高了计算能力，使得大规模的结构计算变为可能，从而推动了桥梁工程向更大跨径方向发展，实现了桥梁建设的第三次飞跃。

桥梁建设发展至今，经历了以上三次飞跃，它是伴随着建筑材料、生产力水平和计算能力的发展而不断发展的。

二、我国桥梁建设成就

我国有着悠久的历史文化，是世界文明发达最早的国家之一。在桥梁建设方面，我们的祖先在世界桥梁建筑史上写下了许多光辉灿烂的篇章。

根据史料记载，在距今约三千年的周朝，我国就已在宽阔的渭河上架设过大型浮桥。在春秋战国时期（公元前 332 年）已在黄河流域和其他地区修建了多孔桩柱式桥梁，用木材作为墩柱，上置木梁、石梁等。

在我国古代，修建的桥梁用材最多的是石桥，举世闻名的河北赵县的赵州桥，如图 1-1 所示，又称安济桥，是我国古代石拱桥的杰出代表，为隋大业初年（公元 605 年左右）李春所创建。

该桥是一座空腹式圆弧形石拱桥，净跨为 37.02 m，宽为 9.0 m，拱矢高为 7.23 m，在拱圈两肩上各设有两个不等跨的腹拱，这样既减轻了桥身自重、节省了材料，又便于泄洪和增加美观。赵州桥的设计构思和工艺，在当时不仅在我国首屈一指，在世界上也处于领先水平，像这样的敞肩式拱桥，欧洲到 19 世纪中叶才出现，比我国晚了一千两百多年。该桥桥头关帝阁有一副对联为"船从碧玉环中过，人在苍龙背上行"，这是对该桥的一个真实写照，它不愧为我国文物宝库中的艺术珍品，1991 年被列为世界文化遗产。

我国福建泉州建筑的万安桥，也称洛阳桥，建于 1053—1059 年，是世界上现存的最长、工程最艰巨的石梁桥，该桥长达 834 m，共 47 孔，位于波涛汹涌的海口江面上。此桥以磐石铺遍桥位的江底，是建桥史上筏形基础的首创。并且用养殖海生牡蛎的方法胶固桥梁基础成为整体，此属世界上绝无仅有的建桥技术。近千年前，就能在如此复杂的水文条件下建成这样的长桥，也是世界上罕见的。

1240 年建造的福建漳州虎渡桥，也是令人惊奇的一座梁式石桥，如图 1-2 所示，该桥总长为 335 m，其中某些石梁长达 23.7 m。

图 1-1　河北赵县赵州桥

图 1-2　福建漳州虎渡桥

建于中唐时代的宝带桥，如图 1-3 所示，是世界上现存最长的多孔薄墩连拱桥，共 53 孔，全长为 316.8 m，犹如千尺卧虹，技艺巧夺天工。

另外，还有许多著名的石拱桥，如北京永定河上的卢沟桥、颐和园内的玉带桥、十七孔桥和苏州的枫桥等。

然而，由于我国封建社会的长期统治，严重束缚了生产力的发展。18 世纪和 19 世纪西方资本主义国家产生了第一次工业革命和第二次工业革命，纷纷进入了工业化的快速发展阶段，而我国却仍然闭关自守，导致我国生产力的发展远远落后于西方国家。在桥梁建设方面，由于生产力的落后，其发展

图 1-3　宝带桥

处于停滞不前的状态。到新中国成立前，我国绝大多数桥梁仍为木桥、石桥等，且年久失修、破烂不堪。虽然那时我国也修建过一些钢桁架桥、吊桥和钢筋混凝土桥等，但与当时世界上桥梁建筑技术相比，已是处于非常落后的状态。

中华人民共和国成立以后，尤其是 20 世纪 80 年代改革开放以来，我国的综合国力及生产力得到了迅速增强，科技水平迅速提高，我国的交通事业也随之得到快速发展。特别是 20 世纪 90 年代以来大力发展高等级公路建设，使得我国的桥梁工程得到了空前的发展，取得了巨大的成就，并跨入了世界前列。

1. 混凝土梁桥

混凝土梁桥主要有简支梁桥、连续梁桥、连续刚构桥等。

我国跨径最大的简支梁桥，是于1997年建成的昆明南过境干道高架桥——预应力混凝土简支梁桥，跨径为63 m。

1991年建成的云南六库怒江大桥，为预应力混凝土箱形截面连续梁桥，主跨跨径为85 m＋154 m＋85 m；2001年7月建成的南京长江第二大桥北汊桥(图1-4)，主跨为90 m＋3×165 m＋90 m，是我国目前跨径最大的预应力混凝土连续梁桥，在同类桥型中居亚洲第一。

图1-4 南京长江第二大桥北汊桥

连续刚构桥既保持了连续梁无伸缩缝、行车平顺的优点，又保持了T形刚构不设支座和方便对称平衡悬臂施工的优点，同时，又避免了连续梁和T形刚构的缺点。因此，连续刚构桥在我国得到快速发展。

早在1988年建成的广东番禺洛溪大桥，是我国第一座大跨径连续刚构桥，跨径为65 m＋125 m＋180 m＋110 m。1996年又建成了湖北黄石长江大桥，主跨为245 m，主桥连续长达1 060 m。1997年建成的广东虎门辅航道桥，连续刚构跨径为150 m＋270 m＋150 m，该桥建成时居同类桥世界第一。

2003年建成的云南元江大桥(连续刚构)，如图1-5所示，主跨为265 m，中墩高为123.5 m，称为同类型桥世界第一高桥。

2. 拱桥

拱桥是我国最常用的桥型之一，其式样之多，数量之大，为各种桥型之冠，也是大跨径桥梁的主要形式之一。1990年建成的湖南凤凰乌巢河桥如图1-6所示，跨径为120 m，其主拱圈由两条宽为2.5 m的石板拱组成，板肋之间用钢筋混凝土横梁联系，该桥为当时我国的石拱桥之最。

图1-5 云南元江大桥

图1-6 湖南凤凰乌巢河桥

1999年建成的山西晋城至河南焦作高速公路上的新丹河大桥，该桥跨径为146 m，主拱圈用80号大料石砌成，为当今世界第二大跨径的石拱桥。

钢管混凝土拱桥是在我国20世纪90年代兴起的一种大跨径拱桥。该桥是先合拢质量轻、强度高的钢管拱圈，并将其用作施工拱架，再往钢管内压注高强度混凝土，形成承载能力大的主拱圈。1995年建成的广东南海三山西大桥，跨径为200 m；于1998年建成的广西三岸邕江大桥，主跨为270 m；于2000年建成的广州丫髻沙大桥，主跨为360 m；于2005年1月竣工通车的重庆巫山长江大桥，主跨为 492 m，如图 1-7 所示，为该类桥型世界第一。于 2006 年年底建成的湖南益阳茅草街大桥，是主跨为 368 m 的自锚式中承钢管混凝土拱桥。

1997 年建成的重庆万县长江大桥，主跨为 420 m，如图 1-8 所示，是世界上跨径最大的用钢管混凝土作为劲性骨架的钢筋混凝土拱桥。

图 1-7　重庆巫山长江大桥　　　　　　　　　图 1-8　重庆万县长江大桥

2003 年建成的上海卢浦大桥，如图 1-9 所示，是世界上跨径最大的拱桥，拱肋为全焊钢箱结构，是中承式系杆拱桥，主跨跨径达到了 550 m。

1995 年建成的贵州江界河大桥，如图 1-10 所示，是一座跨度达 330 m 的桁架式组合拱桥，居世界同类桥型之首。

图 1-9　上海卢浦大桥　　　　　　　　　图 1-10　贵州江界河大桥

3. 斜拉桥

预应力混凝土斜拉桥，由于结构合理，跨度能力大，用材指标低和外形美观而迅速发展。斜拉桥的应用与发展在我国起步较晚，1975 年建成的跨径为 76 m 的四川云阳桥是我国第一座斜拉桥。20 世纪 90 年代之后，斜拉桥在我国得到了迅速的发展，修建了一系列跨大江河流的特大跨径斜拉桥。据不完全统计，我国已建成的斜拉桥有 100 余座，其中跨径大于 400 m 的已达 20 余座，为世界之首。1993 年建成的上海杨浦大桥，跨径为 602 m（在当时属世界第一）；1998 年建成的香港汀九桥为一座三塔斜拉桥，主跨跨径为 448 m＋475 m；2001 年建成的福建青州闽江大桥，如图 1-11 所示，主跨跨径为 605 m，均为钢-混凝土组合梁斜拉桥（即中跨为钢结构，边跨为混凝土结构)。其中青州闽江大桥为组合梁斜拉桥跨径的世界第一。

混凝土主梁的斜拉桥有 1993 建成的湖北郧阳汉江大桥,跨径为 414 m;1995 年建成的安徽铜陵长江大桥,跨径为 432 m;1996 年建成的重庆长江二桥,跨径为 444 m;2001 年建成的重庆大佛寺长江大桥,跨径为 450 m;2002 年建成的湖北荆州长江大桥,如图 1-12 所示,跨径达500 m。

图 1-11　福建青州闽江大桥 　　　　　　　图 1-12　湖北荆州长江大桥

2000 年完工的南京长江二桥,主跨为 628 m,当时居世界第三;南京长江三桥位于现南京长江大桥上游约 19 km 处,2005 年 10 月,建成通车,如图 1-13 所示,主桥采用主跨为 648 m 的双塔钢箱梁斜拉桥,桥塔采用钢结构,为国内第一座钢塔斜拉桥,也是世界上第一座弧线形钢塔斜拉桥。2008 年 6 月 30 全线通车的苏通长江大桥,主跨为 1 088 m,工程总投资约为 64.5 亿元,西距江阴长江公路大桥 82 km,东距长江入海口 108 km,苏通长江公路大桥创造了斜拉桥型的四项世界之最,即在同类桥型中,主塔最高、群桩基础规模最大、斜拉索最长、跨径最大,如图 1-14 所示。

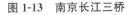

图 1-13　南京长江三桥 　　　　　　　　　图 1-14　苏通长江大桥

4. 悬索桥(吊桥)

悬索桥的跨越能力在各类桥型中是最大的。我国于 1999 年 9 月建成通车的江阴长江大桥,主跨为 1 385 m,是我国第一座跨度超过千米的钢箱梁悬索桥,世界排名第四。该桥在沉井、地下连结墙、锚锭、挂索等工程施工中创造的经验,将会推动我国悬索桥施工技术的进一步发展。

我国香港的青马大桥，全长为 2.16 km，主跨为 1 377 m，为公铁两用双层悬索桥，是香港 21 世纪标志性建筑。润扬长江大桥于 2000 年 10 月 20 日开工建设，2005 年 10 月 1 日前建成通车。大桥建设创造了多项国内第一，综合体现了目前我国公路桥梁建设的最高水平，如图 1-15 所示。大桥南汉悬索桥主跨为 1 490 m，当时为我国第一世界第三大跨径；悬索桥主塔高为 227.21 m，为国内第一高塔；悬索桥主缆长为 2 600 m，为国内第一长缆；大桥钢箱梁总重为 34 000 t，为国内第一重；钢桥面铺装面积达 71 400 m²，为国内第一大面积钢桥面铺装；悬索桥锚碇锚体浇铸混凝土近 6 万 m³，为国内第一大锚碇。桥下最大通航净宽为 700 m、最大通航净高为 50 m，可通行 5 万吨级货轮。舟山大陆连岛工程西堠门大桥，如图 1-16 所示，2009 年 12 月 25 日正式通车。大桥主跨为 1 650 m，是世界上跨径最大的钢箱梁悬索桥。西堠门大桥是世界上抗风要求最高的桥梁之一，采用了世界上尚无先例的分体式钢箱加劲梁，满足了抗风稳定性要求，颤振临界风速达到 88 m/s 以上，可抗 17 级超强台风。在大桥建设过程中，是国内首次采用直升机牵引先导索过海，其中放索系统与直升机分离的模式为国际首创，首次实现了先导索过海不封航作业。

图 1-15　江苏润扬长江大桥　　　　　　　　　图 1-16　西堠门大桥

三、国外桥梁发展概况

国外桥梁建筑的发展历史，对于促进和发展现代桥梁有着深远的影响，继意大利文艺复兴之后，英国、法国和其他西欧国家冲破封建贵族制度，开始进入资本主义时代，尤其是 18 世纪的工业革命促进了生产力的快速发展，推动了工业革命，从而也促进了桥梁建筑的空前发展。

1855 年，法国建造了第一批采用水泥砂浆砌筑的石拱桥；1899—1903 年，卢森堡建成了跨度达 84 m 的石拱桥；20 世纪初，法国建成的戴拉卡混凝土箱形拱桥，其跨度达 139.80 m；1946 年，瑞典建成的绥依纳松特桥，跨径达 155 m，是世界上迄今为止最大跨径的石拱桥。

钢筋混凝土桥的出现，要追溯到 1873 年法国的约瑟夫莫尼尔首创建成的一座用钢筋混凝土材料建造的拱式人行桥。钢筋混凝土拱桥的兴起，推动了拱桥向更大跨径方向发展，1930 年法国建成了三孔跨径为 186 m 的拱桥；1940 年瑞典建成了跨径达 264 m 的桑独桥。直到 1979 年，因支架施工问题，钢筋混凝土桥的应用受到一定的限制。南斯拉夫首次用无支架悬臂施工方法，建成了跨度达 390 m 的克尔克大桥，该桥跨径保持了 18 年世界纪录。目前，无支架悬臂施工法在大跨度拱桥施工中被广泛采用。

著名的澳大利亚悉尼港湾大桥，如图 1-17 所示，是一座跨径为 503 m 的中承式钢桁架拱桥，建于 1932 年。

1928 年法国的著名工程师弗莱西奈经过 20 年研究，使预应力混凝土技术付诸实现。此后，新颖的预应力混凝土桥梁首先在法国和德国迅速发展起来，大大推进了梁式桥的发展。第二次世界大战之后（1948 年），法国应用预应力方法修复了马恩河上的五座桥梁，跨径约为 74 m。

图 1-17　悉尼港湾大桥

　　西德最早采用全悬臂法建造预应力混凝土桥梁，1952 年成功地建成莱茵河上的沃伦斯桥（跨度为 101.65 m＋114.20 m＋104.20 m，具有跨中剪力铰的连续刚构桥）后，该施工方法传遍全世界，可以说是桥梁施工方法的一次革命。10 年后，莱茵河上另一座桥——本道尔夫桥的问世，将预应力混凝土桥的跨度增至 208 m，使悬臂施工技术日臻完善。目前，世界上跨度最大的预应力混凝土连续梁桥是挪威的伐罗德桥（$l＝260$ m，1994 年建）；最大跨度的连续刚构桥是挪威的斯托尔马桥（$l＝301$ m，1998 年建）。

　　世界上第一座具有钢筋混凝土主梁的斜拉桥，是 1925 年在西班牙修建的跨越坦波尔河的水道桥，其主跨为 60.35 m。世界上第一座现代化斜拉桥，是 1955 年瑞典建成的斯特罗姆海峡桥，其主跨为 182.6 m。美国在 1978 年建成的 P-K 桥，其跨径为 299 m，是世界上第一座密索体系的预应力混凝土斜拉桥。1995 年建成的法国诺曼底（Normandy）大桥，如图 1-18 所示，其主跨为 856 m，目前位于斜拉桥世界第二。于 1999 年建成日本多多罗（Tatara）桥，如图 1-19 所示，其主跨为 890 m，是目前世界上最大跨径的斜拉桥。

图 1-18　法国（Normandy）大桥

图 1-19　日本多多罗桥

　　在悬索桥方面，美国在 19 世纪 50 年代从法国引进了近代悬索桥技术后，于 19 世纪 70 年代发明了"空中架线法"编纺主缆，1883 年建成了纽约布鲁克林桥，跨径达 483 m，开创了现代悬索桥的先河。1937 年建成的旧金山金门大桥，如图 1-20 所示，主跨达 1 280 m，该桥保持了 27 年桥梁最大跨径的世界纪录。

　　英国 1974 年建成的亨伯尔桥，跨径为 1 410 m，是当时世界上悬索桥之冠。1996 年建成的丹麦大带桥，其跨径为 1 624 m。

　　目前世界上跨径最大的悬索桥，是日本 1998 年建成的明石海峡大桥，如图 1-21 所示，其跨径为 1 990 m，后因阪神大地震，地壳位移，目前其跨径为 1 991 m。

图 1-20　美国旧金山金门大桥

图 1-21　日本明石海峡大桥

第二节　桥梁的基本组成和分类

一、桥梁的基本组成

桥梁一般由四个基本部分组成，即上部结构、下部结构、支座和附属设施。如图 1-22 和图 1-23 所示，分别为公路桥中的梁式桥和拱式桥的概貌。

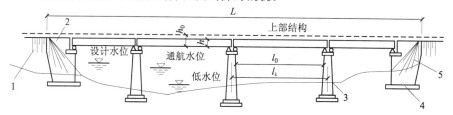
图 1-22　梁式桥概貌
1—路堤；2—桥台；3—桥墩；4—基础；5—锥体护坡

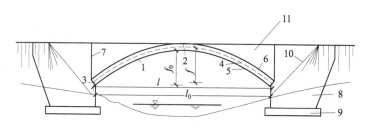
图 1-23　拱式桥概貌
1—拱圈；2—拱顶；3—拱脚；4—拱轴线；5—拱腹；6—拱背；
7—变形缝；8—桥台；9—基础；10—锥坡；11—拱上结构

上部结构（或称桥跨结构）是桥梁支座以上（拱桥起拱线或刚架桥主梁底线以上）跨越桥孔的总称，是承担荷载、跨越障碍的主要承重结构。其作用是承担上部结构所受的全部荷载，并通过支座传递给下部结构。

下部结构包括桥墩、桥台和基础。其作用是支撑桥跨结构并将荷载传递给地基。

一般将设置在桥跨中间部分的支承建筑物称为桥墩；设置在桥跨两端与路堤相衔接的建筑物称为桥台。桥台除上述作用外，还起到了抵御路堤的土压力及防止路堤的滑塌等作用。单孔桥只有两端的桥台，没有中间的桥墩。

桥墩和桥台底部与地基相接触的部分，称为基础。基础承受从桥墩或桥台传来的全部荷载，包括竖向荷载以及地震力、船舶撞击墩身等引起的水平荷载。由于基础往往深埋于水下土层之中，是桥梁施工中难度较大且施工复杂的部分，也是确保桥梁安全的关键之一。

支座设置在墩台的顶部，用于支承上部结构的传力装置，它不仅要传递很大的荷载，还要保证上部结构能按设计要求产生一定的变位。

附属设施包括桥面系、桥头搭板、护坡、导流堤等。如在路堤与桥台衔接处，一般在桥台两侧设置石砌的锥形护坡，如图 1-22 所示，以保证迎水部分路堤边坡的稳定。

下面介绍桥梁中的一些术语名词及基本概念。

1. 水位

河流中的水位是变动的，河流中枯水季节的最低水位称为低水位；洪峰季节河流中的最高水位称为高水位；桥梁设计中按规定的设计洪水频率计算所得出的高水位，称为设计水位(或称设计洪水位)；在各级航道中，能保持船舶正常航行的水位称为通航水位。

2. 跨径与桥长

(1)净跨径。对于梁式桥，净跨径是指设计洪水位上相邻两个桥墩(或桥台)之间的水平净距，用 l_0 表示，如图 1-22 所示；对于拱式桥，净跨径是指每孔拱跨两个拱脚截面最低点之间的水平距离，如图 1-23 所示。

(2)总跨径。总跨径是多孔桥梁中各孔净跨径的总和($\sum l_0$)，它反映了桥梁排泄洪水的能力。

(3)计算跨径。对于设有支座的桥梁，计算跨径是指桥跨结构相邻两个支座中心之间的水平距离；对于不设支座的桥梁，为上下部结构的相交面之中心间的水平距离；拱式桥，是指两相邻拱脚截面形心点之间的水平距离，用 l 表示，桥跨结构的力学计算是以计算跨径为基准的。

(4)标准跨径。对于梁式桥、板式桥，标准跨径是指两桥墩中线之间或桥墩中线与桥台台背前缘之间的水平距离(如图 1-22 中的 l_k)；对于拱桥和涵洞，则是指净跨径。根据《公路桥涵设计通用规范》(JTG D60—2015)规定，当桥涵跨径在 50 m 及以下时，宜采用标准化跨径。桥涵标准跨径有 0.75 m、1.0 m、1.25 m、1.5 m、2.0 m、2.5 m、3.0 m、4.0 m、5.0 m、6.0 m、8.0 m、10 m、13 m、16 m、20 m、25 m、30 m、35 m、40 m、45 m、50 m。

(5)桥梁全长(简称桥长)。对于有桥台的桥梁，桥梁全长是指两岸桥台侧墙或八字墙尾端之间的水平距离；对于无桥台的桥梁，则是指桥面系行车道的长度，用 L 表示。

3. 高度和净空

(1)桥梁高度(简称桥高)。桥梁高度是指桥面路拱中心顶点与低水位或桥下线路路面之间的垂直距离。桥高在某种程度上反映了桥梁施工的难易性。

(2)桥下净空高度。桥下净空高度是指设计洪水位或计算通航水位与桥跨结构最下缘之间的高差。桥下净空高度应满足排洪、通航或通车要求。

(3)桥梁建筑高度。桥梁建筑高度是指桥面路拱中心顶点到桥跨结构最下缘(拱式桥为拱脚线)的高差，如图 1-22 中所示的 h_0。

(4)净矢高。净矢高是指从拱顶截面下缘至相邻两跨拱脚截面下缘最低点连线的垂直距离，用 f_0 表示，如图 1-23 所示。

(5)计算矢高。计算矢高是指拱顶截面形心至相邻两拱脚截面形心之连线的垂直距离，用 f 表示，如图 1-23 所示。

(6)矢跨比。矢跨比是指拱桥中拱圈(或拱肋)的计算矢高与计算跨径之比，也称拱矢度。其是反映拱桥受力特性的一个重要指标。

二、桥梁的分类

目前，所建造的桥梁种类繁多，按照桥梁的受力、用途、材料和规模等的区别，有不同的桥梁分类方法，下面分别加以介绍。

(一)按桥梁结构体系划分

按照桥梁受力结构体系分类，可分为梁式桥、拱式桥和悬索桥(或称为吊桥)，简称"梁、拱、吊"三大基本体系。另外，由上述三大基本体系相互组合，在受力上形成具有组合特征的桥型，如刚架桥、斜拉桥及系杆拱桥等。

下面分别阐述各种桥梁体系的主要受力特点及适用场合。

1. 梁式桥

梁式桥是一种在竖向荷载作用下无水平反力的结构，如图1-24(a)、(b)所示，由于外力(恒载和活载)的作用方向与桥梁结构的轴线接近垂直，因而与同样跨径的其他结构体系相比，梁桥内产生的弯矩最大，即梁式桥以受弯为主。因此，通常需用抗弯拉能力强的材料(如钢、钢筋混凝土等)来建造。对于中、小跨径的公路桥梁，目前应用最广泛的标准跨径钢筋混凝土或预应力混凝土简支梁(板)桥，其施工方法一般有预制装配式和现浇两种。这种梁桥结构简单、施工方便，且对地基承载力的要求也不高，对于钢筋混凝土简支梁桥，其跨径一般不大于25 m，当跨径较大时，应采用预应力混凝土，但其跨径一般不宜超过50 m。为了改善受力条件和使用性能，地质条件较好时，中、小跨径梁桥均可修建连续梁桥，如图1-24(c)所示。对于大跨径和特大跨径的梁桥，可采用预应力混凝土、钢和钢-混凝土组合梁桥，如图1-24(d)、(e)所示。

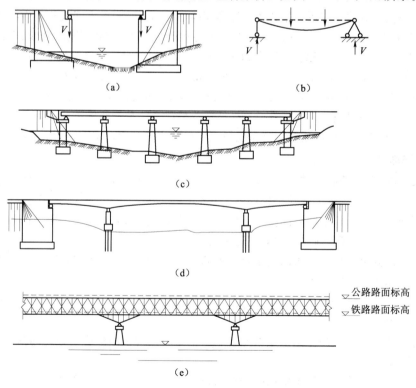

图 1-24　梁式桥

2. 拱式桥

拱式桥的主要承重结构是主拱圈或拱肋，如图 1-25 所示。在竖向荷载作用下，桥墩和桥台将承受水平推力，如图 1-25(b)所示，同时，墩台向拱圈或拱肋提供水平反力，这将大大抵消在拱圈或拱肋中由荷载引起的弯矩。因此，与同等跨径的梁式桥相比，拱桥的弯矩、剪力和变形却要小得多，拱圈或拱肋以受压为主。拱桥对墩台有水平推力，承重结构以受压为主，这是拱桥的主要受力特点。因此，通常可采用抗压能力强的圬工材料(如砖、石、混凝土等)和钢筋混凝土来建造。但应当注意，由于拱桥往往有较大的水平推力，为了确保拱桥的安全，下部结构(特别是桥台)和地基必须具备能承受很大水平推力的能力。一般应选择地质条件较好的地域修建拱桥。

当然，在地质条件不适合于修建具有很大水平推力拱桥的情况下，也可采用无水平推力的系杆拱桥，如图 1-25(c)所示，其水平推力由系杆承受，系杆可由预应力混凝土、钢材等制作。另外，也可修建近年来发展起来的水平推力很小的"飞雁式"三跨自锚式系杆拱桥，如图 1-25(d)所示，即在边跨的两端施加强大的水平预加力 H，通过边跨拱传至拱脚，以抵消主跨拱脚处的水平推力。

拱桥不仅跨越能力大，而且外形也较美观，在条件允许的情况下，修建拱桥往往是经济合理的。

按照行车道处于主拱圈(拱肋)的不同位置，拱桥可分为三种，即上承式，如图 1-25(a)所示；中承式，如图 1-25(d)所示；下承式，如图 1-25(c)所示。

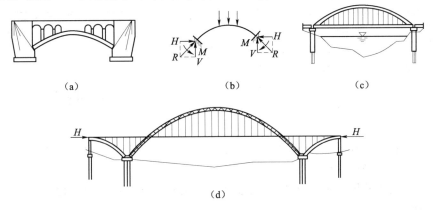

图 1-25　拱式桥

3. 悬索桥(也称吊桥)

悬索桥的承重结构，包括主缆、塔柱、加劲梁、锚碇及吊杆，如图 1-26 所示。在桥面系竖向荷载作用下，通过吊杆使主缆承受巨大的拉力，主缆悬跨在两边塔柱上，锚固于两端的锚碇结构中，锚碇承受主缆传来的巨大拉力，该拉力可分解为垂直和水平分力，因此，悬索桥也是具有水平反力(拉力)的结构。现代悬索桥的主缆用高强度的钢丝成股编制而成，以充分发挥其优良的抗拉性能。悬索桥结构质量轻，是目前为止跨越能力最大的桥型。另外，悬索桥受力简单明确，在将主缆架设完成之后，便形成了强大稳定的结构支撑系统，使得加劲梁的施工安全方便，施工过程中的风险相对较小。

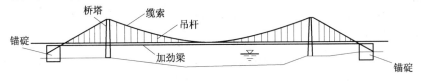

图 1-26　悬索桥

4. 刚架桥(或刚构桥)

桥跨结构主梁或板与墩台(或立柱)整体相连的桥梁称为刚架桥。由于梁和柱两者之间是刚性连接,在竖向荷载作用下,将在主梁端部产生负弯矩,在柱脚处产生水平反力,如图 1-27(a)所示的门式刚架桥,梁部主要受弯,但其弯矩较同跨径的简支梁小,梁内还有轴力 H 作用,因此,刚架桥的受力状态介于梁式桥与拱式桥之间,如图 1-27(b)所示。刚架桥的跨中建筑高度可做得较小,因此,通常适用于需要较大的桥下净空和建筑高度受到限制的情况,如跨线桥、立交桥和高架桥等。

刚架桥在竖向荷载的作用下,一般都会产生水平推力。因此,必须要有良好的地质条件或用较深的基础,也可用特殊的构造措施来抵抗水平推力的作用。另外,刚架桥大多数为超静定结构,故在混凝土收缩、徐变、温度变化、墩台不均匀沉陷和预应力等因素的作用下,均会产生较大的附加内力,应在设计和施工中引起注意。

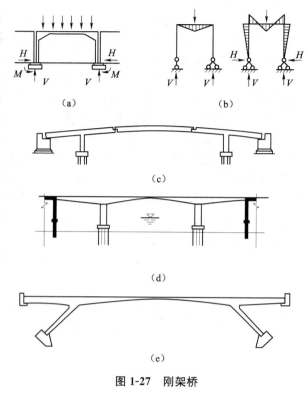

图 1-27 刚架桥

除门式刚架桥外,还有 T 形刚架桥,如图 1-27(c)所示;连续刚构桥,如图 1-27(d)所示;斜腿刚架桥,如图 1-27(e)所示。

对于大跨径的刚架桥,一般均要承受正负弯矩的交替作用,主梁横截面宜采用箱形截面。

5. 斜拉桥

斜拉桥的上部结构由塔柱、主梁和斜拉索组成,如图 1-28 所示。斜拉桥实际上是梁式桥与吊桥的组合形式。其主要受力特点是:斜拉索受拉力,它将主梁多点吊起(类似吊桥),将主梁的恒载和车辆等其他荷载传至塔柱,再通过塔柱传至基础和地基。塔柱以受压为主。主梁由于被斜拉索吊起,它如同一多点弹性支承的连续梁,从而使主梁内的弯矩较一般梁式桥大大减小,这也是斜拉桥具有较大跨越能力的主要原因。主梁由于同时受斜拉索水平力的作用,因此为压弯构件。

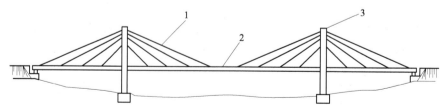

图 1-28 斜拉桥

1—斜拉索;2—主梁;3—塔柱

斜拉桥的塔柱、拉索和主梁在纵向面内形成了稳定的三角形，因此，斜拉桥的结构刚度较悬索桥大，其抗风稳定性较悬索桥好。在目前所有的桥型中，斜拉桥的跨越能力仅次于悬索桥。但是，当斜拉桥的跨度很大时，悬臂施工的斜拉桥因主梁悬臂过长，承受斜拉索传来的水平压力过大，因而风险较大，塔也过高，外侧斜拉索过长，这也是斜拉桥跨越能力不能与悬索桥相比的主要原因。

(二)桥梁的其他分类

桥梁除上述按受力特点分类外，还有按桥梁的用途、建桥的材料、大小规模等进行分类。

(1)按用途来划分，可分为公路桥、铁路桥、公铁两用桥、人行桥、水运桥(或渡桥)和管线桥等。

(2)按上部结构采用的建筑材料来划分，有钢筋混凝土桥、预应力混凝土桥、圬工桥(包括砖、石、混凝土)、钢桥、钢筋混凝土组合桥和木桥等。木材易腐，而且资源有限，因此，除少数用于临时性桥梁外，一般不采用。

(3)按桥梁总长和跨径的不同来划分，有特大桥、大桥、中桥、小桥和涵洞。

我国《公路工程技术标准》(JTG B01—2014)，规定了特大、大、中、小桥和涵洞，见表1-1。

表1-1　桥梁涵洞分类

桥涵分类	多孔跨径总长 L/m	单孔跨径 L_k/m
特大桥	$L>1\ 000$	$L_k>150$
大桥	$100\leqslant L\leqslant1\ 000$	$40\leqslant L_k\leqslant150$
中桥	$30<L<100$	$20\leqslant L_k<40$
小桥	$8\leqslant L\leqslant30$	$5\leqslant L_k<20$
涵洞	—	$L_k<5$

> 注：1. 单孔跨径是指标准跨径。
> 2. 梁式桥、板式桥的多孔跨径总长为多孔标准跨径的总长；拱式桥为两端桥台内起拱线间的距离；其他形式桥梁为桥面系行车道长度。
> 3. 管涵及箱涵无论管径或跨径大小、孔数多少，均称为涵洞。
> 4. 标准跨径：梁式桥、板式桥以两桥墩中线间距离或桥墩中线与台背前缘间距为准；拱式桥和涵洞以净跨径为准。

(4)按跨越障碍的性质，可分为跨河桥、跨谷桥、跨线桥(或立交桥)、高架桥等。高架桥一般是指跨越深沟峡谷以代替高路堤的桥梁，以及在城市中跨越道路的桥梁。

(5)按上部结构的行车道位置，可分为上承式桥、中承式桥和下承式桥。桥面布置在主要承重结构上的称为上承式桥；桥面布置在承重结构之下的称为下承式桥；桥面布置在桥跨结构高度中间的称为中承式桥。

(6)按桥跨结构的平面布置，可分为正交桥、斜交桥和弯桥(或曲线桥)。

(7)按特殊使用条件，可分为开启桥、浮桥、漫水桥等。

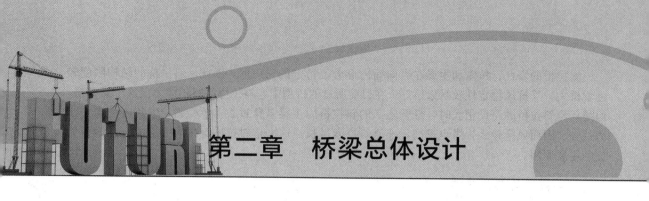

第二章　桥梁总体设计

• 学习要点 •

主要阐述桥梁设计的基本原则，基本要求，野外勘查工作的内容，设计方案的编制及程序和最优方案的选择，桥梁平、纵、横设计的内容和要求。

第一节　桥梁总体规划原则及基本设计资料

目前，我国桥梁工程设计应符合技术先进、安全可靠、耐久适用、经济合理的要求，同时，应满足美观、环境保护和可持续发展的要求。

一、桥梁设计的基本原则

桥梁是道路交通的重要组成部分，桥梁设计、建造的规模代表了一个国家(地区)的科技和经济发展水平，特别是大、中桥梁的建设，对当地政治、经济、国防等都具有重要意义。我国公路桥梁设计的基准期为 100 年。科学合理、因地制宜地进行总体规划和设计，是桥梁建设的百年大计。因此桥梁设计与规划必须遵照"安全、适用、经济、美观"的基本原则进行，同时应充分考虑建造技术的先进性以及环境保护和可持续发展。

1. 安全

(1)所设计的桥梁结构在强度、稳定性和耐久性方面，应有足够的安全储备。

(2)防撞栏杆应具有足够的高度和强度，应做好人与车流之间的防护栏，防止车辆危及人行道上的行人或撞坏栏杆而落到桥下。

(3)对于交通繁忙的桥梁，应设计好照明设施，并有明确的交通标志，两端引桥坡度不宜过陡，以避免因发生车辆碰撞等而引起的交通事故。

(4)对于河床易变迁的河道，应设计好导流设施，防止桥梁基础底部被过度冲刷；对于通行大吨位船舶的河道除按规定加大桥孔跨径满足通航要求外，必要时对桥梁墩台应设置防撞构筑物等。

(5)对于修建在地震区的桥梁，应按抗震要求采取防震措施；对于大跨度柔性桥梁，应考虑风振效应。

2. 适用

(1)桥面宽度应能满足当前以及今后规划年限内的交通流量(包括行人通行)要求。

(2)在通过设计荷载时，桥梁结构应不出现过大的变形和过宽的裂缝。

(3)桥跨结构的下面应有利于泄洪、通航(跨河桥)或车辆和行人的通行。

(4)桥梁的两端应便于车辆的进入和疏散，而不致产生交通堵塞现象等。

(5)考虑综合利用，应方便各种管线(水、电气、通信等)的搭载。

3. 经济

(1)桥梁设计应遵循因地制宜、就地取材和方便施工的原则。

(2)经济的桥型应该是造价和养护费用综合最省的桥型。设计中，应充分考虑维修的方便和维修费用的节省，维修时尽可能不中断交通，或中断交通的时间最短。

(3)所选择的桥位，应是地质、水文条件良好，并使桥梁长度较短。

(4)桥位选择时，应考虑缩短河道两岸的运距，以促进该地区的经济发展，使其产生最大的效益。对于收费桥梁，应能吸引更多的车辆通过，达到尽快回收投资的目的。

4. 美观

一座桥梁具有优美的外形，而且这种外形从任何角度看都应该是优美的。结构布置必须精练，并在空间上有和谐的比例。桥型应与周围环境相协调。合理的结构布局和轮廓是桥梁美观的主要因素。另外，施工质量对桥梁美观也有很大影响。

5. 技术先进

在因地制宜的前提下，桥梁设计应尽可能采用成熟的新结构、新设备、新材料和新工艺。在认真学习国内外的先进技术，充分利用最新科学技术成果的同时，努力创新，淘汰和摒弃原来落后和不合理的设计思想。

6. 环境保护和可持续发展

桥梁设计应考虑环境保护和可持续发展的要求：从桥位选择、桥跨布置、基础方案、墩身外形、上部结构施工方法、施工组织设计等多方面，全面考虑环境要求，采取必要工程控制措施，并建立环境监测保护体系，将不利影响减至最小。

二、野外勘测与调查

野外勘测与调查的工作内容具体如下：

(1)桥梁调查的具体任务：调查桥上的交通种类和行车、行人的来往密度等，实际交通量和增长率，从而确定桥梁的荷载等级和行车道及人行道的宽度等。

(2)选择桥位：一般来说，大、中桥桥位的选择，原则上应服从路线的总方向，路桥综合考虑。一方面，从整个路线网的观点上来看，既要力求降低桥梁的建筑和养护费用，也要避免或减少因车辆绕道而增加的运输费用；另一方面，从桥梁本身的经济性和稳定性出发，应尽量选择在河道顺直、水流稳定、河面较窄、地质良好、冲刷较少的河段上，以降低造价和养护费用，并防止因冲刷过大而发生桥梁倒塌的危险。

(3)测量桥位附近的地形，并绘制地形图，供设计和施工使用。

(4)通过钻探调查桥位的地质情况，并将钻探资料绘制成地质剖面图，作为基础设计的重要依据。为使地质资料更接近实际，可以根据初步拟定的桥梁分孔方案将钻孔布置在墩台附近。

(5)调查和测量河流的水文情况，为确定桥梁的桥面标高、跨径和基础埋置深度提供依据。其内容包括：了解河道性质，如河道的自然变迁和人工规划的情况，河床及两岸的冲刷和淤积；测量桥位处河床断面，调查了解洪水位的多年历史资料，推算设计洪水位；测量河床比降，调查河槽各部分的形态标志和粗糙率等，计算流速、流量等有关的资料，向航运部门了解和协商确定设计通航水位和通航净空。

（6）调查当地建筑材料（砂、石料等）的来源，水泥、钢材的供应情况以及水陆交通的运输情况。

（7）调查了解施工单位的技术水平、施工机械等装备情况，以及施工现场的动力设备和电力供应情况。

（8）调查和收集有关气象资料，包括气温、雨量及风速（或台风影响）等情况。

（9）调查新建桥位上、下游有无老桥，其桥型布置和使用情况等。

第二节 桥梁纵、横断面设计和平面布置

一、桥梁纵断面设计

桥梁纵断面设计包括总跨径的确定、桥梁的分孔、桥面标高、桥上和桥头引道的纵坡以及基础的埋置深度，如图 2-1 所示。

（一）桥梁总跨径的确定

桥涵孔径的设计必须保证设计洪水以内的各级洪水及流冰、泥石流、漂流物等安全通过，并应考虑壅水、冲刷对上下游的影响，确保桥涵附近路堤的稳定。桥梁的总跨径一般根据水文计算确定。由于桥梁墩台和桥头

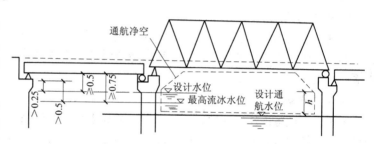

图 2-1 桥梁纵断面（尺寸单位：m）

路堤压缩了河床，使桥下过水断面减小，流速加大，引起河床冲刷，因此，桥梁总跨径必须保证桥下有足够的排洪面积，使河床不致产生过大的冲刷。但为了使总跨径不致过大而增加桥梁的总长度，同时又要允许有一定的冲刷，因此桥梁的总跨径不能机械地根据水文计算和规定冲刷系数来确定，而必须按具体情况分别对待。如当桥梁墩台基础埋置较浅时，桥梁的总跨径应大一些，可接近于洪水泛滥宽度，以避免河床过多的冲刷而引起桥梁破坏；对于深基础，允许较大冲刷，可适当压缩河床。但必须慎重校核，压缩后桥梁的壅水不得危及河滩路堤以及附近农田和建筑物。

（二）桥梁的分孔

对于一座较长的桥梁，应当分成若干孔，但孔径划分的大小，有几个河中桥墩，哪些是通航孔，哪些不是，这些问题要根据通航要求、地形和地质情况、水文情况以及技术经济和美观的条件来加以确定。

桥梁的分孔关系到桥梁的造价。跨径和孔数不同时，上部结构和墩台的总造价是不同的。跨径越大，孔数越少，上部结构的造价就越大，而墩台的造价就越小。通常采用最经济的分孔方式，即使得上、下部结构的总造价趋于最低。因此，当桥墩较高或地质不良，基础工程较复杂而造价较高时，桥梁跨径就选得大一些；反之，当桥墩较矮或地基较好时，跨径就可选得小一些。在实际工作中，应对不同的跨径布置进行粗略的方案比较，来选择最经济的跨径和孔数。

对于通航河流，在分孔时首先应满足桥下的通航要求。桥梁的通航孔应布置在航行最方便

的河域。对于变迁性河流，考虑航道可能发生变化，应多设几个通航孔。

在平原区宽阔河流上的桥梁，通常在主河槽部分按需要布置较大的通航孔，而在两侧浅滩部分按经济跨径进行分孔。如果经济跨径较通航要求者还大，则通航孔也应取用较大跨径。

在山区深谷上、水深流急的江河上，或需在水库上修桥时，为了减少中间桥墩，应加大跨径。如果条件允许的话，甚至可以采用特大跨径的单孔跨越。

对于河流中存在不利的地质段，例如，岩石破碎带、裂隙、溶洞等，在布孔时，要将桥基位置移开，或适当加大跨径。

在有些体系中，为了结构受力合理和用材经济，分跨布置时要考虑合理的跨径比例。例如，为了使钢筋混凝土连续梁桥的中跨和相邻边跨的跨中最大弯矩接近相等，其中跨和相邻边跨的跨径比值，对于三跨连续梁约为1：0.8，对于五跨连续梁约为1：0.9：0.65。

跨径的选择也与所采用的施工方法密切相关，如同样是预应力混凝土连续梁桥，采用支架施工和采用悬臂施工其边跨与中跨的比例就不相同。采用支架施工的，边跨长度可取中跨的0.8倍左右是经济合理的；采用悬臂施工法，考虑到一部分边跨采用悬臂施工外，剩余的边跨部分还需要另搭脚手架施工。为使脚手架长度最短，则边跨长度取中跨长度的0.65倍为宜。跨径的选择还与施工能力有关，有时选用较大跨径虽然在经济上是合理的，但是，如果限于现有的施工技术能力和设备条件，也只能将跨径减小。对于大桥施工，基础工程往往对工期起控制作用，在此情况下，从缩短工期出发，就应减少基础数量而修建较大跨径的桥梁。

总之，对于大、中型桥梁来说，分孔问题是设计中最基本、最复杂的问题，必须进行深入全面的分析，才能做出比较完美的方案。

(三)桥面标高的确定

桥面的标高根据路线的纵断面设计，或根据设计洪水位、桥下通航需要的净空来确定，如图2-2所示。

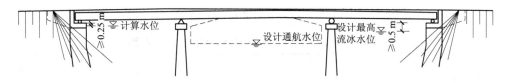

图 2-2 梁式桥桥下净空图

1. 桥下净空要求

(1)按计算水位(设计水位计入壅水、浪高等)计算桥面最低高程时，应按下式计算：

$$H_{\min} = H_j + \Delta h_j + \Delta h_0 \tag{2-1}$$

$$H_j = H_s + \sum \Delta h \tag{2-2}$$

式中　$H_{\min}$——桥面最低高程(m)。

　　　H_j——计算水位(m)。

　　　H_s——设计水位(m)。

　　　$\sum \Delta h$——考虑壅水、浪高、波浪壅高、河弯超高、水拱、局部股流壅高(水拱与局部股流壅高，只取其大者)、床面淤高、漂浮物高度等诸因素的总和(m)。

　　　Δh_j——桥下最小净空(m)，应符合表2-1的规定。

　　　Δh_0——桥梁上部构造建筑高度(m)，应包括桥面铺装高度。

表 2-1 非通航河流桥下最小净空 Δh_j

桥梁部位		高出计算水位/m	高出最高流冰水位/m
梁底	洪水期无大漂流物	0.50	0.75
	洪水期有大漂流物	1.50	—
	有泥石流	1.00	—
支承垫石顶面		0.25	0.50
有铰拱拱脚		0.25	0.25

当河流有形成流冰阻塞的危险或有漂浮物通过时，应按实际调查的数据，在计算水位的基础上，结合当地具体情况酌留一定富余量，作为确定桥下净空的依据。对于有淤积的河流，桥下净空应适当增大。

对于无铰拱桥，拱脚允许被设计洪水位淹没，但一般不超过拱圈高度的 2/3，且拱顶底面至计算水位的净高不得小于 1.0 m。

在不通航和无流筏的水库区域内，梁底面或无铰拱拱顶底面离开水面的高度不应小于计算浪高的 0.75 倍加上 0.25 m。

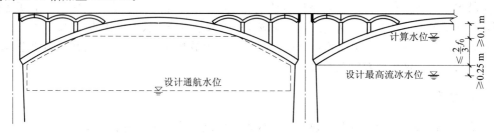

图 2-3 拱式桥桥下净空图

无压力式涵洞内顶点至洞内设计洪水频率标准水位的净高见表 2-2。

表 2-2 无压力式涵洞内顶点至最高流水面的净高

涵洞类型 涵洞进口净高(或内径)h/m	管涵	拱涵	矩形涵
$h \leqslant 3$	$\geqslant h/4$	$\geqslant h/4$	$\geqslant h/6$
$h > 3$	$\geqslant 0.75$ m	$\geqslant 0.75$ m	$\geqslant 0.5$ m

在设计跨越路线(铁路或公路)的立体交叉桥时，应保证桥下通行车辆的净空高度，并应满足视距和前方信息识别的要求。

(2)按设计最高流冰水位计算桥面最低高程时，应按下式计算：

$$H_{min} = H_{sb} + \Delta h_j + \Delta h_0 \tag{2-3}$$

式中 H_{sb}——设计最高流冰水位(m)，应考虑床面淤高。

(3)桥面设计高程不应低于式(2-1)和式(2-3)的计算值。

2. 通航净空要求

在通航及通行木筏的河流上，必须设置保证桥下安全通航的通航孔。通航孔桥跨结构下缘的标高，应高出自设计通航水位算起的通航净空高度。所谓通航净空，就是在桥孔中垂直于水流方向所规定的空间界限(见图 2-2 和图 2-3 中虚线所示的多边形图)，任何结构构件或航运设施均不得伸入其内。《内河通航标准》(GB 50139—2014)规定了水上过河建筑物的通航净空尺度，

表 2-3 列出了天然和渠化河流的通航净空尺寸,表中符号如图 2-4 所示。另外,对于限制性河道、黑龙江水系和珠江三角洲至港澳内河航道的通航净宽另有相关规定。国家还颁布了《海轮航道通航标准》(JTS 180—3—2018),该标准适用于沿海、海湾及区域内通航海轮航道的桥梁。

表 2-3　天然和渠化河流水上过河建筑物通航净空尺寸

航道等级	代表船舶船队	净高 H_m/m	单向通航孔/m			双向通航孔/m		
			净宽 B_m	上底宽 b	侧高 h	净宽 B_m	上底宽 b	侧高 h
I	(1)4排4列	24.0	200	150	7.0	400	350	7.0
	(2)3排3列	18.0	160	120	7.0	320	280	7.0
	(3)2排2列		110	82	8.0	220	192	8.0
II	(1)3排3列	18.0	145	108	6.0	290	253	6.0
	(2)2排2列		105	78	8.0	210	183	8.0
	(3)2排1列	10.0	75	56	6.0	150	131	6.0
III	(1)3排2列	18.0 / 10.0	100	75	6.0	200	175	6.0
	(2)2排2列	10.0	75	56	6.0	150	131	6.0
	(3)2排1列		55	41	6.0	110	96	6.0
IV	(1)3排2列	8.0	75	61	4.0	150	136	4.0
	(2)2排2列		60	49	4.0	120	109	4.0
	(3)2排1列		45	36	5.0	90	81	5.0
	(4)货船							
V	(1)2排2列	8.0	55	44	4.5	110	99	4.5
	(2)2排1列	8.0 或 5.0	40	32	5.5 或 3.5	80	72	5.5 或 3.5
	(3)货船							
VI	(1)1拖5	4.5	25	18	3.4	40	33	3.4
	(2)货船	6.0			4.0			4.0
VII	(1)1拖5	3.5	20	15	2.8	32	27	2.8
	(2)货船	4.5						

(四)纵坡

对于大、中桥梁,为了利用桥面排水,常把桥面做成从桥的中央向桥头两端纵坡为 1%～2% 的双面坡。特别是当桥面标高由于通航要求而建得比较高时,为了缩短引桥和降低桥头引道路堤的高度,更需要采用双向倾斜的纵向坡度。对大、中桥上的纵坡不宜大于 4%,桥头引道的纵坡不宜大于 5%。位于市镇混合交通繁忙处,桥上纵坡和桥头引道纵坡均不得大于 3%。

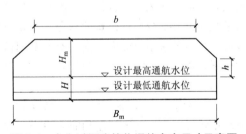

图 2-4　水上过河建筑物通航净空尺寸示意图

(五)基础埋置深度

基础的埋置深度在"基础工程"课程中介绍,这里将不再重复。

二、桥梁横断面设计

桥梁的横断面设计,主要是确定桥面净空和与此相适应的桥跨结构横断面的布置。

桥面净空包括净宽度和净高度。它与所在公路的建筑限界相同。高速公路、一级公路、二级公路的桥面净高应为 5.00 m，三级公路、四级公路的桥面净高应为 4.50 m。桥面行车道宽度取决于桥梁所在公路的设计速度，各级公路桥面行车道净宽标准如图 2-5 所示。

高速公路和一级公路应设置中间带，中间带由两条左侧路缘带及中间分隔带组成。

高速公路上的桥梁应设检修道，不宜设人行道。一、二、三、四级公路上桥梁的桥上人行道和自行车道的设置，应根据需要而定，并与路线前后布置配合。人行道、自行车道与行车道之间，应设置适当的分隔设施。一个自行车道的宽度宜为 1.0 m。自行车道数应根据自行车的交通量而定，当单独设置自行车道时，一般不应小于两个自行车道的宽度。人行道的宽度宜为 1.0 m，大于 1.0 m 时按 0.5 m 的级差增加。漫水桥和过路面可不设人行道。路缘石高度可取用 0.25～0.35 m。

为了桥面上排水的需要，桥面应根据不同类型的桥面铺装，设置从桥面中央倾向两侧的 1.5%～3.0% 的横坡。人行道宜设置向行车道倾斜 1% 的横坡。

三、平面布置

特大桥、大桥、中桥桥位应尽量选择在河道顺直稳定、河床地质良好、河滩较窄较高且河槽能通过大部分设计流量的地段。桥梁纵轴线应尽量与洪水主流流向正交。对通航河流上的桥梁，桥墩（台）沿水流方向的轴线应与通航水位的主流方向一致，必须斜交时，交角不宜大于 5°。对于一般小桥，为了改善路线线形，或城市桥梁受原有街道的制约时，也允许修建斜交桥，斜度通常不宜大于 45°。

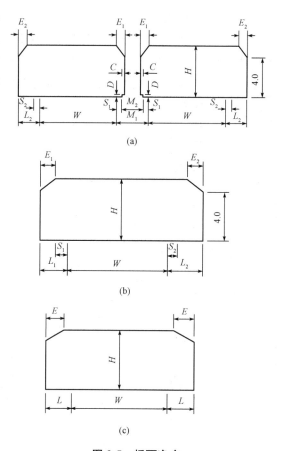

图 2-5　桥面净空

W—行车道宽度；L_1—左侧硬路肩宽度；L_2—右侧硬路肩宽度；S_1—左侧路缘带宽度；S_2—右侧路缘带宽度；L—侧向宽度。二级公路的侧向宽度为硬路肩宽度。三、四级公路的侧向宽度为路肩宽度减去 0.25；C—当设计速度大于 100 km/h 时为 0.5 m，小于 100 km/h 时为 0.25 m；D—路缘石高度，小于或等于 0.25 m。M_1—中间带宽度；M_2—中央分隔带宽度；E_1—建筑限界顶角宽度，$L_1<1$ m，$E_1=L_1$，或 $S_1+C<1$ m；$E_1=S_1+C$；当 $L_1\geqslant1$ m，或 $S_1+C\geqslant1$ m 时，$E_1=1$ m；E_2 建筑限界顶角宽度，$E_2=1$ m；E—建筑限界顶角宽度，$L\leqslant1$ m，$E=L$，当 $L>1$ m 时，$E=1$ m；H—净空高度。

一般公路上的特大桥、大桥、中桥桥位，原则上应服从路线走向，路桥综合考虑。当桥上线形为曲线时，各项技术指标应符合路线布设的规定。

第三节　桥梁设计与建设程序

一座重要桥梁的建设，将不可避免地对区域的政治、经济、文化及人民生活等多个方面产生重要的影响。各国根据在大桥建设中长期积累的经验,各自形成了一套与本国管理体制相适应的工作程序。在我国,根据国家基本建设程序要求,也逐步形成了包括技术、经济及组织工作在内的大桥设计程序,它分为前期工作和设计阶段。前期工作包括编制工程预可行性研究报告(简称"预可")和工程可行性研究报告(简称"工可");设计阶段按"三阶段设计"进行,即初步设计、技术设计与施工图设计。各阶段设计文件完成后的上报和审批都由国家指定的行政部门办理。各设计阶段与建设程序之间的关系如图 2-6 所示。以下就前期工作和设计阶段分别做具体说明。

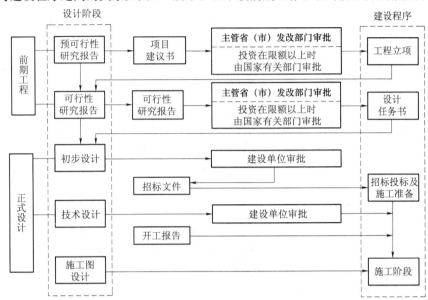

图 2-6　设计阶段与建设程序关系图

一、前期工作

预可行性研究报告和可行性研究报告都属于建设的前期工作。两者包含的内容及目的基本一致,但研究的深度有所不同。前期工作的重点在于论证建桥的地点、规模、标准、投资控制等宏观问题和重大问题,为科学地进行项目决策提供依据,避免决策盲目性及带来的严重后果。

1. 预可行性研究报告阶段

预可行性研究报告是在工程可行的基础上,着重研究桥梁建设的必要性及经济上的合理性,初步探讨技术上的可行性。预可行性研究报告阶段的主要工作目标是解决建设项目的上报立项问题,所以,在报告中应编制几个可能的桥型方案,并通过综合比较后,选定桥位和建设的规模。同时,应对工程造价、投资回报、社会效益、政治意义和国防意义等进行分析,论述经济上的合理性,并对资金来源有所设想。

设计方将预可行性研究报告上交业主后,由业主据此编制"项目建议书"报上级主管部门审批。

2. 可行性研究报告阶段

可行性研究报告是在预可行性研究报告审批后,在必要性和合理性得到确认的基础上,进一步研究工程技术上和投资上的可行性。在本阶段,要着重研究和制定桥梁设计的技术标准,包括荷载标准、设计车速、桥面宽度、桥面纵坡和平纵曲线半径及通航标准(通航净宽和净高)等,同时,还应与河道、航运、城市规划等相关部门共同研究和协商,处理好所有外部关系,共同商量确定相关的技术标准。

在"工可"阶段，应提出多个桥型方案，并按交通运输部《公路工程建设项目投资估算编制办法》估算造价，对资金来源和投资回报等问题应基本落实。

二、桥梁的设计程序

1. 初步设计

初步设计应根据批复的可行性研究报告、勘测设计合同和初勘材料编制。初步设计的目的是确定设计方案。应通过多个桥型方案比选，推荐最优方案，报上级单位审批。在编制各个桥型方案时，要提供平、纵、横布置图，拟定桥梁结构的主要尺寸，并估算工程数量，提供主要材料用量，提出施工方案意见，依据概算定额编制设计概算。初步设计经批复后，便成为施工准备、编制施工图设计文件和控制建设项目投资等的依据。

2. 技术设计

对于技术上复杂的特大桥、互通式立交桥或新型桥梁结构，需进行技术设计。技术设计的目的是优化或完善初步设计。技术设计应根据初步设计批复意见、勘测设计合同的要求，对所批准的桥式方案中重大、复杂的技术问题通过科学实验，提出详尽的设计图样和工程数量等，并修正工程概算。

3. 施工图设计

施工图设计是批复的初步设计（或技术设计）文件基础上，进一步对所审定的修建原则、设计方案、技术决定加以具体和深化。在此阶段，必须对桥梁进行详细的结构分析计算，确保各构件的强度、刚度、稳定性、耐久性、裂缝和构造等各种技术指标满足规范要求，绘制详细的施工图和全桥工程数量表，提出文字说明及施工组织计划，并编制工程预算。

在国内，一般的桥梁常把技术设计和施工图设计合并为一个阶段进行，即采用两阶段设计（初步设计和施工图设计）；对于一般小桥和技术简单、方案明确的中桥，也可采用一阶段设计，即施工图设计。

第四节　桥梁设计方案比选

在初步设计阶段，为了获得经济、适用和美观的桥梁设计方案，设计者需要运用丰富的桥梁建筑理论和实践经验，在了解国内外新技术、新材料、新工艺的基础上，根据各种自然情况和技术条件，对所拟定的各种桥梁方案在使用、经济、构造、施工、美观等各方面进行深入细致的分析研究工作，通过各方面的综合比较，得到科学合理的最优设计方案。

桥梁设计方案的比选可按以下步骤进行：

（1）明确各种标高的要求。在桥位纵断面图上，首先按比例绘制出设计水位、通航水位、路堤顶面标高、桥面标高、桥下最小净空（或通航净空）、堤顶行车净空位置等。

（2）初拟桥型方案图式。在上述确定了各种标高的纵断面图上，根据泄洪总跨径的要求及前述的分孔原则，初步做出分孔规划后，即可拟出一系列可能实现的桥型方案图式，以免遗漏独具特色的可能的桥型方案。

（3）方案初筛。对初拟的桥型方案做技术和经济上的综合分析和判断，剔除一些在经济上明显较差的方案，从中选出 2～4 个构思好、各具优点的方案，作为进一步详细研究和比较的桥型方案。

（4）编制详细的桥型方案，在作为初步设计的桥型方案确定之后，首先对每一个方案拟订结构的主要尺寸，进行结构构件的分析和设计，每一桥梁设计方案图中应绘出附有河床断面及地质分层的立面图和横断面图。

（5）编制估算或概算。根据已经编制好的方案详图，可以计算出上部结构、下部结构的主要工程数量，然后依据各省、市或行业的"估算定额"或"概算定额"，编制出各方案的主要材料（钢、木、混凝土等）用量、劳动力数量，并估算全桥的总造价。

（6）最优方案选定。设计方案的评价和比较要全面考虑各项指标，包括工程造价、建设工期、施工设备和能力、养护条件、运营条件，以及桥型与环境美观等，综合分析每一方案的优点、缺点，最后选定一个符合当前条件的最佳推荐方案。在深入比较过程中，应当及时发现并调整优势方案的不尽合理之处，吸取其他方案的优点，最后选定的方案甚至可能是集聚各个方案长处的另一新方案。

（7）文件整理与汇总。方案比选阶段的工作成果，除绘制方案比选图外，还应包括编制方案比选说明书。各方案图上应注明必要的数据，列出方案的主要材料数量，并附注各项说明，如比例、采用的规范名称、荷载等级等。说明书中应阐明设计任务、方案编制依据和标准、各方案的主要特色、施工方法、设计概算以及方案比较的综合性评述，对于推荐方案的较详细说明等。各种测量、地质勘察及水文调查资料、计算资料以及造价估（概）算所依据文件名称等，均可作为附件载入。

2009年建成通车的重庆朝天门长江大桥是重庆市城市总体规划中主城区规划的16座跨江特大桥之一。所选桥型除满足通航及交通功能外，还要求结构新颖、外形美观，与城市环境相协调，能够适应今后的轨道交通过江要求，构想建成后可以成为新重庆的第一座标志性景观工程。在设计中选择了中承式无推力钢箱系杆拱桥、三跨连续钢桁架悬索桥及中承式无推力钢桁架系杆拱桥三个桥型方案进行比选(图2-7)，综合比较结果见表2-4。经专家论证，结合重庆市的发展及朝天门大桥所处的特殊位置，推荐第三方案为首选方案。

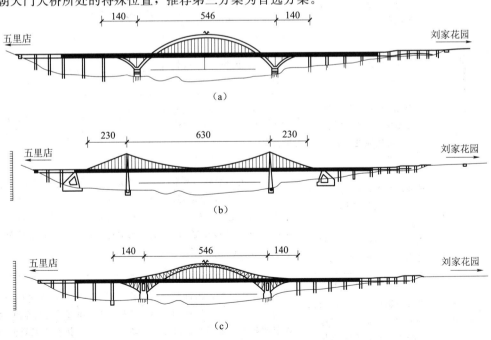

图 2-7　重庆朝天门大桥桥型方案比选(尺寸单位：m)

(a)方案一(主跨546 m钢箱拱)；(b)方案二(主跨630 m钢箱拱)；(c)方案三(主跨546 m钢桁拱)

表 2-4　重庆朝天门大桥三种桥型方案比较

方　　案		方案一 （主跨 140＋546＋140） 钢箱系杆拱	方案二 （主跨 230＋630＋230） 三跨连续悬索桥	方案三 （主跨 140＋546＋140） 钢桁架拱桥
主桥长/m		826	1 090	826
引桥长/m		900	656	900
全桥长/m		1 726	1 746	1 726
施工阶段	施工方案要点及难易度	基础浅滩施工，局部围堰；主拱座为混凝土结构，现浇施工；主梁为钢箱拱肋，工厂生产，现场节段吊装拼装。有上海卢浦大桥的成功施工经验，施工工艺要求高，施工难度大。北岸塔架锚固工程须考虑渡洪措施	基础浅滩施工，北岸隧道锚碇开挖可借鉴鹅公岩大桥。主塔为混凝土结构，滑模施工；主梁为钢桁架梁，工厂生产，现场安装，国内有多座同类大桥的成功施工经验，施工工艺要求高，施工难度一般	基础浅滩施工，局部围堰；主拱座为混凝土结构，翻模施工；主拱为钢桁架梁，缆索吊装；主梁为钢桁架梁，工厂生产，现场杆件吊装拼接。国内同类大桥的施工经验少，施工难度较大。北岸塔架锚固工程须考虑渡洪措施
	抗风能力	施工阶段成拱速度快，合龙后有较好的抗风稳定性	施工阶段主梁悬臂长，合龙前抗风稳定性较差。主梁合龙后抗风稳定性好	施工阶段成拱速度快，合龙后有较好的抗风稳定性
	施工速度	总工期为三年（紧张）	总工期为三年（尚可）	总工期为三年（紧张）
运营阶段	技术水平	整体结构设计及施工技术先进，在同类结构中居领先水平	整体施工设计及施工技术先进，在同类结构中跨径偏小，但作为公路与轨道交通两用桥，其结构居领先水平	整体施工设计及施工技术先进，在同类结构中居领先地位
	抗风抗震能力	成桥后抗风及抗震性能好	成桥后抗风及抗震性能好	成桥后抗风及抗震性能好
	通航及行洪	航道宽敞，墩身庞大，扰流影响大，行洪能力较差，基础腐蚀更严重	航道宽敞，柱墩总宽度较小，扰流影响小，行洪能力好	航道宽敞，但柱墩墩身庞大，扰流影响大，行洪能力较差，基础腐蚀更严重
	美学效果	主桥为拱桥，外形轮廓柔和，与周边环境协调融合，主拱为钢箱肋，透空视野差，主桥带有两平衡边跨，与引桥过渡衔接好总体景观效果一般	主桥为桁架梁桥，透空视野好，主塔高耸挺拔，气势宏伟，主桥带有两边跨，与引桥过渡衔接好，总体景观效果好	主桥为拱桥，外形轮廓柔和，与周边环境协调融合，主拱主梁均为桁架结构，透空视野好，主桥带有两平衡边跨，与引桥过渡衔接好，总体景观效果好
	养护难易	主拱主梁为钢结构，须进行防腐处理，系杆及吊杆索须定期养护，拱座为混凝土结构，不需后期养护处理	主梁为钢结构，须进行防腐处理，主缆、吊杆均须定期防护。主塔为混凝土结构，不需后期养护	主拱主梁为钢结构，须进行防腐处理，工程量大，吊杆需定期养护。杆件较多养护困难。主拱座为混凝土结构，不需后期养护

第三章 桥梁设计荷载

· 学习要点 ·

公路桥梁上作用的定义，作用的分类及各种作用的规定和计算，作用效应组合的方式和内容。

桥梁结构根据其使用功能的不同，除承受结构本身自重和各种附加重力外，主要承受桥上各种交通荷载，如汽车荷载、非机动车荷载和人群荷载。而且，鉴于桥梁结构处于自然环境之中，还要经受气候、水文等复杂因素(外力)的影响。

我国现行《公路桥涵设计通用规范》(JTG D60—2015)中将作用于桥梁结构的荷载和引起结构外加变形或约束变形的原因统称为作用。作用是指施加在结构上的一组集中力或分布力，或引起结构外加变形或约束变形的原因。前者称直接作用，也称荷载；后者称间接作用。

作用在桥梁结构上的作用可分为永久作用、可变作用、偶然作用和地震作用四类，详见表3-1。

表 3-1　作用分类表

序号	作用分类	作用名称
1	永久作用	结构重力(包括结构附加重力)
2		预加力
3		土的重力
4		土侧压力
5		混凝土收缩和徐变作用
6		水的浮力
7		基础变位作用
8	可变作用	汽车荷载
9		汽车冲击力
10		汽车离心力
11		汽车引起的土侧压力
12		汽车制动力
13		人群荷载
14		疲劳荷载

序号	作用分类	作用名称
15	可变作用	风荷载
16		流水压力
17		冰压力
18		波浪力
19		温度(均匀温度和梯度温度)作用
20		支座摩阻力
21	偶然作用	船舶的撞击作用
22		漂流物的撞击作用
23		汽车撞击作用
24	地震作用	地震作用

一、永久作用

永久作用(也称恒载)是在设计基准期内,始终存在且其量值变化与平均值相比可以忽略不计的作用,或其变化是单调的并趋于某个限界的作用。永久作用的量值是指其作用位置、大小和方向。作用于桥梁上部结构的永久作用,主要是结构物自重、桥面铺装及附属设备的重力(人行道板、栏杆、扶手、灯柱等)、长期作用于结构上的人工预加力,以及混凝土收缩和徐变作用、基础变位作用。

结构物自重、桥面铺装及附属设备的重力的标准值可按结构物的实际体积乘以其材料的重度计算。

二、可变作用

可变作用(也称活载)是在结构设计基准期内,其量值随时间而变化,或其变化值与平均值比较不可忽略不计的作用,主要包括汽车荷载及其影响力、自然和人为产生的各种变化。

1. 汽车荷载及其影响力

(1)汽车荷载。汽车荷载分为公路—Ⅰ级公路和公路—Ⅱ级两个等级,由车道荷载和车辆荷载组成。车道荷载由均布荷载和集中荷载组成,桥梁的整体计算采用车道荷载,桥梁结构的局部加载、涵洞、桥台和挡土墙土压力等的计算采用车辆荷载,车道荷载与车道荷载作用不得叠加。车道荷载的计算图式如图 3-1 所示,车辆荷载的计算图式如图 3-2 和图 3-3 所示。公路桥涵的汽车荷载等级和车道荷载标准值见表 3-2。

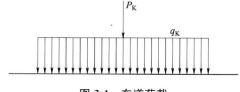

图 3-1　车道荷载

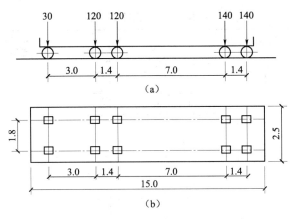

图 3-2 车辆荷载的立面、平面尺寸

(a)立面布置；(b)平面尺寸(图中尺寸单位为 m，荷载单位为 kN)

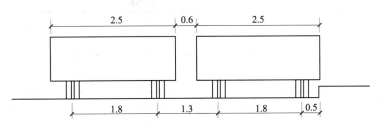

图 3-3 车辆荷载横向布置(尺寸单位：m)

表 3-2 各级公路桥涵的汽车荷载等级和车道荷载标准值

公路等级	高速公路	一级公路	二级公路	三级公路	四级公路
汽车荷载等级	公路—Ⅰ级			公路—Ⅱ级	
均布荷载标准值 $q_K/kN \cdot m^{-1}$	10.5			7.875	
集中荷载标准值 P_K/kN	$l \leqslant 5$ m：$P_K = 270$ kN $l \geqslant 50$ m：$P_K = 360$ kN 5 m $< l < 50$ m：P_K 值采用 $P_K = 2(l+130)$ 求得			$l \leqslant 5$：$P_K = 202.5$ kN $l \geqslant 50$ m：$P_K = 270$ kN 5 m $< l < 50$ m：P_K 值采用 $P_K = 0.75 \times 2(l+130)$ 求得	
注：l 为桥梁计算跨径。计算剪力效应时，表中集中荷载标准值 P_K 应乘以 1.2 的系数。					

汽车荷载的加载规定：车道荷载的纵向加载为均布荷载标准值应满布于使结构产生最不利效应的同号影响线上；集中荷载标准值作用于相应影响线中最大影响线峰值处。横向分布系数应按设计车道数布置车辆荷载进行计算。车道荷载的加载如图 3-2 和图 3-3 所示。

汽车荷载的折减规定：桥涵设计车道数应符合表 3-3 的规定。多车道桥梁上的汽车荷载应考虑多车道折减，当桥涵设计车道数等于或大于 2 时，由汽车荷载产生的效应应按表 3-4 规定的多车道折减系数进行横向折减，但折减后的效应不得小于两设计车道的荷载效应。当桥梁计算跨径大于 150 m 时，应按表 3-5 规定的纵向折减系数进行纵向折减。

表 3-3　桥涵设计车道数

桥面宽度 W/m		桥涵设计车道数
车辆单向行驶时	车辆双向行驶时	
$W<7.0$		1
$7.0\leqslant W<10.5$	$6.0\leqslant W<14.0$	2
$10.5\leqslant W<14.0$		3
$14.0\leqslant W<17.5$	$14.0\leqslant W<21.0$	4
$17.5\leqslant W<21.0$		5
$21.0\leqslant W<24.5$	$21.0\leqslant W<28.0$	6
$24.5\leqslant W<28.0$		7
$28.0\leqslant W<31.5$	$28.0\leqslant W<35.0$	8

表 3-4　横向车道布载系数

设计车道数目	1	2	3	4	5	6	7	8
横向折减系数	1.20	1.00	0.78	0.67	0.60	0.55	0.52	0.50

表 3-5　纵向折减系数

计算跨径 l/m	纵向折减系数	计算跨径 l/m	纵向折减系数
$150<l<400$	0.97	$800\leqslant l<1\,000$	0.94
$400\leqslant l<600$	0.96	$l\geqslant1\,000$	0.93
$600\leqslant l<800$	0.95		

(2)汽车冲击力。汽车以较高的速度驶过桥梁时，桥梁产生的应力与变形比大小相等的静载引起的要大一些，这是因为汽车荷载不是慢慢地增加，而是以较快的速度突然加载于桥上，因而使桥梁发生振动。同时，由于桥面不平整、车轮不圆以及发动机抖动等原因，也会使桥梁结构发生振动。这种由于荷载的动力作用使桥梁发生振动而造成内力加大的现象称为冲击作用。也就是说，桥梁不仅承受车辆荷载的重力作用，还受到一种冲击力。鉴于目前对冲击作用还不能从理论上做出符合实际的精确计算，只能采用粗略的近似方法，即以冲击系数 μ 来计及荷载的冲击作用。《公路桥涵设计通用规范》(JTG D60—2015)中规定，钢桥、钢筋混凝土及预应力混凝土桥、圬工拱桥等上部构造和钢支座、板式橡胶支座、盆式橡胶支座及钢筋混凝土柱式墩台，应计算汽车的冲击作用；填料厚度(包括路面厚度)等于或大于 0.5 m 的拱桥、涵洞以及重力式墩台不计冲击力。

汽车荷载的冲击力标准值为汽车荷载标准值乘以冲击系数 μ，μ 按表 3-6 采用。

表 3-6　冲击系数 μ

结构基频 f/Hz	冲击系数 μ	结构基频 f/Hz	冲击系数 μ
$f<1.5$ Hz	0.05	$f>14$ Hz	0.45
1.5 Hz$\leqslant f\leqslant14$ Hz	$0.176\,7\ln f-0.015\,7$		

汽车荷载的局部加载及在 T 形梁、箱梁悬臂板上的冲击系数采用 0.3。

(3)汽车离心力。位于曲线上的桥梁，当曲线半径等于或小于 250 m 时，应计算汽车荷载产生的离心力。汽车荷载离心力标准值为车辆荷载（不计冲击力）标准值乘以离心力系数 c，离心力系数按下式计算：

$$c = \frac{V^2}{127R} \tag{3-1}$$

式中　V——设计速度（km/h），应按桥梁所在路线设计速度采用；

　　　R——曲线半径（m）。

计算多车道桥梁的汽车荷载离心力时，车辆荷载标准值应乘以多车道的横向折减系数。离心力的着力点在桥面以上 1.2 m 处（为计算简便也可移至桥面上，不计由此引起的作用效应）。

（4）汽车引起的土压力。汽车荷载引起的土压力采用车辆荷载加载，并可按下列规定计算：

车辆荷载在桥台或挡土墙后填土的破坏棱体上引起的土侧压力，可按下式换算成等代均布土层厚度（m）计算：

$$h = \frac{\sum G}{Bl_0\gamma} \tag{3-2}$$

式中　$\sum G$——布置在 $B \times l_0$ 面积内的车轮的总重力（kN），计算挡土墙的土压力时，车辆荷载应按图 3-3 作横向布置，多车道加载时，车轮总重力应按表 3-4 进行折减；

　　　l_0——桥台或挡土墙后填土的破坏棱体长度（m），对于墙顶以上有填土的路堤式挡土墙，为破坏棱体范围内的路基宽度部分；

　　　γ——土的重度（KN/m³）；

　　　B——桥台横向全宽或挡土墙的计算长度（m）。

计算涵洞顶上车辆荷载引起的竖向土压力时，车轮按其着地面积的边缘向下作 30° 角分布。当几个车轮的压力扩散线相重叠时，扩散面积以最外边的扩散线为准。

（5）汽车制动力。制动力是汽车在桥上制动时为克服其惯性力而在车轮与路面之间发生的滑动摩擦力。车轮与路面间的摩擦系数可达 0.5 以上，但由于一行汽车不可能同时刹车，所以制动力不等于摩擦系数乘以桥上全部车道荷载。《公路桥涵设计通用规范》（JTG D60—2015）中规定，一个设计车道上由汽车荷载产生的制动力标准值按车道荷载标准值在加载长度上计算的总重力的 10% 计算，但公路－Ⅰ级汽车荷载的制动力标准值不得小于 165 kN；公路－Ⅱ级汽车荷载的制动力标准值不得小于 90 kN。同向行驶双车道的汽车荷载制动力标准值为一个设计车道制动力标准值的 2 倍；同向行驶三车道为一个设计车道的 2.34 倍；同向行驶四车道为一个设计车道的 2.68 倍。

制动力的方向就是行车方向，其着力点在桥面以上 1.2 m 处，计算墩台时，可移至支座铰中心或支座底座面上；计算刚构桥时、拱桥时，制动力的着力点可移至桥面上，但不计因此而产生的竖向力和力矩。

设有板式橡胶支座的简支梁、连续桥面简支梁或连续梁排架式柔性墩台，应根据支座与墩台的抗推刚度的刚度集成情况分配和传递制动力。设有板式橡胶支座的简支梁刚性墩台，应按单跨两端的板式橡胶支座的抗推刚度分配制动力。

设有固定支座、活动支座（滚动或摆动支座、聚四氟乙烯板支座）的刚性墩台传递的制动力按《公路桥涵设计通用规范》（JTG D60—2015）相关规定计算。

2. 人群荷载

设有人行道的桥梁，在以汽车荷载计算内力时，应同时考虑人行道上人群荷载所产生的内力，人群荷载标准值按以下规定采用：

（1）当桥梁计算跨径 $l \leqslant 50$ m 时，人群荷载标准值为 3.0 kN/m²；当 $l \geqslant 150$ m 时，人群荷载

标准值为 2.5 kN/m²；当 50 m < l < 150 m 时，人群荷载标准值为 3.25～0.005l。

对于不等跨的连续结构，以最大计算跨径为准。

(2)非机动车、行人密集的公路桥梁，人群荷载标准值取上述规定值的 1.15 倍。

(3)专用人行桥梁，人群荷载标准值为 3.5 kN/m²。

(4)人群荷载在横向应布置在人行道的净宽度内，在纵向施加于使结构产生最不利荷载效应的区段内。

(5)人行道板(局部构件)可以一块板为单元，按标准值 4.0 kN/m² 的均布荷载计算。

(6)计算人行道栏杆荷载时，作用在栏杆立柱顶上的水平推力标准值取 0.75 kN/m；作用在栏杆扶手上的竖向力标准值取 1.0 kN/m。

三、偶然作用

偶然作用是在设计基准期内，出现的概率很小，一旦出现，其值很大且持续时间很短的作用。

偶然作用主要是船舶或漂流物的撞击作用、汽车撞击作用。

(1)跨越江、河、海湾的桥梁，位于通航河道或有漂流物的河流中的桥梁墩台，设计时必须考虑船舶或漂流物对桥梁墩台的撞击作用。其撞击作用的标准值可按专题研究确定或依照《公路桥涵设计通用规范》(JTG D60—2015)相关规定。当设有与墩台分开的防撞击的防护结构时，桥墩可不计船舶的撞击作用。

内河船舶的撞击作用点假定为计算通航水位线以上 2 m 的桥墩宽度或长度的中点。海轮船舶的撞击作用点需视实际情况而定。漂流物的撞击作用点假定在计算通航水位线上桥墩宽度的中点。

(2)桥梁结构必要时可考虑汽车的撞击作用。汽车撞击力标准值在车辆行驶方向取 1 000 kN，在车辆行驶垂直方向取 500 kN，两个方向的撞击力不同时考虑，撞击力作用于行车道以上 1.2 m 处，直接分布于撞击涉及的构件上。

四、地震作用

地震作用主要是指地震时强烈的地面运动引起结构惯性力。地震作用的强弱不仅与地震时地面运动强烈程度有关，还与结构的动力特性(频率和振型)有关。

在地震区建造桥梁，必须考虑地震作用。它虽然不一定会出现，而一旦出现，时间也极为短促(经常是 10 s 以内)，但对结构安全会产生非常巨大的影响。所谓地震作用主要是指地震时强烈的地面运动引起的结构惯性力，因而它不是静力荷载，而是动力荷载；不是固定值，而是随机变值；不完全取决于地震时地面运动的强烈程度，还取决于构件的动力特性(频率与振型)。公路桥梁地震作用的计算及结构的设计，应符合现行《公路工程抗震规范》(JTG B02—2013)和《公路桥梁抗震设计细则》(JTG/T B02—01—2008)的规定。

第四章　桥面布置与构造

·学习要点·

桥面横坡的设置方法；桥面铺装的类型及方法；桥面排水的方法；桥面伸缩装置的类型及适用条件；人行道的设置形式。

第一节　桥面组成与布置

一、桥面的布置

桥面的布置应在桥梁的总体设计中考虑，它根据道路的等级、桥梁的宽度、行车的要求等条件确定。对混凝土梁式桥，其桥面布置形式有双向车道布置、分车道布置和双层桥面布置等。

1. 双向车道布置

双向车道布置是指行车道的上下行交通布置在同一桥面上，采用画线作为分隔标记，而不设置分隔设施，分隔界限不明显。由于在桥梁上同时存在上下行车辆和机动车与非机动车，因此，交通相互干扰大，行车速度受到限制，对交通量较大的道路，还往往会造成交通滞流状态。

2. 分车道布置

分车道布置是指将行车道的上下行交通通过分隔设施进行分隔设置。显然，采用这种布置方式，上下行交通互不干扰，可提高行车速度，有效地防止交通事故的发生，便于交通管理。但是在桥面布置上要增加一些分隔设施，桥面的宽度相应地要加宽。

采用分车道布置的方法，可在桥面上设置分隔带，用以分隔上下行车辆[图 4-1(a)]。也

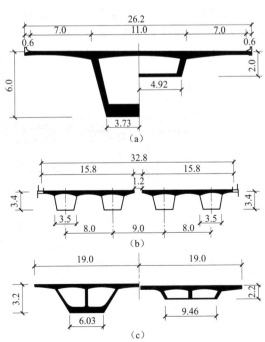

图 4-1　分车道的桥面布置(尺寸单位：m)

可以采用分离式主梁布置，在主梁间设置分隔带[图 4-1(b)]。或采用分离式主梁，但在两主梁之间的桥面上不加联系，各自单向通行[图 4-1(c)]。

分车道布置除对上下行交通分隔外，也可将机动车道与非机动车道分隔、行车道与人行道分隔。

分隔带的形式可以采用混凝土制作的护栏、钢（或铁）制的护栏，或采用钢杆或钢索（链）分隔等。

图 4-2 表示用混凝土制作的"新泽西式护栏"，是目前应用比较广泛的一种分隔形式。由于其质量重，稳定性好，所以有较好的防撞性能，并且可以减少车辆的损坏。护栏可采用预制或现浇制作。预制的护栏由钢链相连，放在桥面上，并不需要特殊的基础或锚固。

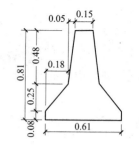

图 4-2　混凝土制作的护栏
（尺寸单位：m）

3. 双层桥面布置

双层桥面布置在空间上可以提供两个不在同一平面上的桥面结构。这种布置形式大多用于钢桥中，因为钢桥受力明确，构造上也较易处理。在混凝土梁桥中采用双层桥面布置的情况很少。

双层桥面布置，可以使不同的交通严格分道行驶，使高速车与中速车分离，机动车与非机动车分道，行车道与人行道分离，提高了车辆和行人的通行能力，并便于交通管理。同时，可以充分利用桥梁净空，在满足同样交通要求之下，减小桥梁宽度。这种布置方式在城市桥梁和立交桥中会更显示出其优越性。

二、桥面构造

桥面构造直接与车辆、行人接触，它对桥梁的主要结构起保护作用，并且使桥梁能够正常使用。同时，桥面构造多属外露部位，其选择是否合理、布置是否恰当直接影响桥梁的使用功能、布局和美观。因此，必须要对桥面构造有足够的重视。

桥面构造包括桥面铺装、排水和防水系统、伸缩装置、人行道（或安全带）、缘石、栏杆、灯柱等，如图 4-3 所示。

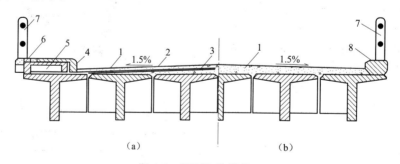

（a）　　　　　　　　　　　（b）

图 4-3　桥面构造横截面
（a）设防水层；（b）不设防水层
1—桥面铺装层；2—防水层；3—三角垫层；4—缘石；
5—人行道；6—人行铺装层；7—栏杆；8—安全带

第二节 桥面铺装

桥面铺装也称行车道铺装或桥面保护层，其作用是保护属于主梁整体部分的行车道板不受车辆轮胎(或履带)的直接磨耗，防止主梁遭受雨水的侵蚀，并能对车辆轮重的集中荷载起一定的分布作用。因此，桥面铺装要求有一定强度，防止开裂，并保证耐磨。

桥面铺装部分在桥梁恒荷载中占有相当的比重，特别对于小跨径桥梁尤为显著，故应尽量设法减小铺装的重量。

一、桥面纵、横坡的设置

为了迅速排出桥面雨水，桥梁除设有纵向坡度外，还应将桥面铺装层的表面沿横向设置成1.5%～2.0%的双向横坡。

桥面的纵坡，应满足本书第2章第2节的有关规定。

桥面的横坡通常有以下四种设置形式：

(1)对于板桥(矩形板或空心板)或就地浇筑的肋板式梁桥，为节省铺装材料并减轻重力，可以将横坡直接设在墩台顶部而作成倾斜的桥面板，此时铺装层在整个桥宽上就可做成等厚的，而不需设置混凝土三角垫层[图4-4(a)]。

(2)对于装配式肋梁桥，为使主梁构造简单、架设和拼装方便，通常横坡不再设置在墩台顶部，而是通过在行车道板上铺设不等厚的铺装层(包括混凝土三角垫层和等厚的混凝土铺装层)以构成桥面横坡[图4-4(b)]。

(3)在较宽的桥梁(如城市桥梁)中，用三角垫层设置横坡将使混凝土用量与恒荷载重量增加过多。为此，也可直接将行车道板做成倾斜面而形成横坡[图4-4(c)]，但这样会使主梁的构造和施工稍趋复杂。

(4)利用走支座垫石形成横坡。桥面铺装的表面通常采用抛物线或直线形横坡，而人行道表面设1%的向内的直线形横坡。

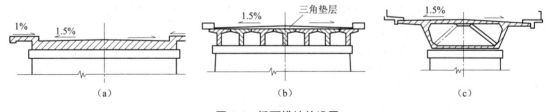

图 4-4 桥面横坡的设置

二、桥面铺装的类型

装配式钢筋混凝土和预应力混凝土梁桥的铺装，目前使用下列几种形式。

1. 普通水泥混凝土或沥青混凝土铺装

应按《通规》P15要求设防水层。而直接在桥面上铺筑5～8 cm的普通水泥混凝土或沥青混凝土铺装。其混凝土强度等级不低于行车道板混凝土强度等级，在铺筑时要求有较好的密实度。为了防滑和减弱光线的反射，最好将混凝土做成粗糙表面。水泥混凝土铺装的造价低，耐磨性能好，适用于重载交通，但其养生期较长，日后修补较麻烦。沥青混凝土铺装的质量较轻，维修养护较方便，在铺筑后只等几小时就能通车运营，但易老化变形。沥青混凝土铺装可以做成单层式的(5~8 cm)或双层式的(底层 4~5 cm，面层 3~4 cm)。

2. 防水混凝土铺装

对位于非冰冻地区的桥梁须做适当的防水时，可在桥面板上铺筑 8~10 cm 厚的防水混凝土作为铺装层[图 4-5(a)]。防水混凝土的强度等级一般不低于行车道板混凝土的强度等级，其上一般可不另设面层，但为延长桥面的使用年限，宜在上面铺筑 2 cm 厚的沥青表面处治作为可修补的磨耗层。

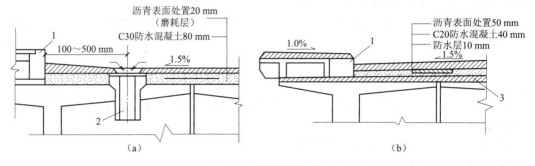

图 4-5 桥面铺装构造
1—缘石；2—泄水管；3—贫混凝土

3. 具有贴式防水层的水泥混凝土或沥青混凝土铺装

在防水要求高，或在桥面板位于结构受拉区而可能出现裂纹的桥梁上，往往采用柔性贴式防水层[图 4-5(b)]。贴式防水层设在低强度等级混凝土三角垫层上面，其做法是：先在垫层上用水泥砂浆抹平，待硬化后在其上涂一层热沥青底层，随即贴上一层油毛毡(或麻袋布、玻璃纤维织物等)，上面再涂上一层沥青胶砂，贴一层油毛毡，最后再涂一层沥青胶砂。通常将这种做法的防水层称为"三油二毡"防水层。其厚度为 1~2 cm。桥面伸缩缝处应连续铺设，不可切断。桥面纵向应铺过桥台背，横向应伸过缘石底面从人行道与缘石砌缝里向上叠起 10 cm。为了保护贴式防水层不致因铺筑和翻修路面而受到损坏，在防水层上需用厚约为 4 cm、强度等级不低于C20 的细集料混凝土作为保护层。等它达到足够强度后再铺筑沥青混凝土或水泥混凝土路面铺装。由于这种防水层的造价高，施工也麻烦费时，故应根据建桥地区的气候条件、桥梁的重要性等，在技术和经济上经充分考虑后再予采用。

另外，国外也曾使用环氧树脂涂层来达到抗磨耗、防水和减小桥梁恒荷载的目的。这种铺装层的厚度通常为 0.3~1.0 cm。为保证其与桥面板牢固结合，涂抹前应将混凝土板面清刷干净。显然，这种铺装的费用高昂。

桥面铺装一般不作受力计算，考虑到在施工中要确保铺装层与桥面板紧密结合成整体，则铺装层的混凝土(扣除作为车轮磨损的部分，为 1~2 cm 厚)也可合计在行车道板内一起参与受力，以充分发挥这部分材料的作用。为使铺装层具有足够的强度和良好的整体性并防止开裂，一般宜在水泥混凝土铺装中铺设直径为 4~6 mm 的钢筋网。

第三节　桥面防水排水设施

钢筋混凝土结构不宜经受时而湿润时而干晒的交替作用。湿润后的水分如接着因严寒而结冰，则更有害，因为渗入混凝土微细裂纹和大孔隙内的水分，在结冰时会导致混凝土发生破坏，而且水分侵蚀钢筋也会使钢筋锈蚀。因此，为防止雨水积聚于桥面并渗入梁体而影响桥梁的耐久性，除在桥面铺装层内采取防水措施（如采用防水混凝土、柔性贴式防水层）外，还应采取一定的排水措施，使桥上的雨水迅速排出桥外。

桥面排水除采取在桥面上设置纵、横坡之外，常常还需要设置一定数量的泄水管。

通常当桥面纵坡大于2%而桥长小于50 m时，雨水可沿桥面流至桥头从引道排出，桥上可以不设泄水管。为了防止雨水冲刷引道路基，应在桥头引道的两侧设置流水槽。

当纵坡大于2%但桥长超过50 m时，宜在桥上每隔12～15 m设置一个泄水管。当纵坡小于2%时，泄水管就需设置更密一些，一般每隔6～8 m设置一个。泄水管的过水面积通常为每平方米桥面上不少于2～3 cm²。

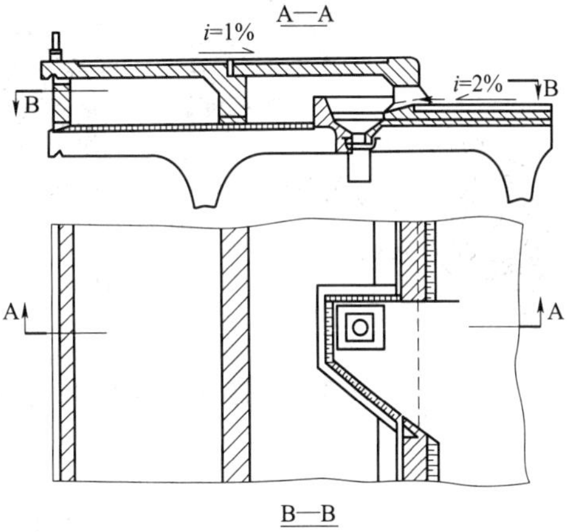

泄水管可以沿行车道两侧左右对称排列，也可交错排列，其离缘石的距离为20～50 cm［图4-5(a)］。泄水管也可布置在人行道下面（图4-6），为此需要在人行道块件（或缘石部分）上留出横向进水口，并在泄水管周围（除了朝向桥面的一方外）设置相应的聚水槽。

对于跨线桥和城市桥梁，最好像建筑物那样设置完善的泄水管道，将雨水排至地面阴沟或下水道内。

图 4-6　泄水管布置在人行道下的图示

目前，梁式桥上常用的泄水管道有下列几种形式。

一、金属泄水管

图4-7所示为一种构造比较完备的铸铁泄水管，适用于具有贴式防水层的铺装结构。泄水管的内径一般为10～15 cm，管子下端应伸出行车道板底面以下至少15～20 cm。安放泄水管时，与防水层的接合处要做得特别仔细，防水层的边缘要紧夹在管子的顶缘与泄水漏斗之间，以便防水层上的渗水能通过漏斗上的过水孔流入管内。这种铸铁泄水管使用效果好，但构造较复杂。通常可以根据具体情况，在此基础上做适当的简化改进，例如采用钢管和钢板的焊接构造，甚至改用塑料浇筑的泄水管等。

二、钢筋混凝土泄水管

图4-8所示为钢筋混凝土泄水管构造。其适用于不设专门防水层而采用防水混凝土的铺装构造上，布置细节可参见图4-5(a)。在制作时，可将金属栅板直接作为钢筋混凝土管的端模板，以使焊于板上的短钢筋锚固于混凝土中。这种预制的泄水管构造简单，也可以节约钢材。

三、横向排水管道

对于一些跨径不大、不设人行道的小桥，有时为了简化构造和节省材料，可以直接在行车道两侧的安全带或缘石上预留横向孔道（图4-9），并用铁管、竹管等将水排出桥外。这种做法构造简单，但因孔道坡度平缓，易于堵塞。

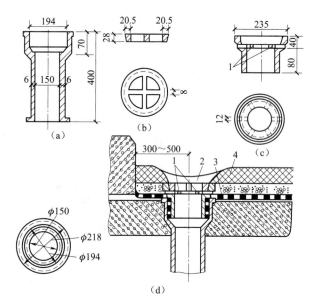

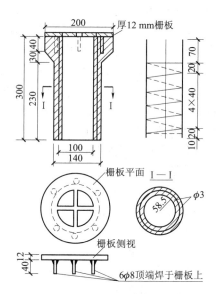

图 4-7　金属泄水管构造(尺寸单位：mm)

图 4-8　钢筋混凝土泄水管
构造(尺寸单位：mm)

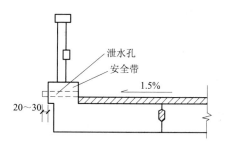

图 4-9　横向泄水管道(尺寸单位：mm)

第四节　桥面伸缩装置和桥面连续

为了保证桥跨结构在气温变化、活荷载作用、混凝土收缩与徐变等影响下按静力图式自由地变形，就需要在桥面上的两梁端之间以及梁端与桥台背墙之间设置伸缩缝(亦称变形缝)。

伸缩装置的构造有简有繁，视桥梁变形量的大小和活荷载轮重而异，主要满足以下几方面的要求。

(1)保证梁能够自由变形，使车辆在设缝处能平顺地通过，防止雨水、垃圾泥土等渗入堵塞。

(2)城市桥梁车辆通过时应减小噪声。

(3)施工和安装方便，且本身要有足够的强度，还应与桥面铺装部分牢固连接。

(4)对于敞露式的伸缩装置要便于检查和清除缝下沟槽的污物。

(5)在伸缩缝附近的栏杆结构也要能相应地自由变形。

在选择伸缩装置的类型时，主要取决于桥梁的伸缩量，它的大小由计算确定。

下面介绍几种常用的伸缩装置构造。

一、U形锌铁皮式伸缩装置

对于中小跨径的桥梁，当变形量在 2～4 cm 以内时，常采用以锌铁皮为跨缝材料的伸缩装置构造[图 4-10(a)]。弯成 U 形断面的长条形锌铁皮分上下两层。上层的弯曲部分应开凿孔径为 0.6 cm、孔距为 3 cm 的梅花眼，其上设置石棉纤维垫绳，然后用沥青填塞。这样，当桥面伸缩时，锌铁皮可随之变形。下层锌铁皮 U 形槽可将渗下的雨水沿横向排出桥外。

对于沥青混凝土桥面铺装的情况，当变形量不大(不超过 1 cm)时，可以不必将桥面断开，如图 4-10(b)所示。为了避免在桥面上出现不规则的裂迹，可以在桥面施工时预留约宽 0.5 cm、深 3～5 cm 的整齐切口，以后再注入沥青胶砂。

图 4-10(c)表示将缝上桥面层与梁端混凝土保护层用油毡纸局部隔离，以增加桥面参与受力部分的长度，而不使桥面断开的伸缩装置构造。锌铁皮与三角垫层间可能留有的空隙，是荷载下造成路面破裂和伸缩装置毁坏的重要原因之一。图示形状的 U 形锌铁皮可显著减少上述空隙而使构造得以改善。

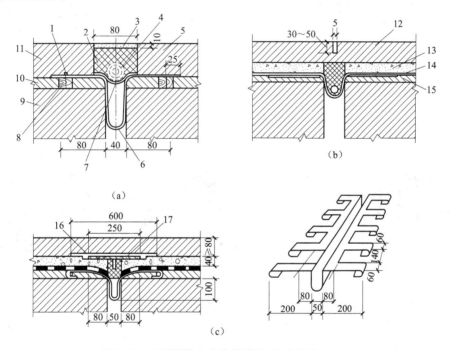

图 4-10　U 形锌铁皮式伸缩装置(尺寸单位：mm)
1—圆钉；2—沥青膏；3—砂子；4—石棉纤维垫绳；5—锡焊；6—下层锌铁皮 330 mm×1 mm；
7—上层锌铁皮 120 mm×1 mm；8—小木块 30 mm×30 mm；9—行车道块件；
10—三角垫层；11—行车道铺装层；12—沥青混凝土；13—混凝土保护层；
14—贴式防水层；15—三角垫层；16—油毡垫层；17—钢板

对于人行道部分的伸缩装置构造，通常用一层 U 形锌铁皮跨搭，其上再填充沥青膏来实现。这种伸缩装置构造简单，但短期使用后一般均有不同程度的损坏，车辆行驶时常有突跳感觉。为了改进这种构造，可以用橡胶板来代替锌铁皮的作用。

二、跨搭钢板式伸缩装置

对于梁端变形量较大（4～6 cm 以上）的情况，可采用以钢板为跨缝材料的伸缩装置构造。

图 4-11(a) 所示为最简单的钢板伸缩装置，用一块厚度约为 10 mm 的钢板搭在断缝上，钢板的一侧焊在锚固于铺装层混凝土内的角钢 1 上，另一侧可沿着对面的角钢 2 自由滑动。角钢 2 的边缘焊上一条窄钢板，以抵住桥面的沥青砂面层。一侧固死的钢板伸缩装置，当车辆驶过时，往往由于梁端转动或挠度变形引起的拍击作用使结构损坏。

图 4-11(b) 所示为借助螺杆弹簧装置来固定滑动钢板的新颖构造（变形量可达 7 cm）。其特点是滑动钢板始终通过橡胶垫块紧压在护缘角钢上，这样既消除了不利的拍击作用，又显著减小了车辆荷载的冲击影响。

如果梁端的变形量更大，还可采用图 4-11(c) 所示的两侧同时滑动的钢板伸缩装置（变形量可达 20～40 cm），或者采用更加完善的梳形齿式钢板伸缩装置构造，如图 4-11(d) 所示。

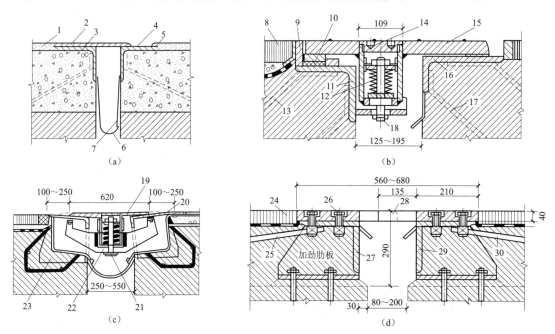

图 4-11　跨搭钢板式伸缩装置(尺寸单位：mm)

1—沥青砂；2—覆盖钢板；3—角钢 1；4—角钢 2；5—护缘板；6—排水槽；7—滴水板；8—路面；9—边缘钢板；
10—橡胶垫块；11—150×16；12—弹簧；13，17，30—锚筋；14—弹簧箱盖；15，19—滑动钢板；
16—∟ 200×100×16；18—M24；20—边缘角钢；21，26—高强度螺栓；22—弹簧梁；23—加劲肋板；
24—路面；25—锚筋 φ20；27—护缘角钢；28—梳形板；29—∟ 200×20

跨搭钢板式伸缩装置的构造比较复杂，消耗钢材也较多，但能适应较大的变形量。在施工中应特别注意护缘角钢与混凝土的锚固要牢靠，角钢下混凝土的浇筑要密实。

三、橡胶伸缩装置

利用各种断面形状的优质橡胶带作为伸缩装置的填嵌材料，既富于弹性，又易于胶贴(或铰接)，能满足变形要求又兼备防水功能。橡胶带是厂制成品，使用起来很方便，目前在国内外已广泛应用。

图 4-12(a)表示用一种特制的三节型橡胶带代替锌铁皮的构造，带的中节是空心的，它对于变形与防水都有很好的效果。

图 4-12(b)所示为用氯丁橡胶制作的具有两个圆孔的伸缩装置嵌条。将梁架好后，在端部焊上角钢(角钢之间的净距可比橡胶嵌条的宽度小 1 cm)，涂上胶后，再将橡胶嵌条强行嵌入。橡胶伸缩装置可随着人行道弯折，嵌条接头处用胶粘结。

图 4-12(c)所示为用螺栓夹具固定倒 U 形橡胶嵌条的伸缩装置构造。其适用的变形量可达 5 cm。

在变形量更大的大跨度桥上，可以采用橡胶和钢板组合的伸缩装置构造[图 4-12(d)]。其中橡胶嵌条的数量可按变形量的大小选取，车轮荷载则通过一组钢板来传递。这种伸缩装置的变形量可达 15 cm。

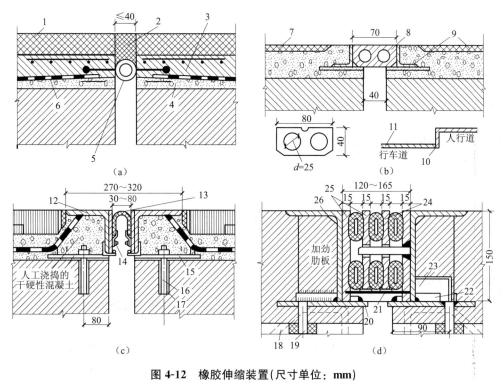

图 4-12 橡胶伸缩装置(尺寸单位：mm)

1—路面；2—沥青膏；3—混凝土保护层；4—贫混凝土垫层；5—三节型橡胶带；6—贴式防水层；
7—沥青表面处治；8—氯丁橡胶嵌条；9—护缘角钢；10—胶接；11—橡胶伸缩缝；12—护缘角钢；
13—氯丁橡胶嵌条；14—压紧螺栓；15—预埋件；16—锚杆；17—胶或水泥砂浆；18—锚筋；
19—锚杆；20—预埋件；21—橡胶垫；22—支撑梁；23—支撑梁活动留孔；
24—氯丁橡胶嵌条；25—钢板；26—护缘角钢

采用橡胶伸缩装置来代替跨搭钢板式伸缩装置，可以避免污物落入缝内，省去排水溜槽，显著减小活荷载的动力作用，简化接缝构造和安装工艺，并能显著节约钢材。

四、桥面连续

桥梁运营的实践经验证明，桥面上的伸缩装置在使用中仍然很容易损坏。因此，为了提高行车的舒适性，减轻桥梁的养护工作和提高桥梁的使用寿命，就应力求减少伸缩缝的数量。近些年来，在建桥实践中采取的将多孔简支的上部构造做成桥面连续的新颖结构措施，就是解决这一问题的办法之一。桥面连续措施的实质，就是将简支上部构造在其伸缩缝处施行铰接。伸缩装置处的桥面部分应当具有适应车辆荷载作用所需的柔性，并应有足够的强度来承受因温度变化和制动作用所产生的纵向力。这样，桥面连续的多孔简支梁桥，在竖直荷载作用下的变形状态属于简支体系，而在纵向水平力作用下则属于连续体系，如图 4-13 所示。

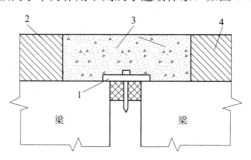

图 4-13　TST 碎石弹性伸缩缝
1—钢盖板；2—桥面铺装；3—TST 碎石弹塑性体；4—桥面铺装

最简便的桥面连续构造就是将 T 形梁的行车道板沿高度全部或局部相连，内置连接钢筋。现浇的连接部分(或称连接板)沿纵向有足够的长度(约在 125 cm 以上)，并且在连接板与梁肋之间隔以 5 mm 厚的橡胶垫层，这样可使梁端间的变形由连接板的全长分布承担，既增加了梁端接缝处的柔性，又显著减小了连接板纵向的拉、压应变。

第五节　人行道、栏杆与灯柱

一、人行道及安全带

在行人稀少地区可不设人行道，为保障行车安全可改用宽度和高度均不小于 0.25 m 的护轮安全带。

图 4-14(a)表示只设安全带的构造，它可以单独做成预制块件，也可与梁一起预制或与铺装层一起现浇。安全带宜每隔 2.5~3 m 设一断缝，以免参与主梁受力而被损坏。

图 4-14(b)表示附设在板上的人行道构造，人行道部分用填料垫高，上面敷设 2~3 cm 的砂浆面层(或沥青砂)。在人行道内边缘设有缘石，以对人行道起安全保护作用。缘石可用石料或预制混凝土块砌筑，也可在板上现浇。

在跨径小而人行道又宽的桥上，也可用专门的人行道承重板直接搁置在墩台的加高部分上[图 4-14(c)]。

对于整体浇筑的钢筋混凝土梁桥，常将人行道设在从桥面板挑出的悬臂上[图 4-14(d)]。这样做能缩短墩台横桥向的长度，但施工不太方便。从图中可见，贴式防水层应伸过缘石底面，并稍弯起。

图 4-15 所示为装配式人行道构造的例子，有效宽度为 0.75 m，人行道一部分悬出主梁的桥面板外，这种布置适用于(净—7+2×0.75)m 的桥面净空(桥跨结构具有五根主梁)。人行道由人行道板、人行道梁、支撑梁及缘石组成。人行道梁搁在行车道的主梁上，一端悬臂挑出，另一端则通过预埋的钢板与主梁预留的锚固钢筋焊接。人行道梁分 A、B 两种形式，A 式梁上要

装栏杆柱,故端部设有凹槽而较宽些。支撑梁位于人行道梁的下面,用以固定人行道梁的位置。人行道板则铺装在人行道梁上。这种人行道的构造,预制块件小而轻,但施工较麻烦。

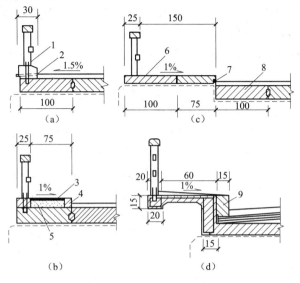

图 4-14 人行道和安全带

1—预埋钢筋;2—泄水孔;3—砂浆面层;4—缘石;

5—填料;6—人行道板;7—泄水孔;8—行车道板;9—缘石

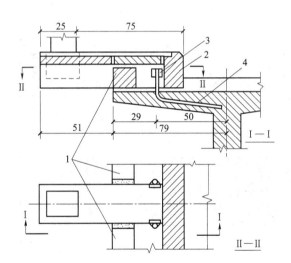

图 4-15 悬出的装配式人行道构造(尺寸单位:cm)

1—支撑梁;2—缘石;3—┗80×50×20;

4—锚固钢筋 $\phi16$,$l=650$

人行道顶面一般均铺设 2 cm 厚的水泥砂浆或沥青砂作为面层,并做成倾向桥面为 1‰～1.5‰的排水横坡。另外,人行道在桥面断缝处也必须做伸缩缝。

二、栏杆和灯柱

栏杆是桥梁的一种安全防护设施,要求坚固、实用、朴素、大方,栏杆高度通常为 80～

120 cm，有时对于跨径较小且宽度又不大的桥梁，可将栏杆做得矮些(40~60 cm)。栏杆柱的间距一般为 1.6~2.7 m。

栏杆常用混凝土、钢筋混凝土、钢、铸铁以及钢与混凝土的混合材料制作，在公路钢筋混凝土梁式桥上常采用钢筋混凝土栏杆。

图 4-16(a)所示为在栏杆柱间设置上下两道钢筋混凝土扶手的简易结构。栏杆扶手用水泥砂浆固定在栏杆柱的预留孔内。栏杆柱要直接与混凝土中的预埋件焊牢，以增强其抗冲击能力。应该注意，在靠近桥面伸缩缝处的所有栏杆，均应使扶手与立柱之间能自由变形。这种栏杆的制作安装较方便，且节约钢材，本身质量也不大。

图 4-16(b)和图 4-16(c)所示为用得较多的具有双菱形和长腰圆形预制花板的栏杆结构。

在城市及城郊行人和车辆较多的桥梁上，都要设置照明设施，一般采用灯柱的形式。灯柱可以利用栏杆柱，在较宽的人行道上也可单独设在靠近缘石处。照明用灯一般高出车道 5 m 左右。钢筋混凝土灯柱的柱脚可以就地浇筑并将钢筋锚固于桥面中。铸铁灯柱的柱脚固定在预埋的锚固螺栓上。为了照明及其他用途所需的电信线路等通常都从人行道下的预留孔道内通过。近年来，在公路桥上也有采用低照明和发光材料涂层标记的，可参考选用。

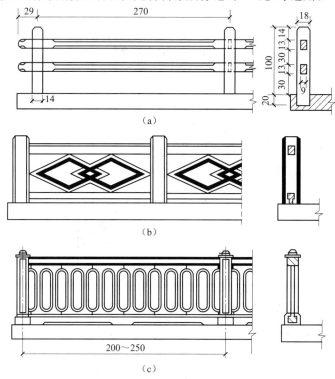

图 4-16　栏杆图式(尺寸单位：cm)

第二篇　钢筋混凝土和预应力混凝土梁式桥

第五章　梁式桥的一般特点及分类

· 学习要点 ·

主要阐述钢筋混凝土梁式桥和预应力混凝土梁式桥的一般特点，梁式桥的主要类型和适用条件。

钢筋混凝土和预应力混凝土梁式桥都是采用抗压性能好的混凝土和抗拉能力强的钢筋结合在一起建成的。根据混凝土受预压程度的不同，预应力混凝土结构又可分为全预应力和部分预应力两种。前一种在最大使用荷载下混凝土不出现任何拉应力；后一种则容许发生不超过规定的拉应力值或裂缝宽度，以此改善使用性能并获得更好的经济效益。近年来，国外已有在钢筋混凝土梁内部分地施加少量预应力以提高梁的裂缝安全度，此种结构称为预应力钢筋混凝土结构。目前，钢筋混凝土梁式桥在国内外桥梁建筑上仍占有重要的地位。中小跨径永久性桥梁，无论是公路、铁路或城市桥梁，大部分均采用钢筋混凝土或预应力混凝土梁式桥。

第一节　钢筋混凝土和预应力混凝土梁式桥的一般特点

一、钢筋混凝土梁式桥的一般特点

钢筋混凝土是一种具有很多优点的建筑材料。与钢筋混凝土结构的一般特点一样，用此种材料建造的桥梁也具有能就地取材、工业化施工、耐久性好、可模性好、适应性强、整体性好及美观等各种优点。

第一座钢筋混凝土梁式桥问世迄今已有近百年历史，特别是经过半个多世纪以来的实践，使钢筋混凝土结构不但在设计理论方面，而且在施工技术上都发展得比较成熟。目前，使用钢筋混凝土建造的桥梁，种类多，数量大，在桥梁工程中占有重要地位。

钢筋混凝土梁式桥的不足之处是结构本身的自重大，占全部设计荷载的30%～60%。跨度愈大则自重所占的比值更显著增大。鉴于材料强度大部分为结构本身的质量所消耗，这就大大限制了钢筋混凝土梁式桥的跨越能力。另外，就地浇筑的钢筋混凝土梁式桥施工工期长，支架和模板要耗损很多木料。抗裂性能较差，修补也较困难。

在寒冷地区以及在雨季建造整体式钢筋混凝土桥梁时，施工比较困难，如采用蒸汽养护及防雨措施等，则会显著增加造价。

显然，上述的优点都是与钢桥、石桥等其他种类桥梁比较而言的。目前，为了节约钢材，在我国很少修建公路钢桥，而且建造圬工拱桥又费工费时，还要受到桥位处地形、地质条件的限制。因此，在公路建设中，特别是对于公路上最常遇到的跨越中小河流等的情况，需要建造大量中小跨径的钢筋混凝土梁式桥。对于装配式钢筋混凝土简支梁桥而言，在技术经济上合理的最大跨径的钢筋混凝土梁式桥约为 16 m。悬臂梁桥与连续梁桥合宜的最大跨径为 60～70 m。

二、预应力混凝土梁式桥的一般特点

预应力混凝土可看作是一种预先储存了足够压应力的新型混凝土材料。对混凝土施加预压应力的高强度钢筋(或称力筋)，既是加力工具，又是抵抗荷载所引起构件内力的受力钢筋。考虑到混凝土与时间相关的收缩和徐变作用会导致相当可观的预应力损失，故必须使用高强度材料才能使预应力混凝土获得良好的使用效果。

预应力混凝土梁式桥除同样具有前述钢筋混凝土梁式桥的所有优点外，还有下述重要特点。

(1)能最有效地利用现代化的高强材料(高强度等级混凝土、高强度钢材)，减小构件截面尺寸，显著降低自重所占全部作用效应设计值的比重，增大跨越能力，并扩大混凝土结构的适用范围。

(2)与钢筋混凝土梁相比，一般可以节省钢材 30%～40%，跨径越大，节省越多。

(3)全预应力混凝土梁在使用荷载下不出现裂缝，即使是部分预应力混凝土梁在常遇荷载下也无裂缝，鉴于截面能全面参与工作，梁的刚度就比通常开裂的钢筋混凝土梁要大。因此，预应力混凝土梁可显著减小建筑高度，能把大跨径桥梁做得轻柔美观。由于能消除裂缝，这就扩大了对多种桥型的适应性，并更加提高了结构的耐久性。

(4)预应力技术的采用，为现代装配式结构提供了最有效的接头和拼装技术手段。根据需要，可在纵向和横向等施加预应力，使装配式构件结合成整体，这就扩大了装配式桥梁的使用范围，提高了运营质量。

显然，要建造好一座预应力混凝土桥梁，首先要有作为预应力筋的优质高强钢材和要可靠保证高强混凝土的制备质量，同时需要有一整套专门的预应力张拉设备和材质好、制作精度要求高的锚具，并且要掌握较复杂的施工工艺。目前，预应力混凝土简支梁的跨径已达 50～60 m。

第二节　梁式桥的主要类型及适用条件

钢筋混凝土与预应力混凝土梁式桥(包括板桥)具有多种不同的构造类型。对其演变加以分析可以看出，除从力学上考虑充分发挥材料特性而不断改进桥梁的截面形式外，构件的施工方便以及起重安装设备的能力，也是影响构造形式发生变化的重要因素。

下面从几个主要方面简述钢筋混凝土和预应力混凝土梁式桥上部结构的构造类型及其使用情况。

一、按承重结构的截面形式划分

1. 板桥

板桥的承重结构就是矩形截面的钢筋混凝土或预应力混凝土板。其是公路桥梁中量大、面广的常用桥型，其构造简单、受力明确，施工方便，而且建筑高度较小，从力学性能上分析，位于受拉区域的混凝土材料不但不能发挥作用，反而增大了结构的自重，当跨度稍大时就显得笨重而不经济。简支板桥可以做成实心板也可以做成空心板，就地现浇施工是为了适应各种形状的弯、坡、斜桥，因此，在一般公路、高等级公路和城市道路桥梁中，被广泛采用。尤其是建筑高度受到限制和平原区高速公路上的中、小跨径桥梁，特别受欢迎，从而可以减低路堤填土高度，少占耕地和节省土方工程量。

实心板[图 5-1(a)、(b)]一般用于跨径 10 m 以下的板桥。具有形状简单、施工方便、建筑高度小、结构整体刚度大等优点，但同时需现浇混凝土，受季节气候影响大，需要大量模板和支架。也可采用预制拼装的施工方法[图 5-1(c)、(d)]。

空心板[图 5-1(d)]用于不大于 20 m 的跨径，一般采用先张或后张预应力混凝土结构。先张法用钢绞线和冷拔钢丝；后张法可用单根钢绞线、多根钢绞线群锚或扁锚，立模现浇或预制拼装。成孔芯模采用胶囊、拆装式模板或一次性成孔材料如预制薄壁混凝土管或其他材料。

图 5-1(e)是一种装配-整体组合式板桥，它利用一些小型构件安装就位后作为底模，在其上再浇筑混凝土结合成整体，在缺乏起重设备的情况下，这种板桥能收到较好的效果。

图 5-2 是现代化高架路上采用的单波和双波式横截面板桥，在与柱型桥墩配合下，桥下净空大，造型也很美观，但施工较复杂。

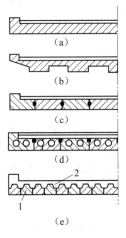

图 5-1 板桥横截面
1—预制构件；2—现浇混凝土

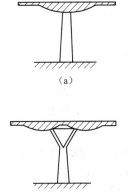

图 5-2 城市高架桥板桥截面

钢筋混凝土和预应力混凝土板桥，其发展趋势为：采用高强度等级混凝土，为了保证使用性能尽可能采用预应力混凝土结构；预应力施加方式和锚具多样化；预应力钢材一般采用钢绞线。板桥跨径可做到 25 m，目前有建成 35～40 m 跨径的桥梁。预制装配式板应特别注意加强板的横向连接，保证板的整体性，如接缝处采用"剪力铰"。为了保证横向剪力传递，至少在跨中处要施加横向预应力。

建议中、小跨径板桥，应尽可能套用标准图，这样对推动公路桥梁建设，提高质量，加快设计速度都会带来明显的好处。

2. 肋板式梁桥

在横截面内形成明显肋形结构的梁桥称为肋板式梁桥，简称肋梁桥。在此种桥上，梁肋（或称腹板）与顶部的钢筋混凝土桥面板结合在一起作为承重结构。特别对于仅承受正弯矩作用的简支梁来说，既充分利用了扩展的混凝土桥面板的抗压能力，又有效地发挥了集中布置在梁肋下部的受力钢筋的抗拉作用，从而使结构构造与受力性能达到理想的统一。与板桥相比，对于梁肋较高的肋梁桥来说，由于混凝土抗压和钢筋受拉所形成的力偶臂较大，因而肋梁桥也具有更大的抵抗荷载弯矩能力。目前，中等跨径（20～40 m以上）的梁桥通常采用肋板式梁桥。

图5-3(a)(b)所示为整体式肋梁桥的横截面形状。在设计整体式梁桥时，鉴于梁肋尺寸不受起重安装机具的限制，故可以根据钢筋混凝土体积最小的经济原则来确定截面尺寸。对于桥面净空为净－7 m的桥梁，只要建筑高度不受限制，往往以建成双主梁桥最为合理，主梁的间距可按桥梁全宽的0.55～0.60倍布置。有时为减小桥面板的跨径，还可在两主梁之间增设内纵梁[图5-3(b)]。

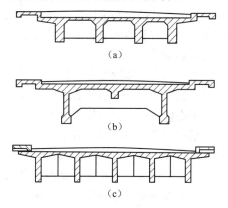

图 5-3　肋板式梁桥截面

装配式肋梁桥，考虑到起重设备的能力，预制和安装的方便，一般采用主梁间距在2.0 m以内的多梁式结构。图5-3(c)是目前我国最常用的装配式肋梁桥（也称装配式T形梁桥）的横截面。在每一预制T形梁上通常设置待安装就位后相互连接用的横隔梁，借以保证全桥的整体性。在桥上车辆荷载作用下，通过横隔梁接缝处传递剪力和弯矩而使各T形梁共同受力。

3. 箱形梁桥

横截面呈一个或几个封闭箱形的梁桥简称为箱形梁桥。这种结构除了梁肋和上部翼缘板外，在底部尚有扩展的底板，因此它提供了能承受正、负弯矩的足够的混凝土受压区。箱形梁桥的另一重要特点，是在一定的截面面积下能获得较大的抗弯惯矩，而且抗扭刚度也特别大，在偏心活荷载作用下各梁肋的受力比较均匀。因此箱形截面能适用于较大跨径的悬臂梁桥和连续梁桥以及斜拉桥，同时，也可用来修建全截面均参与受力的预应力混凝土简支梁桥。显然，对于普通钢筋混凝土简支梁桥来说，底板除徒然增加自重外并无其他益处，故不宜采用。

箱形梁截面有单箱单室[图5-4(a)]、单箱双室或多室[图5-4(b)]，还有桥面板为预制微弯板采用组合式施工方法形成箱形截面[图5-4(c)]。

箱形梁桥可以是变高度，也可以是等高度。从美观上看，有较大主孔和边孔的三跨箱形梁桥，用变高度箱形梁是较美观的；多跨桥（三跨以上）用等高箱形梁具有较好的外观效果。

随着交通量的快速增长，车速提高，人们出行希望有快速、舒适的交通条件，预应力混凝土连续箱形梁桥能适应这一需要。它具有桥面接缝少、梁高小、刚度大、整体性强、外形美观、便于养护等特点。20世纪70年代我国公路上开始修建连续箱形梁桥，到目前为止我国已建成了多座连续箱形梁桥，如一联长度为1 340 m的钱塘江第二大桥（公路桥）和跨海峡全长为2 070 m的厦门大桥等。

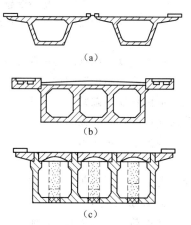

图 5-4　箱形梁桥截面

一般来说，整体现浇的梁桥具有整体性好、刚度大、易于做成复杂形状（如曲线桥、斜交桥）等优点，但其施工速度慢，工业化程度低，又要耗费大量模板支架材料，故目前较少采用。

二、按承重结构的静力体系划分

1. 简支梁桥

简友梁桥是建桥实践中使用最广泛、构造最简单的梁式桥[图 5-5(a)]。简支梁属静定结构，且相邻桥孔各自单独受力，故最易设计成各种标准跨径的装配式构件。鉴于多孔简支梁桥各跨的构造和尺寸划一，从而就能简化施工管理工作，并降低施工费用。

2. 连续梁桥

连续梁桥体系的主要特点是：承重结构(板、T 形梁或箱形梁)不间断地连续跨越几个桥孔而形成一超静定结构[图 5-5(b)]。连续孔数一般不宜过多。当桥梁孔数较多时，需要沿桥长分建成几组(或称几联)连续梁。连续梁由于荷载作用下支点截面产生负弯矩，从而显著减小了跨中的正弯矩，这样不但可减小跨中的建筑高度，而且能节省钢筋混凝土数量，跨径增大时，这种节省就愈益显著。由于连续梁是超静定结构，因此，任一墩台基础发生不均匀沉降时，桥跨结构内会发生附加内力。所以连续梁桥通常适用于地基良好的场合。连续梁桥合宜的最大跨径为 60～70 m。

3. 悬臂梁桥

这种桥梁的主体是长度超出跨径的悬臂结构。仅一端悬出者称为单悬臂梁[图 5-5(c)]，两端均悬出者称为双悬臂梁。对于较长的桥，还可以借助简支的挂梁与悬臂梁一起组合多孔桥。在力学性能上，悬臂根部产生的负弯矩减小了跨中正弯矩，所以悬臂梁也与连续梁桥相仿，可以节省材料用量。悬臂梁属于静定结构，墩台的不均匀沉降不会在梁内引起附加内力。悬臂梁桥合宜的最大跨径为 60～70 m。

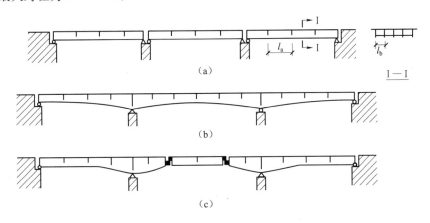

图 5-5 梁式桥基本体系

三、按有无预应力划分

1. 钢筋混凝土梁桥

钢筋混凝土梁桥是由钢筋和混凝土两种材料组成的结构，它充分利用了两种材料各自的优点。

2. 预应力混凝土梁桥

预应力混凝土梁桥是为解决钢筋混凝土结构在使用阶段容易开裂而发展起来的结构。它采用的是高强度钢筋和高强度混凝土材料，并采用相应的张拉钢筋的施工工艺在构件中建立预加应力。按预应力度不同可分为部分预应力混凝土梁桥和全预应力混凝土梁桥。

四、按施工方法划分

1. 整体浇筑式梁桥

建桥的全部工作都在施工现场进行，由于全桥在纵向和横向都是现场整体浇筑，所以整体性好，可以按需要做成各种形状。但施工速度慢，工业化程度低，又要耗费较多的支架和模板等材料，目前除弯、斜桥外，一般情况下较少修建。

2. 装配式梁桥

上部结构在预制工厂或工地预制场分块预制，再运到现场吊装就位，然后在接头处把构件连接成整体。图 5-1 和图 5-3 所示为常用的装配式板桥和肋梁桥的横截面形式。装配式桥的预制构件采用工厂化施工，受季节影响小，质量易于保证，而且还能与下部工程同时施工，加快了施工进度，并能节约支架和模板的材料。

3. 组合式梁桥

组合式梁桥也是一种装配式的桥跨结构，如图 5-4(c) 所示，不过它是用纵向水平缝将桥梁分割成 I 字形的梁肋或开口槽形梁和桥面板，桥面板再借纵横向的竖缝划分成在平面内呈矩形的预制构件。这样可以显著减轻预制构件的重力，并便于集中制造和运输吊装。组合梁的特点是整个截面分两个(或几个)阶段组合而成，在 I 形梁或开口槽形梁上搁置轻巧的预制空心板或微弯板构件，通过现浇混凝土接头而与 I 形梁或槽形梁结合成整体。或以弧形薄板或平板作为现浇桥面，预制板同时作为现浇混凝土的模板，通过现浇混凝土使各主梁结合成整体。

第六章 板桥的构造

· 学习要点 ·

本章主要介绍板桥的特点及分类；整体式板桥、装配式板桥、装配式等截面连续板桥、撑架连续板桥、整体式变截面连续板桥、漫水桥的构造特点；斜交板桥的受力特点与构造特点。

板桥是小跨径钢筋混凝土桥中最常用的形式之一，因建成后上部构造的外形像一块薄板而得名，而在所有的桥梁形式中，板桥以其建筑高度最小，外形最简单而久用不衰。对于高等级公路和城市立交工程，板桥又以极易满足斜、弯、坡及 S 形、喇叭形等特殊要求的特点而受到重视。

第一节 板桥的特点及分类

一、板桥的特点

板桥由于其外形简单，制作方便，不但外部几何形状简单，而且内部一般无须配置抗剪钢筋，仅按构造要求弯起钢筋，因而，施工简单，模板及钢筋工作都较省，也利于工厂化成批生产。

板桥的建筑高度小，适宜于桥下净空受到限制的桥梁使用，与其他桥型相比较，既可降低桥面高度，又可缩短引道长度。整体式连续板桥，跨中厚度已做到跨径的 1/50，外形轻盈美观。

对于装配式板桥的预制构件，便于工厂化生产，构件质量较轻，便于安装。但板桥跨径超过一定限度时，截面的增高使自重增大，因此，钢筋混凝土简支板经济合理的跨径一般为 13～15 m，预应力混凝土简支板桥也多在 18 m 以内，而钢筋混凝土连续板桥跨径已做到 25 m，预应力混凝土连续板桥跨径已达到 33.5 m。

近年来，电子计算机的应用解决了复杂外形板桥的内力分析问题，常备式钢支架、组合钢模板代替了昂贵的木材支架与模板，加之公路等级的提高、立交工程的出现，为板桥的发展创造了条件，因此，板桥不仅仍被广泛应用，而且有了进一步的发展。

二、板桥的分类

板桥按施工方法可分为装配式、整体式及组合式；按横截面形式可分为实体矩形、空心矩形、Ⅱ形板、单波式、双波式等;按配筋方式又可分为钢筋混凝土板、预应力混凝土板、部分预应力混凝土板。按力学图式又可以分为以下三种形式。

1. 简支板桥

简支板桥可以采用整体式结构,也可以采用装配式结构。前者跨径一般为4～10 m,后者跨径一般为6～10 m。跨径较大时常采用钢筋混凝土空心板,若跨径更大时则采用预应力混凝土空心板,其跨径可达16～20 m。

对于正交板桥,在缺乏起重设备时,可以考虑采用现浇的整体式钢筋混凝土板桥。这种结构的整体性能好、刚度大,建筑高度可以做得最小,施工也简便,但是支架、模板需用量较大,施工期较长。而对于斜、弯、即斜又弯或其他异形板桥,采用现浇的整体式钢筋混凝土结构最方便。当然,在有条件时,采用装配式结构则可以缩短工期。

2. 悬臂板桥

悬臂板桥一般做成双悬臂式结构(图 6-1),中间跨径为8～10 m,两端外伸的悬臂长度约为中间跨径的0.3倍。板在跨中的厚度为跨径的1/14～1/18,在支点处的板厚一般比跨中加大30%～40%。悬臂端可以直接伸到路堤,不设桥台。为了行车平稳顺畅,悬臂端应设置搭板与路堤相衔接。但是,在车速较高、荷载较

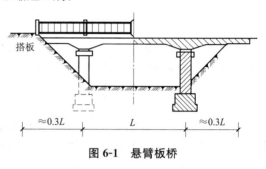

图 6-1　悬臂板桥

重且交通量很大时,搭板也容易破坏,从而导致车辆经过时对悬臂产生冲击,故目前较少采用搭板。

3. 连续板桥

目前已建成的钢筋混凝土连续板桥,一般做成整体浇筑结构,此时多为变截面形式;亦可为装配式结构,但为了预制上的方便,则往往做成等截面。连续板桥一般做成不等跨,边跨跨径为中跨的0.7～0.8倍,这样可以使各跨的跨中弯矩接近相等。由于支点处负弯矩的存在,跨中正弯矩较同跨径的简支板要小得多。但是,连续板桥对地基要求较简支板高,施工亦较复杂。

第二节　简支板桥的构造

一、整体式简支板桥

整体浇筑的简支板一般均采用等厚度板,它具有整体性能好,横向刚度大,而且易于浇筑各种形状的优点。对于整体式板桥,由于是双向受力结构,因而比一般梁有更高的承载能力和更大的刚度。本身构造简单,极易适应斜、弯、坡及S形、喇叭形或形状更复杂桥梁的要求,整体式板桥需要搭设施工支架,工期较长。一般为实心截面,其材料使用率亦较低。

整体式简支板桥一般使用在跨径10 m以下,桥面净宽依路线标准而定,人行道可以向外悬出。在城市修建宽桥时,为了防止由于温度变化和混凝土收缩引起的纵向裂纹,防止由于活荷载产生过大的横向负弯矩,也可以沿中线分开,以形成上部分离的形式。板的厚度一般取:$h/l=1/16～1/23$,随着跨径的增大取用较小值。

整体式板桥的宽度大,一般均为双向受力板。荷载位于桥中线时,板内产生负弯矩,荷载

位于板两边时，板内可能产生负的横向弯矩。所以，针对这些受力特点，除配置纵向受力钢筋外，板内还须设置垂直于主钢筋的横向分布钢筋，在板的顶部配置适当的横向受力钢筋。

钢筋混凝土行车道板内主筋直径应不小于 10 mm，间距不大于 20 cm，主筋间距一般也不宜小于 7 cm。板内主筋可以不弯起，也可以弯起，当弯起时，通过支点的不弯起钢筋，每米板宽内不少于 3 根，截面面积不少于主筋截面的 1/4。弯起的角度为 30°或 45°，弯起的位置为沿板高中线计算的 1/4～1/6 跨径处。对于分布钢筋，应采用直径不小于 8 mm，间距不大于 20 cm，同时在单位长度板宽内的截面面积应不少于板面截面面积的 0.1%，分布钢筋也可与主钢筋焊接成分块的钢筋网，相邻钢筋网应互相搭接，其搭接长度应符合钢筋搭接长度的规定。板的主钢筋与板边缘之间的净距应不小于 2 cm，分布钢筋与板边缘之间的净距应不小于 1.5 cm。

图 6-2 所示为标准跨径为 6 m，行车道宽度为 7 m，两边设 0.25 m 的安全带，按公路—Ⅱ级汽车荷载设计的整体式简支板的构造。计算跨径为 5.69 m，净跨径为 5.40 m，板厚为 0.36 m。纵向主钢筋用直径 18 mm 的 HPB300 级钢筋，分布钢筋用直径 10 mm 的 HPB300 级钢筋。由于板内的主拉应力一般不大，按计算可不设斜筋，但是从构造上考虑，有时仍将多余的一部分主钢筋弯起。桥跨结构的混凝土强度等级为 C25。

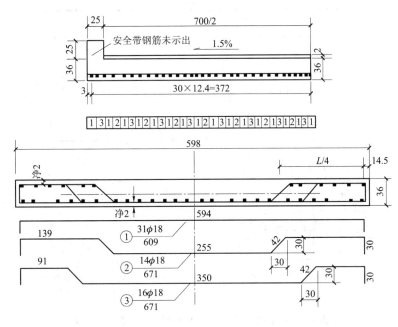

图 6-2　正交板桥的构造(尺寸单位：cm)

二、装配式简支板桥

1. 装配式正交实心板桥

装配式正交实心板桥是目前最常用的，它具有形状简单，施工方便，建筑高度小，施工质量易于保证等优点，得到普遍的应用。

图 6-3 所示为装配式简支实心板桥横剖面构造。图 6-4 所示为标准跨径 6 m，行车道净宽 7 m，两边设 0.75 m 的人行道，按公路—Ⅱ级汽车荷载，3 kN/m² 人群荷载，设计的装配式行车道板块件构造。块件安装后在企口缝内填筑 C30 小石子混凝土，并浇筑厚 6 cm 的 C30 防水混凝土铺装层使之连成整体。为了加强预制板与铺装层的结合以及相邻预制板的连接，将板中的

箍筋伸出预制板顶面，待板安装就位后将这段钢筋放平，并与相邻预制板中的箍筋相互搭接，以铁丝绑扎，然后浇筑于混凝土铺装层中。预制板的混凝土强度等级为C30。

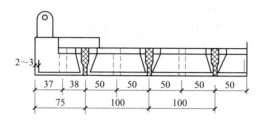

图6-3 装配式简支实心板桥横剖面构造(尺寸单位：cm)

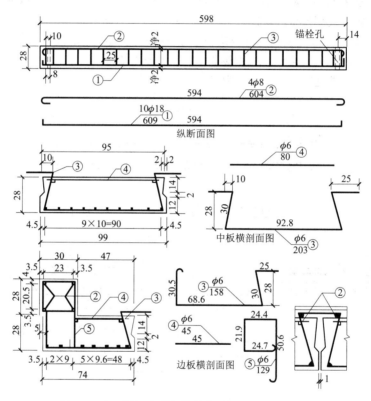

图6-4 实心板行车道板块件构造(尺寸单位：cm)

2. 装配式正交空心板桥

当跨径增大时，实体矩形截面就显得不甚合理，因而将截面中部部分地挖空，做成空心板，这样不仅能减轻自重，而且能充分合理地利用材料。

钢筋混凝土空心板桥目前使用跨径范围为6~10 m，板厚为0.4~0.8 m；预应力混凝土空心板桥常用跨径为8~20 m，其板厚为0.4~0.7 m。空心板较同跨径的实体板质量轻，运输安装方便，而建筑高度又较同跨径的T形梁小，因而目前使用较多。

装配式板桥的块件划分，一般沿横向取100 cm宽一块。为了安装上的方便，预制宽度为99 cm，而每块板横截面内又适当开孔，以减轻自重。图6-5所示为常用的几种开孔形式。图6-5(a)、(b)型开成单个较宽的孔，挖空率最大，重量最轻。但顶板需要配置横向受力钢筋，以承担车轮荷载。图6-5(a)型略呈微弯形，可以节省一些钢筋，但模板较图6-5(b)型复杂。图6-5

(c)型是用无缝钢管作芯模，能较方便地挖成两个圆孔，但挖空率小，自重较大。图 6-5(d)型的芯模是由两个半圆和两块侧模组成的。当板厚改变时，只需更换两块侧模板，故较图 6-5(c)型为好。空洞与周边或空洞与空洞间最薄处不得小于 7 cm，以保证施工质量和局部承载的需要。为了保证抗剪要求，应在截面内按计算需要配制弯起钢筋和箍筋。

图 6-6 为标准跨径 13 m 的装配式预应力混凝土空心板桥的构造图。设计荷载：公路—Ⅰ级汽车荷载。桥面净空为(净—7+2×0.25)m 的安全带，总宽 8 m，由 8 块全长 12.96 m、净宽 99 cm、厚度 60 cm 的预制板组成，计算跨径 12.6 m，挖空形式采用图 6-5(d)型，圆弧直径 38 cm，侧模高 8 cm。采用 C40 混凝土预制和填缝。

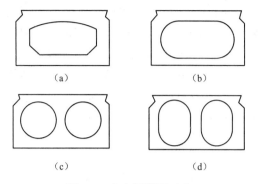

图 6-5　空心板截面形式

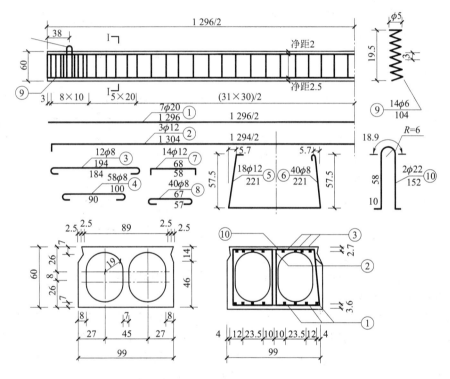

图 6-6　装配式预应力混凝土空心板桥的构造(尺寸单位：cm)

3. 装配式板桥的横向连接

装配式板桥在安装完成以后，为了使板块共同受力，接缝能传递剪力，则需要将块件间很好地加以连接。常用企口式混凝土铰连接，即用与预制板同一强度等级或高一级的细骨料混凝土将预留的圆形、菱形或漏斗形企口加以填实。如考虑铺装层参与受力，则还需要将伸出板面的钢筋加以绑扎。为了加快工程进度，还有用钢板连接。在接缝两侧的板面每隔 80～150 cm 预埋钢板，安装后再用一块钢板搭焊连接。根据受力特点，钢板间距从跨中向支点由密变疏。

三、装配式等截面连续板桥

装配式连续板桥具有连续板桥节省材料和行车顺畅的优点，也具有装配式结构节省支架、模板，能加快工程进度的特点。为了减轻吊装重量，不但沿横向可以分条预制，而且也可以沿纵向分段，安装后进行现浇混凝土接头，使之形成整体。一般横向分条宽度取 1 m，也可取 1.4 m；纵向分段按接头位置可分为以下两种：

（1）如图 6-7(a)所示，板桥在重力作用下为简支状态，在使用阶段变为连续体系，一般用于等跨连续梁，现浇混凝土接头位于墩顶。它既吸取了简支板施工简便的优点，又保持了连续结构可以减小跨中荷载弯矩的长处，仅将跨中受力钢筋弯起后通入支点，安装后再与相邻块件的相应钢筋焊接。

（2）如图 6-7(b)所示，板桥在自重作用下为悬臂板，使用状态时整体化为一连续体系。一般是在不等跨连续时使用，它既可以调节安装重量，又能使接头位于反弯点附近，以避免接头处受较大内力。但是在接头处需要设临时支架来浇筑接头混凝土。

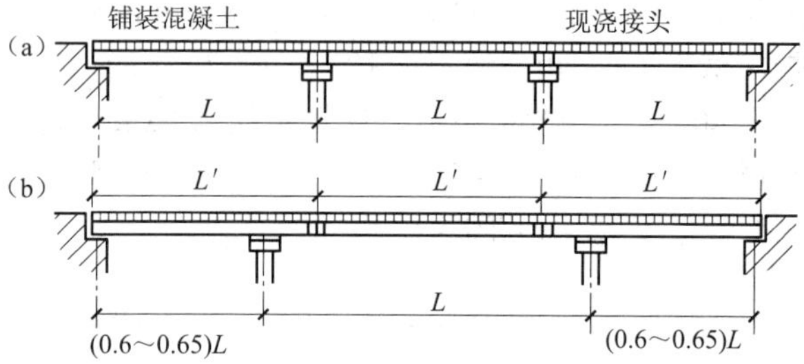

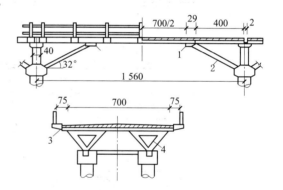

图 6-7　装配式连续板桥

四、撑架连续板桥

为了进一步减小安装重量，增大跨越能力，降低材料用量指标，近年来，在我国出现了一种带八字形斜撑的连续板桥。图 6-8 所示为一座已建成的 9 m×15.2 m 的组合式撑架连续板桥中的一孔。其特点是可将板厚分为预制安装部分和现浇加厚部分，使之大大减轻了安装重量；再者在桥墩上设置三角形的八字斜撑，使每一孔增加两个支撑点，因而内力分布更加均匀，

图 6-8　撑架连续板桥(尺寸单位：cm)

1，3—托板；2，4—三角撑架

使弯矩峰值降低，所需材料相应减少。为了进一步减小安装重量，纵向预制段可以划在支撑处，相当于将每孔划分为三段安装，通过现浇混凝土层将预制安装构件加以整体化。图 6-8 所示净跨为 15.2 m，在纵向分为 4 m、7 m、4 m 三段预制，预制件厚度为 18 cm，宽度为 1.5 m，安装后，再在上面现浇 10 cm 厚的混凝土层加以整体化。板的总厚仅 28 cm，为跨径的 1/54，恒重的减小，八字斜撑的推力作用及支撑点负弯矩的出现，大大地减小了跨中正弯矩值，其值仅为同跨径简支板的 1/8～1/10。这样显然能降低材料用量。但是，在施工中，要充分注意对称、均衡地加载。对于多孔桥，还应注意大孔安装所产生的推力对邻孔的影响，并应加强接缝处的连接工作，以增强全桥的整体性。

五、整体式变截面连续板桥

一般在桥高不大，支架、模板消耗木材不多或采用钢支架、钢组合模板时，为了加强整体刚度和简化施工工序，往往考虑采用整体式连续板桥。由于混凝土的整体浇筑，使板的强度、

刚度要比同一形式、相同尺寸的装配式板桥大，即在满足相同荷载要求的前提下，截面尺寸可以做得更小些。在不增加施工难度的情况下，截面厚度依内力分布规律可以做成变截面，支点截面厚度一般为跨中截面厚度的1.2~1.5倍，跨中板厚可以达到其跨径的1/35或更小，如图6-9所示。

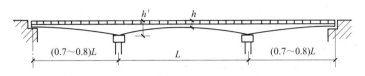

图6-9 整体式变截面连续板桥

六、漫水桥

在河床宽浅，洪水历时很短的季节性河流上，修建漫水桥是经济合理的。漫水桥除了要满足与高水位桥同等的承载能力外，还应尽量做到阻水面积小，结构的整体性和横向稳定性大，不致被水冲毁。因此，设计漫水桥应注意以下几点：

(1)板的上、下游边缘宜做成圆端形，以利水流顺畅通过(图6-10)。

(2)必须设置与主钢筋同粗的栓钉与墩台锚固，以防水流冲毁。

漫水桥不设抬高的人行道和缘石，而在桥面净宽以外设置目标柱或活动栏杆。为增加行车宽度，也可将目标柱埋置在桥墩顶部。目标柱的间距一般取8~15 m。

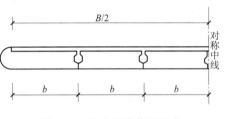

图6-10 漫水桥横截面形式

漫水桥、漫水路面的行车道两侧应竖立水深导向标桩，保持完好，鲜明醒目。水深导向标桩间距宜为4 m，高出行车道顶面60 m，应定期涂刷油漆。

漫水桥、漫水路面的行车道宽度小于接线路段的行车道宽度时，应对停车视距长度范围内的接线路段采取压道措施，限制行车道宽度。

漫水桥、漫水路面的允许通车水深与水流速度、水面宽度、行车道宽度有关。一般情况下，桥(路)面上的水深小于0.3 m时可允许大型车辆通行，当水深超过表6-1所列数据时应中断交通，并设置临时禁止通行标志。禁行标志与桥头的距离不小于停车视距。

表6-1 允许通车的漫水深度表

水流速度/(m·s⁻¹)	最大允许通车漫水深/m	水流速度/(m·s⁻¹)	最大允许通车漫水深/m
<1.5	0.4~0.5	>2.0	0.2~0.3
1.5~2.0	0.4		

第三节 斜交板桥的受力特征与构造特点

公路与河流或其他线路呈斜交形式跨越时，将桥梁结构布置成斜交桥形式较为经济。中、小跨径的斜交桥多采用实体或空心板，又有整体与铰接的两种体系。当桥长较大时，还可以做成多孔连续斜交板桥。斜交板桥的桥轴线与支撑线的垂线呈某一夹角，习惯上称此角为斜交角。斜板桥虽然有改善线形的优点，但它的受力状态是很复杂的。对于斜板在荷载作用下的力学经典解答迄今尚未问世，故目前多借助电子计算机以求得数值解。至于简化的实用计算方法都不太成熟，这也是限制此类桥型广泛使用的原因之一。为了对斜交板桥的受力性能有个定性的了解，以便从构造上予以保证，本节只作一些简单的阐述。

一、斜交板的受力特征

国内外学者通过长期研究，归纳出斜交板桥在受力上有如下特征：

(1)斜交板除跨径方向的纵向弯矩外，在钝角处还产生相当大的垂直于钝角平分线的负弯矩，其值随着斜交角的增大而增大，但影响范围不大。

(2)斜交板支撑反力的分布很不均匀，钝角的角隅处的反力会比正交板大几倍，而锐角的角隅处反力变小，甚至会出现负值。

(3)纵向最大弯矩的位置，随着斜交角的增大从跨中间向钝角部位转移。

(4)斜交板的最大纵向弯矩，一般比与斜跨径相等的正交板要小，而横向弯矩则要大得多。

(5)斜交板的扭矩变化很复杂，沿板的自由边和支撑边上都有正负扭矩交替产生。

了解了以上受力特征以后，就可以据以配置斜板桥的钢筋。

二、斜交板桥的构造特点

(一)整体式斜板

1. 主钢筋

主钢筋配置的数量应依主弯矩的大小来定；配置方向应与主弯矩方向保持一致。但是，由于桥上所承受的荷载类型、大小、位置等的不断变化，在板的不同位置其主弯矩方向亦不同。所以，在斜板桥上完全按主弯矩配筋是不可能的，只能选择控制截面的主弯矩方向或与主弯矩方向夹角 δ 尽量小的方向来配置主钢筋。

为了简化施工，可以按下面的方式配置钢筋：当板的斜跨长 l 与板桥垂直宽度 b 的比 $l/b \geqslant 1.3$ 时，主筋沿斜跨方向配置，如图 6-11(a)所示；当 $l/b < 1.3$ 时，中部主筋沿与支撑边相垂直的方向配置，靠近自由边的局部范围内(即 $l\sin\varphi$)沿斜跨方向布置，如图 6-11(b)所示。

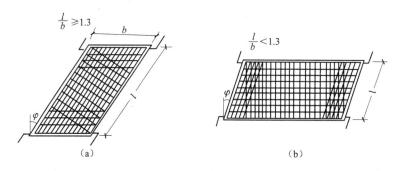

图 6-11 钢筋配筋图

2. 分布钢筋

分布钢筋即横向的受力钢筋，按钢筋方向的弯矩值进行配置。当 $l/b \geqslant 1.3$ 时，从钝角起以垂直于主筋的方向配置到对边的钝角处；靠近支撑边的区域内，以平行于支撑边配置，如图 6-11(a)所示，到与中间部分的分布钢筋相衔接为止。当 $l/b < 1.3$ 时，分布钢筋沿平行于支撑边布置，如图 6-11(b)所示。

配置在截面上缘的分布钢筋，其沿桥轴方向每米长的数量为下缘的 1/3。

3. 附加钢筋

由于斜板桥受力状态复杂，内力变化剧烈，所以，除上面通过计算所配钢筋外，在内力变化剧烈和扭矩作用突出的地方再适当增加一些钢筋。

(1)钝角顶面。由于负弯矩的作用，在钝角部分板的顶面，与钝角二等分线呈直角的方向，会产生很大的拉力，所以在该部分必须配置附加钢筋 A_{g1}(图 6-12)，其经验公式为

$$A_{g1} = k \times A_g \qquad (6-1)$$

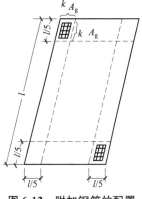

图 6-12 附加钢筋的配置

式中　A_g——每米宽的主筋数量；

　　　k——与 φ 交角有关的系数，按表 6-2 取用。

表 6-2　k 值选用

φ	k
0°～15°	0.6
15°～30°	0.8
30°～45°	1.0

也可在钝角顶面设置与钝角等分线垂直的附加钢筋。

(2)自由边顶面。为了抵抗扭矩，在每边约 1/5 的范围内，要设置附加钢筋(纵向钢筋及分布钢筋)。

(3)钝角底面。钝角处有平行于钝角等分线方向的正弯矩，所以在平行于钝角等分线方向要设置附加钢筋。钝角处支反力很大，也有必要适当设置一些加强钢筋。

(二)装配式斜板桥

装配式斜交简支板桥在受力特征上与整体式简支板桥基本上相同。但是，由于沿横向分割切开，在单块板的受力上又带有装配式正交板桥的一些特征。一般斜交角 $\varphi \leqslant 15°$ 时，几乎与正交板桥受力一样(也有些国家规定 20°)，可以不考虑斜交的影响。但是，根据大量的实验资料指出：即使斜交角 $\varphi > 15°$，而板块的宽跨比 $B/L > 0.25$ 时，斜交的影响也很小。这一特点对装配式板来说，在板宽 1 m，跨径在 4 m 以上者均表现出其特性。

装配式斜板桥的跨宽比(l/b)一般均大于 1.3，主钢筋沿斜跨径方向配置，分布钢筋在钝角角点之间的范围内与主钢筋垂直，在靠近支撑边附近，其布置方向则与支撑边平行(图 6-13)。

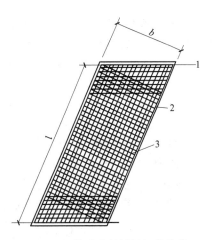

图 6-13 装配式斜板桥钢筋构造

1—支撑线；2—主钢筋；3—分布钢筋

1975 年我国编制的装配式钢筋混凝土斜板桥上部构造标准图中，斜跨跨径为 3 m、4 m、5 m、6 m 4 种，斜交角分 25°、30°、35°、40°、45°、50°、55°、60° 8 种，预制板在垂直于行车方向的板宽为 99 cm，板厚从 20 cm 至 48 cm，因跨径和斜交角不同而异。这些板的钢筋布置方案大体分两种。

第一方案：当斜交角 $\varphi=25°\sim35°$ 时，主钢筋沿斜跨方向布置，分布钢筋按平行于支撑边方向布置[图 6-14(a)]。

第二方案：当斜交角 $\varphi=40°\sim60°$ 时，主钢筋及横向分布钢筋的布置原则上与图 6-13 相同[图 6-14(b)]。

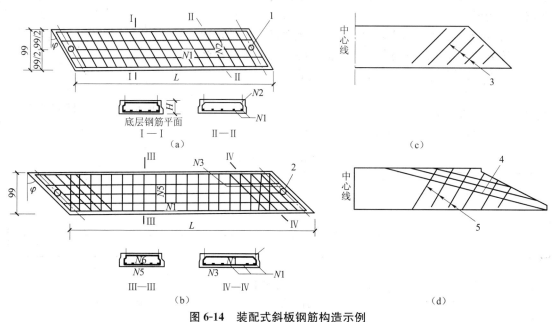

图 6-14　装配式斜板钢筋构造示例

1，2—锚栓孔；3，5—底层加强钢筋；4—顶层加强钢筋

另外，在各种块件的两端还要布置一些加强钢筋。当 $\varphi=40°\sim50°$ 时，要布置底层加强钢筋，其方向则与支撑边相垂直[图 6-14(c)]；当 $\varphi=55°\sim60°$ 时，除底层要布置垂直于支撑边的加强钢筋外，在顶层还要布置与钝角的二等分线相垂直的加强钢筋。

斜板桥在使用过程中，在平面内有向锐角方向蠕动的趋势，如图 6-15 所示。为了使铰接斜板支撑处不翘扭以及防止发生位移，在板端部中心处预留锚栓孔，待安装完毕后，用栓钉固定。所以，设置的支座要有充分的锚固作用。否则，应该加强锐角处桥台顶部的耳墙，以免被挤裂。故需要在台帽上设置锚固斜板的锚固钢筋或在锐角处耳墙中增加抗挤压钢筋。

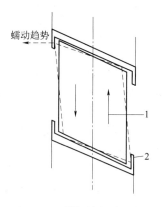

图 6-15　斜板的蠕动趋势

1—行车方向；2—桥台耳墙

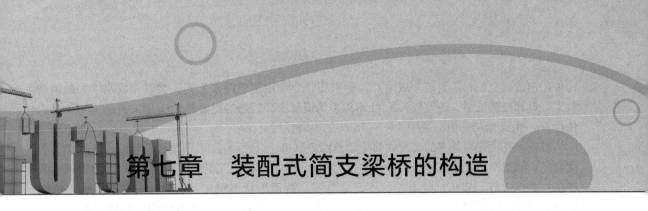

第七章　装配式简支梁桥的构造

· 学习要点 ·

装配式简支梁桥的截面形式，块件的划分原则及常用的划分方法。装配式钢筋混凝土简支梁桥的主梁与横隔梁的布置、尺寸拟定及钢筋构造。装配式预应力混凝土简支梁桥的构造布置、截面尺寸拟定及配筋特点。能够读懂本章简支梁桥的构造图与钢筋图。

钢筋混凝土或预应力混凝土简支梁桥属于单孔静定结构，它受力明确，构造简单，施工方便，是中小跨径桥梁中应用最广的桥型。简支梁桥的结构尺寸易于设计成系列化和标准化，这就有利于在工厂内或工地上广泛采用工业化施工，组织大规模预制生产，采用装配式的施工方法，并用现代化的起重设备进行安装。因此，近年来在国内外对于中小跨径的桥梁，绝大部分均采用装配式的钢筋混凝土或预应力混凝土简支梁桥。

第一节　装配式简支梁桥的构造类型

装配式简支梁桥，考虑到起重设备的能力，预制安装的方便，一般采用多梁式结构，主梁间距通常在 2.0 m 以内。随着起重能力的提高，高强度材料的应用，轻型薄壁结构的推广，目前已有加大主梁间距减少梁数的趋向，使设计更加经济合理。

装配式简支梁桥，可视跨径大小、是否施加预应力、运输和施工条件等的不同，而采用各种构造类型。

所谓构造类型就是涉及装配式主梁的横截面形式、沿纵截面上的横隔梁布置、块件的划分方式以及块件的连接集整等几个问题，而且这些问题是相辅相成互相影响的。

一、装配式简支梁桥的截面形式

对于一定的跨径或桥宽的桥梁而言，采用何种预制主梁截面，主梁的间距多大，应从经济的材料用量、尽可能减少预制工作量，并考虑单片主梁的吊装重量等各方面去优选。

从主梁的横截面形式来划分，装配式简支梁桥可以分为 Π 形梁桥、T 形梁桥和箱形梁桥[图7-1(a)、(b)、(h)]三种基本类型。

图 7-1(a)所示为简单的 Π 形梁桥横截面，块件之间用穿过腹板的螺栓连接，以使施工简化。Π 形构件的特点是：截面形状稳定，横向抗弯刚度大，块件堆放、装卸和安装都方便。但这种

构件的制造较复杂；梁肋被分成两片薄的腹板，通常用钢筋网来配筋，难以作成刚度大的钢筋骨架。设计经验证明，跨度较大的Π形梁桥的混凝土和钢筋的用量都比T形梁桥的大，而且构件也重。故Π形梁一般只适用 $l=6\sim12$ m 的小跨径桥梁。

目前，我国用得最多的装配式简支梁是图 7-1(b)、(c)所示的 T 形梁桥。装配式 T 形梁桥的优点是：制造简单，肋内配筋可做成刚劲的钢筋骨架，主梁之间借助间距为 4～6 m 的横隔梁来连接，整体性好，接头也较方便。不足之处是：截面形状不稳定，运输和安装较复杂；特别预应力混凝土 T 形梁，更不能斜置、倒置或在安装过程中倾斜而导致断裂；构件正好在桥面板的跨中接头，对板的受力不利。装配式钢筋混凝土 T 形梁的常用跨径为 8～16 m，装配式预应力混凝土 T 形梁则为 16～50 m。

在保证抗剪条件下尽可能减少梁肋（或称腹板）的厚度，以期减轻构件自重，是目前钢筋混凝土和预应力混凝土桥梁的发展方向。因此为使受拉主筋或预应力筋在梁肋底部较集中地布置，或者为满足预应力的受压需要，就形成呈马蹄形的梁肋底部，如图 7-1(c)、(d) 和(e)所示，但要注意，小于 15～16 cm 的腹板厚度对于浇筑混凝土是有困难的。马蹄形的梁肋使模板结构和混凝土的灌注稍趋复杂。

图 7-1(h)和(i)所示的箱形梁一般不适用于钢筋混凝土简支梁桥，因为受拉区混凝土不参与工作，多余的箱形梁底部陡然增加了自重。然而对于全截面参与受力的预应力混凝土梁来说，情况就完全不同。箱形截面的最大优点是纵横向的抗弯和抗扭能力大；其抗扭惯矩约为相应 T 形梁截面的十几倍至几十倍，因此在横向偏心荷载作用下，箱形梁桥各梁的受力要比 T 形梁桥均匀得多，而且在运输、安装阶段单梁的稳定性要比 T 形梁的好得多。但箱形梁薄壁构件的预制施工比较复杂，单根箱形梁的安装重量也比 T 形梁的大，这在确定梁桥类型时是必须加以考虑的。

图 7-1(d)所示为简化预制工作并避免操作困难的接头集整工作，在跨度内无横隔梁的简支梁桥的横截面形式，在此情况下，主梁间的横向联系主要靠加强的桥面板来实现。实践表明，此法虽属可行，但在运营质量上，以及对承受超重单列车作用的潜在能力上，就不如有横隔梁的好。

图 7-1(c)所示为横隔梁挖空的横截面形式：当横隔梁的高度较大时，为减轻自重，可将其中部挖空，但沿挖空部分的边缘应做成钝角并配置钢筋，挖空也不宜过大，以免内角处裂缝和过多削弱其刚度。对于箱形梁桥，由于其本身抗扭能力大，就可以少设或不设跨中横隔梁，但端横隔梁通常是必要的。

图 7-1(f)至(i)所示为装配组合梁肋式横截面，这种形式的预制主梁采用钢筋混凝土或预应力混凝土(先张法)的 I 形与开口槽形构件。它的特点是：在 I 形梁或开口槽形梁上，搁置轻巧的预制微弯板或空心板构件，以作为现浇桥面混凝土的模板之用，简化了现浇混凝土的施工工序。

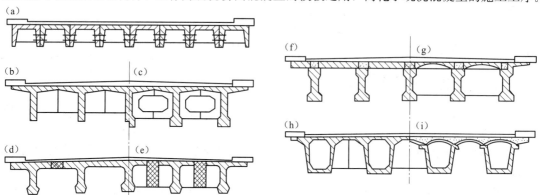

图 7-1 装配式简支梁桥的横截面

二、块件的划分方式

一座装配式桥梁按何种方式划分成预制拼装单元，这是直接影响到结构受力、构件的预制、运输和安装以及拼装接头的施工等许多因素的问题，而且这些因素往往又彼此影响、相互矛盾。例如，要加大安装构件的尺寸以减少接头数量和增强结构的整体性，就会要求很大的运输、起重能力；为了减小构件的重量，就会增加构件和接头的数目，或增加现浇混凝土的工序等。同时块件的划分方式也与所选用的横截面形式紧密相关。因此，在设计装配式桥梁时，必须综合考虑施工中的各种具体条件，通过经济技术上的仔细比较，才能获得完善的结果。

装配式梁桥设计中块件划分应遵循的原则如下：

(1)根据建桥现场实际可能的预制、运输和起重等条件，确定拼装单元的尺寸和重量。

(2)块件的划分应满足受力要求，拼装接头应尽量设置在内力较小处。

(3)拼装接头的数量要少，接头形式要牢固可靠，施工要方便。

(4)构件要便于预制、运输和安装。

(5)构件的形状和尺寸应力求标准化，增强互换性，构件的种类应尽量减少。

钢筋混凝土与预应力混凝土梁桥常用的块件划分方式有以下三种。

1. 纵向竖缝划分

图 7-1(a)、(b)、(c)和(h)所是均为用纵向竖缝划分块件的横截面图式。这种划分方式在简支梁桥中应用最为普遍。在这种结构中，作为主要承重构件的各根主梁，包括相应行车道板的∏形梁和 T 形梁，都是整体预制的，接头和接缝仅布置在次要构件——横隔梁和行车道板内[图 7-1(b)和(h)]，或直接用螺栓连接[图 7-1(a)]而且结构部分全为预制拼装，无须现浇混凝土。这种划分方式的特点是：主梁受力可靠，施工方便。但构件的尺寸和重量往往都较大，以至会增加运输与安装上的困难。

我国编制的装配式钢筋混凝土和预应力混凝土 T 形简支梁桥的标准设计，都采用这种块件划分方式。

为了减轻和减窄用纵向竖缝划分的构件，有时采用缩小桥面板和横隔梁预制尺寸的办法，如图 7-1(d)和(e)所示。在此情况下，需在预制构件内伸出接头钢筋，待安装就位后就可灌注部分桥面板和横隔梁的混凝土，并且要等现浇混凝土达到足够强度后结构才能进行后续工序的施工，施工速度较慢。

2. 纵向水平缝划分

为了进一步减轻拼装构件的起吊重量和尺寸，并使便于集中预制和运输吊装，还可以主要用纵向水平缝将桥梁的全部梁肋与板分割开来，再借助纵横向的竖缝将板划分成平面呈矩形的预制构件，施工时先架设梁肋，再安装预制板，最后在接缝内或连同在板上现浇一部分混凝土使结构连成整体。这样的装配式梁桥通常称为组合式梁桥。其横截面形式如图 7-1(f)、(g)和(i)所示。此种块件的划分方式的特点是：主梁构件轻，桥面板整体性好，受力有利，但增加了现浇混凝土的施工工序，延长了施工期。

目前，国内外采用的组合式梁桥有 T 形组合梁桥和箱形组合梁桥两种形式。前者是适用于钢筋混凝土和预应力混凝土简支梁桥；后者则适用于预应力混凝土梁桥。

3. 纵、横向竖缝划分

如果要使装配式梁的预制块件进一步减小尺寸和减轻重量，还可将纵向竖缝划分的主梁在通过横向竖缝化分成较小的梁段。图 7-2 就表示这种横向分段装配式 T 形梁的纵、横截面图。

显然，对于这样的预制梁段，由于没有钢筋穿过接缝，就必须在安装就位后串联以预应力筋施加预压应力才能保证所有接缝具有足够的连接强度，使梁整体受力。因此横向分段预制的装配式梁也成串联梁。

串联梁的主要优点是块件尺寸小，重量轻，可以工厂化成批预制后方便的运至远近工地。但块件的预制精度要求高。图 7-3 所示为各种横向分段的块件

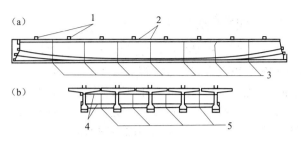

图 7-2　横向分段装配式梁

1—吊钩；2—纵向预应力筋；3—横向竖缝；

4—横向预应力筋；5—纵向竖缝

类型，在预制时均应按预应力筋设计位置留出孔道，图 7-3(b)的工字形块件表示出了为横向预应力筋留置的孔道。施工时，将梁段在工地组拼台上或在桥位脚手架上正确就位，并在梁段接触面上涂上薄层环氧树脂(厚度通常在 1 mm 以下)，这样逐段拼装完成后便穿入预应力筋进行张拉，使梁连成整体。

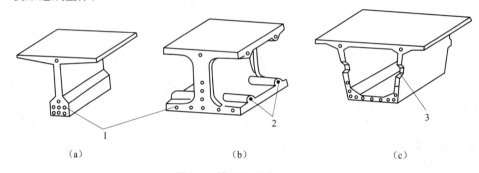

　　（a）　　　　　　　　　　（b）　　　　　　　　　　（c）

图 7-3　横向分段块件形式

1—纵向预应力筋孔道；2—横向预应力筋孔道；3—剪力键槽

对于箱形和槽形梁段，为了简化预制工作，也可不在块件内预留孔道，而将预应力筋直接设置在底板上面，待张拉锚固后再在底板上灌注混凝土覆盖层，以保护预应力筋。

第二节　装配式钢筋混凝土简支梁桥

国内外所建造的钢筋混凝土简支梁桥，以 T 形梁桥最为普遍。我国已拟定了标准跨径为 10 m、13 m、16 m 三种公路梁桥标准设计。图 7-4 所示就是典型的装配式 T 形梁桥上部构造概貌。它是有几根 T 形截面的主梁，横隔梁即通过设在横隔梁下方和横隔梁翼缘板处的焊接钢板连接整体。

本节将详细介绍装配式钢筋混凝土简支梁桥的一般构造布置、主要截面尺寸、配筋特点和主梁的连接构造等。

一、构造布置

1. 主梁布置

对于设计给定的桥面宽度，如何选定主梁的间距(或片数)，这是构造布局中首先要解决的

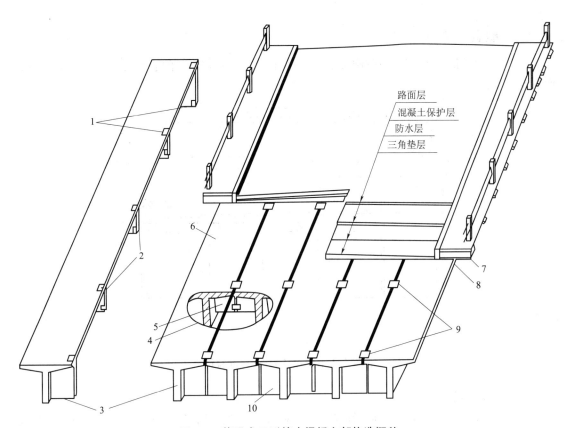

路面层
混凝土保护层
防水层
三角垫层

图 7-4 装配式 T 形简支梁桥上部构造概貌

1—连接构造；2—中横隔板；3—梁肋；4—连接构造；5—中横隔板；6—翼板(行车道板)；7—人行道板；
8—人行道挑梁；9—连接构造(示意图)；10—端横隔板

课题。它不仅与钢筋和混凝土的材料用量以及构件的吊装重量有关，而且还涉及翼板的刚度等问题。一般来说，对于跨径大一些的桥梁，如果建筑高度不受限制，则适当加大主梁间距减少片数，钢筋混凝土的用量会少些，这样就比较经济；但此时桥面板的跨径增大，悬臂翼缘板端部较大的挠度对引起桥面接缝处纵向裂缝的可能性会大些。同时，构件重量的增大也使运输和架设工作趋于复杂。

我国在 1973 年编制的公路桥涵标准图中，主梁间距采用 1.60 m。在 1983 年编制的标准图中，主梁间距加大至 2.2 m。当吊装允许时，主梁间距以 1.5～2.2 m 为宜。

2. 横隔梁布置

(1)横隔梁在装配式 T 形梁桥中起着保证的各根主梁相互连接成整体的作用，它的刚度越大，桥梁的整体性越好，在荷载作用下各根主梁就能更好的共同工作。然而，设置横隔梁使主梁模板工作稍趋复杂，横隔梁的焊接接头又往往在设于桥下专门的工作架上进行，施工比较麻烦。

(2)T 形梁桥的端横隔梁是必须设置的，它不但有利于制造、运输和安装阶段构件的稳定性，而且能加强全桥的整体性；有中横隔梁的梁桥，荷载横向分布比较均匀，且可以减轻翼板接缝处的纵向开裂现象。故当梁跨径稍大时，应根据跨度、荷载、行车道板构造等情况，在跨径内增设 1～3 道横隔梁。

(3)横隔梁间距不宜过大，一般 4～6 m 为宜。

二、截面尺寸

图 7-5 中举例示出我国新规范颁布之前所使用墩中心距为 20 m 的装配式 T 形梁桥纵、横截面主要尺寸。

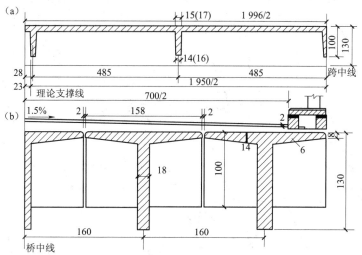

图 7-5 装配式 T 形梁纵横截面(标准跨径为 20 m)

1. 主梁梁肋尺寸

主梁的合理高度与梁的间距同活荷载的大小等有关。对于跨径 10 m、13 m、16 m 的标准设计采用的梁高相应为 0.9 m、1.1 m、1.3 m。

主梁梁肋的宽度,在满足抗剪需要的前提下,一般都做得较薄,以减轻构件的重量。但是,从保证梁肋的屈曲稳定条件以及不致使捣固混凝土发生困难方面考虑,梁肋也不能做的太薄。目前常用的梁肋宽度为不小于 16 cm,视梁内主筋的直径和钢筋骨架的片数而定。

2. 横隔梁的尺寸

跨中横隔梁的高度应保证具有足够的抗弯刚度,通常可做成主梁高度的 3/4 左右。梁肋下部呈马蹄形加宽时,横隔梁延伸至马蹄形加宽处[见前面图 7-1(c)、(e)和(g)]。

为便于安装和检查支座,端横隔梁底部与主梁底缘之间宜留有一定的空隙,或可做成和中横隔梁同高;但从梁体运输和安装阶段的稳定要求来看,端横隔梁又宜做成与主梁同高。如何取舍,可视施工的具体情况来定。

横隔梁的肋宽通常采用 12～16 cm,宜做成上宽下窄和内宽外窄的楔形,以便于脱模。

3. 主梁翼板尺寸

一般装配式主梁翼板的宽度视主梁间距而定,在实际预制时,翼板的宽度应比主梁中距小 2 cm,以便在安装过程中易于调整 T 形梁的位置和制作上的误差。翼板的厚度应满足强度和构造最小尺寸的要求。根据受力特点,翼板通常都做成变厚度的,即端部较薄,向根部逐渐加厚。为保证翼板与梁肋连接的整体性,翼板与梁肋衔接处的厚度应不小于主梁高度的 1/12。翼板厚度的具体尺寸有两种处理方法:一种是考虑翼板承担全部桥上的恒荷载与活荷载,板的受力钢筋全部设在翼板内,在铺装层内只有局部的加强钢筋网,这时一般做得较厚一些,端部一般取 10 cm;另一种是一般只承担本身自重、桥面铺装层恒荷载和施工临时载荷,活荷载则与布置有受力钢筋的钢筋混凝土铺装层共同承担,(例如在小跨径无中横隔梁的桥上)在此情况下端部厚度采用 8 cm 就够了(图 7-6)。

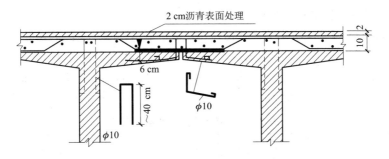

图 7-6 钢筋混凝土铺装层构造(尺寸单位：cm)

三、主梁钢筋构造

(一)一般构造

1. 梁肋的钢筋构造

(1)装配式 T 形梁桥的钢筋可分为纵向受力钢筋、架立钢筋、斜钢筋、箍筋和分布钢筋等几种。

简支梁承受正弯矩作用，故抵抗拉力的主钢筋设置在梁肋的下缘。随着弯矩向支点处的减小，主钢筋可在跨间适当的位置处切断或弯起。为保证主筋在梁段有足够的锚固长度和加强支撑部分的强度，《公路桥涵设计通用规范》(JTG D60—2015)规定，至少有 2 根，并不少于 20% 的主钢筋应伸过支撑截面。简支梁两侧的受拉主钢筋应伸出支撑截面以外，并弯成直角顺梁端延伸至顶部。两侧之间不向上弯曲的受拉主钢筋伸出支撑截面的长度，对带半圆弯钩的光圆钢筋不小于 $15d$(d 为钢筋直径)[图 7-7(a)]对带直角弯钩的螺纹钢筋不小于 $10d$[图 7-7(b)]。

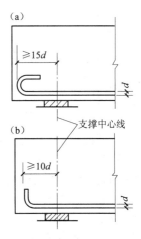

图 7-7 梁端主钢筋的锚固

由主钢筋弯起的斜向钢筋用来增强梁体的抗剪强度，当无主钢筋弯起时，尚须配置专门的焊与主筋和架立钢筋上的斜钢筋。斜钢筋与梁的轴线一般布置成 45° 角。弯起钢筋应按圆弧弯折，圆弧半径(以钢筋轴线计算)不小于 $10d$(d 为钢筋直径)。

箍筋的主要作用也是增强主梁的抗剪强度。《公路桥涵设计通用规范》(JTG D60—2015)中规定其间距应不大于梁高的 1/4 和 40 cm，且两支点附近的第一个箍筋应设置在距支撑边缘 5 cm 处。其他有关规定可参阅《公路桥涵设计通用规范》(JTG D60—2015)相应条文。

架立钢筋布置在梁肋的上缘，主要起固定箍筋和斜筋并使梁内全部钢筋形成立体或平面骨架的作用。

当 T 形梁梁肋高度大于 100 cm 时，为了防止梁肋侧面因混凝土收缩等原因而导致裂缝，因此需要设置纵向防裂的分布钢筋，其截面面积对于整体浇筑时：

$$A_s = (0.000\,5 \sim 0.001\,0)bh$$

对于焊接骨架的薄壁梁时：

$$A_s = (0.001 \sim 0.002)bh$$

式中　b——梁肋宽度；

　　　h——梁的全高。

当梁跨较大，梁肋较薄时取用较大值。这种分布钢筋的直径为 6～10 mm，靠近下缘，混凝土拉应力也大，故布置得密些，在上部则可稀些。

（2）为了防止钢筋受到大气影响而锈蚀，并保证钢筋与混凝土之间的黏着力充分发挥作用，钢筋到混凝土边缘需要设置保护层。若保护层厚度太小，就不能起到以上作用，太大则混凝土表层因距钢筋太远容易破坏，且减小了钢筋混凝土截面的有效高度，受力情况也不好。因此《公路桥涵设计通用规范》(JTG D60—2015)规定：最外侧钢筋的混凝土保护层厚度符合下表规定。

表 7-1　混凝土强度等级最低要求

构件类别	梁、板、塔、拱圈、涵洞上部		墩台身、涵洞下部		承台、基础	
设计使用年限	100 年	50 年、30 年	100 年	50 年、30 年	100 年	50 年、30 年
Ⅰ类——一般环境	C35	C30	C30	C25	C25	C25
Ⅱ类——冻融环境	C40	C35	C35	C30	C30	C25
Ⅲ类——近海或海洋氯化物环境	C40	C35	C35	C30	C30	C25
Ⅳ类——除冰盐等其他氯化物环境	C40	C35	C35	C30	C30	C25
Ⅴ类——坡度结晶环境	C40	C35	C35	C30	C30	C25
Ⅵ类——化学腐蚀环境	C40	C35	C35	C30	C30	C25
Ⅶ类——腐蚀环境	C40	C35	C35	C30	C30	C25

表 7-1　混凝土强度等级最低要求

环境类别	条件
Ⅰ类——一般环境	仅受混凝土碳化影响的环境
Ⅱ类——冻融环境	受反复冻融影响的环境
Ⅲ类——近海或海洋氯化物环境	受海洋环境下氯盐影响的环境
Ⅳ类——除冰盐等其他氯化物环境	受除冰盐等氯盐影响的环境
Ⅴ类——盐结晶环境	受混凝土孔隙中硫酸盐结晶膨胀影响的环境
Ⅵ类——化学腐蚀环境	受酸碱性较强的化学物质侵蚀的环境
Ⅶ类——磨蚀环境	受风、水流或水中夹杂物的摩擦、切削、冲击等作用的环境

为了使混凝土的粗骨料能填满整个梁体，以免形成灰浆层或空洞，规定各主筋之间的净距当主钢筋为三层或三层以下者不小于 3 cm，且不小于钢筋直径。三层以上者不小于 4 cm，且不小于钢筋直径的 1.25 倍。

（3）在装配式 T 形梁中，钢筋数量多，如按钢筋最小净距要求（在高度方向钢筋的净距也要满足≥3 cm 或≥1.25d 的要求）排列就有困难，在此情况下可将钢筋叠置，并与斜筋、架立钢筋一起焊接成钢筋骨架

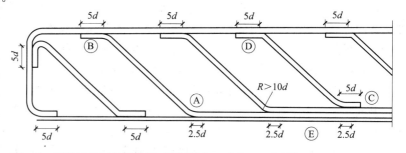

图 7-8　焊接钢筋骨架焊缝尺寸图（图中尺寸为双面焊缝长度，单面应加倍）

筋骨架(图 7-8)。试验证明，焊接钢筋骨架整体性好，能保证钢筋与混凝土共同工作，其钢筋重心位置较低，梁肋混凝土体积较小，此外可避免大量就地绑扎工作，入模安装很快，是装配式 T 形梁桥最常用的构造形式。然而，焊接钢筋骨架的主筋与混凝土的黏结面积较小，一般说来抗裂性能稍差，因此，在实践中采用表面呈螺纹形或竹节形的钢筋，并选用较小直径的钢筋，有条件时还可以将箍筋与主钢筋接触处点焊固结，以增大其黏结强度，从而改善其抗裂性能。

在焊接钢筋骨架中，为保证焊接质量，使焊缝处强度不低于钢筋本身强度，对焊缝的长度必须满足下述要求。

1)对于利用主钢筋弯起的斜筋，在起弯处应与其他主筋相焊接，可采用每边各2.5d的双面焊或一边长5d的单面焊缝(图7-8中Ⓐ)。弯起钢筋的末端与架立钢筋(或其他主筋)相焊接时，采用长5d的双面焊缝或10d的单面焊缝(图7-8中Ⓑ)。其中d为受力钢筋直径。

2)对于附加的斜筋，其与主筋或架立筋的焊缝长度，采用每边各长5d的双面焊缝或一边长10d的单面焊缝(图7-8中Ⓒ和Ⓓ)。

3)各层主钢筋相互焊接固定的焊缝长度，采用2.5d的双面焊缝或5d的单面焊缝(图7-8中Ⓔ)。

通常对于小跨径梁可采用双面焊缝，先焊好一边再把骨架翻身焊另一边，这样既可缩短接头长度，又可减少焊接变形，当骨架较长而不便翻身时，就可用单面焊缝。

2. 翼缘板内的钢筋构造

T形梁翼缘板内的受力钢筋沿横向布置在板的上缘，以承受悬臂的负弯矩，在顺主梁跨径方向还应设置少量的分布钢筋(图7-9)。按《公路桥涵设计通用规范》(JTG D60—2015)要求，板内主筋的直径不小于10 mm，每米板宽内不少于5根。分布钢筋的直径不小于8 mm，间距不大于20 cm，在单位板宽内分布钢筋的截面积不小于主筋截面面积的15%，在有横隔梁的部位分布钢筋的截面面积应增至主筋的30%，以承受集中轮载作用下的局部负弯矩，所增加的分布筋每侧应从横隔梁轴线伸出$l/4$(l为横隔板的间距)的长度。

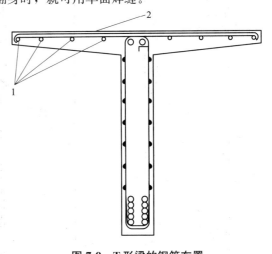

图7-9 T形梁的钢筋布置
1—纵向分布钢筋；2—悬臂翼缘板主筋

3. 横隔梁的钢筋构造

图7-10所示为横隔梁的钢筋构造。在每根横隔梁上缘配置2根受力钢筋，下缘配置4根受力钢筋，各用钢板连接成骨架。同时，在上、下钢筋骨架中均加焊锚固钢板的短钢筋。横隔梁的箍筋是抵抗剪力的。

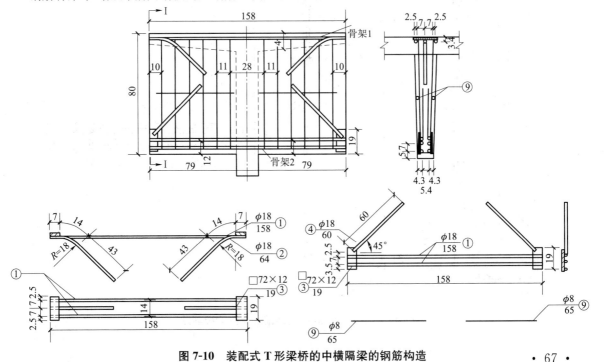

图7-10 装配式T形梁桥的中横隔梁的钢筋构造

67

（二）主梁钢筋构造实例

图 7-11 所示为标准跨径 20 m，行车道宽 7 m，两边设 0.75 m 的人行道，按公路—Ⅱ级荷载及人群荷载 3 kN/m² 设计的装配式钢筋混凝土简支 T 形梁块件构造，主梁的混凝土强度等级为 C25。

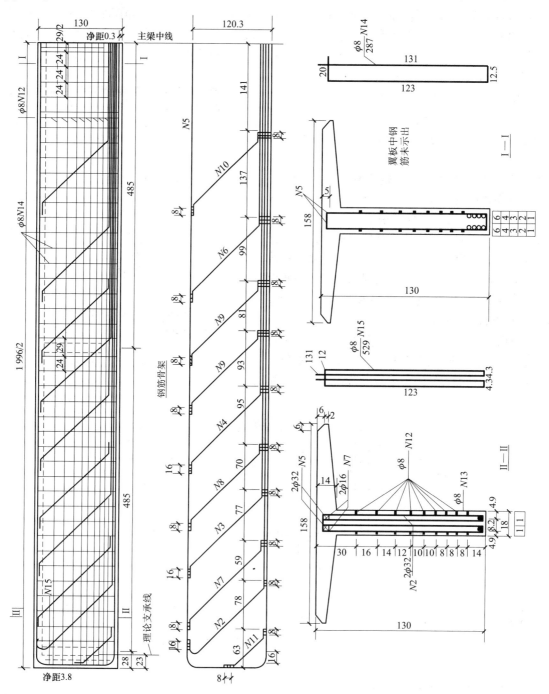

图 7-11　墩中距为 20 m 的装配式 T 形梁配筋图

四、装配式主梁的连接构造

通常在设有端横隔梁和中横隔梁的装配式 T 形梁桥中，均借助横隔梁的接头使所有主梁连接成整体。接头要有足够的强度，以保证结构的整体性，并使在运营过程中不致因车辆反复作用和冲击作用而松动。其连接的方式有以下四种。

1. 钢板连接

如图 7-12 所示，在横隔梁靠近下部边缘的两侧和顶部的翼板内均埋有焊接钢板，焊接钢板则预先与横隔梁的受力钢筋焊在一起做成钢筋骨架。当 T 形梁安装就位后即在横隔梁的预埋钢板上再加焊盖接钢板使连成整体。相邻横隔梁之间的缝隙最好用水泥砂浆填满，所有外露钢板也应用水泥砂浆封盖。这种接头强度可靠，焊接后立即就能承受荷载，但现场要有焊接设备，而且有时需要在桥下进行仰焊，施工较困难。

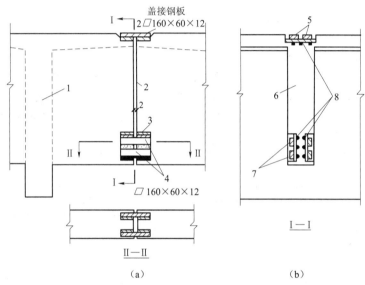

图 7-12　横隔梁的钢板接头构造(尺寸单位：mm)
1—主梁；2—灌水泥砂浆；3—工地焊缝；4—盖接钢板；5—盖接钢板；
6—横隔梁；7—盖接钢板；8—预埋钢板

2. 螺栓连接

如图 7-13(a)所示，此种方法基本上与焊接钢板接头相同，不同之处使用螺栓与预埋钢板连接，为此钢板上要留螺栓孔。这种接头简化接头的施工工序，由于不用特殊机具而有拼装迅速的优点，但在运营过程中螺栓易于松动。

3. 扣环连接

如图 7-13(b)所示，这种接头的做法是：横隔梁在预制时在接缝处伸出钢筋扣环 A，安装时在相邻构件的扣环两侧在安上腰圆形的扣环 B，在形成的圆环内插入短分布钢筋后就现浇混凝土封闭接缝，接缝宽度为 0.20～0.50 m。此接头强度可靠整体性好，在工地不需要特殊机具，但现浇混凝土数量多，接头施工后不能立即承受荷载。这种连接构造往往也用于主梁间距较大而需要缩减预制构件尺寸和重量的场合。

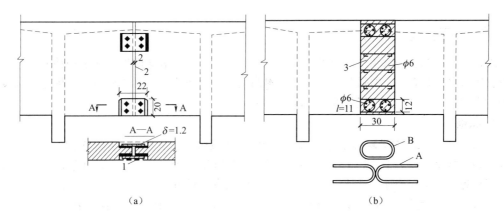

图 7-13　横隔梁的接头构造(尺寸单位：mm)

(a)螺栓接头；(b)扣环接头

1—抹涂灰浆；2—注入水泥砂浆；3—现浇混凝土

4. 翼缘板处的企口铰连接

目前，为改善挑出翼板的受力状态，横向连接往往做成企口铰接式的简易构造，如图 7-14 所示。图 7-14(a)所示为装配式 T 形梁标准设计中所采用的连接方式。主梁翼缘板内伸出连接钢筋，交叉弯制后在接缝处再安放局部的 $\phi6$ 钢筋网，并将它们浇筑在桥面混凝土铺装层内。或者可将翼缘板的顶层钢筋伸出，并弯转套在一根长的钢筋上，以形成纵向铰，如图 7-14(b)所示。显然，此中接头构造由于连接钢筋甚多，使施工增添了一些困难。

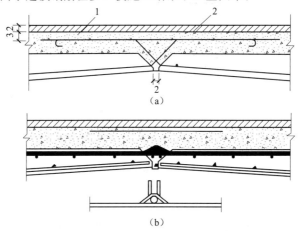

图 7-14　主梁翼板连接构造

1—C23 水泥混凝土；2—沥青混凝土

第三节　装配式预应力混凝土简支 T 形梁桥

一、预应力混凝土结构的基本概念及材料

预应力混凝土结构，就是事先人为地在混凝土或钢筋混凝土中引入内部应力，且其数值和

分布恰好能将使用荷载产生的内力抵消到一个合适程度的混凝土。这种预先给混凝土引入内部应力的结构，就称为预应力混凝土结构。

(一)预应力混凝土的基本原理

由于对混凝土或钢筋混凝土的受拉区预先施加压应力，使之建立一种人为的应力状态，这种应力的大小和分布规律，能有利于抵消使用荷载作用下产生的应力，因而使混凝土构件在使用荷载下允许出现拉应力而不致开裂，或推迟开裂，或者限制裂缝宽度大小。

下面我们通过一个混凝土梁的例子，进一步说明混凝土预加应力的原理。如图 7-15 所示设一矩形简支梁，计算跨径为 L，截面尺寸为 $b \times h$，承受均布荷载 q(含自重在内)，则该矩形简支梁由均布荷载产生的跨中最大弯矩为 $M = qL^2/8$，跨中截面应力

上缘：$$\sigma_{cu} = \frac{6M}{bh^2} \qquad\qquad (压应力)$$

下缘：$$\sigma_{cb} = -\frac{6M}{bh^2} \qquad\qquad (拉应力)$$

为了使截面下缘不出现拉应力，采用预加压应力的方法来抵消下缘拉应力。一种方法是：先在截面重心处施加预压力[图 7-15(a)]，令 $N_p = 6M/h$，所产生的截面应力为

$$\sigma_{cp} = \frac{N_p}{A} = \frac{6M/h}{bh} = 6M/bh^2$$

在预加力 N_y 和均布荷载 q 共同作用下，将该预加应力与均布荷载应力叠加，求得截面上、下缘的总应力为

上缘：$$\sigma_u = \sigma_{cp} + \sigma_{cu} = \frac{6M}{bh^2} + \frac{6M}{bh^2} = 2 \times \frac{6M}{bh^2}$$

下缘：$$\sigma_b = \sigma_{cp} + \sigma_{cb} = \frac{6M}{bh^2} - \frac{6M}{bh^2} = 0$$

另一种方法是：在距截面下缘 $h/3$ 处(即偏心距 $e = h/6$ 处)，施加预应力，如图 7-15(b)所示，令 $N_p = 3M/h$。

产生的截面上、下缘应力为

上缘：$$\sigma_{cpu} = \frac{N_p}{bh} - \frac{N_p \cdot e}{bh^2/6} = \frac{3M}{bh^2} - \frac{1}{\frac{bh^2}{6}} \cdot \frac{3M}{h} \cdot \frac{h}{6} = 0$$

下缘：$$\sigma_{cpb} = \frac{N_p}{bh} + \frac{N_p \cdot e}{\frac{bh^2}{6}} = \frac{6M}{bh^2}(压应力)$$

在预加力 N_y 和均布荷载 q 共同作用下，将该预加应力与均布荷载应力叠加，求得截面上、下缘的总应力为

上缘：$$\sigma_s = \sigma_{cu} + \sigma_{cpu} = 0 + \frac{6M}{bh^2} = \frac{6M}{bh^2}(压应力)$$

下缘：$$\sigma_b = \sigma_{cb} + \sigma_{cpb} = \frac{6M}{bh^2} - \frac{6M}{bh^2} = 0$$

上面的算例说明了两个重要的问题：

(1)由于预先给混凝土梁施加了预压力 N_p，使混凝土梁在均布荷载 q 作用下，下缘产生的拉应力完全或部分被预压应力所抵消，因而可以避免混凝土出现裂缝或推迟裂缝出现。

(2)必须针对荷载作用下可能产生的应力状态来施加预应力。所需施加的预压应力 N_y，不

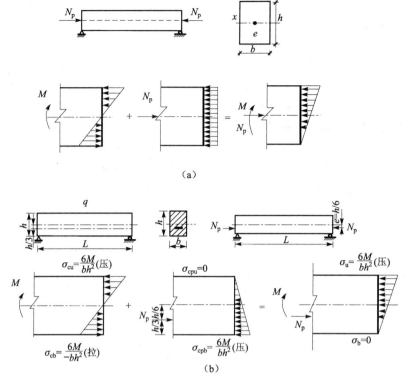

图 7-15　预应力混凝土结构基本原理图

仅与荷载(或者说弯矩 M)值的大小有关，而且也与 N_p 的作用位置(即偏心距 e 的大小)有关。预加力 N_p 所产生的反弯矩与偏心距 e 成正比，为了节省预应力钢筋的用量，设计中常常尽量减小 N_p 值，所以在弯矩较大的跨中截面就必须尽量加大偏心距 e 值。而在外弯矩较小的截面，则需将 e 值也相应的减小，以免由于预应力弯矩过大，使梁的上缘出现拉应力，甚至出现裂缝。

(二)预应力混凝土结构的特点

预应力混凝土结构具有下列主要优点：

(1)提高了构件的抗裂度和刚度。对构件施加预应力后，使构件在使用荷载作用下可不出现裂缝，或可使裂缝大大推迟出现，有效地改善了构件的使用性能，提高了构件的刚度，增加了结构的耐久性。

(2)可以节省材料，减少自重。预应力混凝土由于采用高强度材料，因而可减小构件截面尺寸，节省钢材与混凝土用量，降低结构物的自重。这对自重比例很大的大跨径桥梁来说，更有着显著的优越性。大跨度和重荷载结构，采用预应力混凝土结构一般是经济合理的。

(3)可以减小混凝土梁的竖向剪力和主拉应力。预应力混凝土梁的曲线钢筋(束)，可使梁中支座附近的竖向剪力减小；又由于混凝土截面上预压应力的存在，使荷载作用下的主拉应力相应减小。这有利于减小梁的腹板厚度，使预应力混凝土梁的自重可以进一步减小。

(4)结构质量安全可靠。施加预应力时，钢筋(束)与混凝土都同时经受了一次强度检验。如果在张拉钢筋时构件质量表现良好，那么，在使用时也可以认为是安全可靠的。

(5)预应力可作为结构构件连接的手段，促进了桥梁结构新体系与施工方法的发展。

另外，还可以提高结构的耐疲劳性能。因为具有强大预应力的钢筋，在使用阶段由加荷或卸荷所引起的应力变化幅度相对较小，所以引起疲劳破坏的可能性也小。这对承受动荷载的桥梁结构来说是很有利的。

预应力混凝土结构也存在着以下一些缺点：

(1)预应力混凝土工艺较复杂，对施工质量要求甚高，因而需要配备一支技术较熟练的专业队伍。

(2)需要有一定的专门设备，如张拉机具、灌浆设备等。先张法需要有张拉台座；后张法要耗用数量较多、质量可靠且有一定加工精度要求的锚具、制孔器等。

(3)预应力反拱度不易控制，它随混凝土徐变的增加而加大。

(4)预应力混凝土结构的开工费用较大，对于跨径小、构件数量少的工程，成本较高。

(三)预应力混凝土结构的材料

1.混凝土

目前，我国预应力混凝土结构采用的混凝土等级为 C40、C60，混凝土等级的选择应根据技术和经济方面的要求，尽量采用高等级的混凝土。在先张法中，预应力钢筋一般是靠粘结力来锚固的，而粘结强度是随混凝土强度等级的增高而增加的，因此混凝土强度等级不应低于 C40。

采用高强混凝土还有很多其他的优点：诸如高强混凝土的弹性模量较高，徐变较小，能够减小由于混凝土弹性压缩和徐变引起的预应力损失；高强度混凝土有较高的抗拉强度，可减少用先张法生产的构件的预应力钢筋的锚固长度，使用高强度混凝土的预应力混凝土结构也就有较高的抗裂度。

预应力钢筋混凝土结构构件对混凝土的要求比普通钢筋混凝土要高，主要要求如下：

(1)强度高。高强度的混凝土可保证预应力筋强度能够充分发挥，减小构件截面尺寸，满足局部抗压强度要求。

(2)匀质性好。预应力混凝土结构中大都存在高应力，故要求混凝土有较高的匀质性，在施工时必须建立严格的检查制度。

(3)快硬、早强。预应力混凝土结构的快硬、早强性能便于提前张拉锚固，从而加快施工进度，提高设备及模板的周转率。

(4)收缩和徐变小，以减小预应力损失。

2.钢筋

在预应力混凝土构件中有非预应力钢筋和预应力钢筋。

(1)非预应力钢筋。在预应力混凝土结构中，除预应力筋外还需配置非预应力筋。预应力混凝土构件中的非预应力钢筋与普通钢筋混凝土结构所用的钢筋品种和级别相同，其力学性能也与普通钢筋混凝土结构中钢筋的物理力学性能一致。非预应力钢筋在预应力混凝土结构中有着重要的作用。在构件腹板中抵抗主拉应力的钢筋可用预应力钢筋，但大多数情况下采用预应力和非预应力钢筋配合使用。非预应力钢筋宜采用 HPB300、HRB400、HRB500、HRBF400 和 RRB400 热轧钢筋。

另外，在后张法预应力混凝土构件的张拉端和固定端布置非预力钢筋可以防止混凝土在高应力下开裂。在 T 形梁和工字形梁的翼缘横向和纵向都必须布置普通钢筋。在部分预应力混凝土构件中非预应力钢筋与预应力钢筋一同作为主筋(混合配筋)，这样能显著改善梁的延性和变形性能。

(2)预应力钢筋。预应力钢筋应满足下列要求：

1)强度高。在混凝土中建立的预压应力取决于预应力钢筋张拉应力的大小。张拉应力越大，构件的抗裂性能就越好。但为了防止张拉钢筋时所建立的应力因预应力损失而丧失殆尽，对预应力钢材要求有很高的强度。

2)先张法构件是靠钢筋与混凝土之间的粘结力来传递预应力的,因此在先张法中预应力钢筋与混凝土之间必须有较高的粘着自锚强度,以防止钢筋在混凝土中滑移。

3)预应力钢材要有足够的塑性和良好的加工性能。所谓良好的加工性能是指焊接性能良好及采用镦头锚固时钢筋头部经过镦粗后不影响原有的力学性能。

4)应力松弛损失要低。预应力钢材今后发展的总要求是高强度、粗直径、低松弛和耐腐蚀。

预应力钢筋通常采用高强度钢度丝、钢绞线、精轧螺纹钢筋。

1)高强度钢丝。高强度钢丝是由优质碳素钢轧制成盘圆条,热处理后,经多次冷拔后制成的,故又称碳素钢丝。

2)钢绞线。钢绞线是把 7 根平行的高强度钢丝围绕其中一根中心芯线用绞盘绞捻成束而形成(图 7-16)。国家标准钢绞线直径有 9.5 mm、12.7 mm、15.2 mm、17.8 mm 四种,其强度为 1720～1960 MPa。例如,$7\phi5.0$ 钢绞线系由六根直径为 5 mm 的钢丝围绕一根直径为 5.15～5.20 mm的钢丝扭结后,经低温回火处理而成。

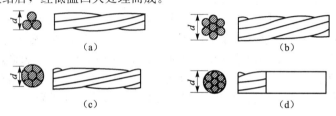

图 7-16　几种常见的预应力钢绞线

(a)三股钢绞线;(b)七股钢绞线;(c)七股拔模钢绞线;(d)无黏结钢绞线

3)精轧螺纹钢筋。精轧螺纹钢筋在轧制时沿钢筋纵向全部轧有规律性的螺纹肋条,可用螺钉套筒连接和螺母锚固,因此不需要再加工螺钉,也不需要焊接。目前,这种高强度钢筋仅适用于中、小型预应力混凝土构件或作为箱梁的竖向、横向预应力筋。

3. 非钢材的预应力筋

近年来非钢材的预应力筋得到很大的发展。用作预应力筋的非钢材材料主要是纤维增强塑料(Fiber Reinforced Plasfcs,简称 FRP)。纤维增强塑料(FRP)的生产是将多股连续纤维以环氧树脂等作为基底材料进行胶合、挤压、拉拔而成型的复合材料。纤维增强塑料以其强度高、质量轻的显著特点,最早被应用于航空工业。土木工程领域在 20 世纪 60 年代开始研究使用短纤维的 FRP 材料,在 20 世纪 80 年代以后,可用作预应力筋的长纤维 FRP 筋开始在土木工程领域得到应用。

目前,在土木工程领域应用的 FRP 主要是碳素纤维增强塑料(Carbon Fiber Reinforced Plastics,简称 CFRP)、玻璃纤维增强塑料(Glass Fiber Reinforced Plastics,简称 GFRP)及芳纶纤维增强塑料(Aramid Fiber Reinforced Plastics,简称 AFRP)三种。目前,国际上 FRP 筋开发与应用较多的国家是加拿大、日本、美国及德国等欧洲国家。

(四)预应力混凝土结构的分类

1. 按预应力度分类

我国根据国内工程习惯,对以钢材为配筋的加筋混凝土结构系列,采用按其预应力度分成全预应力混凝土、部分顶应力混凝土和钢筋混凝土三种结构的分类方法。

(1)预应力度。《公路钢筋混凝土及预应力混凝土桥涵设计规范》(JTG 3362—2018)将预应力度(λ)定义为

$$\lambda = \frac{\sigma_{pe}}{\sigma_{sl}}$$

式中　σ_{pe}——扣除全部预应力损失后的预加力在构件抗裂边缘产生的预压应力;

　　　σ_{sl}——由作用短期效应组合产生的构件抗裂边缘的法向应力。

预应力度也可定义为:由预加应力大小确定的消压弯矩 M_0 与外荷载产生的弯矩 M_s 的比值,即

$$\lambda = M_0 / M_s$$

式中　M_0——消压弯矩,也就是消除构件控制截面受拉区边缘混凝土的预压应力,使其恰好为零时的弯矩;

　　　M_s——按短期效应组合计算的弯矩值;

　　　λ——预应力度。

(2)加筋混凝土结构的分类。预应力度 λ 的变化范围是从 $\lambda \geqslant 1$ 变化到 $\lambda = 0$,因此,由预应力度 λ 值可将加筋混凝土结构系列分成全预应力、部分预应力和钢筋混凝土结构三类。

1)全预应力混凝土结构。全预应力混凝土结构 $\lambda \geqslant 1$,此类构件在作用(或荷载)短期效应组合下控制截面的受拉边缘不允许出现拉应力。

全预应力混凝土虽然具有抗裂性能好、刚度大等优点,但也发现一些严重的缺点。主梁的反拱大,以至于桥面铺装施工的实际厚度变化较大,易造成桥面损坏,影响行车顺适;预加力过大时,锚下混凝土横向拉应变超出极限拉应变,出现沿预应力钢筋方向不能恢复的裂缝,这一缺点比可恢复的垂直裂缝对结构耐久性的影响更为严重。

针对全预应力混凝土结构由于预加应力过大所引起的问题,从 20 世纪 60 年代开始,国际工程界就开始了适当减小预加力、降低预应力混凝土抗裂要求的热烈讨论,逐步形成了部分预应力混凝土的新概念。

2)部分预应力混凝土结构。部分预应力混凝土结构是介于全预应力混凝土与普通钢筋混凝土之间的结构,根据要求施加适量的预应力,配置普通钢筋以保证承载力要求,其 $1 > \lambda > 0$。此类构件在作用(或荷载)短期效应组合下控制截面受拉边缘允许出现拉应力,当对拉应力加以限制时,为部分预应力混凝土 A 类构件,对于此情况,国际上习惯称为有限预应力;当拉应力超过限值或出现不超过限值的裂缝时,为部分预应力混凝土 B 类构件。

部分预应力混凝土结构的特点如下:

①部分预应力混凝土结构一般采用混合配筋方案,兼顾了预应力混凝土和钢筋混凝土两者的优越结构性能。

②允许在使用期间出现裂缝,扩大了应用范围。

③设计人员可以根据结构使用要求来选择预应力度的高低。

④在荷载作用较小时,在自重与有效预加力作用下,它具有反拱度,但其值较全预应力混凝土梁的反拱度小。

2. 有粘结预应力与无粘结预应力混凝土结构

有粘结预应力混凝土结构是指预应力筋直接与混凝土粘结,或通过预留孔道在张拉预应力筋后,通过灌浆使之与混凝土粘结的预应力结构。其包括先张预应力混凝土结构及预留孔道穿筋压浆的后张预应力混凝土结构。无粘结预应力混凝土结构,是指预应力钢筋伸缩、滑动自由,不与周围混凝土粘结的预应力混凝土结构。

（1）有粘结预应力混凝土结构。

1）先张法预应力混凝土结构。先张法，即先张拉钢筋，后浇筑构件混凝土的方法，如图 7-17 所示。先在张拉台座上，按设计规定的拉力张拉筋束，并用锚具临时锚固，再浇筑构件混凝土，待混凝土达到要求强度（一般不低于设计强度的 80%）后，放张（即将临时锚固松开或将筋束剪断），让筋束的回缩力，通过筋束与混凝土之间的粘结作用，传递给混凝土，使混凝土获得预压应力。

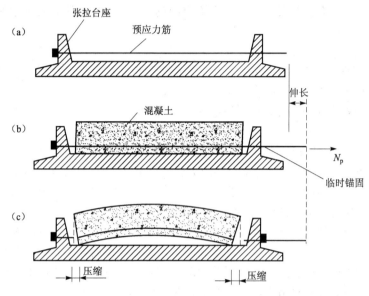

图 7-17　先张法施工工艺流程示意图

先张法所用的预应力筋束，一般可用高强度钢丝、钢绞线和直径较小的冷拉钢筋等，不专设永久锚具，借助与混凝土的粘结力，以获得较好的自锚性能。先张法施工工序简单，筋束靠粘结力自锚，不必耗费特制的锚具，临时固定所用的锚具，都可以重复使用，一般称为工具式锚具或夹具。在大批量生产时，先张法构件比较经济，质量也比较稳定。先张法一般仅宜生产直线配筋的中小型构件，这将使施工设备和工艺复杂化，且需配备庞大的张拉台座，同时构件尺寸大，起重、运输也不方便。

2）后张法。后张法，是先浇筑构件混凝土，待混凝土结硬后，再张拉筋束的方法。如图 7-18 所示，浇筑构件混凝土，并在其中预留穿束孔道（或设套管），待混凝土达到要求强度后，将筋束穿入预留孔道内，将千斤顶支承于混凝土构件端部，张拉筋束，使构件也同时受到反力压缩。待张拉到控制拉力后，即用特制的锚具将筋束锚固于混凝土构件上，使混凝土获得并保持其预压应力。最后在预留孔道内压力灌注水泥浆，使钢筋和混凝土粘结成整体，保护预应力钢筋不被锈蚀，增加构件的刚度，这种做法的预应力混凝土为有粘结预应力混凝土；也可不灌浆，完全通过锚具传递预压力，形成无粘结预应力混凝土构件。

由上可知，施工工艺不同，建立预应力的方法也不同。后张法是靠工作锚具来传递和保持预加应力的；先张法则是靠粘结力来传递并保持预加应力的。

（2）无粘接预应力混凝土结构。一般是在预应力钢筋外面涂防腐油脂外包塑料套管，防止钢筋与混凝土粘结，按后张法制作的预应力混凝土结构。施工时，无粘结预应力钢筋可如同非预应力钢筋一样，按设计要求铺放在模板内，然后浇灌混凝土。待混凝土达到设计要求强度后，

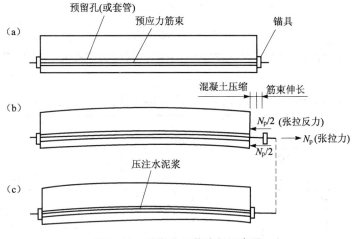

图 7-18　后张法工艺流程示意图

再张拉、锚固。此时，无粘结预应力钢筋与混凝土不直接接触，而成为无粘结状态。在外荷载作用下，结构中预应力钢筋束与混凝土在横截面内存在线性变形协调关系，但在纵向可以相对周围混凝土发生纵向滑移。无粘结预应力混凝土的设计理论与有粘结预应力混凝土相似，一般需增设普通受力钢筋以改善结构的性能，避免构件在极限状态下发生集中裂缝。无粘结部分预应力混凝土是继有粘结预应力混凝土和部分预应力混凝土之后一种新的预应力形式。由于无粘结预应力混凝土结构在施工时不需要事先预留孔道、穿筋和张拉后灌浆等，极大地简化了常规后张法预应力混凝土结构的施工工艺，尤其适用于多跨、连续的整体现浇结构中。

二、装配式预应力混凝土简支梁桥的构造类型

目前，公路上预应力混凝土简支梁的跨径最大已做到 76 m，但是根据建桥实践经验，当跨径超过 50 m 后，不但结构笨重，施工困难，经济性也较差。因此，我国《公路钢筋混凝土及预应力混凝土桥涵设计规范》(JTG 3362—2018)明确指出：预应力混凝土简支梁桥的标准跨径不宜超过 50 m。我国编制了装配式预应力混凝土简支梁桥的标准设计，标准跨径为 25 m、30 m、35 m、40 m。

预应力混凝土简支梁桥的横截面类型，基本上与钢筋混凝土梁桥相似，通常也做成 T 形、Ⅱ 形、I 形和箱形(图 7-1)。

装配式构件的划分方式，也与钢筋混凝土梁桥相同，最常用的是以纵向竖缝划分的 T 形梁。此外，鉴于用预应力筋施加预应力的特点，还可做成横向也分段的串联梁(图 7-2)。

下面将从构造布置、截面尺寸、配筋特点等方面介绍预应力混凝土简支梁桥的构造。

(一)构造布置

我国 1973 年编制的公路桥涵标准图中，主梁间距采用 1.6 m，并根据桥梁横断面不同的净宽而相应采用 5、6、7 片主梁。图 7-19 所示是跨径为 30 m，桥面净空为(净－7＋2×0.75)m 人行道的标准设计构造布置图。在 1983 年编制的标准图中，主梁间距采用 2.20 m。

当吊装重量不受限制时，对于较大跨径的 T 形梁，宜用较大的主梁间距(1.8～2.5 m)，可减少钢筋与混凝土的用量。

主梁的高度是随截面形式、主梁片数及建筑高度的不同而不同。对于常用的等截面简支梁，

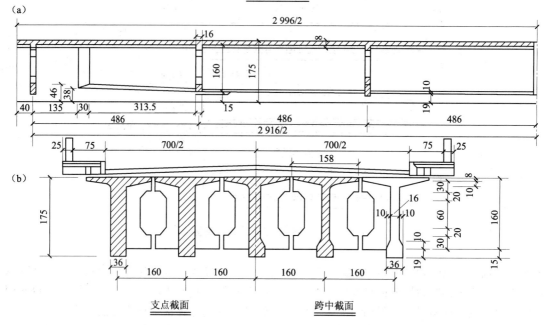

内梁半立面图

图 7-19 跨径 30 m 预应力混凝土 T 形梁的构造布置

高跨比可在 1/15～1/25 内选取。随着跨径增大取较小值，随梁数减少取较大值，中等跨径一般可取 1/16～1/18。

（二）截面尺寸

预应力混凝土简支 T 形梁的梁肋下部通常加宽做成马蹄形，以便钢丝束的布置和满足承受很大预压力的需要。为了配合钢丝束的起弯，在梁端能布置钢丝束锚头和安放张拉千斤顶，在靠近支点处腹板也要加宽至与马蹄同宽，加宽范围最好达一倍梁高（离锚固端）左右，标准设计中，一般采用自第一道内横隔梁向梁端逐渐变化的形式，马蹄部分也逐渐加高的变截面 T 形梁（图 7-19）。梁肋的宽度一般由构造和施工要求决定，但不得小于 14 cm，标准设计图中肋宽为 14～16 cm。

为了防止在施工和运输中使马蹄部分遭致纵向裂缝，除马蹄面积不宜小于全截面的 10%～20% 外，还建议具体尺寸如下：

（1）马蹄宽度约为肋宽的 2～4 倍，并注意马蹄部分（特别是斜坡区）的管道保护层不宜小于 6 cm。

（2）马蹄全宽部分高度加 1/2 斜坡区高度为梁高的 0.15～0.20，斜坡宜陡于 45°，同时应注意，马蹄部分不宜过高、过大，否则会降低截面形心，减少偏距 e，并导致降低抵消自重的能力。从预应力梁的受力特点可知，为了使截面布置经济合理，节省预应力筋的配筋数量，T 形梁截面的效率指标 ρ 宜为 0.45～0.5。加大翼板宽度能有效地提高截面的效率指标。

（三）配筋特点

装配式预应力混凝土简支梁桥内的配筋，除主要的纵向预应力筋外，还有架立钢筋、箍筋、水平分布钢筋、承受局部应力的钢筋和其他构造钢筋等。

1. 纵向预应力筋布置

(1)布置方式(图 7-20)。

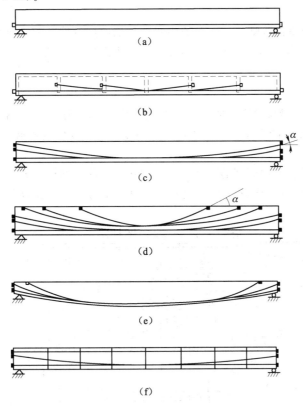

图 7-20 简支梁纵向预应力筋布置图式

1)如图 7-20(a)所示,全部主筋直线形布置,构造简单,它仅适用于先张法施工的小跨度梁。其缺点是支点附近无法平衡的张拉负弯矩会在梁顶出现过高的拉应力,甚至遭致严重的开裂。有时为减小此应力,可根据弯矩的变化,将纵向预应力筋按需要截断。

2)如图 7-20(b)所示,对于长度较大的后张法梁,如采用直线形预应力筋时,为减少梁端附近的负弯矩并节省钢材,可将主筋在中间截面截断。此时应将预应力筋在横隔梁处平缓地弯出梁体,以便进行张拉和锚固。这种布置的特点是主筋最省、张拉摩阻力也较小,但预应力筋没有充分发挥抗剪作用,且梁体在锚固处的受力和构造也较复杂。

3)如图 7-20(c)所示,当预应力筋数量不太多,能全部在梁端锚固时,为使张拉工序简便,通常都将预应力筋全部弯至梁端锚固。这种布置的预应力筋弯起角不大,可以减少摩擦损失,但梁端受预应力较大。

4)如图 7-20(d)所示,对于钢束根数较多的情况,或者当预应力混凝土梁的梁高受到限制,以致不能全部在梁端锚固时,就必须将一部分预应力筋弯出梁顶。此方法能缩短预应力筋的长度,节约钢材,对于提高梁的抗剪能力有利;但使张拉作业的操作稍趋复杂,预应力筋的弯起角较大,摩擦损失较大。

5)如图 7-20(e)所示,大跨度桥梁为了减轻自重而配合荷载弯矩图形设计成变高度鱼腹形梁。这种结构因模板结构、施工和安装较复杂,一般很少采用。

6)图 7-20(f)所示为预应力混凝土串联梁,梁顶附近的直线形预应力筋是为防止在安装过程中梁顶出现拉应力而布置。

在以上的布置形式中，目前预应力混凝土简支梁桥上采用最广的布置方式是图 7-20 中的(c)和(d)两种。

(2)预应力筋总的布置原则是：在保证梁底保护层厚度及使预应力钢筋位于索界内的前提下，尽量使预应力筋的重心靠下；在满足构造要求的同时，预应力钢筋尽量相互紧密靠拢，使构件尺寸紧凑。

2. 其他钢筋的布置

预应力混凝土 T 形梁与钢筋混凝土梁一样，按规定布置箍筋、架立钢筋、防收缩钢筋。由于预应力混凝土梁肋承受的主拉应力较小，一般不设斜筋。其构造要求基本相同，但还有其自身的特点。

(1)图 7-21 所示为两端锚固区的配筋构造。加强钢筋网的网格约为 10 cm×10 cm。锚具下设置厚度不小于 16 mm 的钢垫板与 φ8 的螺旋筋，其螺距为 3 cm，长为 21 cm，以提高混凝土的抗裂性。

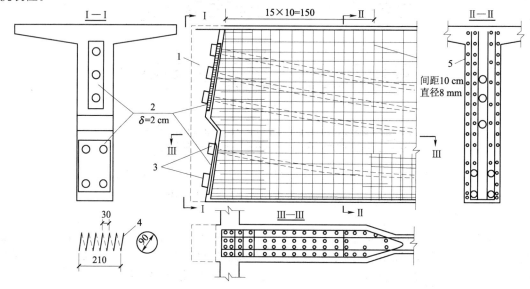

图 7-21　梁端的垫板和加强钢筋网图

(2)对于预应力比较集中的下翼缘(下马蹄)内必须设置闭合式加强马蹄形箍筋，其直径不小于 8 mm，间距不大于 200 mm，如图 7-22 所示，图中 d 为制孔管的直径，应比预应力的直径大 10 mm，采用铁皮套管时应大 20 mm，管道间的最小净距由灌注混凝土的要求所确定，在有良好的振捣工艺时(例如同时采用底振和侧振)，最小净距不小于 4 cm。梁腹板内设置直径不小于 10 mm，间距不大于 250 mm 的箍筋，且应采用带肋钢筋；自支座中心起长度不小于一倍梁高范围内，应采用闭合式箍筋，间距不应大于 100 mm。

(3)在预应力混凝土简支梁中，有时为了补充局部梁段内强度的不足；或为了满足极限强度的要求；或为了更好地分布裂缝和提高梁的韧性等，可以将无预应力的钢筋与预应力筋协同配置，这样往往能达到经济合理的效果(图 7-23)。

1)图 7-23(a)表示当梁中预应力筋在两端不便弯起时，为了防止张拉阶段在梁顶部可能开裂而布置的受拉钢筋。

2)对于自重比恒载于活载小得多的梁，在预加力阶段跨中部分的上翼缘可能会开裂而破坏。因而也可在跨中部分的顶部加设无预应力的纵向受力钢筋[图7-23(b)]，这种钢筋在运营阶段还能加强混凝土的抗压能力，在破坏阶段则可提高梁的安全度。

3)图7-23(c)所示在跨中部分下翼缘内设置的钢筋，多半是在全预应力梁中为了加强混凝土承受预加压力的能力。

4)对于部分预应力梁也往往利用通长布置在下翼缘的纵向钢筋来补足极限强度的需要[图7-23(d)]。并且这种钢筋对于配置无粘结预应力筋的梁能起到分布裂缝的作用。

另外，无预应力的钢筋还能增加梁在反复荷载作用下的疲劳极限强度。

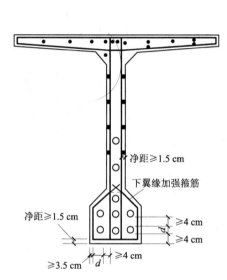

图 7-22 横截面内钢筋布置

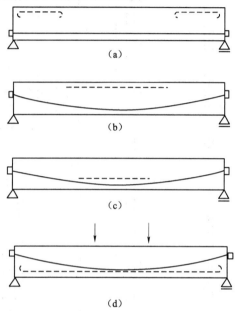

图 7-23 无预应力纵向受力钢筋(虚线)的布置

（四）横向联结

装配式预应力混凝土梁桥的横向联结构造一般与钢筋混凝土梁桥相同，但也可在横隔梁内预留孔道，采用横向预应力筋张拉集整。这样的联结，整体性好，但对梁的预制精度要求较高，施工稍复杂。

（五）装配式预应力混凝土简支 T 形梁桥的构造示例

图7-24所示为墩中距为30 m的装配式预应力混凝土简支梁的标准设计图的构造布置。此梁的全长为29.96 m，计算跨径为29.16 m，设计荷载为公路—Ⅱ级。梁肋中心距为1.60 m，在横截面上可以用5～7片主梁来构成净—7、净—9并附不同人行道的桥面净空。

主梁采用 C40 混凝土带马蹄的 T 形截面，梁高为1.75 m，高跨比为1/16.7。厚16 cm 的梁肋在梁端部分(约等于梁高的长度内)加宽至马蹄全宽36 cm，以利预应力筋的锚固。在截面设计中将所有混凝土内角做成半径为5 cm 的圆角，以利脱模。

T 形梁预应力采用了 7 根 24φ5 高强度钢丝束，钢丝极限强度为 $1\,600 \times 10^3$ kPa，全部钢丝束均以圆弧起弯并锚固在梁端厚2 cm 的垫板上。

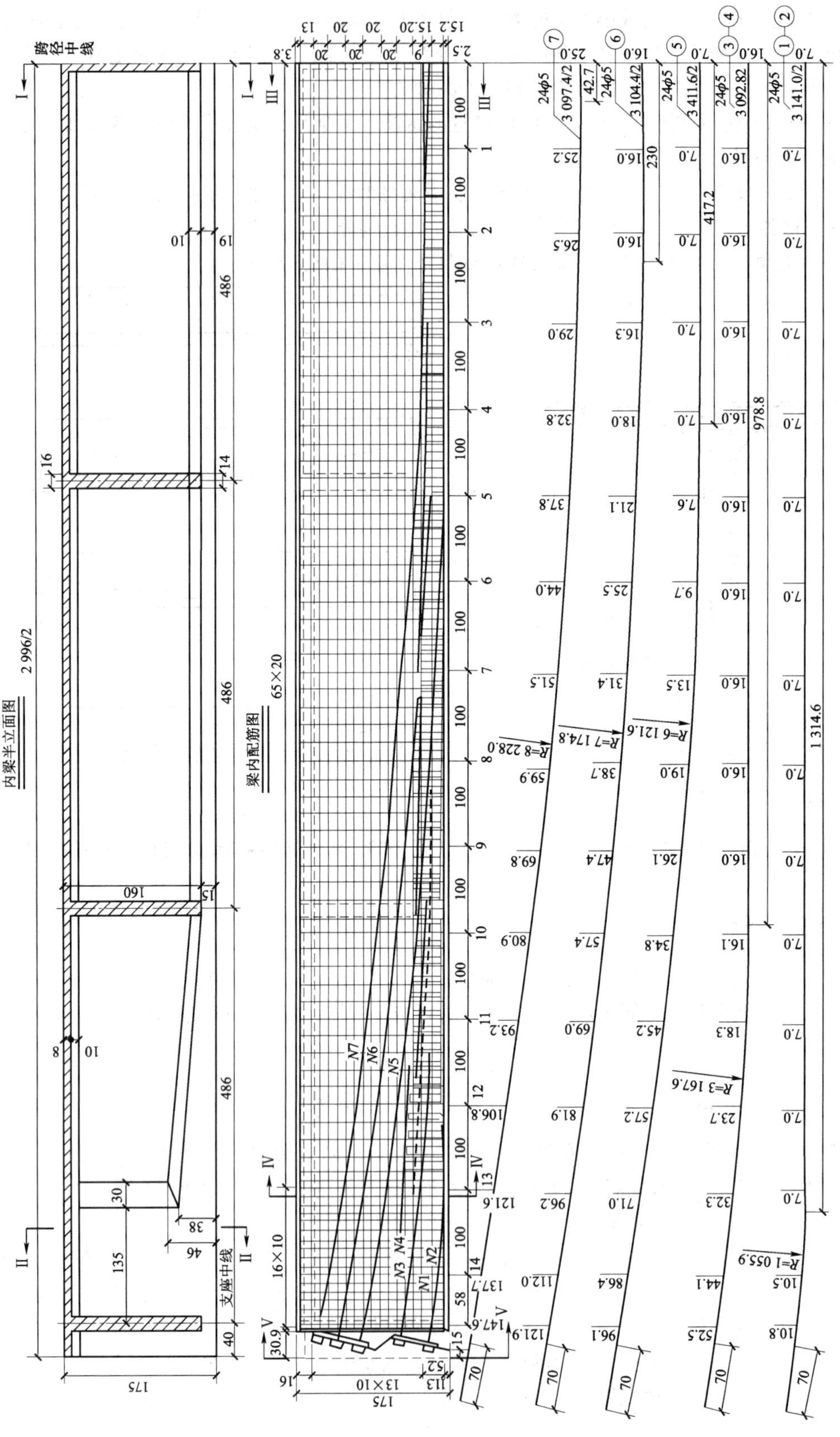

图7-24 跨径30 m装配式预应力混凝土简支梁桥构造图

第八章　简支梁桥上部结构的计算

• 学习要点 •

主要介绍简支梁桥的行车道板类型、计算内容和计算方法；荷载横向分布系数的常用计算方法；主梁的作用效应的计算方法、作用效应组合及内力包络图。

在进行工程结构物设计时，通常总是先根据使用要求、跨径大小、桥面净宽、荷载等级、施工条件等基本资料，运用对结构物的构造知识并参考已有桥梁的设计经验来拟定结构物各构件的截面形式和细部尺寸，估算结构的自重，然后根据结构上的作用效应，用熟知的数学、力学方法计算出结构各部分可能产生最不利的内力，再由已求得的内力进行强度、刚度和稳定性验算，以此来判断原先所拟定的细部尺寸是否符合要求。

如果验算结果不能满足要求，或者尺寸选得过大，则需修正原来所拟定的尺寸再进行验算，直至满意为止。

鉴于钢筋混凝土构件的截面设计和验算问题属于《结构设计原理》课程的内容，本章着重阐明行车道板、主梁的受载特点和作用效应组合的计算方法。

第一节　行车道板的计算

一、行车道板的类型

钢筋混凝土和预应力混凝土肋梁桥的桥面板（也称行车道板），是直接承受车辆轮压的承重结构，在构造上它通常与主梁的梁肋和横隔梁（或横隔板）整体相连，这样既能将车辆活载传给主梁，又能构成主梁截面的组成部分，并保证了主梁的整体作用。行车道板一般用钢筋混凝土制作，对跨度较大的行车道也可施加横向预应力，做成预应力混凝土板。

根据弹性薄板理论的研究，对于四边简支的板[图 8-1(a)]，当板的长边与短边之比(l_a/l_b)接近 2 时，作用效应的绝大部分将沿板的短跨方向传递，沿长跨方向传递的作用效应不足 6%。l_a/l_b 之比值越大，沿 l_a 跨度方向传递的作用效应就越少。通常就把长宽比大于或等于 2 周边支承板视作短跨承受荷载的单向受力板（单向板）来设计，对长宽比小于 2 的板，按周边支承板（双向板）来设计。

对于常见 $l_a/l_b \geqslant 2$ 的 T 形梁桥，也可遇到两种情形。其一是当翼缘板的端边为自由边时，鉴于类似于前面所分析的原因，实际上是三边支承的板可以作为沿短跨一端嵌固，而另一端为自由端的悬臂板来分析[图8-1(b)]。其二是相邻翼缘板在端部互相做成铰接接缝的构造，在此情况下桥面板应按一端嵌固一端铰接的铰接悬臂板进行计算[图8-1(c)]。

所以在实践中可能遇到的桥面板受力图式为单向板、悬臂板、铰接悬臂板和双向板等几种。由于双向板的用钢量大，构造复杂，目前较少使用，下面仅对其他的桥面板介绍其计算方法。

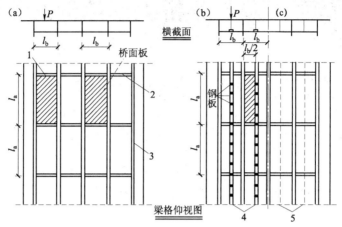

图8-1　梁格构造和桥面板支承方式
1—横隔板；2—横梁；3—主梁；4—翼缘板自由缘；5—铰接缝

二、车轮荷载在板上的分布

车轮与桥面的接触实际上接近于椭圆，而且荷载通过铺装层扩散分布，故车轮压力在桥面板上的实际分布是较为复杂的。为了方便起见，近似地把车轮与桥面的接触面看作是 $a_2 \times b_2$ 的矩形面积，a_2 为车轮沿行车方向的着地长度（$a_2 = 0.2$ m），b_2 为车轮的宽度（$b_2 = 0.6$ m）。至于荷载在铺装层内的扩散程度，对于混凝土或沥青面层，可以偏安全地假定按 $45°$ 角扩散（图8-2）。

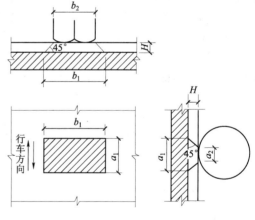

图8-2　车辆荷载在板上的分布

最后，作用于钢筋混凝土承重板顶面的矩形荷载压力面的边长为

$$\left.\begin{array}{ll} 沿纵向 & a_1 = a_2 + 2H \\ 沿横向 & b_1 = b_2 + 2H \end{array}\right\} \tag{8-1}$$

式中　H——铺装层的厚度。

据此，当车辆荷载作用于桥面板上时，作用于板面上的局部分布荷载为

$$p = \frac{P}{2a_1 b_1}$$

式中　P——汽车轴重。

三、板的有效工作宽度

板在局部荷载作用下，不仅直接承压部分参加工作，其相邻的部分板也会共同参与工作（图8-3），承担一部分荷载，所以必须要解决板的有效工作宽度问题。

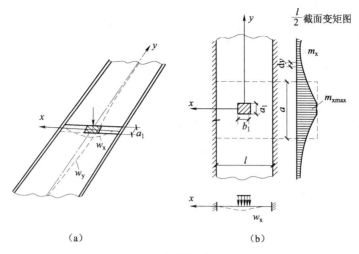

图 8-3　行车道板的受力状态

（一）单向板

桥梁规范中对单向板的荷载有效分布宽度作了如下规定：

平行于板跨方向（即垂直于行车方向）时：$b_1 = b_2 + 2H$。

垂直于板跨方向（即平行于行车方向）时：$a_1 = a_2 + 2H$。

1. 荷载位于跨间

1 单个车轮荷载位于板的跨径中部时，则

$$a = a_1 + \frac{l}{3} = a_2 + 2H + \frac{l}{3}，但不小于 \frac{2l}{3} \qquad (8\text{-}2)$$

2 多个相同车轮位于板的跨径中部时，有效分布宽度发生重叠时，则

$$a = a_2 + 2H + d + \frac{l}{3}，但不小于 \frac{2l}{3} + d \qquad (8\text{-}3)$$

式中　d——多个车轮时外轮之间的中距。

2. 荷载位于支承处

荷载位于技承处，则

$$a' = a_1 + t = a_2 + 2H + t \geqslant \frac{l}{3} \qquad (8\text{-}4)$$

式中　t——板厚。

3. 荷载位于支承边缘附近

荷载位于支承边缘附近，则

$$a_x = a' + 2x \qquad (8\text{-}5)$$

式中　x——荷载离支承边缘的距离；

　　　l——计算跨径。

根据上述分析，对于不同车轮荷载位置，单向板的有效分布宽度如图 8-4 所示。

注意：所有分布宽度，当大于板全宽时取板全宽；彼此不相连的预制板，车轮在板内分布宽度不大于预制板宽度。

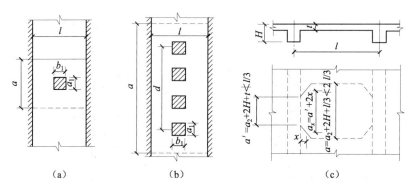

图 8-4　单向板的荷载有效分布宽度

（二）悬臂板

悬臂板在荷载作用下，除直接受荷载的板条外，相邻的板条也发生挠曲变形承受部分荷载，如图 8-5 所示。

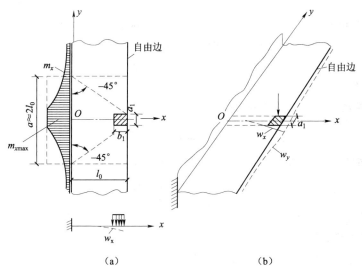

图 8-5　悬臂板受力状态悬臂根部弯矩图

对悬臂板规定的活载有效分布宽度为

$$a=a_1+2b'=a_2+2\,H+2b'\,(b'{\leqslant}2.5\text{ m})\qquad(8\text{-}6)$$

式中　b'——承重板上荷载压力面外侧边缘至悬臂板根部的距离。

$$a=a_1+2l_0\qquad(8\text{-}7)$$

对于分布荷载靠近边板的最不利情况，b' 就等于悬臂板的跨径 l_0，于是如式(8-7)。

悬臂板的有效分布宽度如图 8-6 所示。

四、行车道板的内力计算

（一）多跨连续单向板内力

多跨连续板与主梁梁肋连接在一起，因此，当板上有荷载作用时，会使主梁发生相对变形，

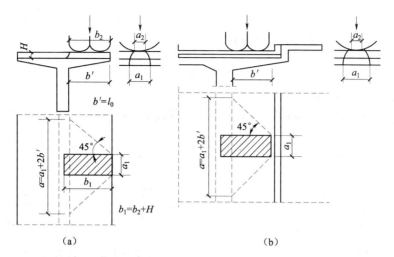

图 8-6　悬臂板的有效工作宽度

而这种变形又影响到板的内力。如果主梁的抗扭刚度极大，板的工作性能就接近地固端梁[图 8-7 (a)]；反之，如果主梁抗扭刚度极小，板在梁肋支承处为接近自由转动的铰支座，则板的受力就如多跨连续梁[图 8-7(b)]。实际上行车道板在主梁梁肋的支承条件，既不是固端，也不是铰支，而应该是弹性嵌固的[图 8-7(c)]。

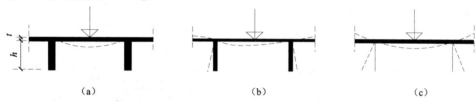

图 8-7　主梁扭转对行车道板受力的影响

与梁肋整体连接的板，计算弯矩时其计算跨径可取为两肋间的距离加板厚，但不大于两肋中心之间的距离。此时，弯矩可按以下简化方法计算：

支点弯矩 $\qquad\qquad\qquad\qquad M=-0.7M_0$ (8-8)

跨中弯矩

(1)板厚与梁肋高度比等于或大于 1/4 时 $\qquad M=+0.7M_0$ (8-9)

(2)板厚与梁肋高度比小于 1/4 时 $\qquad\quad M=+0.5M_0$ (8-10)

式中 M_0——与计算跨径相同的简支板跨中弯矩，它是 M_{op} 和 M_{og} 两部分的内力组合。

M_{op} 为宽 1 m 的简支板跨中汽车荷载弯矩，如图 8-8 所示。对汽车车轮荷载，跨中弯矩为

$$M_{op}=(1+\mu)\cdot\frac{P}{8a}\left(l-\frac{b_1}{2}\right)$$ (8-11)

式中 μ——汽车冲击系数，在桥面板计算中通常为 0.3；

P——车辆荷载轴重力，计算时常取后轴重；

a——荷载有效分布宽度；

l——板的计算跨径，应为两支承中心之间的距离，与梁肋整体连接的板，计算弯矩时，可取两肋间的净距加板厚，即 $l=l_0+t$，但不大于两肋中心之间的距离。

如果板的跨径较大，可能还有第二个车轮进入跨径内时，可将荷载按最不利布置使跨中弯

矩最大。

M_{og} 为宽度 1 m 的简支板跨中结构重力弯矩。

$$M_{og}=\frac{1}{8}gl^2 \tag{8-12}$$

式中　g——1 m 宽板条每延米的横载重力。

与梁肋整体连接的板计算剪力时，其计算跨径可取两肋间净距，剪力按计算跨径的简支板计算。

恒载剪力为

$$Q_{支g}=\frac{1}{2}gl_0 \tag{8-13}$$

式中　y_1，y_2——对应于荷载合力 A_1，A_2 的支点剪力影响线竖标值；

l_0——板的净跨径。

对于跨径内只有一个汽车车轮荷载，如图 8-8 所示，宽度 1 m 的简支板汽车引起的支点剪为

$$Q_{支p}=(1+\mu)(A_1y_1+A_2y_2) \tag{8-14}$$

其中矩形部分荷载的合力为

$$A_1=pb_1=\frac{P}{2a}$$

三角形部分荷载的合力为

$$A_2=\frac{1}{2}(p'-p)\times\frac{1}{2}(a-a')=\frac{p}{8aa}(a-a')^2$$

式中　p，p'——对应于有效分布宽度 a 和 a' 的荷载强度。

$$p=\frac{P}{2ab_1},\quad p'=\frac{P}{2a'b_1}$$

如跨径内不止一个车轮时，还应计及其他车轮的影响。

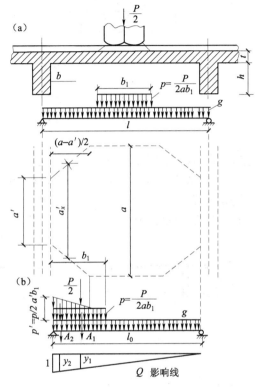

图 8-8　单向板内力计算图式

(二)悬臂板内力

对于沿缝不相连接的悬臂板，计算梁肋处最大弯矩时，应将汽车车轮靠板的边缘布置[图 8-9(b)]，此时 $b_1=b_2+H$(无人行道一侧)或 $b_1=b_2+2H$(有人行道一侧)，1 m 宽悬臂板的弯矩为

$$M_p=-\frac{P}{4ab_1}(1+\mu)b'^2 \quad (b_1\geqslant b \text{ 时}) \tag{8-15}$$

汽车荷载弯矩为

$$M_p=-(1+\mu)\frac{P}{2a}\left(b'-\frac{b_1}{2}\right) \quad (b_1\geqslant b' \text{ 时}) \tag{8-16}$$

式中　P——作用在 1 m 宽板上的荷载强度。

$$P=\frac{P}{2ab_1}$$

汽车荷载的剪力为

$$Q_p=\frac{1}{2a}(1+\mu)p \quad (b_1\geqslant b' \text{ 时}) \tag{8-17}$$

或
$$Q_p = (1+\mu)\frac{P}{2ab_1}b' \quad (b_1 < b' \text{时})$$
(8-18)

(三)铰接悬臂板内力

对于沿纵缝用铰连接的悬臂板,计算弯矩时,把汽车车轮荷载对称布置在铰接处[图 8-9(a)],这时最大弯矩在支承处,铰接处的弯矩为零,两相邻悬臂板各承受一半车轮荷载,即 $P/4$。支承处 1 m 宽板的汽车荷载弯矩为

$$M_p = -(1+\mu)\frac{P}{4a}\left(l_0 - \frac{b_1}{4}\right)$$
(8-19)

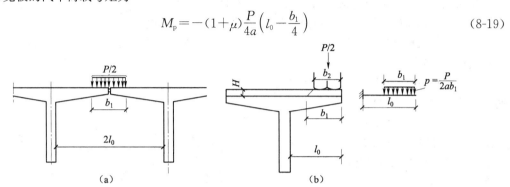

其中:$b_1 = b_2 + H$

图 8-9 铰接板弯矩计算图式

铰接板的剪力计算,应把荷载尽量靠近梁肋布置(图 8-10),利用影响线来进行,即

$$Q_p = (1+\mu)p\omega$$
(8-20)

式中 p——作用在 1 m 宽板上下的荷载强度;

$$p = P/2ab_1$$

ω——与 b_1 所对应的剪力影响线面积。

为了简化计算,可近似按汽车车轮荷载对称布置在铰接处来计算剪力

$$Q_p = (1+\mu)\frac{P}{4a}$$
(8-21)

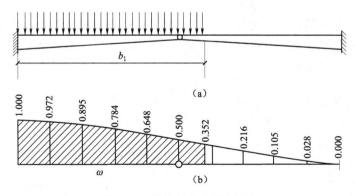

图 8-10 铰接板剪力计算图式

第二节　荷载横向分布系数的计算

一、概述

作用在桥梁上的荷载包括恒载与活载。恒载的计算比较简单，除考虑实际的结构自重外，通常可以近似地将桥面铺装、人行道、栏杆等重力分摊给各片主梁来承担。鉴于人行道、栏杆等构件一般是在桥梁连成整体后安装在边梁上的，必要时为了精确起见，也可将这些恒载按以下所述荷载横向分布的方法来计算。

作用在梁式桥的活载由于具有空间性，不能均摊，我们首先来看一下单梁，如图 8-11 所示，如以 $\eta_1(x)$ 表示梁上某一截面的内力影响线，则该截面的内力值 $S=P\eta_1(x)$。但对于桥面板和横隔梁组成的梁桥来说，情况就完全不同。这种结构的内力属于空间计算理论问题，可用影响面求解双值函数 $\eta(x,y)$ 表示，该截面的内力值表示为 $S=P\eta(x,y)$，用影响面求解最不利的内力值，仍是繁重的工作，故这种空间计算方法没有推广应用。目前广泛应用的是将复杂的空间问题转化为简单的平面问题求解，将影响面 $\eta(x,y)$ 分离成两个单函数的乘积 $S=p\eta(x,y)\approx p\cdot\eta_2(y)\eta_1(x)$。在上式中 $\eta_1(x)$ 就是单梁某一截面的内力影响线（图 8-11），如果我们将 $\eta_2(y)$ 看作是单位荷载沿横向作用在不同位置时对某梁所分配的荷载比值变化曲线，也称作对某梁的荷载横向分布影响线，则 $P\eta_2(y)$ 就是当 P 作用于 $a(x,y)$ 点时沿横向分布给某梁的荷载。如果桥梁的结构一定，轮重在桥上的位置也确定，则分布至某根梁的荷载也是一个定值。在桥梁设计中，通常用一个表

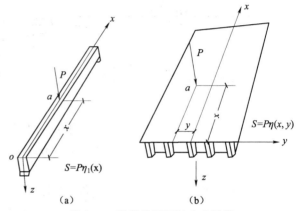

图 8-11　荷载作用下的内力计算

(a)在单梁上；(b)在梁式桥上

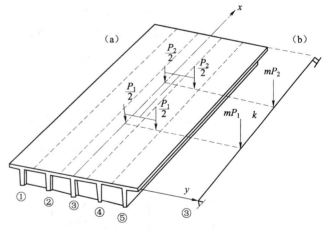

图 8-12　车轮荷载在桥上的横向分布

征荷载分布程度的系数 m 与轴重的乘积来表示这个值(图 8-12)，因此，前后轴的两排轮重分布在某号梁的荷载可分别为 mp_1 和 mp_2。这个 m 就称为荷载横向分布系数，它表示某根主梁所承担的最大荷载是各个轴重的倍数（通常小于 1）。

显然，同一座桥梁内各根梁内各根梁的荷载横向分布系数 m 是不相同的，不同类型的荷载其 m 值也有所不同，并且荷载在梁上沿纵向的位置对 m 也有影响。桥梁结构具有不同横向联结

刚度时，对荷载横向分布的影响也很大，横向联结刚度越大，荷载横向分布用用越显著，各主梁的负担也越均匀。

目前常用以下几种荷载横向分布计算方法：

(1)杠杆原理法。把横向结构(桥面板和横隔梁)视作在主梁上断开而简支在其上的简支梁或悬臂梁。

(2)偏心压力法。把横隔梁视作刚性极大的梁，当计及主梁抗扭刚度影响时，此法又称为修正偏心压力法。

(3)横向铰接板(梁)法。把相邻板(梁)视为铰接，只传递剪力。

(4)横向刚接梁法。把相邻主梁之间视为刚性连接，即传递剪力和弯矩。

(5)比拟正交异性板法。将主梁和横隔梁的刚度换算成正交两个方向刚度不同的比拟弹性平板来求解，并由实用的曲线图表进行荷载横向分布计算。

二、杠杆原理法

按杠杆原理法进行荷载横向分布的计算，其基本假定是忽略主梁之间横向结构的联系作用，即假设桥面板在主梁上断开，而当作沿横向支承在主梁上的简支梁或悬臂梁来考虑。

杠杆原理法适用于：双梁式桥在荷载作用下，横隔梁和桥面板的工作性质和简支梁一样，可用杠杆原理法做精确的计算；多梁式桥，当荷载作用在支点处时，连接的端横隔梁的支点反力与多跨简支梁的支点反力相差不多，可用杠杆原理法计算；也可以近似地应用于横向联系很弱的无中间横隔梁的桥梁计算。

图 8-13 所示为杠杆法计算横向分布系数的计算图式。当桥面板上有车辆荷载作用时，荷载 P_1 按杠杆原理分布于 1 号和 2 号主梁上；P_2 按杠杆原理分布于 2 号和 3 号主梁上。也就是 1 号主梁受到的荷载相当于桥面板作为悬臂板 ABC 的支点反力 R_1，2 号主梁受到的荷载相当于桥面板作为伸臂板 ABC 的支点反力和桥面板作为简支板 CD 的支点反力之和 R_2，3 号主梁受到的荷载相当桥面作为简支板 CD 和 DE 的支点反力之和 R_3 等。

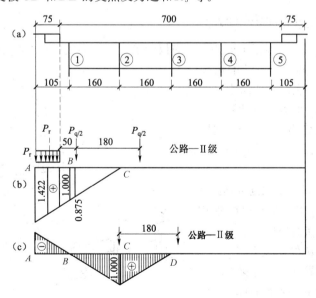

图 8-13　杠杆原理法计算横向分布系数(尺寸单位：cm)

在计算时，为了求出车辆荷载在桥的横向各种可能位置对 1 号、2 号和 3 号主梁产生的最大荷载，就要给出 R_1、R_2 和 R_3 的支点反力影响线（图 8-13）。这些反力影响线称为各主梁的荷载横向分布影响线。

有了荷载横向分布影响线，就可以将荷载沿横向分别置于最不利位置，计算主梁横向分布系数。

计算示例：杠杆原理法进行荷载横向分布系数的计算。

例 8-1 如图 8-13 所示，桥面净宽为（净－7＋2×0.75）m 人行道的钢筋混凝土 T 形梁桥，共设 5 根主梁。试求荷载位于支点处时 1 号梁和 2 号梁相应于公路－Ⅱ级汽车荷载和人群荷载的横向分布系数。

解： 当荷载位于支点处时，应按杠杆原理法计算荷载横向分布系数。

首先绘制 1 号梁和 2 号梁的荷载横向分布影响线，如图 8-13(b)、(c)所示。再根据《公路桥涵设计通用规范》(JTG D60—2015)规定，在横向影响线上确定荷载沿横向最不利的布置位置。例如：对于汽车荷载，规定的汽车横向轮距为 1.80 m，两辆汽车车轮的横向最小间距为 1.30 m，车轮距离人行道缘石最小为 0.50 m。求出相应于荷载位置的影响线竖标值后，就可得到 1 号梁的荷载横向分布系数为

1 号梁

公路－Ⅱ级

$$m_q = \frac{1}{2} \sum \eta_{iq} = \frac{1}{2} \times 0.875 = 0.438 \tag{8-22}$$

人群荷载：

$$m_r = \eta_r = 1.422 \tag{8-23}$$

同理

2 号梁
$$m_q = 0.5$$

人行道荷载引起负反力，则 $m_r = 0$。

三、刚性横梁法(偏心压力法)

在钢筋混凝土或预应力混凝土梁桥上，当设置了具有可靠横向联结的中间横隔梁，且在桥的宽跨比 B/L 小于或接近于 0.5 的情况时（一般称为窄桥），计算荷载位于跨中时的横向分布系数可用此法。此方法按计算中是否考虑主梁抗扭刚度的作用，又分为"刚性横梁法"和考虑主梁抗扭刚度的"修正刚性横梁法"。

1. 不考虑主梁抗扭刚度的刚性横梁法

由图 8-14 可以看到，在偏心荷载的作用下，由于各根梁的扭曲变形，刚性的中间横隔梁从原来的 c—d 位置变位至 c'—d'，呈一根倾斜的直线；靠近 P 的连梁 1 的跨中挠度均按 c'—d' 线呈直线规律分布。

作为一般的情形，假定各主梁的惯性矩 I_i 是不相等的，由于横梁刚度较大，可以按

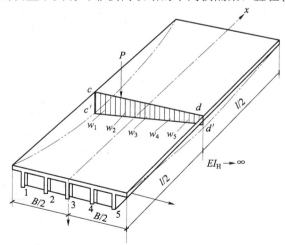

图 8-14 刚性横梁的梁桥在偏心荷载作用下的挠曲变形

刚体力学的原理，将偏心作用的荷载 P 移到中心轴上，用一个作用在中心线的力 P 和一个作用于横梁上的力矩 $M=Pe$ 来代替(图 8-15)。所以偏心荷载 P 的作用可以分解为中心荷载 P 的作用和力矩 M 的作用，然后进行叠加，便可得到偏心荷载 $P=1$ 对于各根主梁的荷载横向分布。

(1)中心荷载 $P=1$ 的作用。由于假定中间横隔梁是刚性的，且横截面对称于桥轴线，所以在中心荷载作用下，各根主梁产生相同的挠度，如图 8-15(c)所示。则

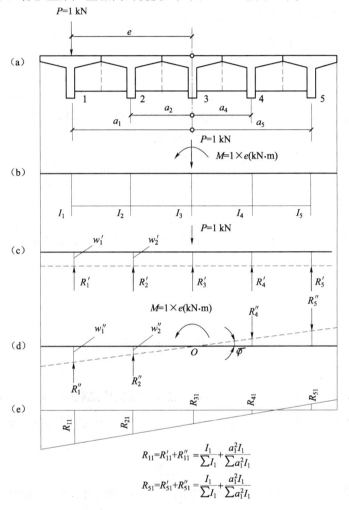

$$R_{11}=R'_{11}+R''_{11}=\frac{I_1}{\sum I_1}+\frac{a_1^2 I_1}{\sum a_1^2 I_1}$$

$$R_{51}=R'_{51}+R''_{51}=\frac{I_1}{\sum I_1}+\frac{a_1^2 I_1}{\sum a_1^2 I_1}$$

图 8-15　偏心荷载 P＝1 对各主梁的荷载分布图

$$w'_1=w'_2=\cdots=w'_n \tag{8-24}$$

作用于简支梁跨中的荷载与挠度的关系为

$$R'_1=\frac{48EI_i}{L^3}w'_i=\alpha I_i w'_i \tag{8-25}$$

式中，$\alpha=\dfrac{48EI}{L^3}$(E 为梁体材料的弹性模量)。

由静力平衡条件得

$$\sum_{i=1}^{n}R'_i=\alpha w'_i\sum_{i=1}^{n}I_i=P=1 \tag{8-26}$$

将式(8-26)代入式(8-25)得任意一根主梁承受的荷载力：

$$R'_i = \frac{I_i}{\sum\limits_{i=1}^{n} I^i} \tag{8-27}$$

式中 I_i——任意一根主梁的惯性矩；

$\sum\limits_{i=1}^{n}$——桥梁横截面内所有主梁惯性矩的总和。

若各主梁的截面均相同，则

$$R'_1 = R'_2 = \cdots R'_i = \frac{1}{n} \tag{8-28}$$

(2)偏心力矩 $M=Pe=1\times e$ 的作用。在偏心力矩 $M=1\times e$ 作用下，会使桥的横截面产生绕中心点 O 的转角 φ，如图 8-15(d)所示，因此各根主梁产生的竖向挠度 w''_i 可表示为

$$w''_i = a_i \tan\varphi$$

由式(8-25)，主梁所受荷载与挠度的关系为

$$R''_i = \alpha I_i w''_i$$

将式(8-27)代入上式即得

$$R''_i = \alpha \tan\varphi a_i I_i = \beta a_i I_i \tag{8-29}$$

从图 8-15(d)中可知，R''_i 对桥的截面中心点 O 所形成的反力矩之和应与外力矩 $M=1\times e$ 平衡，故据此平衡条件并利用式(8-34)可得

$$\sum_{i=1}^{n} R''_i a_i = \beta \sum_{i=1}^{n} a_u^2 I_i = 1 \times e$$

则

$$\beta = \frac{e}{\sum\limits_{i=1}^{n} a_i^2 I_i} \tag{8-30}$$

式中，$\sum\limits_{i=1}^{n} a_i^2 I_i = a_1^2 I_1 + a_2^2 I_2 + \cdots + a_n^2 I_n$，对于已经确定的桥梁截面，它是常数。

将式(8-30)代入式(8-29)，即得偏心矩 $M=1\times e$ 作用下各主梁所分配的荷载为

$$\beta'_i = \frac{ea_i I_i}{\sum\limits_{i=1}^{n} a_i^2 I_i} \tag{8-31}$$

则 $P=1$ 作用在离横截面中心线 e 的位置上任一根主梁所分配到的荷载为

$$R_i = R'_i + R''_i = \frac{I_i}{\sum\limits_{i=1}^{n} I_i} \pm \frac{ea_i I_i}{\sum\limits_{i=1}^{n} a_i^2 I_i} \tag{8-32}$$

(3)主梁的横向分布系数。在式(8-32)中，e 是表示荷载 $P=1$ 的作用位置，脚标"i"是表示所求梁的梁号。式(8-32)中的荷载位置 e 和梁位 A_i 是具有共同原点 O 的横坐标值，因此在取值时应当记入正负号，当 e 和 a_i 位于同侧时两者的乘积取正号，反之应取负号。

若荷载位于 k 号梁轴上($e=a_k$)，就可写出任意 i 号主梁荷载分布的一般公式为

$$R_{ik} = \frac{I_i}{\sum\limits_{i=1}^{n} I_i} + \frac{a_i a_k I_i}{\sum\limits_{i=1}^{n} a_i^2 I_i} \tag{8-33}$$

也可得到关系式

$$R_{ik} = R_{ik} \cdot \frac{I_i}{I_k}$$

例如欲求 $P=1$ 作用在 1 号梁轴线上时边主梁(1 号和 5 号梁)所受的总荷载：

$$R_{11} = \frac{I_1}{\sum\limits_{i=1}^{n} I_i} + \frac{a_1^2 I_1}{\sum\limits_{i=1}^{n} a_i^2 I_i} \left.\vphantom{\frac{a_1^2 I_1}{\sum\limits_{i=1}^{n} a_i^2 I_i}}\right\}$$
$$R_{51} = \frac{I_1}{\sum\limits_{i=1}^{n} I_i} - \frac{a_1^2 I_1}{\sum\limits_{i=1}^{n} a_i^2 I_i} \tag{8-34}$$

若各梁的截面均相同，式(8-34)可简化成：

$$\eta_{11} = \frac{1}{n} + \frac{a_1^2}{\sum\limits_{i=1}^{n} a_i^2} \left.\vphantom{\frac{a_1^2}{\sum\limits_{i=1}^{n} a_i^2}}\right\}$$
$$\eta_{51} = \frac{1}{n} + \frac{a_1 a_5}{\sum\limits_{i=1}^{n} a_i^2} \tag{8-35}$$

依据假定，结合材料力学荷载与挠度的关系及力学平衡原理，当各主梁的截面尺寸相同时，荷载横向分布影响线的竖标值计算通用公式可写成：

$$\eta_{ki} = \frac{1}{n} \pm \frac{a_k a_i}{\sum\limits_{i=1}^{n} a_i^2} \tag{8-36}$$

式中　η_{ki}——荷载 $p=1$ 作用于 k 梁上时，在 i 号梁上产生影响线的竖标值；

　　　n——主梁的根数。

计算示例：不考虑主梁抗扭刚度的刚性横梁法：

例 8-2　一座计算跨径 $l=19.5$ 的钢筋混凝土简支梁桥，桥面净宽为(净－7)，人行道宽度 2 $\times 0.75$ m；跨度内设有 5 道横隔梁，横截面布置如图 8-16(a)所示，试求荷载位于跨中时，1 号边梁相对应于汽车荷载和人群荷载的横向分布系数 m_{cq} 和 m_{cr}。

解：此桥设有 5 道横隔梁，具有可靠的横向联系，且承重结构的长宽比为

$$\frac{l}{B} = \frac{19.5}{5 \times 1.6} = 2.4 > 2$$

故当荷载位于跨中时，可按偏心压力法来绘制横向影响线，并计算荷载横向分布系数 m。

(1)绘制 1 号梁荷载横向分布影响线，本桥各根主梁的横截面均相等，梁数 $n=5$，梁间距为 1.6 m，则

$$\sum_{i=1}^{5} a_i^2 = a_1^2 + a_2^2 + a_3^2 + a_4^2 + a_5^2$$
$$= [(2 \times 1.6)^2 + 1.6^2 + 0 + (-1.6)^2 + (-2 \times 1.6)^2] = 25.6 (\text{m}^2)$$

由式(8-33)，计算 1 号梁横向影响线的两个竖标值为

$$\eta_{11} = \frac{1}{n} + \frac{a_1 a_1}{\sum\limits_{i=1}^{n} a_i^2} = \frac{1}{5} + \frac{3.2^2}{25.6} = 0.2 + 0.4 = 0.6$$

$$\eta_{51} = \frac{1}{n} - \frac{a_5 a_1}{\sum\limits_{i=1}^{n} a_i^2} = \frac{1}{5} - \frac{3.2^2}{25.6} = 0.2 - 0.4 = -0.2$$

由 η_{11}，η_{51} 绘制 1 号梁荷载横向分布影响线如图 8-16(b)所示。

(2)求荷载横向分布系数。按《公路桥涵设计通用规范》(JTG D60—2015)规定，将汽车荷载和人群荷载在 1 号梁荷载横微分布影响线上按横向最不利位置布载，如图 8-16(b)所示。

设荷载横向分布影响线的零点到 1 号梁位的距离为 x，由图中几何关系可得

$$\frac{x}{0.6} = \frac{4 \times 1.6 - x}{0.2}$$

解得 $x = 4.8$ m。

人行道缘石至 1 号梁轴线的距离 Δ，$\Delta = (1.05 - 0.75) = 0.3$(m)。

用直线内插法计算出荷载作用点对应的 1 号梁荷载横向分布影响线上的竖标值，如图 8-16 (b)所示。

(3)计算 1 号梁荷载横向分布系数 m_e。

汽车荷载

$$m_{cq} = \frac{1}{2} \sum \eta_q = \frac{1}{2}(\eta_{q1} + \eta_{q2} + \eta_{q3} + \eta_{q4}) = \frac{1}{2} \times (0.575 + 0.35 + 0.188 - 0.038)$$
$$= 0.538$$

人群荷载

$$m_\sigma = \eta_r = 0.684$$

求得 1 号主梁的各种荷载横向分布系数后，就可得到各类荷载分布至该梁的最大荷载值。

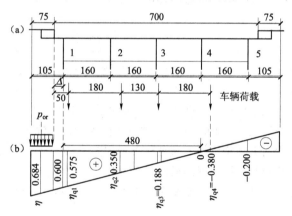

图 8-16　刚性横梁法计算荷载横向分布系数(单位：cm)
(a)桥梁横断面；(b)1 号梁荷载横向分布影响线

2. 考虑主梁抗扭刚度的修正刚性横梁法

上述介绍的刚性横梁法正在推演中由于作了横隔梁近似绝对刚性和忽略主梁抗扭刚度的两项假定，这就导致了边梁受力偏小的计算结果。为了弥补其不足，也可采用考虑主梁抗扭刚度的修正刚性横梁法。

其 k 号梁的横向影响线竖标为

$$\eta_{ki} = \frac{I_k}{\sum\limits_{i=1}^{n} I_i} \pm \beta \frac{ea_k I_k}{\sum\limits_{i=1}^{n} a_i^2 I_i} \tag{8-37}$$

$$\beta = \frac{1}{1 + \dfrac{Gl^2}{12E} \dfrac{\sum I T_i}{\sum a_i^2 I_i}} \tag{8-38}$$

式中　G——混凝土的剪切模量；

　　　E——混凝土的弹性模量；

β——抗扭系数；

I_{Ti}——i 号梁的抗扭惯性矩；

式中其余符号意义均同前。

若主梁的截面均相同，即 $I_i = I$，$I_{Ti} = I_T$，则：

$$\beta = \frac{1}{1 + \frac{nl^2 G I_T}{12 EI \sum a_i{}^2}} \qquad (8\text{-}39)$$

对于常见 T 形截面、I 字形截面可看成有若干个实体矩形截面组成的组合截面，它的抗扭惯性矩等于各个矩形截面的抗扭惯性矩之和

$$I_T = \sum_{i=1}^{m} c_i b_i t_i{}^3 \qquad (8\text{-}40)$$

式中 m——梁截面划分成单个矩形截面的块数，如图 8-17 所示。

b_i——第 i 个矩形长边；

t_i——第 i 个矩形短边；

c_i——矩形截面抗扭刚度系数，见表 8-1。

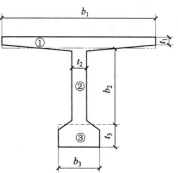

图 8-17　T 形截面 I_T 计算图式

表 8-1　矩形截面抗扭刚度系数

t/b	1	0.9	0.8	0.7	0.6	0.5	0.4	0.3	0.2	0.1	<0.1
c	0.141	0.155	0.171	0.189	0.209	0.229	0.250	0.270	0.291	0.312	1/3

当 $t/b < 0.1$ 时，令 $c = \frac{1}{3}$ 已经有足够的精度。

计算示例：考虑主梁抗扭刚度的刚性横梁法。

例 8-3　桥梁总体布置与例 8-2 相同，计算跨径 $l = 19.5$ m，横截面布置如图 8-18 所示，各主梁截面相同，尺寸如图 8-18 所示，试按修正偏心压力法计算荷载位于跨中时 1 号边梁相对应汽车荷载和人群荷载的横向分布系数 m 和 m_{cr}。

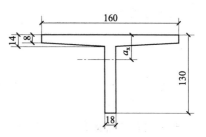

图 8-18　主梁截面尺寸(单位：cm)

解：(1)计算主梁的抗弯惯性矩 I 和抗扭惯性矩 I_T 翼板的换算平均高度为 $h = \frac{8+14}{2} = 11$(cm)。

主梁截面重心位置

$$a_x = \frac{(160-18) \times 11 \times \frac{11}{2} + 130 \times 18 \times \frac{130}{2}}{(160-18) \times 11 + (130 \times 18)} = 41.2 \text{(cm)}$$

主梁抗弯惯矩为

$$I = \frac{1}{12} \times (160-18) \times 11^3 + (160-18) \times 11 \times \left(41.2 - \frac{11}{2}\right)^2 + \frac{1}{12} \times 18 \times 130^3 + 18 \times 130 \times$$

$$\left(\frac{130}{2} - 41.2\right)^2 = 6\,627\,473 \text{(cm}^4\text{)}$$

主梁抗扭惯性矩按式(8-36)查表 8-1 计算。

翼板 $t_1/b_1 = 0.11/1.60 = 0.068\,7 < 0.1$，查表得 $c_1 = \frac{1}{3}$。

梁柱 $t_2/b_2=0.18/1.19=0.151$，查表得 $c_2=0.301$。

则 $I_T=\dfrac{1}{3}\times 160\times 11^3+0.301\times 119\times 18^3=279\,870(\mathrm{cm}^4)$

（2）计算抗扭修正系数 β，取 $G=0.4E$，代入式(8-35)得

$$\beta=\cfrac{1}{1+\cfrac{5\times 1\,950^2\times 0.4E\times 279\,884}{12\times E\times 6\,627\,500\times 256\,000}}=\frac{1}{1.104\,5}=0.905$$

（3）计算横向影响线竖标值。按修正偏心压力法计算横向分布系数，由式(8-34)计算 1 号梁的横向影响线，需两个竖标值。

$$\eta'_{11}=\frac{1}{n}+\beta\frac{a_1^2}{\sum\limits_{i-1}^{n}a_i^2}=0.2+0.905\times 0.40=0.562$$

$$\eta'_{51}=\frac{1}{n}+\beta\frac{a_1a_5}{\sum\limits_{i-1}^{n}a_i^2}=0.2-0.905\times 0.40=-0.162$$

设影响线零点离 1 号梁轴线的距离为 x，由

$$\frac{x'}{0.625}=\frac{4\times 1.60-x'}{0.162}$$

解得 $x'=4.97$ m。

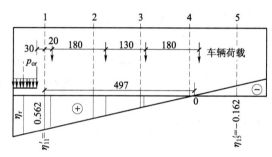

图 8-19 修正偏压法 m_c 计算图式（单位：cm）

（4）计算荷载横向分布系数，绘制 1 号边梁的横向分布影响线，并在其上按横向最不利布载，如图 8-19 所示。

1 号梁的横向分布系数为

汽车荷载 $m'_{cq}=\dfrac{1}{2}\sum\eta_q=\dfrac{1}{2}\dfrac{\eta'_{11}}{x}(x'_{q1}+x'_{q2}+x'_{q3}+x'_{q4})$

$$=\frac{1}{2}\times\frac{0.562}{4.97}\times(4.77+2.97+1.67-0.13)=0.525$$

人群荷载 $m'_{cr}=\eta'_r=\dfrac{0.562}{4.97}\times\left(4.97+0.30+\dfrac{0.75}{2}\right)=0.638$

将本列计算结果与例 8-2 相比，可以看到计及抗扭影响后 1 号边梁的横向分布系数 m'_{cq} 和 m'_{cr} 比不计抗扭影响的 m_{cq} 和 m_{cr} 分别降低 2.4% 和 6.7%。

四、荷载横向分布系数沿桥跨的变化

在上面所介绍的荷载横向分布系数的方法中，通常用杠杆原理法计算荷载位于支点处的横向分布系数 m_0，用比拟正交异性板法或偏心压力法计算荷载位于跨中横向分布系数 m_c。当荷载位于其他位置时，应该怎样确定横向分布系数呢？要精确计算 m 值的沿桥跨的连续变化规律是相当复杂的，目前在设计实践中习惯采用以下的实用处理方法。

对于无中间横隔梁或仅有一根中横隔梁的情况，跨中部分采用不变的 m_c，从离支点 $\dfrac{l}{4}$ 处起至支点的区段 m_x 呈直线形过渡，如图 8-20(a)所示。

对于有多根内横隔梁的情况，m_c 从第一根内横隔梁起向 m_0 直线形过渡，如图 8-20(b)所示。

（1）用于弯矩计算的荷载横向分布系数沿桥跨变化。在实际应用中，当求简支梁跨中最大弯

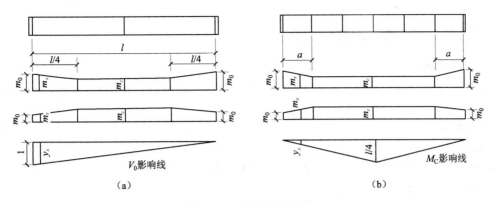

图 8-20　m 沿跨长变化图

矩时，鉴于横向分布系数沿跨内部分的变化不大，为了简化起见，通常均可按不变化的 m_c 来计算。

对于其他截面计算，一般也可取用不变的 m_c。但对于中梁来说，m_c 与 m_0 的差值可能较大，且内横隔梁又少于三根时，以计及 m 沿跨径变化的影响为宜。

(2)用于剪力计算的荷载横向分布系数沿桥跨变化。在计算主梁的最大剪力(梁端截面)时，鉴于主要荷载位于所考虑一端的 m 变化区段内，而且相应的内力影响线坐标均接近最大值(图8-20)，故应考虑该段区横向发布系数变化的影响。对位于远端的荷载，鉴于相应影响坐值的显著减少，则可近似取用不变的 m_c 来简化计算。

对于跨内其他截面的主梁剪力，也可视具体情况计及 m 沿桥跨变化的影响。

第三节　主梁内力计算

一、结构自重效应计算

钢筋混凝土或预应力混凝土桥梁的恒载占全部设计荷载很大的比重(60%～90%)，在计算自重内力时，为了简化计算，可以将桥梁上部构造的全部恒载平均分摊给每根主梁。为了精确起见，人行道、栏杆、灯柱要也可像活载一样，按荷载横向分布系数进行分配。

确定了计算恒载 g 之后，就可以按材料力学公式计算梁内各截面的弯矩 M_x、剪力 Q_x (图8-21)。

$$M_x = \frac{1}{2}gx(l-x) \qquad (8\text{-}41)$$

$$Q_x = g\left(\frac{l_0}{2} - x\right) \qquad (8\text{-}42)$$

式中　g——恒载的荷载集度，g＝结构(或
　　　　　构件)体积×材料的重度÷结
　　　　　构(或构件)的长度；
　　　l——计算跨径；
　　　l_0——净跨径；
　　　x——弯矩和剪力计算截面的位置
　　　　　(以支座为坐标原点)。

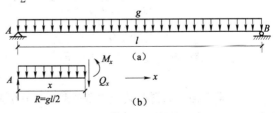

图 8-21　结构自重内力计算图示

二、汽车和人群作用效应计算

1. 跨中截面

如图 8-22(b)所示，当计算简支梁各截面的最大弯矩和跨中最大剪力时，可近似取用不变的跨中横向分布系数 m_c 计算

汽车荷载： $$S_q = (1+\mu)\xi m_{cq}(P_k y_k + q_k \Omega) \tag{8-43}$$

人群荷载： $$S_r = m_{cr} q_r \Omega$$

式中 S_q，S_r——跨中截面由汽车荷载，人群荷载引起的弯矩或剪力；

μ——汽车荷载冲击系数；

ξ——多车道桥梁的车道荷载折减系数；

m_{cq}，m_{cr}——跨中截面汽车荷载，人群荷载的横向分布系数；

P_k，q_k——汽车车道荷载的集中荷载和均布荷载标准值；

y_k——计算内力影响线竖标的最大值，将集中荷载标准值作用于影响线竖标值最大的位置处，即为荷载的最不利布置；

q_r——人群荷载集度，一般均取单侧人行道计算，q_r = 人群荷载标准值×单侧人行道宽；

Ω——跨中截面计算内力影响线面积。

跨中截面弯矩影响的面积[图 8-22(c)]：

$$\Omega_M = \frac{l^2}{8} \tag{8-44}$$

2. 支点截面剪力

对于支点截面的剪力或靠近支点截面的剪力，需计入由于荷载横向分布系数在梁端区段内发生变化所产生的影响[图 8-23(b)]，以支点截面为例，其计算公式为

$$Q_A = Q'_A + \Delta Q_A \tag{8-45}$$

式中 Q'_A——由式(8-39)按不变的 m_c 计算的内力值，在图 8-23(c)中 Q'_A 为由均布荷载 m_{cq}、q_k，$m_{cr} q_r$ 引起的内力值。$m_{cr} q_r$、q_k、m_{cr}、q_r 的含义同式(8-39)；

ΔQ_A——考虑近支点处横向分布系数的变化而引起的内力增(减)值。

(1)汽车荷载。

1)由集中荷载 P_k 引起的支点截面剪力 Q_{q1}，当 $m_{0q} > m_{cq}$ 时，将集中荷载 P_k 作用于支点截面处，引起的支点截面剪力最大[图 8-23(b)]：

$$Q_{q1} = (1+\mu)\xi m_{0q} P_k \cdot 1 = (1+\mu)\xi m_{0q} P_k \tag{8-46}$$

当 $m_{0q} < m_{cq}$ 时，设集中荷载 P_k 作用于距左支点 x 位置处，列出支点剪力 Q_{q1} 与 x 的关系式，求得 Q_{q1} 的极大值，也可以近似将集中荷载 P_k 作用于支点截面计算。

2)由均布荷载 q_k 引导起的支点截面剪力 Q_{q2} 为

$$Q_{q2} = (1+\mu)\xi \left[m_{cq} \cdot q_k \cdot \frac{l}{2} + \frac{a}{2}(m_{0q} - m_{cq}) q_k \cdot \bar{y} \right] \tag{8-47}$$

当 $m_{0q} < m_{cq}$ 时，括号中的第二项为负值。

3)汽车荷载引起的支点截面剪力为

$$Q_q = Q_{q1} + Q_{q2} \tag{8-48}$$

(2)人群荷载。人群荷载为均布荷载，由其引起的支点剪力与由汽车荷载的均布荷载 q_k 引起的支点截面剪力计算方法相同。

由人群荷载引起的剪力为

$$Q_r = m_{cr} \cdot q_r \cdot \frac{l}{2} + \frac{a}{2}(m_{0r} - m_{cr})q_k \cdot \bar{y} \tag{8-49}$$

式中 m_{cr}，m_{0r}——人群荷载跨中，支点截面的横向分布系数；

  q_r——单侧人行道人群荷载的集度。

a、$\bar{y}$的含意如图 8-23 所示。

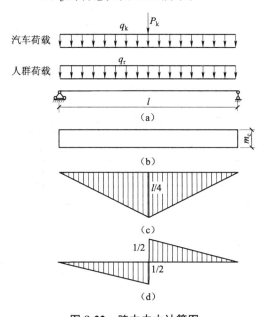

图 8-22   跨中内力计算图
(a)汽车荷载和人群荷载；(b)沿梁跨的横向分布系数；
(c)跨中弯矩影响线；(d)跨中剪力影响线

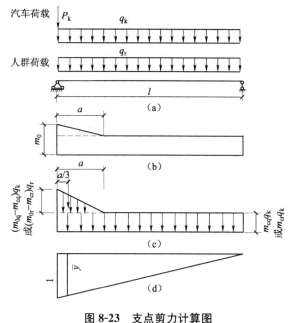

图 8-23   支点剪力计算图
(a)汽车荷载和人群荷载；(b)沿梁跨的横向分布系数；
(c)梁上荷载分成两部分；(d)支点剪力影响线

三、作用效应组合和内力包络图

1. 作用效应组合

在梁桥设计中，作用效应组合可按以下情况进行：结构重力＋汽车荷载（包括冲击力）＋人群荷载。

2. 内力包络图

如果沿梁轴的各个截面处，将所采用控制设计的计算内力值按适当比例尺绘成纵坐标，其中右半跨的弯矩值（M_{max}）对称于左半跨，右半跨的剪力值（Q_{min}）反对称于左半跨（Q_{max}），连接这些坐标点而绘成的曲线，就称为内力包络图。对于小跨径梁如仅计算 $M\frac{1}{2}$ 以及 $Q\frac{1}{2}$，则弯矩包络图可绘成二次抛物线，而剪力包络图绘成直线形。

例 8-4   主梁设计内力计算综合题。

一座五梁式装配式钢筋混凝土 T 形简支梁桥，截面简图如图 8-24 所示，计算跨径 $l = 19.50$ m，桥面净宽为（净－7＋2×0.75）m 人行道。桥面铺装为 2 cm 的沥青表面处治（重力密度为 23 kN/m³）和平均 9 cm 厚混凝土层（重力密度为 24 kN/m³），T 形梁翼板的重力密度为 25 kN/m³。设计荷载标准为：公路—Ⅱ级，人群荷载 3.0 kN/m²。结构安全系数 1.0。试计算行车道板和主梁的设计内力。

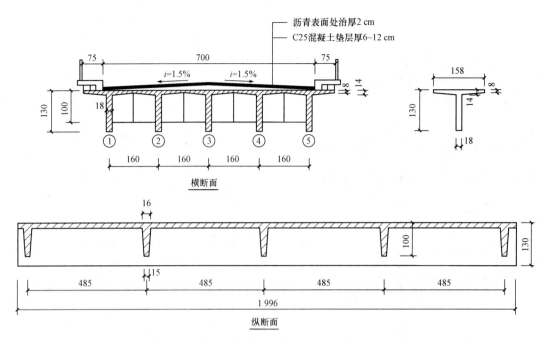

沥青表面处治厚2 cm
C25混凝土垫层厚6~12 cm

横断面

纵断面

图 8-24　简支梁的主梁和横隔梁简图(单位：cm)

解：

(1)行车道板的计算。

1)结构自重及其内力(按纵向 1 m 宽的板条计算)。

①每延米板上的结构自重 g(表 8-2)。

表 8-2　板的结构自重 g

沥青表面自治 g_1	$0.02 \times 1.0 \times 23 = 0.46 (kN/m)$
C25 混凝土垫层 g_2	$0.09 \times 1.0 \times 24 = 2.16 (kN/m)$
T 形梁翼板自重 g_3	$\dfrac{0.08 + 0.14}{2} \times 1.0 \times 25 = 2.75 (kN/m)$
合计	$g = \sum g_i = 5.37 (kN/m)$

②每米宽板条的恒载内力。

$$M_{Ag} = -\frac{1}{2} g l_0^2 = -\frac{1}{2} \times 5.37 \times 0.71^2 = -1.35 (kN \cdot m)$$

$$Q_{Ag} = g \cdot l_0 = 5.37 \times 0.71 = 3.81 (kN)$$

2)汽车车辆荷载计算。后轮作用于铰缝轴线上(参见图 8-25)，后轴作用力为 $P = 140$ kN，轮压分布宽度如图 8-26 所示。

车辆荷载后轮着地长度 $a_2 = 0.20$ m，宽度 $b_2 = 0.60$ m，则

$$a_1 = a_2 + 2H = 0.20 + 2 \times 0.11 = 0.42 (m)$$

$$b_1 = b_2 + 2H = 0.60 + 2 \times 0.11 = 0.82 (m)$$

荷载对于悬臂根部的有效分布宽度：

$$a = a_1 + d + 2l_0 = 0.42 + 1.4 + 2 \times 0.71 = 3.24 (m)$$

由于这是汽车荷载局部加载在 T 形梁的翼板上，故冲击系数取 $1+\mu=1.3$。

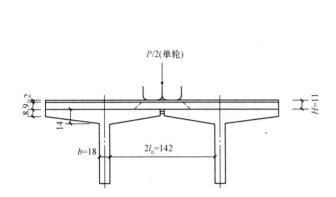

图 8-25 T 形梁横截面图

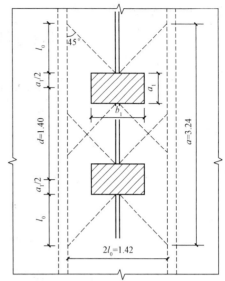

图 8-26 汽车车辆荷载的计算图示
（单位：m）

作用于每米宽板条上的弯矩为

$$M_{Ap} = -(1+\mu)\frac{P}{4a}\times\left(l_0 - \frac{b_1}{4}\right)$$
$$= -1.3\times\frac{140\times 2}{4\times 3.24}\times\left(0.71 - \frac{0.82}{4}\right)$$
$$= -14.18(\text{kN}\cdot\text{m})$$

作用于每米宽板条上的剪力为

$$Q_{Ap} = (1+\mu)\frac{P}{4a} = 1.3\times\frac{140\times 2}{4\times 3.24} = 28.09(\text{kN})$$

3）作用效应组合。

①承载能力极限状态内力组合计算见表 8-3。

表 8-3　承载能力极限状态内力组合计算

基本组合	$M_{ud} = 1.2M_{Ag} + 1.8M_{AP} = 1.2\times(-1.35) + 1.8\times(-14.18) = -27.144(\text{kN}\cdot\text{m})$
	$Q_{ud} = 1.2Q_{Ag} + 1.8Q_{Ap} = 1.2\times 3.81 + 1.8\times 28.09 = 55.134(\text{kN})$

②正常使用极限状态内力组合计算见表 8-4。

表 8-4　正常使用极限状态内力组合计算

短期效应组合	$M_{sd} = M_{Ag} + 0.7M_{AP} = (-1.35) + 0.7\times(-14.18)\div 1.3 = -8.99(\text{kN}\cdot\text{m})$
	$Q_{sd} = Q_{Ag} + 0.7Q_{Ap} = 3.81 + 0.7\times 28.09\div 1.3 = 18.94(\text{kN})$

所以，行车道板的设计内力为

$$M_{ud} = -27.144 \text{ kN}\cdot\text{m} \qquad Q_{ud} = 55.134 \text{ kN}$$

（2）主梁内力计算。

1)结构自重产生内力。已知每侧的栏杆用人行道构件重量的作用力为 5 kN/m。主梁结构自重内力计算图式如图 8-27 所示。

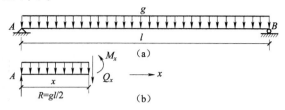

图 8-27　结构自重内力计算图示

①计算结构自重集度计算见表 8-5。

表 8-5　结构自重集度计算表

主梁		$g_1=\left[0.18\times1.30+\left(\dfrac{0.08+0.14}{2}\right)\times(1.60-0.18)\right]\times25=9.76\,(\mathrm{kN/m})$
横隔梁	对于边主梁	$g_2=\left\{\left[1.00-\left(\dfrac{0.08+0.14}{2}\right)\right]\times\left(\dfrac{1.60-0.18}{2}\right)\right\}\times\dfrac{0.15+0.16}{2}\times5\times25/19.50$ $=0.63\,(\mathrm{kN/m})$
	对于中主梁	$g_2'=2\times0.63=1.26\,(\mathrm{kN/m})$
桥面铺装层		$g_3=\left[0.02\times7.00\times23+\dfrac{1}{2}\times(0.06+0.12)\times7.00\times24\right]/5=3.67\,(\mathrm{kN/m})$
栏杆和人行道		$g_4=5\times2/5=2.00\,(\mathrm{kN/m})$
合计	对于边主梁	$g=\sum g_1=9.76+0.63+3.67+2.00=16.06\,(\mathrm{kN/m})$
	对于中主梁	$g'=9.76+1.26+3.67+2.00=16.69\,(\mathrm{kN/m})$

②结构自重内力计算见表 8-6。

表 8-6　边主梁自重产生的内力

内力 截面位置	剪力 Q/kN	弯矩 $M/(\mathrm{kN\cdot m})$
$x=0$	$Q=\dfrac{16.06}{2}\times19.5=156.6$ （162.7）	$M=0$ （0）
$x=\dfrac{l}{4}$	$Q=\dfrac{16.06}{2}\times\left(19.5-2\times\dfrac{19.5}{4}\right)=78.3$ （81.4）	$M=\dfrac{16.06}{2}\times\dfrac{19.5}{4}\left(19.5-\dfrac{19.5}{4}\right)=572.5$ （595.0）
$x=\dfrac{l}{2}$	$Q=0$ （0）	$M=\dfrac{1}{8}\times16.06\times19.5^2=763.4$ （793.3）
注：括号（　）内值为中主梁内力。		

2)汽车荷载和人群荷载产生的内力计算。

①荷载横向分布系数的计算。

a. 当荷载位于支点处时，按杠杆原理法计算荷载横向分布系数。

首先绘制 1 号梁和 2 号梁的荷载横向影响线，如图 8-28 所示。

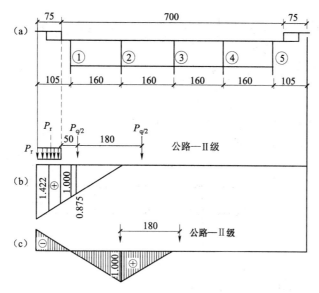

图 8-28 杠杆原理法计算图示(尺寸单位:cm)

再根据《公路桥涵设计通用规范》(JTG D60—2015)规定,在横向影响线上确定荷载沿横向最不利的布置位置。例如:对于汽车荷载,汽车横向轮距为 1.8 m,两列汽车车轮的横向最小间距为 1.3 m,车轮距离人行道缘石最少为 0.5 m。由此,求出相应于荷载位置的影响线竖标值后,按式可得 1 号梁的荷载横向分布系数为

公路—Ⅱ级:

$$m_{0q} = \sum \frac{\eta_q}{2} = \frac{0.875}{2} = 0.438$$

人群荷载:

$$m_{0r} = \eta_r = 1.422$$

同理,可得 2 号梁的荷载横向分布系数 $m_{0q}=0.5$ 和 $m_{0r}=0$。这里在人行道上没有布载,是因为人行道荷载引起的负反力,在考虑荷载组合时反而会减小 2 号梁的受力。

3 号梁的荷载横向分布影响线与 2 号梁"+"区段内的完全相同,但它的各荷载横向分布系数与 2 号梁并不完全相同。

b. 荷载位于跨中时,按偏心压力法计算 m_{cq}(汽车荷载)和 m_{cr}(人群荷载)。

从图 8-29 中可知,此桥设有刚度强大的横隔梁,且承重结构的跨宽比为

$$\frac{l}{B} = \frac{19.50}{5 \times 1.60} = 2.4 > 2$$

故可按偏心压力法来计算横向分布系数 m_c,其步骤如下:

①求荷载横向分布影响线竖标。本桥各根主梁的横截面均相等,梁数 $n=5$,梁间距为 1.60 m,则:

$$\sum_{i=1}^{5} a_i^2 = a_1^2 + a_2^2 + a_3^2 + a_4^2 + a_5^2$$
$$= (2 \times 1.60)^2 + 1.60^2 + 0 + (-1.60)^2 + (-2 \times 1.60)^2$$
$$= 25.60(m^2)$$

1 号梁在两个边梁处的横向影响线的竖标值为

$$\eta_{11} = \frac{1}{n} + \frac{a_1^2}{\sum\limits_{i=1}^{n} a_i^2} = \frac{1}{5} + \frac{(2 \times 1.60)^2}{25.60} = 0.20 + 0.40 = 0.60$$

$$\eta_{51} = \frac{1}{n} - \frac{a_1 a_5}{\sum\limits_{n=1}^{n} a_i^2} = 0.20 - 0.40 = -0.20$$

ⓑ绘出荷载横向分布影响线，并按最不利位置布置，如图 8-29 所示，其中：
人行道缘石至 1 号梁轴线的距离 Δ 为

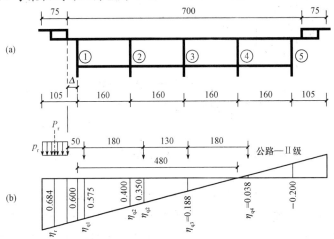

图 8-29　刚性横梁法计算荷载横向分布系数(单位：cm)

$$\Delta = 1.05 - 0.75 = 0.3 (\text{m})$$

荷载横向分布影响线的零点至 1 号梁位的距离为 x，可按比例关系求得

$\dfrac{x}{0.60} = \dfrac{4 \times 1.60 - x}{0.2}$；解得 $x = 4.80$ m

并据此计算出对应各荷载点的影响线竖标 η_{qi} 和 η_r。

ⓒ计算荷载横向分布系数 m。

1 号梁的活载横向分布系数分别计算如下：

汽车荷载

$$m_{cq} = \frac{1}{2} \sum \eta_i = \frac{1}{2} \cdot (\eta_{q1} + \eta_{q2} + \eta_{q3} + \eta_{q4}) = \frac{1}{2} \times \frac{0.60}{4.80} \times (4.60 + 2.80 + 1.50 - 0.30) = 0.538$$

人群荷载

$$m_{cr} = \eta_r = \frac{\eta_{11}}{x} \cdot x_r = \frac{0.60}{4.80} \times \left(4.80 + 0.30 + \frac{0.75}{2}\right) = 0.684$$

求得 1 号梁的各种荷载横向分布系数后，就可得到各类荷载分布至该梁的最大荷载值。

②汽车荷载和人群荷载的内力计算。

a. 荷载横向分布系数汇总见表 8-7。

表 8-7　荷载横向分布系数

梁号	荷载位置	公路—Ⅱ级	人群荷载	备注
边主梁(1 号梁)	跨中 m_c	0.538	0.684	按"刚性横梁法"计算
	支点 m_0	0.438	1.422	按"杠杆法"计算

b. 均布荷载和内力影响线面积计算见表8-8。

表8-8 均布荷载和内力影响线面积计算表

类型 截面	公路—Ⅱ级 均布荷载 /(kN·m⁻¹)	人群 /(kN·m⁻¹)	影响线面积 /m² 或 m	影响线图式
$M_{l/2}$	10.5×0.75 $= 7.875$	3.0×0.75 $= 2.25$	$\Omega = \frac{1}{8}l^2 = \frac{1}{8} \times 19.5^2 = 47.53(\text{m}^2)$	
$Q_{l/2}$	7.875	2.25	$\Omega = \frac{1}{2} \times \frac{1}{2} \times 19.5 \times 0.5 = 2.438(\text{m})$	
Q_0	7.875	2.25	$\Omega = \frac{1}{2} \times 19.5 \times 1 = 9.75(\text{m})$	

c. 公路—Ⅱ级中集中荷载 P_k 计算。

计算弯矩效应时：

$$P_k = 0.75 \times 2 \times (19.5 + 130) = 224.25(\text{kN})$$

计算剪力效应时：

$$P_k = 1.2 \times 224.25 = 269.1(\text{kN})$$

d. 计算冲击系数 μ。

简支梁桥基频计算公式 $f = \frac{\pi}{2l^2}\sqrt{\frac{EI_c}{m_c}}$，其中：$m_c = G/g$，则单根主梁：

$A = 0.390\,2\ \text{m}^2 \quad I_c = 0.066\,146\ \text{m}^4 \quad G = 0.390\,2 \times 25 = 9.76(\text{N/m})$

$G/g = 9.76/9.81 = 0.995 \times 10^3 (\text{m})$

C30 混凝土 E 取 $3 \times 10^{10}\ \text{N/m}^2$。

$$f = \frac{3.14}{2 \times 19.5^2} \times \sqrt{\frac{3 \times 10^{10} \times 0.066\,146}{0.995 \times 10^3}} = 5.831(\text{Hz})$$

$$\mu = 0.176\,7\ln f - 0.015\,7 = 0.296$$

则
$$(1 + \mu) = 1.296$$

e. 跨中弯矩 $M_{l/2}$、跨中剪力 $Q_{l/2}$ 计算，见表8-9。

因双车道不折减，故 $\xi = 1$。

表8-9 跨中弯矩 $M_{l/2}$ 跨中剪力 $Q_{l/2}$ 计算

截面	荷载类型	q_k 或 q_r /(kN·m⁻¹)	P_k/kN	$(1+\mu)$	m_c	Ω 或 y	S/(kN·m 或 kN)	
							S_i	S
$M_{l/2}$	公路—Ⅱ级	7.875	224.25	1.296	0.538	47.53	260.98	1 023.22
						$Y = \frac{1}{4} = 4.875$	762.24	
	人群	2.25	/	/	0.684	47.53	73.15	

107

截面	荷载类型	q_k 或 q_r /(kN·m^{-1})	P_k/kN	$(1+\mu)$	m_c	Ω 或 y	S/(kN·m 或 kN)	
							S_i	S
$Q_{l/2}$	公路—Ⅱ级	7.875	269.1	1.296	0.538	2.438	13.39	107.20
						0.5	93.81	
	人群	2.25	/	/	0.684	2.438	3.75	

f. 计算支点截面汽车荷载最大剪力。绘制荷载横向分布系数沿桥纵向的变化图和支点剪力影响线如图 8-30 所示。

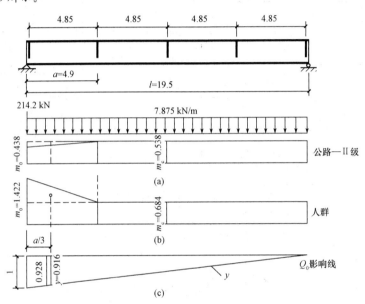

图 8-30 支点剪力计算图示

横向分布系数变化区段的长度：

m 变化区荷载重心处的内力影响线坐标为

$$\bar{y}=1\times\left(19.5-\frac{1}{3}\times4.9\right)/19.5=0.916$$

利用有关公式计算，则得

$$Q_{0均}=(1+\mu)\cdot\xi q_k\left[m_c\Omega+\frac{a}{2}(m_0-m_c)\bar{y}\right]$$

$$=1.296\times1\times7.875\times\left[0.538\times9.75+\frac{4.9}{2}\times(0.438-0.538)\times0.916\right]$$

$$=51.25(kN)$$

$$Q_{0集}=(1+\mu)\cdot\xi m_i P_k y_i=1.296\times1\times0.438\times269.1\times1.0=152.75(kN)$$

则，公路—Ⅱ级作用下，1$^{\#}$梁支点的最大剪力为

$$Q_0=Q_{0均}+Q_{0集}=51.25+152.75=204(kN)$$

g. 计算支点截面人群荷载最大剪力。

人群荷载引起的支点剪力为

$$Q_{0r} = m_c \cdot q_r \cdot \Omega + \frac{a}{2}(m_0 - m_c)q_r \cdot \bar{y}$$

$$= 0.684 \times 2.25 \times 9.75 + \frac{1}{2} \times 4.9 \times (1.422 - 0.684) \times 2.25 \times 0.916$$

$$= 15.00 + 3.73 = 18.73 (kN)$$

(3)主梁作用效应组合。由以上计算可知，1号边主梁的内力最大。利用以上计算结果进行作用效应组合如表8-10确定控制设计的内力。

表8-10 主梁作用效应组合

序号	荷载类别	弯矩 $M/(kN \cdot m)$			剪力 Q/kN	
		梁端	四分点	跨中	梁端	跨中
（1）	结构自重	0	572.5	763.4	156.6	0
（2）	汽车荷载	0	768.02	1 023.22	204	107.20
（3）	人群荷载	0	54.87	73.15	18.73	3.75
（4）	1.2×（1）	0	687.0	916.08	187.92	0
（5）	1.4×（2）	0	1 075.23	1 432.51	285.6	150.08
（6）	0.8×1.4×（3）	0	61.45	81.93	20.98	4.20
（7）	（4）+（5）+（6）	0	1 823.68	2 430.52	494.50	154.28

由上表可知1号主梁截面设计内力为

弯矩　　跨中　　$M_{l/2} = 2\ 430.52\ kN \cdot m$

　　　　四分点　$M_{l/4} = 1\ 823.68\ kN \cdot m$

剪力　　支点　　$Q_0 = 494.50\ kN$

　　　　跨中　　$Q_{l/2} = 154.28\ kN$

有了截面的设计内力值，即可对截面进行配筋计算。

第九章　桥梁支座

- 学习要点 -

　　主要介绍几种常见桥梁支座的构造特点、受力特点及适用范围，并介绍了支座的布置原则和板式橡胶支座的设计计算。

第一节　概　　述

　　支座是设置在桥梁上、下部结构之间的传力和连接装置。其作用是将上部结构的各种荷载传递到墩台上，并适应活荷载、温度变化、混凝土收缩和徐变等因素所产生的位移，使桥梁的实际受力情况符合结构计算图式。

　　桥梁支座按其容许变位方式可分为固定支座与活动支座，活动支座又可分为单向活动支座与多向活动支座(图 9-1、图 9-2)。

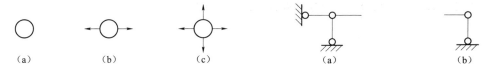

| (a) | (b) | (c) | (a) | (b) |

图 9-1　支座平面图示
　　(a)固定支座；(b)单向活动支座；(c)多向活动支座

图 9-2　支座立面图示
　　(a)固定支座；(b)活动支座

　　固定支座是容许桥梁上部结构支撑处能在竖直平面内转动，而不能在水平方向移动的支座。除承受竖向压力外，还能承受因车辆制动力、风力、支座摩阻力等引起的水平力。

　　活动支座是容许桥梁上部结构支撑处既能在竖直平面内转动，又能沿桥纵向水平移动的支座。容许水平移动的目的是不使桥梁因受活荷载、温度变化等因素而产生过大的附加水平反力。按其活动方式可分为滑动支座、滚动支座和摆动支座。

　　支座按制作材料可分为钢支座(图 9-3)(平板支座、弧形支座、摇轴支座、辊轴支座)、橡胶支座(图 9-4)(板式橡胶支座、四氟板式橡胶支座、盆式橡胶支座、球形支座、铅芯橡胶支座)、混凝土支座(图 9-5)(混凝土铰支座、钢筋混凝土摆柱式支座)等。按构造形式可分为弧形钢板支座、辊轴支座、摇轴支座、板式橡胶支座和盆式橡胶支座等。

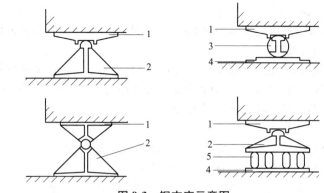

图 9-3 钢支座示意图

1—上摆；2—下摆；3—摇轴；4—底板；5—辊轴

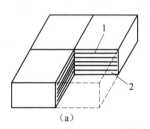

（a）

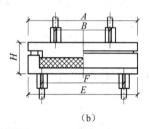

（b）

图 9-4 橡胶支座示意图

（a）板式；（b）盆式（固定）

1—钢板；2—橡胶

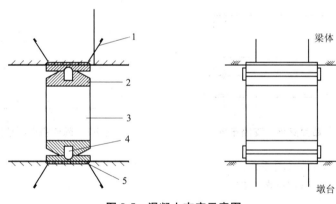

图 9-5 混凝土支座示意图

1—锚固筋；2—弧形钢板；3—钢筋混凝土摆柱；4—齿板；5—钢垫板

第二节 桥梁支座的设置原则

一、布置原则

桥梁支座的布置应遵循以下原则：

（1）当桥梁位于坡道上时固定支座的设置，简支梁桥一般应设在下坡方向的前端；连续梁桥一般应设在下坡方向的桥台上。

(2)当桥梁位于平坡上时固定支座的设置，简支梁桥宜设在主要行车方向的前端；连续梁桥宜设在主要行车方向的前端桥台上。

(3)较长的连续梁桥的固定支座宜设在桥长中间部位的桥墩上，以使其两侧的自由伸缩长度比较均匀。位于山谷地区时，固定支座宜设在相对矮壮的桥墩上，并尽量向中间墩设置。

(4)固定支座宜设置在具有较大支座反力的地方。

(5)固定支座应避开不良地质的桥墩。

(6)墩顶横梁的横向刚度较小时，应设置横向宜转动的桥梁支座。

(7)在同一桥墩上的几个支座应具有相近的转动刚度。

(8)对于斜桥及横向易发生变形的桥梁，不宜采用辊轴和摇轴等支座。

(9)宽桥、弯桥，应根据全桥总布置图、线形、桥梁受力等情况综合布设。当横向有两个以上支座时，应考虑桥的横向变形；当纵向为固定支座时，其相邻横向支座为单向活动支座；当纵向为单向活动支座时，其相邻横向支座为多向活动支座。

(10)在地震区要满足桥梁防震、减震的需要。

二、常见的桥梁支座布置

(1)公路简支梁桥支座布置(图 9-6)。

(2)简支箱形梁桥支座布置(图 9-7)。

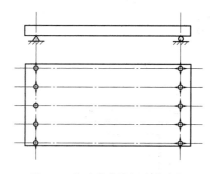

图 9-6　公路简支梁桥支座布置

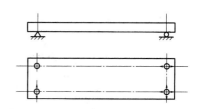

图 9-7　简支箱形梁桥支座布置

(3)连续梁桥支座布置(图 9-8)。

(4)连续弯梁桥支座布置(图 9-9)。

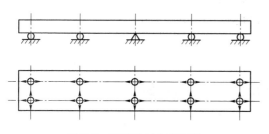

图 9-8　连续梁桥支座布置

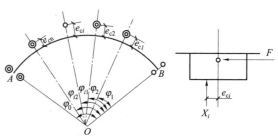

图 9-9　连续弯梁桥支座布置

第三节　桥梁支座的类型和构造

桥梁支座应根据桥梁的用途、跨径、类型、结构物的高度等因素，视具体情况选用。目前，公路桥常用的支座主要有板式橡胶支座、盆式橡胶支座、球形钢支座、减隔振支座等。本节简要介绍板式橡胶支座和盆式橡胶支座。

一、板式橡胶支座

1. 工作原理

板式橡胶支座又称弹性支座，具有足够的竖向刚度以承受垂直荷载，能将上部结构的反力可靠地传递给墩台；有良好的弹性以适应梁端的转动；有较大的剪切变形以满足上部结构的水平位移；还具有构造简单、安装方便、养护简便、易于更换、建筑高度低、有隔振作用等优点。

它的活动机理是：利用橡胶的不均匀弹性压缩实现转角 θ，利用其剪切变形实现水平位移 Δ。板式橡胶支座的应力状态如图 9-10 所示。

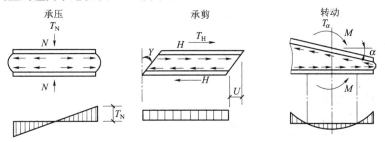

图 9-10　板式橡胶支座的应力状态

2. 主要类型与构造

板式橡胶支座一般分为无加劲支座和加劲支座两种。无加劲支座只有一层纯橡胶板，其容许承压应力约为 3 000 kPa，故只适用于小跨径桥梁。加劲支座则在几层橡胶片内嵌入刚性加劲物质组成，常用薄钢板作为刚性加劲物。桥梁上常用的板式橡胶支座每层橡胶片厚 5 mm，橡胶片间嵌入 2 mm 厚的薄钢板(图 9-11)。由于钢板的加劲，阻止橡胶片的侧向膨胀，从而提高了橡胶片的抗压能力，支承反力达 7 000 kN，适用于中等跨径桥梁。

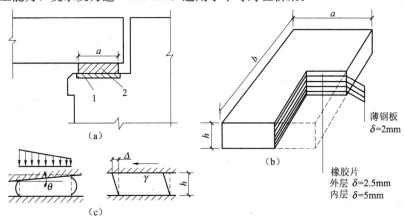

图 9-11　加劲板式橡胶支座构造图

1—砂浆层；2—橡胶支座

板式橡胶支座可以设计成固定支座与活动支座，也可以设计成不分固定端与活动端的支座。从构造上无固定支座与活动支座之分，固定支座一般较薄，能满足支承竖向荷载及梁端自由转动的要求，水平位移主要由活动支座的橡胶剪切变形来完成，其高度取决于水平位移量的大小。

板式橡胶支座的平面形状有矩形和圆形(图 9-12)。应根据不同的桥跨结构采用不同的平面形状，一般情况下，正交桥梁采用矩形支座，曲线桥、斜交桥及圆桩墩宜用圆形支座。

支座的橡胶材料以氯丁橡胶为主，也可采用天然橡胶或三元乙丙橡胶。应根据地区气温条件选用，$-25\ ℃\sim+60\ ℃$ 地区可选用氯丁橡胶支座；$-40\ ℃\sim+60\ ℃$ 地区可选用天然橡胶或三元乙丙橡胶支座。根据试验分析，橡胶压缩弹性模量、容许压应力和容许剪切角的数值，均与支座的形状系数有关，形状系数按下式计算，并应在 $5\leqslant S\leqslant12$ 范围内取用。

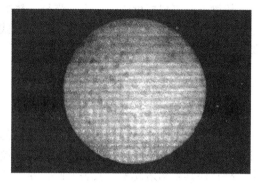

图 9-12　圆形板式橡胶支座

矩形支座

$$S=\frac{l_{0a}l_{0b}}{2t_{es}(l_{0a}+l_{0b})} \tag{9-1}$$

圆形支座

$$S=\frac{d_0}{4t_{es}} \tag{9-2}$$

式中　l_{0a}——矩形支座加劲钢板短边尺寸；

　　　l_{0b}——矩形支座加劲钢板长边尺寸；

　　　t_{es}——支座中间层单层橡胶厚度；

　　　d_0——圆形支座钢板直径。

为满足较大位移量的需要，通常采用聚四氟乙烯板式橡胶支座。它是在普通板式橡胶支座上按照支座尺寸大小粘贴一层厚 2~4 mm 的聚四氟乙烯板，除具有普通板式橡胶支座的竖向刚度与压缩变形，且能承受竖向荷载及适应梁端转动外，还能利用聚四氟乙烯板与梁底不锈钢钢板之间的低摩阻系数(聚四氟乙烯板与不锈钢钢板之间摩擦系数为 0.06)，使桥梁上部结构水平位移不受限制。聚四氟乙烯板式橡胶支座适用于桥面连续的结构及由简支安装再转为连续体系的连续梁，还可在顶推、横移等施工中作滑板使用。

3. 安装

为使橡胶支座受力均匀，支座安装位置要正确。安装时要避免过大的剪切变形，支座处梁的底面和墩台顶面要清洁平整，必要时可铺设一层薄薄的水泥砂浆。橡胶支座一般直接安装在墩台的顶面或钢筋混凝土的支承垫石上，而梁就直接安放在支座上。如果支座比梁肋宽，就应在支座与梁之间设置钢垫板。通常支座无须与墩台或支承垫石固定，在水平荷载较大时，为防止支座滑动，可借助支座顶面、底面上的定位孔来固定。此时，应注意锚钉不能深入支座太多，以免削弱其活动性。

二、盆式橡胶支座

1. 构造及工作原理

一般的板式橡胶支座处于无侧限受压状态，故其抗压强度不高，加之其位移量取决于橡胶的容许剪切变形和支座高度，要求的位移量愈大，支座就要做得愈厚，所以板式橡胶支座的承载能力和位移值受到一定限制。盆式橡胶支座是在板式橡胶支座的基础上进一步改进后更为完善的一种橡胶支座(图 9-13)，其工作原理是：利用底钢盆对橡胶块的三向约束来获得较大的承载能力；利用中间衬板上的聚四氟乙烯板与顶板上不锈钢板的低摩擦系数获得大的转角水平位移；利用钢盆中三向受力的弹性橡胶块的不均匀压缩获得大的转角。

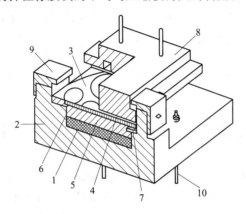

图 9-13　盆式橡胶支座构造图
1—氯丁橡胶板；2—下支座板；3—聚四氟乙烯滑板；
4—不锈钢钢板；5—中间衬板；6—钢箍圈；7—橡胶
密封圈；8—上支座板；9—上、下支座连接板；
10—支座锚栓

　　盆式橡胶支座按其工作特征可分为固定支座、多向活动支座和单向活动支座三种(图 9-14)。固定支座由上支座板、下支座板、承压橡胶板、橡胶密封圈、钢紧箍圈和支座锚栓等组成，它主要用于承受竖向反力及转角、并承受桥梁的纵向及横向水平力。多向活动支座由上支座板、下支座板、承压橡胶板、橡胶密封圈、钢紧箍圈、中间钢衬板、聚四氟乙烯板、不锈钢滑板和支座锚栓等组成，它用于承受支座竖向反力及转角，并能适应桥梁纵向及横向位移的需要。单向活动支座构造基本与多向活动支座相同，但在支座两侧或中央设置导槽，以限制支座横向(或纵向)的位移。

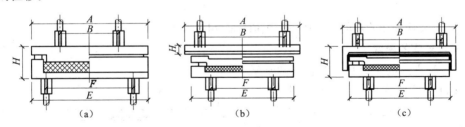

(a)　　　　　　　　　　(b)　　　　　　　　　　(c)

图 9-14　盆式橡胶支座
(a)固定支座；(b)多向活动支座；(c)单向活动支座

　　盆式橡胶支座的上支座板与桥梁上部结构连接，随梁的运动而运动，上支座板上的不锈钢板与下支座板的聚四氟乙烯板组成一摩擦系数很小的摩擦件，实现水平位移，并以很小的水平推力通过下支座板而作用在桥墩上。下支座板固结在桥墩上，承受上部构造的作用力并传递给桥墩。

2. 安装

支座与桥梁上部构造、下部构造的连接方式，可以焊接，也可以用地脚螺栓锚固，或两种办法同时使用，即上部焊接、下部锚固，或下部焊接、上部锚固。当采用焊接时，必须预埋钢板，预埋钢板的厚度和平面尺寸几何尺寸均应大于支座顶板或底板的厚度和平面尺寸，并有可靠的锚固措施。支座定位后用断续焊接将支座顶、底板与预埋钢板焊在一起并逐步焊满周边。当采用地脚螺栓连接时，支座的上支座板与地脚螺栓应按设计要求做好，再浇上部混凝土。支座的下支座板与墩台的连接则应预留地脚螺栓孔。孔的尺寸应大于或等于 3 倍地脚螺栓的直径，深度稍大于地脚螺栓的长度。孔中浇筑环氧树脂砂浆，于初凝前插进地脚螺栓并带好螺母，其外露螺母顶面的高度不得大于螺母的厚度，待砂浆完全凝固后再拧紧螺母。

第四节　板式橡胶支座的设计计算

在没有特殊要求的情况下，桥梁支座设计的过程实际上是一个成品支座选配的过程，尤其是常用的板式和盆式橡胶支座。这里，介绍板式橡胶支座的设计计算的目的主要是通过设计计算方法进一步了解如何进行实际桥梁的支座选配。有关盆式橡胶支座设计计算的内容可参考有关文献。

板式橡胶支座的设计与计算包括确定支座尺寸、验算支座受压偏转情况以及验算支座的抗滑稳定性。

1. 确定支座的平面尺寸

橡胶支座的平面尺寸 $l_a \times l_b$ 或直径 d 要由橡胶板本身的抗压强度、梁部或墩台顶混凝土局部承压强度三个方面因素全面考虑后来确定。在一般情况下，尺寸 $l_a \times l_b$ 多由橡胶支座的强度来控制，即式(9-3)所控制。

对于橡胶板

$$\sigma = \frac{R_{ck}}{A_e} \leqslant \sigma_c \qquad (9\text{-}3)$$

式中　R_{ck}——支座压力标准值，汽车荷载应计入冲击系数；

　　　A_e——支座有效承压面积（承压加劲钢板面积），矩形支座，$A_e = l_{0a} \times l_{0b}$，圆形 $A_e = \pi d_0^2 / 4$；

　　　σ_c——支座使用阶段的平均压应力限值，$\sigma_c = 10.0$ MPa。

2. 确定支座的厚度

板式橡胶支座的重要特点是：梁的水平位移要通过全部橡胶片的剪切变形来实现，如图 9-15 所示，因此要确定支座的厚度 h，首先要知道主梁由于温度变化、混凝土收缩、徐变及制动力产生的支座剪切变形值 Δ_l。显然，橡胶片的总厚度 t_e 与梁体水平位移 Δ_l 之间应满足下列关系：

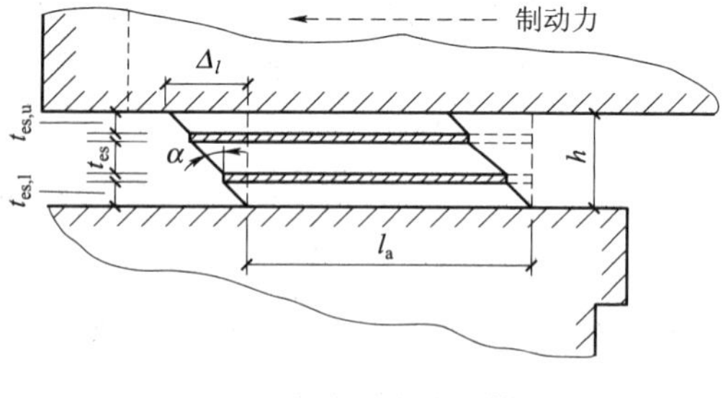

$$\tan\alpha = \frac{\Delta_l}{t_e} \leqslant [\tan\alpha] \qquad (9\text{-}4)$$

图 9-15　支座厚度的计算图式

式中　t_e——橡胶片的总厚度；

　　　$[\tan\alpha]$——橡胶片的允许剪切角正切值，当不计汽车制动力作用时采用 0.5，计及汽车制动力时可采用 0.7；

Δ_l——由上部结构温度变化、混凝土收缩和徐变等作用标准值引起的剪切变形和标准值产生的支座剪切变形。

Δ_l 按下式计算：

不计入制动力时 $\qquad\qquad\qquad\qquad \Delta_l = \Delta_g$

计入制动力时 $\qquad\qquad\qquad\qquad \Delta_l = \Delta_g + \Delta_{Fbk}$

Δ_g——上部结构由温度变化、混凝土收缩和徐变等作用标准值引起的支座的水平位移。

Δ_{Fbk}——由汽车荷载制动力引起作用于一个支座上的水平位移。

Δ_{Fbk} 按下式确定：

$$\Delta_{Fbk} = t_e r = t_e \frac{\tau}{G_e'} = \frac{F_{bk} t_e}{2 G_e l_a l_b} \qquad\qquad (9\text{-}5)$$

式中 r，τ——作用于一个支座上的制动力引起的剪切角和剪应力。

G_e'——车道荷载作用时橡胶支座的动态抗剪模量，可取 $G_e' = 2 G_e$；

G_e——支座剪变模量，常温下 $G_e = 1.0\ \text{MPa}$；

F_{bk}——作用于一个支座上的制动力。

由此，式(9-4)可写成：

不计制动力时 $\qquad\qquad\qquad\qquad t_e \geqslant 2 \Delta_l \qquad\qquad\qquad (9\text{-}6)$

计入制动力时 $\qquad\qquad\qquad\qquad t_e \geqslant 1.43 \Delta_l \qquad\qquad\qquad (9\text{-}7)$

当板式支座在横桥向平行于墩帽或盖梁横坡设置时，计算支座橡胶层总厚度时，应计入支座压力值平行于横坡方向的分力产生的剪切变形；当支座直接设置不大于1‰纵坡的梁底面时，应计入在支座顶面由支座承压力标准值顺纵桥向分力产生的剪切变形。

将式(9-5)代入式(9-7)，则可得式(9-7)的另一表达式

$$t_e \geqslant \frac{\Delta_g}{0.7 - \dfrac{F_{bk}}{2 G_e l_a l_b}} \qquad\qquad (9\text{-}8)$$

同时，考虑到橡胶支座的稳定性，t_e 应满足下列条件：

矩形支座 $\qquad\qquad \dfrac{l_a}{10} \leqslant t_e \leqslant \dfrac{l_a}{5}$（$l_a$ 为矩形支座短边尺寸）

圆形支座 $\qquad\qquad \dfrac{d}{10} \leqslant t_e \leqslant \dfrac{d}{5}$（$d$ 为圆形支座的直径）

确定橡胶支座的平面尺寸以后，还应确定支座钢板的厚度，一般按下式计算：

$$t_s = \frac{K_p R_{ck} (t_{es,u} + t_{es,l})}{A_e \sigma_s} \qquad\qquad (9\text{-}9)$$

式中 t_s——支座加劲钢板厚度，不得小于 2 mm；

K_p——应力校正系数，取 1.3；

$t_{es,u}$，$t_{es,l}$——一块加劲钢板上、下橡胶层的厚度；

σ_s——加劲钢板轴向拉应力限值，可取钢材屈服强度的 0.65 倍。

确定了橡胶片总厚度 t_e 和单层钢板厚度以后，按有关构造要求确定出钢板的层数，就可得到所需橡胶支座的总厚度 h。

3. 验算支座的偏转情况

主梁受荷载后发生挠曲变形时，梁端将引起转角 θ，如图 9-16 所示。此时，支座伴随出现线性的压缩变形，梁端一侧的压缩变形量为 $\delta_{c,1}$，梁体一侧的为 $\delta_{c,2}$，则其平均压缩变形为：

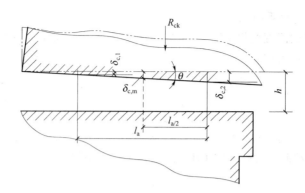

图 9-16 支座偏转图示

$$\delta_{c,m} = \frac{1}{2}(\delta_{c,1} + \delta_{c,2}) = \frac{R_{ck}t_e}{A_eE_e} + \frac{R_{ck}t_e}{A_eE_b} \qquad (9-10)$$

式中　A_e，R_{ck}，t_e——意义同前；

　　　$\delta_{c,m}$——平均压缩变形(忽略薄钢板变形)；

　　　E_e——支座抗压弹性模量，与支座的形状系数 S 有关，$E_e = 5.4G_eS^2$；

　　　E_b——橡胶弹性体体积模量，$E_b = 2\,000$ MPa。

梁端转角 θ 可依据几何关系，表示为

$$\theta = \frac{1}{l_a}(\delta_{c,2} - \delta_{c,1}) \qquad (9-11)$$

由式(9-10)和式(9-11)联立，可解得：

$$\delta_{c,1} = \delta_{c,m} - \frac{l_a\theta}{2} \qquad (9-12)$$

为确保支座偏转时橡胶与梁底不发生脱空而出现局部承压的现象，则必须满足条件：

$$\delta_{c,1} \geqslant 0$$

即

$$\delta_{c,m} = \frac{R_{ck}t_e}{A_eE_e} + \frac{R_{ck}t_e}{A_eE_b} \geqslant \frac{l_a\theta}{2} \qquad (9-13)$$

4. 验算支座的抗滑稳定性

板式橡胶支座通常直接放置在墩台顶面与梁底之间，当梁体因温度变化等因素引起水平位移以及有汽车制动力作用时，支座将承受相应的纵向水平力。为了保证橡胶支座与梁底或墩台顶面之间不发生相对滑动，应满足以下条件：

不计入汽车制动力时

$$\mu R_{Gk} \geqslant 1.4G_eA_g\frac{\Delta_l}{t_e} \qquad (9-14)$$

计入汽车制动力时

$$\mu R_{ck} \geqslant 1.4G_eA_g\frac{\Delta_l}{t_e} + F_{bk} \qquad (9-15)$$

式中　R_{Gk}——由结构自重引起的支座反力标准值；

　　　R_{ck}——由结构自重标准值和 0.5 倍汽车荷载标准值(计入冲击系数)引起的支座反力；

　　　μ——橡胶支座与混凝土之间的摩擦系数采用 0.3，与钢板间的摩擦系数采用 0.2；

　　　Δ_l——由温度变化、混凝土收缩徐变等作用标准值引起的剪切变形和纵向力标准值产生的支座剪切变形，但不包括汽车制动力标准值；

　　　F_{bk}——由汽车荷载引起的制动力标准值；

　　　A_g——支座平面毛面积。

对于聚四氟乙烯滑板式支座的摩擦力产生的剪切变形，不应大于支座内橡胶层允许的剪切变形，即

不计制动力时 $\qquad\qquad\qquad\qquad \mu_f R_{Gk} \leqslant G_e A_g \tan\alpha$ (9-16)

计入制动力时 $\qquad\qquad\qquad\qquad \mu_f R_{ck} \leqslant G_e A_g \tan\alpha$ (9-17)

式中　μ_f——聚四氟乙烯与不锈钢钢板的摩擦系数；

　　　$\tan\alpha$——橡胶支座剪切角正切值的限值；

　　　R_{ck}——由结构自重和汽车荷载标准值(计入冲击系数)引起的支座反力。

5. 成品板式橡胶支座的选配

板式橡胶支座早已有系列成品可供选择，如 GJZ300×400×47(CR) 表示公路桥梁矩形、平面尺寸 300 mm×400 mm、厚度为 47 mm 的氯丁橡胶支座，GYZF₄300×54(NR) 表示公路桥梁圆形、直径为 300 mm、厚度为 54 mm、带聚四氟乙烯滑板的天然橡胶支座。只需根据标准成品支座的目录，选配合适的产品。选用板式橡胶支座时，其最大承载力应与桥梁支点反力相吻合(允许偏差为 10%)。

当用成品目录进行选型时，先根据支座反力、梁肋宽度和梁体水平位移初选出支座，再通过偏转验算和抗滑性能的验算，最终确定支座类型。

例 9-1　一座五梁式钢筋混凝土 T 形梁桥，标准跨径为 20 m，主梁全长为 19.96 m，计算跨径为 19.5 m。主梁采用 C40 混凝土，支座处梁肋宽度为 30 cm，两端采用等厚度的板式橡胶支座。设计荷载为公路—Ⅱ级，人群荷载 $p_r = 3.0 \text{ kN/m}^2$。

已知支座反力标准值 $R_{ck} = 354.12 \text{ kN}$，其中结构自重引起的支座反力标准值为 $R_{Gk} = 162.70 \text{ kN}$，汽车荷载引起的支座反力标准值为 $R_{pk} = 183.95 \text{ kN}$，人群荷载反力的标准值为 $R_{rk} = 7.47 \text{ kN}$，汽车与人群荷载作用下产生的跨中挠度为 $f = 1.96 \text{ cm}$。根据当地的气象资料，计算温差为 $\Delta t = 36 \text{ ℃}$。试设计板式橡胶支座。

解：(1)确定支座的平面尺寸。

选定板式橡胶支座的平面尺寸为 $l_a = 18 \text{ cm}$(顺桥)，$l_b = 22 \text{ cm}$，则按构造要求，钢板的尺寸最大为 $l_{0a} = 17 \text{ cm}$，$l_{0b} = 21 \text{ cm}$。采用中间层橡胶片厚度 $t_{es} = 0.5 \text{ cm}$。

1)计算支座的平面形状系数 s。

$$s = \frac{l_{0s} l_{0h}}{2 t_{es}(l_{0a} + l_{0b})} = \frac{17 \times 21}{2 \times 0.5 \times (17 + 21)} = 9.39$$

满足 $5 \leqslant s \leqslant 12$ 的条件。

2)验算橡胶支座的承压强度

$$\sigma = \frac{R_{ck}}{A_e} = \frac{354.12 \times 10^{-3}}{0.17 \times 0.21} = 9.92(\text{MPa}) < 10 \text{ MPa}(\text{合格})$$

通过验算梁底和墩台顶部混凝土的局部承压也满足要求(具体可参考规范进行)，因此所选定的支座的平面尺寸满足设计要求。

(2)确定支座的厚度。

1)主梁的计算温差为 $\Delta t = 36 \text{ ℃}$，温度变形由两端的支座均摊，则每一支座承受的水平位移 Δ_g 为

$$\Delta_g = \frac{1}{2} \alpha' \Delta t l' = \frac{1}{2} \times 10^{-5} \times 36 \times (1\,950 + 18) = 0.35(\text{cm})$$

2)为了计算汽车制动力引起的水平位移 Δ_{Fbk}，首先要确定作用在每一支座上的制动力 F_{bk}。对于计算跨径为 19.50 m，一个设计车道上公路—Ⅱ级车道荷载引起的制动力标准值为：

$$F'_{bk} = (q_k l + p_k) \times 10\% = (7.875 \times 19.5 + 178.5) \times 10\% = 33.21(\text{kN})$$

按《公路桥涵设计通用规范》(JTG D60—2015)规定，制动力不得小于 90 kN，故取制动力为

90 kN 计算，5根梁共10个支座，每个支座承受的水平制动力为

$$F_{bk} = \frac{F'_{bk}}{10} = \frac{90}{10} = 9.0(kN)$$

3)确定需要的橡胶片总厚度 t_e。

不计汽车制动力 $t_e \geqslant 2\Delta_g = 2 \times 0.35 = 0.70(cm)$

计入汽车制动力 $t_e \geqslant \dfrac{\Delta_g}{0.7 - \dfrac{F_{bk}}{2G_e l_a l_b}} = \dfrac{0.35}{0.7 - \dfrac{9 \times 10^3}{2 \times 1.0 \times 10^6 \times 0.18 \times 0.22}} = 0.60(cm)$

《公路桥涵设计通用规范》(JTG D60—2015)的其他规定，短边尺寸应满足：

$$1.8\ cm = \frac{18}{10}\ cm = \frac{l_a}{10} \leqslant t_e \leqslant \frac{l_a}{5} = \frac{18}{5}\ cm = 3.6(cm)$$

由上述分析可知，该支座橡胶板的最小总厚度应为 1.8 cm。

单层加劲钢板厚度为 $$t_s = \frac{K_p R_{ck}(t_{es,u} + t_{es,l})}{A_e \sigma_s}$$

式中，$K_p = 1.3$；$A_e = 17 \times 21 = 357\ cm^2$，取钢材的屈服强度为 340 MPa，$\sigma_s$ 取钢材屈服强度的 0.65 倍，$\sigma_s = 0.65 \times 340 = 221(MPa)$。

将各项数值代入上式得：

$$t_s = \frac{1.3 \times 354.12 \times 10^3 \times (5+5)}{357 \times 10^{-4} \times 221 \times 10^6} = 0.58(mm)$$

另外，还规定单层加劲钢板的厚度不得小于 2 mm。所以，单层钢板的厚度取为 2 mm。

按构造规定，加劲板上、下橡胶保护层取为 2.5 mm，选用 4 层钢板和 5 层橡胶片组合成的支座。

橡胶厚度 $t_e = 2 \times 0.25 + 3 \times 5 = 20\ mm > 18\ mm$，满足最小厚度的要求。

加劲板总厚度 $\sum t_s = 4 \times 2 = 8(mm)$

支座高度 $h = 20 + 8 = 28(mm)$

(3)验算支座的偏转情况。

1)支座的平均压缩变形为 $$\delta_{c,m} = \frac{R_{ck} t_e}{A_e E_e} + \frac{R_{ck} t_e}{A_e E_b}$$

其中，橡胶体积模量：$E_b = 2\ 000(MPa)$

支座抗压弹性模量：$E_e = 5.4 G_e S^2 = 5.4 \times 1.0 \times 9.39^2 = 476.13(MPa)$

代入上式得：

$$\delta_{c,m} = \frac{354.12 \times 10^3 \times 20}{0.17 \times 0.21 \times 476.13 \times 10^6} + \frac{354.12 \times 10^3 \times 20}{0.17 \times 0.21 \times 2\ 000 \times 10^6} = 0.516(mm)$$

2)计算梁端转角 θ。由关系式 $f = \dfrac{5gl^4}{384EI}$ 和 $\theta = \dfrac{gl^3}{24EI}$ 可得：

$$\theta = \left(\frac{5l}{16} \times \frac{gl^3}{24EI} \right) \frac{16}{5l} = \frac{16f}{5l}$$

设结构自重作用下，主梁处于水平状态。而已知公路—Ⅱ级荷载下的跨中挠度 $f = 1.96$ cm，代入上式得：

$$\theta = \frac{16 \times 1.96}{5 \times 1\ 950} = 0.003\ 22(rad)$$

3)验算偏转情况：

$$\delta_{c,m} = \frac{l_a \theta}{2} = \frac{180}{2} \times 0.003\ 22 = 0.289\ 8 < \delta_{c,m} = 0.516(mm)$$

按《公路桥涵设计通用规范》规定(JTG D60—2015)，还应满足 $\delta_{c,m} \leqslant 0.07t_e$，即：

$$0.516(mm) \leqslant 0.07 \times 20 = 1.40(mm)(合格)$$

所以，支座满足偏转要求。

(4)验算支座抗滑稳定性。

由式(9-14)和式(9-15)验算滑动稳定性：

不计入汽车制动力时： $\mu R_{Gk} \geqslant 0.3 \times 162.7 = 48.81(kN)$

$$1.4G_e A_g \frac{\Delta_g}{t_e} = 1.4 \times 1.0 \times 10^3 \times 0.18 \times 0.22 \times \frac{3.5}{20} = 9.70(kN)$$

可见，$\mu R_{GK} \geqslant 1.4G_e A_g \frac{\Delta_t}{t_e}$，故在自重作用下，支座不会滑动。

计入汽车制动力时 $\mu R_{ck} = 0.3 \times \left(162.70 + \frac{1}{2} \times 183.95\right) = 76.40(kN)$

$$1.4G_e A_g \frac{\Delta_l}{t_e} + F_{bk} = 1.4 \times 1.0 \times 10^3 \times 0.18 \times 0.22 \times \frac{3.5}{20} + 9.0 = 18.70(kN)$$

可见，$\mu R_{ck} \geqslant 1.4G_e A_g \frac{\Delta_l}{t_e} + F_{bk}$，因此，制动力作用下支座不会滑动。

第十章 超静定混凝土梁桥的构造设计要点

• 学习要点 •

大跨径、超静定结构的混凝土梁桥在我国公路工程中发展很快，本章主要介绍了悬臂梁桥、连续梁桥的受力体系和受力特点；简要介绍了这两种桥型的主要结构形式、构造特点、主要构件的尺寸拟定和配筋要求等。

第一节　钢筋混凝土悬臂和连续体系梁桥的构造和设计要点

一、悬臂梁桥和连续梁桥的特征

为了理解悬臂梁桥和连续梁桥的特征，将它们与简支体系作比较：

连续梁和悬臂梁的跨中弯矩比简支梁小，因而减小跨度内主梁的高度，从而可降低钢筋混凝土数量和结构自重，而且这本身又导致了恒荷载内力的减小。

简支梁和悬臂梁都属于静定体系，它们的内力不受基础不均匀沉降的影响。而连续梁是超静定体系，墩台基础的不均匀沉降会使梁内产生不利的附加内力(由于混凝土的塑性性质，这种内力会随着时间逐渐减小)，因而通常适用在地基条件较好的场合。

悬臂梁桥和连续梁桥与多孔简支梁桥相比较的另一个重要特点是：从桥的立面上看，在桥墩上只需设置一排沿墩中心布置的支座，从而可相应的减小桥墩的尺寸。

从营运条件来说，连续体系较简支和悬臂体系都要优越，因为简支体系在梁衔接处以及悬臂体系在悬臂端与挂梁衔接处的挠曲线都会发生不利于行车的折点。

二、主要尺寸的拟定

1. 钢筋混凝土悬臂梁

单孔双悬臂梁桥，利用悬臂端伸入路堤可以省去两个桥台，但须在悬臂与路堤衔接处设搭板以利行车。主梁采用 T 形截面时，悬臂长度一般为中跨长度的 0.3～0.4 倍。T 形梁跨中梁高为跨径的 1/12～1/20，支点梁高加大为跨中梁高的 1～1.5 倍。当采用箱形截面时，一般使跨中最大和最小弯矩的绝对值大致相等，悬臂长度可达中跨长度的 0.4～0.6 倍。大跨径箱形梁跨中梁高可减小至跨径的 1/30～1/35，支点梁高一般为跨中梁高的 2～2.5 倍。

多跨悬梁桥的主孔跨径 l 由通航净空、河床地形、经济因素和地质条件综合决定。如

图 10-1 所示的带挂梁的三孔悬臂，挂梁的跨度 $l_g = (0.4 \sim 0.6)l$，边孔跨径取 $l_1 = (0.6 \sim 0.8)l$，中间各孔的跨中梁高 h 约为跨径的 $1/12 \sim 1/20$，在支点处梁高增大至 $(1.5 \sim 1.8)h$。

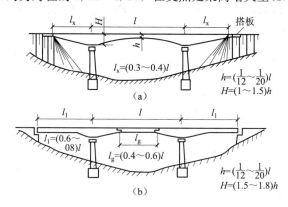

图 10-1 悬臂梁桥的主要尺寸图

2. 连续梁

连续梁各孔跨径的划分，通常按边跨与中跨中最大正弯矩趋近于相等的原则来确定，因此要布置成对称于中央孔的不等跨径。

三跨连续梁用得最为广泛，其边跨与中间跨的跨径比值，对于 T 形梁桥常为 0.8：1.0，如图 10-2 所示；对于五跨连续梁桥，常取比值为 0.65：0.9：1.0。当采用箱形截面的三跨连续梁时，边孔跨径甚至可减小至中孔的 0.5～0.7 倍。

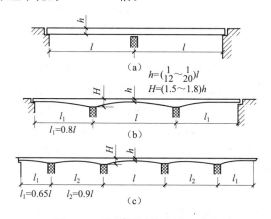

图 10-2 连续梁桥的主要尺寸图

连续梁的梁高与悬臂梁的相仿，这里不再赘述。

连续梁和悬臂梁配筋的主要特点是受力主筋的布置要满足正、负两种弯矩的要求。在悬臂部分和支点附近是负弯矩区，主钢筋要布置在梁的顶部；跨中部分承受正弯矩，主钢筋应布置在梁的底部；在正、负弯矩过渡区段，两个方向的弯矩都可能发生，因此顶部和底部均要布置适量的钢筋。梁内抵抗主拉应力的斜钢筋，也可以像简支梁中那样，根据受力需要，由上下部主钢筋弯折形成。

第二节 预应力混凝土连续梁桥

作为超静定结构，预应力混凝土连续梁桥与本章第一节中所述普通钢筋混凝土连续梁桥具有相同的受力特点，但由于预应力结构能充分发挥高强材料的特性，促使结构轻型化，所以具有比钢筋混凝土连续梁桥大得多的跨越能力；另外，它可以有效地避免混凝土开裂，特别是处于负弯矩区的桥面板的开裂，同时，又以结构受力性能好、变形小、伸缩缝少、行车平顺舒适、承载能力大、养护工程量小、防震能力强等而成为最富有竞争力的主要桥型之一。随着预应力技术的发展和不断完善，尤其是悬臂、顶推等先进施工方法的出现，使预应力混凝土连续梁桥得到更为广泛的应用，无论是城市桥梁、高架道路、高等级公路的桥梁，还是跨越江河湖海的大桥，预应力混凝土梁桥都以它独特的魅力成为优选桥型方案。另外，从国内外已建成的钢桥、钢筋混凝土及预应力混凝土连续梁桥的总数来看，预应力混凝土连续梁桥已远远超过半数，充分表现出预应力混凝土连续梁桥的强大生命力。

一、主梁纵横断面形式及主要尺寸

1. 纵断面形式

预应力混凝土连续梁桥采用最多的纵断面形式是等截面及变截面。

等截面连续梁一般适应以下情况：

(1)跨径一般为 40~60 m(国外也有达到 80 m 跨径者)，构造简单，施工快捷。

(2)立面布置以等跨径为宜，也可以不等跨径布置，边跨与中跨之比应不小于 0.6，高跨比一般为 1/15~1/25。

(3)适应于支架施工、逐跨架设施工、移动横架施工及顶推施工。

变截面梁主要适用于大跨径预应力混凝土连续梁桥，梁底立面曲线可采用圆弧线、二次抛物线及折线等。除外形高度变化外，为满足梁内各截面受力要求，还可将截面的底板、顶板和腹板改变厚度。在孔径布置方面，边孔与中孔跨径之比一般为 0.5~0.8，当边跨与中跨之比小于 0.3 时，边孔桥台支座要做成拉压式，以承受负反力。变截面梁的梁高与最大跨径之比，跨中截面一般为 1/30~1/50，支点截面可选用 1/15~1/20。

2. 横截面形式

预应力混凝土连续梁桥的截面形式很多，一般应根据桥梁的跨径、宽度、梁高、支撑形式、总体布置和施工方法等方面综合确定。

目前预应力混凝土梁桥横截面形式主要有板式截面、肋梁式截面和箱形截面。

板式截面分实体截面和空心截面，如图 10-3(a)、(b)、(c)、(d)。矩形实体截面使用较少，曲线形整体截面近年相对使用较多。实体截面多用于中、小跨径，且多配以支架现浇施工，此时跨中板厚为$(1/22~1/28)l$，支点板厚为跨中的 1.2~1.5 倍；空心截面常用跨径 15~30 m 的连续梁桥，板厚一般为 0.8~1.2 m，亦以支架现浇为主。

肋式截面预制方便，常用于预制架设施工，并在梁段安装后经体系转换为连续梁桥。常用跨径为 25~50 m，梁高取 1.5~2.5 m，如图 10-3(d)所示。

箱形截面构造灵活，其中单箱单室桥宽小于 18 m，双箱单室桥宽为 20 m 左右；单箱双室宽为 25 m 左右。一般地，等高度箱形梁可采用直腹板或斜腹板，变高度箱形梁宜采用直腹板，如

图 10-4 所示。

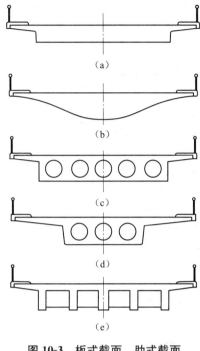

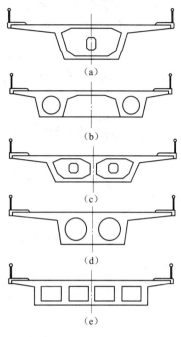

图 10-3　板式截面、肋式截面　　　　图 10-4　箱形截面

二、横隔梁设置

采用 T 形和 I 形截面的连续梁桥,因其抗扭刚度较小,为增加桥梁的整体性和使荷载有良好的横向分布,宜设置中横隔梁和端横隔梁。中横隔梁的数目及位置依主梁的构造和桥梁的跨径确定,常用横隔梁肋宽度为 12～20 cm。

箱形截面梁的抗弯及抗扭刚度大,除在支点处设置横隔梁以满足支座布置及承受支座反力需要外,可设置少量中横隔梁。对于单箱单室截面,目前的趋势为不设中横隔梁;对于多箱截面,为加强桥面板和各箱间的联系,可在箱间设置数道横隔梁。

三、预应力筋的布置

预应力混凝土连续梁桥中预应力筋的布置方式,与所采用的施工方法以及预应力筋的种类等有密切的关系。

图 10-5(a)表示采用顶推法施工的直线形预应力筋布置。上、下的通束使截面接近轴心受压,以抵抗顶推过程中各截面承受的正负弯矩。待顶推完成后,再在跨中的底部和支点的顶部增加局部预应力筋,用来满足运营荷载下相应的内力要求。有时按设计还在跨中的顶部和支点附近的底部设置局部的施工临时束,待顶推完成后即予卸除。

图 10-5(b)表示采用先简支后连续施工方法的预应力筋布置。待墩上接缝混凝土达到强度后,用设置在接缝顶部的局部顶应力筋来建立结构的连续性。

图 10-5(c)和(d)所示为曲线形的预应力筋布置。梁中除正弯矩区和负弯矩区各需布置底部和顶部预应力筋外,在有正、负弯矩的区段内,顶、底板中均须设置预应力筋,预应力筋可以根据受力需要在跨径内截断面锚固在梁体高度内[图 10-5(c)],也可弯出梁体而锚固在梁顶和梁

底[图 10-5(d)]。

图 10-5(e)表示整根曲线形通束锚固于梁端的布置方式。在此情况下，由于预应力筋既长且弯曲次数又多，这就显著加大了预应力筋的摩阻损失。

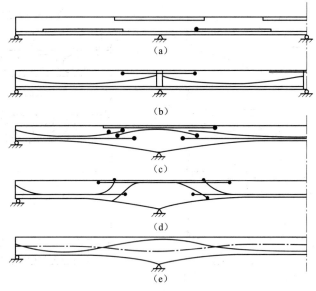

图 10-5　预应力混凝土连续梁配筋方式

预应力筋的布置要考虑到张拉操作的方便。当需要在梁内、梁顶或梁底锚固预应力筋时，应根据预应力筋锚固区的受力特点给予局部加强，以防开裂损坏。

第三篇　圬工和钢筋混凝土拱桥

第十一章　拱桥的构造

· 学习要点 ·

重点掌握拱桥的受力特点、拱桥各部分组成及分类；了解各类拱桥主拱圈的构造特点、拱桥拱上建筑的构造及桥面系的构造。

第一节　拱桥的受力特点及适用范围

拱桥是我国公路上使用很广泛的一种桥梁体系。拱桥与梁桥的区别，不仅在于外形不同，更重要的是两者受力性能有差别。由力学知识知道，梁式结构在竖向荷载作用下，支撑处仅产生竖向支承反力，而拱式结构在竖向荷载作用下，支撑处不仅产生竖向反力，而且还产生水平推力。由于这个水平推力的存在，拱的弯矩将比相同跨径的梁的弯矩小很多，而使整个拱主要承受压力。这样，拱桥不仅可以利用钢、钢筋混凝土等材料来修建，而且还可以根据拱的这个受力特点，充分利用抗压性能较好而抗拉性能较差的圬工材料（石料、混凝土、砖等）来修建。这种由圬工材料修建的拱桥又称为圬工拱桥。

拱桥的主要优点如下：

(1)跨越能力较大。

(2)能充分做到就地取材，与钢桥和钢筋混凝土梁式桥相比，可以节省大量的钢材和水泥。

(3)耐久性好，而且养护、维修费用少。

(4)外形美观。

(5)构造较简单，尤其是圬工拱桥，技术容易被掌握，有利于广泛采用。

拱桥的主要缺点如下：

(1)自重较大，相应的水平推力也较大，增加了下部结构的工程量，当采用无铰拱时，对地基要求高。

(2)拱桥(尤其是圬工拱桥)一般都采用在支架上施工的方法修建，随着跨径和桥高的增大，支架或其他辅助设备的费用大大增加，从而增大了拱桥的施工困难，提高了拱桥的总造价。另外，拱桥的施工工序较多，在圬工拱桥建筑中，目前还未能采用高度的机械化和工业化的施工方法，因而，需要的劳动力较多，建桥时间也较长。

(3)由于拱桥水平推力较大，在连续多孔的大、中桥梁中，为防止一孔破坏而影响全桥的安全，需要设置单向推力墩，增加了造价。

（4）与梁式桥相比，上承式拱桥的建筑高度较高，当用于城市立体交叉及平原区的桥梁时，因桥面标高提高，而使两岸接线的工程量增大，或使桥面纵坡增大，既增大造价又对行车不利。

拱桥虽然存在这些缺点，但由于它的优点突出，在条件许可的情况下，修建拱桥往往仍然是经济合理的。尤其是圬工拱桥有节省钢材的优点，符合我国目前的实际情况。

第二节　拱桥的构造和主要类型

一、拱桥的构造

拱桥也是由上部结构和下部结构两大部分组成。图 11-1 表示拱桥各主要组成部分的名称。

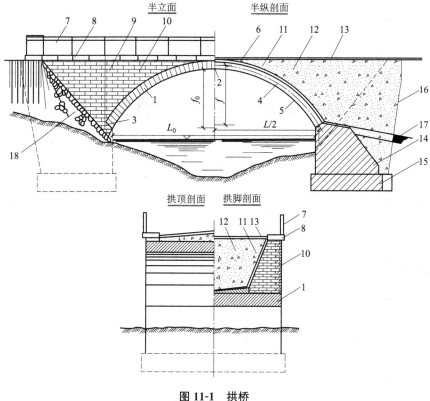

图 11-1　拱桥

1—拱圈；2—拱顶；3—拱脚；4—拱轴线；5—拱腹；6—拱背；7—栏杆；8—路缘石；9—变形缝；10—拱上侧墙；
11—防水层；12—拱腔填料；13—桥面防水层；14—桥墩；15—基础；16—侧墙；17—盲沟；18—锥坡

拱桥的上部结构是由拱圈及其上面的拱上建筑所构成。拱圈是拱桥的主要承重结构。由于拱圈是曲线形，一般情况下，车辆都无法直接在弧面上行驶，所以，在桥面系与拱圈之间需要有传递压力的构件或填充物，以使车辆能在平顺的桥面上行驶。桥面系和这些传力构件或填充物统称为拱上结构或拱上建筑。桥面系包括行车道、人行道及两侧的栏杆或砌筑的矮墙等构造。

拱桥的下部结构由桥墩、桥台及基础等组成，用以支撑桥跨结构，将桥跨结构的荷载传至地基并与两岸路堤相连接。

拱圈最高处横向截面称为拱顶,拱圈和墩台连接处的横向截面称为拱脚(或起拱面)。拱圈各横向截面形心的连线称为拱轴线。拱圈的上曲面称为拱背,下曲面称为拱腹。起拱面与拱腹相交的直线称为起拱线。一般将矢跨比大于或等于1/5的拱称为陡拱;矢跨比小于1/5的拱称为坦拱。

二、拱桥的主要类型

1. 按拱圈横截面形式分类

(1)板拱桥[图11-2(a)]。主拱圈采用矩形实体截面是圬工拱桥的基本形式。由于它的构造简单、施工方便,因而使用广泛。但由于在相同截面积的条件下,实体矩形截面比其他形式截面的截面抵抗矩小,如果为了获得较大的截面抵抗矩,必须增大截面尺寸,这就相应增加了材料用量和结构自重,从而更进一步加重了下部结构的负担,这是不经济的,所以通常只在地基条件较好的中、小跨径圬工拱桥中采用板拱形式。

(2)肋拱桥[图11-2(b)]。在板拱桥的基础上,将板拱划分成两条(或多条),形成分离的、高度较大的拱肋,肋与肋间用横系梁相连。这样就可以用较小的截面面积获得较大的截面抵抗矩,以节省较多的材料,从而大大地减小拱桥的自重,因此多用于较大跨径的拱桥。

(3)双曲拱桥[图11-2(c)]。这种拱桥的主拱圈横截面是由一个或数个小拱组成的,由于主拱圈在纵向及横向均呈曲线形,故称之为双曲拱桥。由于双曲拱桥的截面抵抗矩较相同材料用量的板拱大得很多,因此可以节省材料。加上具有装配式桥梁的特点,适用于工业化生产,加快施工进度,缩短工期,施工工艺简单等优点,得到广泛推广。

(4)箱形拱[图11-2(d)]。箱形截面拱圈的拱桥,外形与板拱相似,由于截面挖空,使箱形拱的截面抵抗矩较相同材料用量的板拱大很多,所以能节省材料,对于大跨径桥则效果更为显著。又由于它是闭口箱形截面,截面抗扭刚度大,横向整体性和结构稳定性均较双曲拱好,所以特别适用于无支架施工。但由于箱形截面施工制作较复杂,一般情况下,跨径在50 m以上的拱桥采用箱形截面才是合适的。

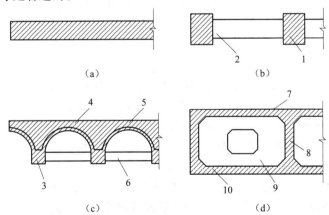

(a)　　　　　　　　(b)

(c)　　　　　　　　(d)

图11-2　主拱圈横截面形式

1,3—拱肋;2—横系梁;4—拱板;5—拱波;6—横向联系;7—顶板;8—腹板;9—横隔板;10—底板

2. 按建筑材料分类

找建筑材料可分为圬工拱桥、钢筋混凝土拱桥和钢拱桥。

3. 按拱上建筑形式分类

(1)实腹式拱桥。其构造比较简单，施工方便，但重力大，常用于跨径 20 m 以下的拱桥。

(2)空腹式拱桥。其圬工体积小，桥型美观，还可以增大泄洪能力，但施工不如实腹式拱桥简单，常用于 25 m 以上的拱桥。

4. 按主拱圈所采用的拱轴线形式分类

按主拱圈所采用的拱轴线形式可分为圆弧拱、悬链线拱和抛物线拱。从施工方面看，圆弧拱比悬链线拱简单。从力学性能方面来看，悬链线拱比圆弧拱好。大跨径拱桥，为了改善受力，可以采用高次抛物线。

5. 按静力体系分类

(1)三铰拱。三铰拱属静定结构。温度变化，混凝土收缩、支座沉陷等原因引起的变形不会在拱圈内产生附加内力。所以，在地基条件很差或寒冷地区修建拱桥时可以采用三铰拱。但是由于铰的存在，使其构造复杂，施工困难，而且降低了整体刚度，尤其是减小了抗震的能力，因此主拱圈一般不采用三铰拱。空腹式拱上建筑的腹拱圈常采用三铰拱。

(2)无铰拱。无铰拱属三次超静定结构。在自重及外荷载作用下，由于拱的内力分布比三铰拱均匀，所以它的材料用量较三铰拱省。又由于没有设铰，使结构的整体刚度大，而且构造简单，施工方便，因此在实际中使用最广泛。由于无铰拱的超静定次数高，温度变化、材料收缩，特别是墩台位移会在拱内产生较大的附加内力，所以无铰拱一般希望修建在地基良好的条件下。但随着跨径的增大，附加力的影响也相对地减小，因此钢筋混凝土无铰拱仍是大跨径桥梁的主要桥型之一。

(3)两铰拱。两铰拱为一次超静定结构，它的特点介于三铰拱与无铰拱之间。由于取消了跨中铰，使结构整体刚度较三铰拱大。在因地基条件较差而不宜修建无铰拱时，可考虑采用两铰拱。

第三节　主拱圈的构造

一、板拱

拱桥中的石砌拱桥，主拱圈通常都是做成实体的矩形截面，所以又称为石板拱。按照砌筑拱圈的石料规格，又可以分为料石拱、块石拱及片石拱等各种类型。

用来砌筑拱圈的石料，要求是未经风化的，其强度等级不得小于 MU30。砌筑用的砂浆强度等级，对大、中跨径拱桥不得小于 M7.5，小跨径拱桥不得小于 M5。

关于拱石的规格，在现行《公路桥涵施工技术规范》(JTG/T F50—2011)中作了明确的规定。

在砌筑料石拱圈时，根据受力的需要，构造上应满足以下几点要求。

(1)拱石受压面的砌缝应是辐射方向，即与拱轴线相垂直。这种轴向砌缝一般可做成通缝，不必错缝。

(2)当拱圈厚度不大时，可采用单层拱石砌筑[图 11-3(a)]，当拱厚较大时可采用多层拱石砌筑[图 11-3(b)]，对此要求垂直于受压面的顺桥向砌缝错开，其错缝间距不小于 10 cm(图 11-4)。

(3)在拱圈的横截面内，拱石的竖向砌缝应当错开，其错开宽度至少 0.10 m，见图 11-4 的Ⅰ—Ⅰ截面及Ⅱ—Ⅱ截面。这样，在纵向或横向剪力作用下，可以避免剪力单纯由砌缝内的砂浆承担，从而可以增大砌体的抗剪强度和整体性。

(4)砌缝的缝宽不应大于 2 cm。

(5)拱圈与墩台、空腹式拱上建筑的腹孔墩与拱圈相连接处,应采用特制的五角石[图 11-5 (a)],以改善连接处的受力状况。五角石不得带有锐角,以免施工时易破坏和被压碎。现在为了简化施工,也常采用现浇混凝土拱座及腹孔墩底梁[图 11-5(b)]来代替制作复杂的五角石。

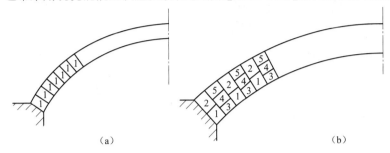

(a)   (b)

图 11-3　等截面圆弧拱的拱石编号

(注:图中数字为拱石编号)

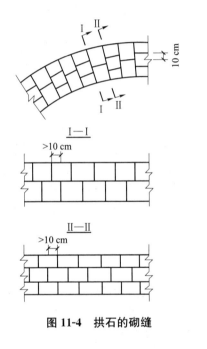

图 11-4　拱石的砌缝

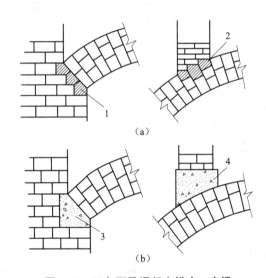

图 11-5　五角石及混凝土拱座、底梁

1,2—五角石;3—混凝土拱座;4—混凝土底梁

当用块石或片石砌筑拱圈时,应选择较大的平整面与拱轴线垂直,并使石块的大头向上、小头向下。石块间的砌缝必须相互交错,较大的缝隙应用小石块嵌紧。同时还要求砌缝用砂浆或小石子混凝土灌满。

二、肋拱

肋拱桥是由两条或多条分离的平行拱肋,以及在拱肋上设置的立柱和横梁支撑的行车道部分组成(图 11-6)。

拱肋是肋拱桥的主要承重结构,通常是由混凝土或钢筋混凝土做成。拱肋的数目和间距以及拱肋的截面形式等,均应根据使用要求(跨径、桥宽等)、所用材料和经济性等条件综合比较选定。为了简化构造,宜选用较少的拱肋数量。同时,与其他形式拱桥一样,为了保证肋拱的横向整体稳定性，肋拱桥两侧的拱肋最外缘间的距离，一般也不应小于跨径的 1/20。

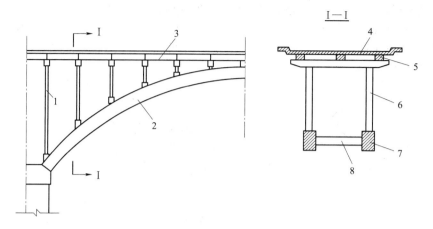

图 11-6　肋拱桥桥型图

1，6—立柱；2，7—拱肋；3，5—纵梁；4—桥道板；8—横系梁

　　拱肋的截面，在小跨径的肋拱桥中多采用矩形。肋高为跨径的 1/60～1/40，肋宽为肋高的 0.5～2.0 倍。在较大跨径中，拱肋常做成工字形截面。肋高为跨径的 1/35～1/25，肋宽为肋高的 0.4～0.5 倍。其腹板厚度常采用 0.3～0.5 m。当肋拱桥的跨径大、桥面宽时，拱肋还可以采用箱形截面，这就可以减少更多的圬工体积。

　　在分离的拱肋间，须设置横系梁，以增强肋拱桥的横向整体稳定性。拱肋的钢筋配置按计算确定。横系梁一般可按构造要求配置钢筋，但不得少于四根(沿四周放置)，并用箍筋连接。

　　钢筋混凝土肋拱桥与板拱桥相比，优点在于：能较多地节省混凝土用量，减小拱体重量。相应地，桥墩、桥台的工程量也减少。同时，随着恒荷载对拱肋内力的影响减小，活荷载影响相应增大，钢筋可以较好地承受拉应力，这样就能充分发挥建筑材料的作用而且跨越能力也较大。它的缺点是比混凝土板拱用的钢筋数量多，施工较复杂。

三、双曲拱桥

　　双曲拱桥主拱圈通常是由拱肋、拱波、拱板和横向联系等几部分组成(图 11-7)。双曲拱桥的主要特点是将主拱圈以"化整为零"的方法按先后顺序进行施工，再以"集零为整"的组合式整体结构承重。因此，双曲拱的构造与板拱、肋拱相比较就有其独自的特点。

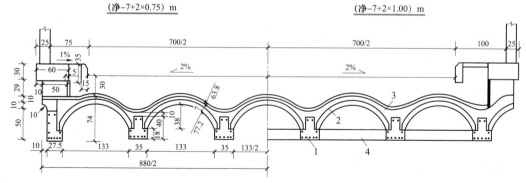

图 11-7　双曲拱桥主拱圈构造(尺寸单位：cm)

1—拱肋；2—拱波；3—拱板；4—横向联系

双曲拱桥主拱圈截面，根据桥梁的跨度、宽度、设计荷载的大小、所用材料以及施工等不同情况，可以采用不同的形式(图11-8)。

目前，公路双曲拱桥采用最多的是多肋多波的截面形式[图11-8(a)、(b)、(c)]。一般来说，肋与肋的间距不宜过小，以免限制了拱波的矢高，减小拱圈的截面刚度，但采用无支架施工时，拱肋间距又不宜过大，以免拱肋数量少而过分加大拱肋截面尺寸，增加吊装重量，给施工带来困难。在跨径和载重量较小的单车道桥梁中，还可以采用单波的形式[图11-8(d)]。

拱肋是主拱圈的重要组成部分，它不仅参与拱圈共同承受全部恒荷载和活荷载，对主拱圈质量有重大影响，而且在施工过程中，又要起砌筑拱波和浇筑拱板的支架作用。因此必须保证拱肋具有足够的强度和刚度。特别是采用无支架施工的双曲拱，还须保证拱肋具有足够的纵向和横向稳定性。

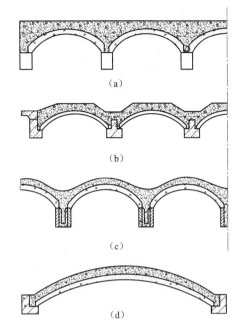

图 11-8　双曲拱桥主拱圈的主要形式

常用的拱肋截面形式有矩形、倒 T 形(凸形)、槽形和工字形等(图 11-9)。一般根据跨径大小、受力性能、施工难易等条件综合选择合理的截面形式，要求所选拱肋截面有利于增强主拱圈的整体性，制作简单且能保证施工安全。

矩形拱肋	凸形拱肋	槽形拱肋		I形拱肋
(a)	(b)	(c)	(d)	(e)

图 11-9　拱肋截面形式

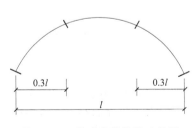

图 11-10　拱肋分段的接头位置

拱肋通常可以利用支架现浇混凝土或采用预制安装的方法施工。预制的拱肋，如果长度太大，不便于预制、运输和吊装，则常常分成几段。分段数目和长度应根据桥梁跨径大小、运输设备和吊装能力等条件来考虑。由于拱顶往往是受力最不利的截面，因此拱肋分段时接头不宜布置在拱顶。而接头宜设置在拱肋自重作用下弯矩最小的地方，一般在跨径的 0.29～0.32 倍附近。这样，拱肋一般均可分为三段(图 11-10)。

当前，随着我国吊装设备的发展，起吊重量逐步增大，施工技术不断提高，当跨径在 30 m 以内时，可以单根拱肋整体预制吊装。而跨径在 80 m 以内，均可分为三段预制安装。只有当跨径超过 80 m 时，可考虑分为 5～7 段。同时，为了保证拱肋在吊运安装过程中的稳定性，拱肋的每段长度一般也不宜超过拱肋宽度的 50 倍。

预制拱肋的接头，应做到构造简单、结构牢固、操作方便。制作时，应特别注意尺寸准确。图 11-11 是现在常用的几种接头形式。

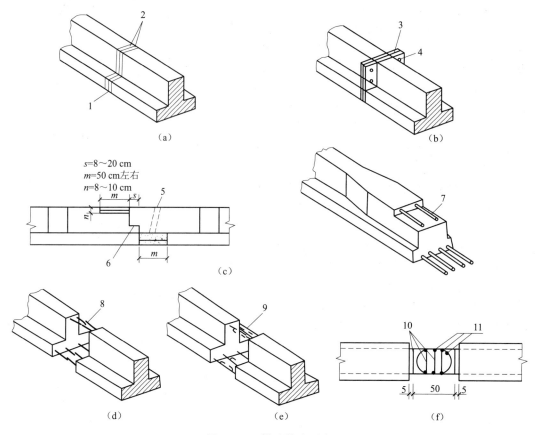

图 11-11　拱肋接头形式

1—焊缝；2—预埋钢板；3—预留钢板；4—螺栓孔；5—$\phi 5$ cm 浇混凝土封槽孔；6—卡砌树脂胶缝；
7—预留接头钢筋；8—电焊钢筋接头；9—绑扎钢筋接头；10—箍筋；11—短钢筋

拱波一般都用混凝土预制。常做成圆弧形。拱波不仅是参与主拱圈共同承受荷载的组成部分，而在浇筑拱板混凝土时，它又起模板的作用。

拱板在拱圈截面中占有最大比重，而且现浇混凝土拱板又将拱肋、拱波连成整体，使拱圈实现"集零为整"。因此，拱板在加强拱圈整体性方面起着重要的作用。

设置横向联系能使活荷载在主拱圈上分布均匀，并能承受拱波作用在拱肋的水平推力，还能保证在无支架施工中裸拱的稳定性。横向联系常用的形式是横系梁和横隔板，通常布置在拱顶、腹孔墩下面、分段吊装的拱肋接头处等，间距一般为 3～5 m。考虑到横向联系在拱顶附近作用更为明显，因此，在拱顶部分(或在整个拱顶实腹区段)可适当加密。对于跨径较小的宽桥，拱顶部分的横向联系更应特别加强。

四、箱形拱

大跨径拱桥的主拱圈，可以采用箱形截面。根据已建成的箱形拱桥的资料，箱形截面挖空率可达全截面的 50％～70％。因此，与板拱相比，可以大量地减少圬工体积，减小重量，节省上、下部结构的造价。与双曲拱桥相比，在相同的截面面积下，可增大截面抵抗矩，且抗扭刚

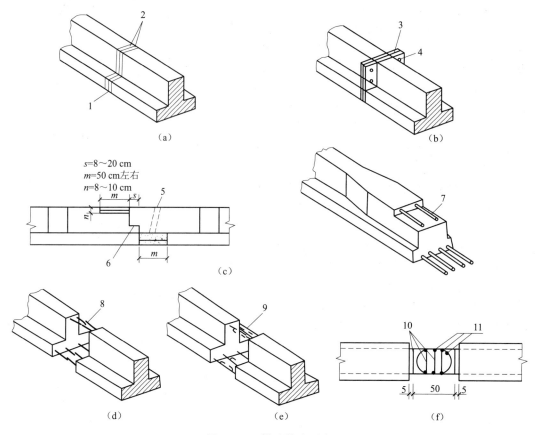

度更大，因而截面经济、横向整体性强、稳定性好。而且它的中性轴靠近中部，对于正负弯矩有几乎相等的截面抵抗矩，能够较好地适应拱桥不同截面正负弯矩变化的要求，充分利用材料。同时，在无支架施工中，由于是薄壁箱形截面，吊装时构件的刚度大、稳定性好，操作安全。但是箱形拱的制作要求高，需要较大的吊装能力，不适应地方群众性建桥。因此，跨径在 50 m 以上的大跨径拱桥才宜于采用箱形拱。

箱形拱的拱圈，可以由一个闭合箱(单室箱)或由几个闭合箱(多室箱)组成。每一个闭合箱又由箱壁(侧板)、顶板(盖板)、底板及横隔板组成(图 11-12)。

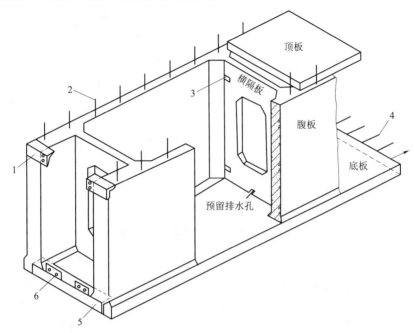

图 11-12　箱形拱闭合箱的构造

1—定位角钢；2—连接钢筋；3—钢板；4—主筋；5—预埋角钢；6—定位角钢

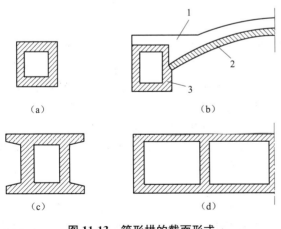

图 11-13　箱形拱的截面形式

1—现浇混凝土；2—预制拱波；3—预制箱肋

单室箱可以采用矩形或工字箱形[图 11-13(a)、(c)]等，它的构造简单，施工较方便，但一般只宜于现浇的窄桥或作为肋拱桥的箱形拱肋。箱形拱的构造与施工方法有密切的关系。修建箱形拱，可以采用预制拱箱无支架吊装或有支架现场浇筑等施工方法。若采用无支架施工时，拱箱可分段预制，其分段方法及拱箱接头构造等均可参考双曲拱桥拱肋的有关部分。当吊装能力很大时，可以采用封闭式拱箱，这样可以增加拱箱在施工过程中的整体稳定性，减少施工步骤。但日前，为了减少吊装重量或方便操作，拱箱往往不是一次预制成形，而是采用装配—整体式结构形式，分阶段施工，最后组拼成一个整体。

预制安装的步骤，一般是先浇底板混凝土，然后把预制的横隔板按设计位置立在底板上，再安装箱壁模板，浇筑箱壁混凝土，构成 U 形开口箱(图 11-14)。将分段预制的 U 形箱依次吊装合龙成拱后，按设计要求处理拱箱接头。再浇筑两箱间的连接混凝土，安装预制混凝土盖板(或微弯板)，由于盖板与拱箱之间的接触面是一抗剪薄弱面，除填缝混凝土应与拱板混凝土一起浇筑外，宜在拱箱之间的空缝内每隔 0.5 m 预埋一根抗剪钢筋(两端应设半圆弯钩)。最后浇筑顶面(拱板)混凝土。为了增强拱圈的整体性及抵抗混凝土的收缩作用，拱板内宜铺设直径为 8～10 mm、间距为 20 cm×20 cm 的钢筋网。这样就建成了箱形拱圈。

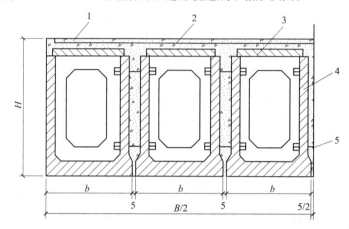

图 11-14 箱拱预制施工构造示意图

1—现浇混凝土；2—钢筋网；3—预制顶板；4—预制开口拱箱；5—横向连接钢筋

近年来，随着我国吊装能力的增大和施工水平的提高，在预制拱箱时可以进一步减薄腹板厚度，使中腹板减至 3～5 cm，从而又减小了吊装重量，于是在大跨径箱形拱桥中又开始广泛采封闭式拱箱，其施工步骤与上述装配一整体式拱箱结构相似，只是在施工预制场上将 U 形开口箱与预制顶板组装成一个完整的闭合箱后再整体吊装，这对减少高空作业、加快施工进度、节省投资等都是有利的。

五、桁架拱

桁架拱桥又称拱形桁架桥，是一种具有水平推力的桁架结构，其下弦杆为拱形，上弦杆一般与桥道结构组合成一整体而共同工作。桁架拱兼备了桁架和拱式结构的有利因素，因此能充分发挥材料的受力性能。其外形轻巧美观，各部构件截面尺寸较小，重力较轻，结构受力合理，整体性强，不仅节省材料，而且减少对墩台的垂直压力和水平压力。

桁架拱桥的上部结构一般均由桁架拱片、横向连接系和桥面三部分组成(图 11-15)。

桁架拱片是桁架拱桥的主要承重结构，在施工中它承受全部结构的自重(包括施工荷载)，竣工后它与桥面结构组合一体共同承受活荷载和其他荷载。桁架片由上弦杆、腹杆、下弦杆和拱顶实腹段组成。

上弦杆和实腹段上缘构成桁架拱片的上边缘，它与桥面纵向平行(单孔拱桥也可设置竖曲线)；上弦杆的轴线平行于桁架拱片的上边缘。桁架拱片下弦的轴线可采用圆弧线、二次抛物线或悬链线。由于圆弧线的计算和施工放样都较方便，因此较为常用。

腹杆包括斜杆和竖杆。根据腹杆的不同布置情况，可分为竖杆式、三角形、斜压杆和斜拉杆四种形式(图 11-16)。竖杆式桁架拱片[图 11-16(a)]外形美观，施工较方便，但整体刚度较

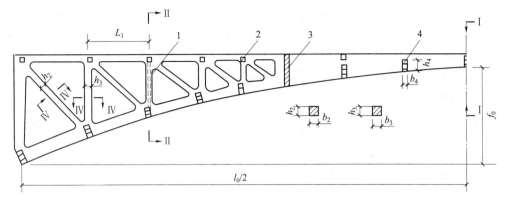

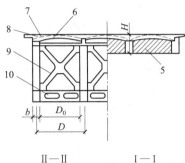

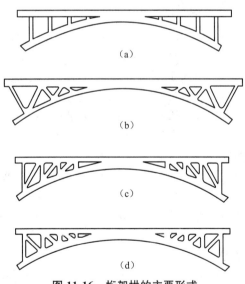

图 11-15　桁架拱桥的主要组成

1，9—剪刀撑；2，8—拉杆；3，5—横隔板；4，10—横系梁；6—预制微弯板；7—混凝土填平层

小，竖杆与上、下弦杆连接的节点处易开裂，故适用于荷载小、跨径较小的桥梁。三角形腹杆的桁架拱片[图 11-16(b)]，腹杆根数少，杆件的总长度也最短，因此腹杆用料省，整体刚度较大。但是当拱跨较大，矢高较高时，三角形体系的节间就过大，为了承受桥面荷载，就要增加桥面构件的钢筋用量。因此宜增设竖杆来减少节间长度，成为带竖杆的三角形桁架拱。根据斜杆倾斜方向的不同，又有斜压杆[图 11-16(c)]和斜拉杆[图 11-16(d)]两种。前者斜杆受压，竖杆受拉，后者斜杆受拉而竖杆受压，是目前采用较多的一种形式。

为把桁架拱片联成整体，使之共同受力，并保证其横向稳定，须在桁架拱片之间设置横向联系。横向联系由拉杆、横系梁、横隔板和剪刀撑等组成(图 11-15)。

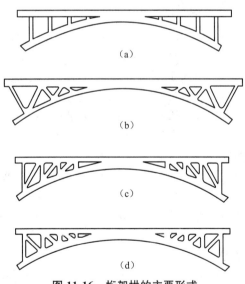

图 11-16　桁架拱的主要形式

拉杆和横系梁分别设置在上、下弦杆的节点处，拱顶实腹段每隔 3～5 m 也应设置横系梁。当跨径较小时，横系梁也可用拉杆代替。而对于城市宽桥，拱顶实腹段的横向联系宜加强，有利于活荷载横向分布。

横隔板一般设置在实腹段与桁架部分连接处及跨中，它在高度方向常直抵桥面板。横桥向的剪刀撑一般设置在四分之一跨径附近的上、下节点之间及跨径端部。较小跨径的桁架拱可不设端部剪刀撑。对于大跨径桁架拱桥，除设置竖向剪刀撑外，还可在下弦杆平面内设置一些连接系杆件，以加强桥梁的横向刚度。

桁架拱桥的桥面结构形式很多，有横向微弯板、纵向微弯板和预应力混凝土空心板等。横向微弯板桥面比较省钢材，但跨径较小，因此拱片的片数较多。较大跨径的桁架拱桥，为了减少拱片的片数，可采用空心板或纵向微弯板，但纵向微弯板需要较强的横梁，各有优缺点，应根据具体情况选用。

桁架拱与墩（台）的连接包括下弦杆、上弦杆与桥墩（台）的连接和多孔桁架拱桥桥跨结构之间的连接等。下弦杆与墩台的连接，中小跨径桁架拱桥通常是在墩台帽上预留深 10 cm 左右的槽孔，将下弦杆的端头插入，四周用砂浆填塞。在跨径较大时，可采用钢筋混凝土制成的平面铰和弧面铰连接。桁架拱上部与墩台的连接，以及多跨拱间的连接，有悬臂式［图 11-17(a)、(b)］、过梁式［11-17(c)、(d)］和伸入式［图 11-17(e)、(f)］三种，一般以过梁式为好。

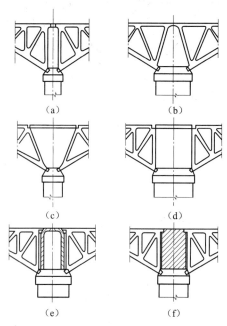

图 11-17　桁架拱与墩（台）的连接形式

六、刚架拱

刚架拱桥是在桁架拱、斜腿刚架等基础上发展起来的另一种新桥型，属于有推力的高次超静定结构。刚架拱桥外形轻巧美观，质量轻，整体性好，刚度大，具有桁架拱桥分块预制构件的优点，而且预制块件的形状简单。由于这种桥型施工方便、预制构件数量少、造价低、节约钢材、施工工期快和对地基承载力要求低，所以在我国得到了广泛应用。

刚架拱桥的上部结构由刚架拱片、横向连接系和桥面系等部分组成（图 11-18）。

刚架拱片是刚架拱桥的主要承重结构，一般由跨中实腹段的主梁、空腹段的次梁、主拱腿（主斜撑）、次拱腿（斜撑）等构成。

主梁和主拱腿构成的拱形结构的几何形状是否合理，对全桥结构的受力有显著的影响。主梁和次梁的梁肋上缘线一般与桥面纵向平行，主梁下边缘线一般可采用二次抛物线、圆弧线或悬链线，使主梁成为变截面构件。主拱腿可根据跨径大小和施工方法等不同，设计成等截面直杆或微曲杆。有时从美观考虑，也可采用与主梁同一曲线的弧形杆，同时可改善梁、拱腿的受力性能。

根据不同的施工方法和条件（运输、安装能力等），刚架拱片可以采用现浇或预制安装的方法施工，目前大多数采用后者。为了减小吊装重量，可将主梁和次梁、斜撑等分别预制，用现浇混凝土接头连接。当跨径较大时，次梁还可分段预制（图 11-18）。

横向联系是为使刚架拱片联成整体共同受力、并保证其横向稳定而设置的。横向联系可采用预制装配式的横系梁或横隔板形式，其间距视跨径大小酌情布置。一般在刚架拱片的跨中，主、次节点，次梁端部等处设置横系梁。当跨径较大或者跨径小、桥面很宽时，可增设直抵桥面板的横隔板。

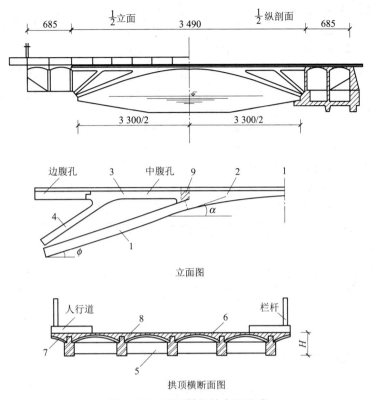

图 11-18　刚架拱桥的主要组成

1—主拱腿；2—实腹段；3—腹孔段(中腹孔和边腹孔)；4—次拱腿；5—横隔板；

6—微弯板；7—悬臂板；8—现浇桥面；9—现浇接头

桥面系可由预制微弯板、现浇混凝土填平层、桥面铺装等部分组成，也可采用预制空心板、现浇混凝土层及桥面铺装构成。

七、钢管混凝土拱

钢管混凝土的基本原理如下：

(1)借助内填普通混凝土以增强钢管的稳定性。

(2)钢管对核心混凝土的"套箍"作用，使核心混凝土处于三向受压状态，从而使核心混凝土具有更高的抗压强度和变形能力。

故钢管混凝土本质上属于套箍混凝土。它除具有一般套箍混凝土强度高的优点外，尚具有重量轻、塑性好、耐疲劳、耐冲击、施工简便、技术经济效益好等许多独特的优点。将钢管混凝土应用于拱桥同时解决了拱桥材料高强化和拱圈施工轻型化两大难题。故钢管混凝土拱桥在我国得到迅速发展。

钢管混凝土拱桥上部结构由钢管混凝土拱肋、横向联系、桥面系、立柱、吊杆、系杆等组成。

钢管混凝土拱肋可分为单管拱肋、哑铃形拱肋和桁式拱肋(图 11-19)。单管拱肋加工简单，抗扭性能好，但抗弯效率低，主要用于跨径不大(80 m 以下)的城市桥梁和人行桥中；哑铃形拱肋较单管拱肋截面抗弯刚度大，跨径也做得较大(100 m 左右居多)；桁式拱肋能够采用较小的钢管直径取得较大的纵横向抗弯刚度，且杆件以受轴向力为主，能够发挥材料的特性。对跨径超过 100 m 的钢管混凝土拱桥，桁拱是一个比较合适的截面形式。

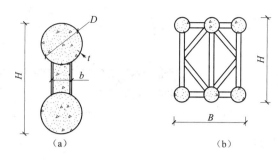

图 11-19　钢管混凝土拱肋形式

横向联系用以保证钢管混凝土拱桥的横向稳定性。上承式钢管混凝土拱桥横向联系通常布置成等间距的径向横撑（或横系梁）；下承式拱横向联系的布置由于受到行车空间的限制，靠近桥面一节的横撑间距较大，拱顶附近则布置得密些；对于中承式拱，一部分拱肋在桥面以下，而桥面以上部分受行车空间限制限制不可能设置很多的横撑，这时，桥面以下部分可采用刚度较大的 K 式或 X 式横撑，以加强拱脚段的横向刚度，又不至于影响美观。

钢管混凝土拱桥桥面系的布置形式有：横铺桥面板式、纵铺桥面板式和整体肋板式三种，如图 11-20 所示。

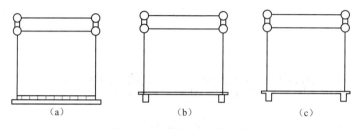

图 11-20　桥面系布置形式

立柱用于上承式拱桥和中承式拱桥上承部分，吊杆和系杆用于中下承式拱桥，是桥面系与主拱肋之间的传力结构。

第四节　拱上建筑的构造

一、实腹式拱上建筑

实腹式拱上建筑由侧墙、拱腹填料、护拱及变形缝、防水层、泄水管和桥面等部分组成（图 11-21）。

拱腹填料的做法，可分为填充和砌筑两种方式。

填充的方式是在拱圈两侧砌筑侧墙，以承受拱腹填料及车辆荷载所产生的侧压力。侧墙一般用块石或片石砌筑。为了美观需要，可用粗料石或细料石镶面。侧墙厚度一般按构造要求确定，其顶面宽 0.50~0.70 m，向下逐渐增厚，墙脚厚度可以采用侧墙高度的 0.4 倍。特殊情况下侧墙厚度应由计算确定。填充用的材料尽量做到就地取材，通常采用砾石、碎石、粗砂或卵石夹黏土并加以夯实。这些材料的透水性较好，成本较低，而且还能减小对侧墙的推力。在地质条件较差的地区，为了减小拱上建筑的重量，可以采用其他轻质材料（如炉渣、石灰、黏土等混合料）作填料。

当填充材料不易取得时，可改用砌筑的方式，也就是采用干砌圬工或浇筑贫混凝土作为拱腹填料。当用贫混凝土时，往往可以不另设侧墙，而在外露混凝土表面用砂浆饰面或设置镶面。

在多孔拱桥中，为了便于敷设防水层和排出积水，又设置了护拱。护拱一般用现浇混凝土或砌筑块片石修筑。如图 11-21 中用浆砌片石作的护拱，还起着加强拱圈的作用。

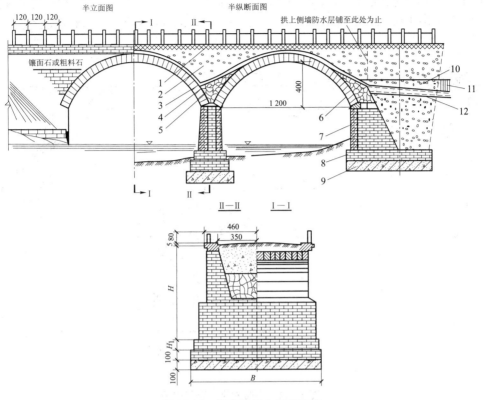

图 11-21　实腹式拱上建筑构造

1—路面；2—填料；3—排水管；4—防水层；5—浆砌片石；6—水泥砂浆砌细料石；

7—镶面石或粗料石；8—浆砌片石块石或粗料石；9—C20 混凝土或 C20 片石混凝土基座；

10—填料为砂砾时铺 40 cm 厚碎石；11—盲沟；12—黏土夯实最少 25 cm

二、空腹式拱上建筑

大、中跨径的拱桥，特别是当矢高较大时，实腹式拱上建筑的填料用量多、质量重，因而以采用空腹式拱上建筑为宜。空腹式拱上建筑除具有实腹式拱上建筑相同的构造外，还具有腹孔和腹孔墩(图 11-22)。

1. 腹孔

腹孔的形式大致可以分为两类，一类是拱形腹孔；另一类是梁或板式腹孔。在圬工拱桥中，为了节省钢材，大多采用拱形腹孔。

腹孔通常对称地布置在主拱圈两侧结构高度所容许的范围内。拱形腹孔(腹拱)一般在每半跨内不超过主拱跨径的 1/4～1/3，其腹拱跨径一般可选用 2.5～5.5 m，也不宜大于主拱圈跨径的 1/15～1/8，比值随主拱圈跨径的增大而减小。腹拱宜做成等跨的，以利于腹拱墩的受力和方便施工。腹拱的拱圈，可以采用石砌、混凝土预制或现浇的圆弧形板拱，矢跨比一般为 1/6～1/2。

腹拱圈的厚度：当腹拱的跨径为 1～4 m 时，可采用不小于 0.30 m 的石板拱或不小于 0.15 m 的混凝土板拱。也可以采用厚度为 0.14 m(其中预制厚 0.06 m、现浇 0.08 m)的微弯板。当腹拱跨径为 4～6 m 时，可采用双曲拱，其拱圈高度一般为 0.30～0.40 m。当采用钢筋混凝土拱时，拱圈厚度可进一步减薄。

腹拱孔在墩台处的支撑方案如图 11-23 所示。其中图 11-23(a)为腹拱的拱脚直接支撑在桥台上；图 11-23(b)所示为腹拱支撑在墩顶实墙上；图 11-23(c)所示为腹拱跨过桥墩。

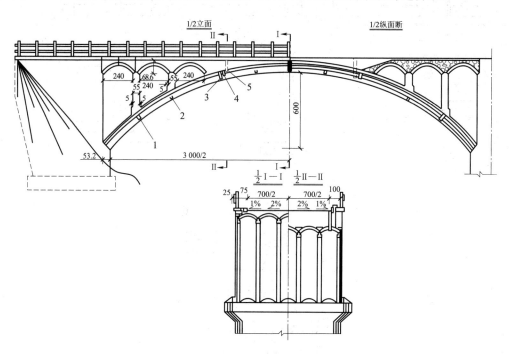

图 11-22　空腹式拱上建筑构造
1—横隔板；2—横系梁；3—横隔板；4—拱腹泄水管；5—桥面排水孔

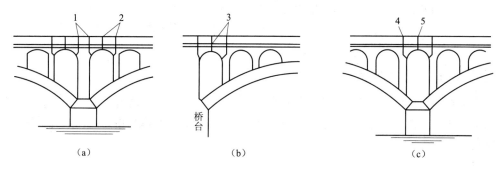

图 11-23　桥墩(台)上腹拱布置方式
1，4—伸缩缝；2，3，5—变形缝

在大跨径钢筋混凝土拱或无支架施工的拱桥中，为了进一步减轻重量，通常采用混凝土梁或板式结构的腹孔形式(图 11-24)。腹孔的布置与上述腹拱的要求基本相同，梁(板)及立柱等可按钢筋混凝土梁(板)桥及钢筋混凝土结构计算配筋。特殊情况下(如腹孔跨径很大)还可采用预应力混凝土的梁或板作腹孔。

2. 腹孔墩

腹孔墩可分为横墙(立墙)式和立柱式两种。横墙式通常用石料、混凝土预制块砌筑，或现浇混凝土做成实体墙。有时为了节省圬工、减轻重量或便于检修人员在拱上建筑内通行，也可在横墙上挖孔[图11-25(a)]。腹孔墩的厚度，用浆砌片石、块石时，不宜小于0.6 m；用混凝土浇筑时，一般应大于腹拱圈厚度的一倍。

立柱式腹拱墩[图11-25(b)]，是由立柱和盖梁组成的钢筋混凝土排架结构。为了使立柱传递给主拱圈的压力不至于过分集中，通常在立柱下面还设置了底梁。立柱及盖梁常采用矩形截面。截面尺寸及钢筋配置除按受力要求拟定外，并应考虑和拱桥的外形及构造相协调。底梁可以与拱圈一起施工完成。如采用混

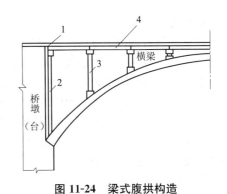

图 11-24　梁式腹拱构造
1—伸缩缝；2—端立柱；3—立柱；4—板(梁)

凝土浇筑时，可按构造要求布置钢筋。在河流有漂流物或流水时，如果拱圈会被部分淹没，就不宜采用立柱式腹孔墩。

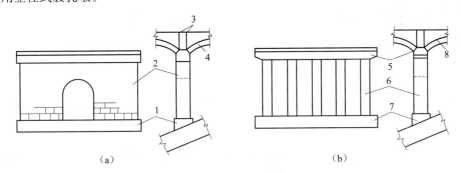

（a）　　　　　　　　　　　　　　　（b）

图 11-25　腹孔墩构造形式
1，7—底梁；2—横墙；3—变形缝；4，8—腹拱圈；5—盖梁；6—立柱

三、拱上填料、桥面及人行道

拱上建筑中的填料，一方面能起扩大车辆荷载分布面积的作用，同时还能够减小车辆荷载的冲击作用，但也增加了拱桥的恒荷载重量。一般情况下，无论是实腹式与空腹式拱桥(除无拱上填料的轻型拱桥)，主拱圈及腹拱圈的拱顶处，填料厚度(包括路面厚度)均不宜小于0.3 m。根据《公路桥涵设计通用规范》(JTG D60—2015)的规定，填料厚度(包括路面厚度)等于或大于0.5 m的拱桥，设计时均不计汽车荷载的冲击力。

在大跨径钢筋混凝土拱桥或在地基条件很差的情况下，为了进一步减轻拱上建筑重量，可以减薄填料厚度，甚至可以不用填料，直接在拱顶上修建混凝土路面。这时，除要采取措施保证主拱圈的横向整体性外，计算时还应计入汽车荷载的冲击力。

拱桥行车道部分的桥面铺装类型，应根据桥梁所在地区的公路等级、使用要求、交通量大小等条件综合考虑。目前采用较多的是碎(砾)石路面、沥青混凝土路面或水泥混凝土路面。

行车道两侧，根据需要设置人行道和栏杆，其构造和梁桥相似。

四、伸缩缝与变形缝

在活荷载作用、温度变化、混凝土收缩等因素影响下，主拱圈将产生挠度，拱上建筑也随之变形。这时侧墙或腹拱圈与墩台连接处将产生裂缝。为了防止这种不规则裂缝的出现，须设

置伸缩缝和变形缝。

实腹式拱桥的伸缩缝通常设在两拱脚的上方，并须在横桥方向贯通全宽和侧墙的全高及至人行道构造。目前多将伸缩缝做成直线形(图11-26)，以使构造简单，施工方便。

拱式拱上结构的空腹式拱桥，一般将紧靠桥墩(台)的第一个腹拱圈做成三铰拱，并在靠墩台的拱铰上方的侧墙上，也相应地设置伸缩缝，在其余两铰上方的侧墙，可设变形缝(图11-27及图11-23)。在大跨径拱桥中，根据温度变化情况和跨径长度，必要时还须将靠近拱顶的腹拱圈或其他腹拱也做成两铰拱或三铰拱。拱铰上面的侧墙也须相应地设置变形缝，以便使拱上建筑更好地适应主拱圈的变形。

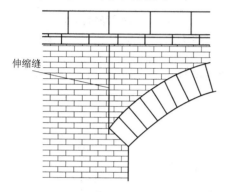

图 11-26 实腹式拱桥伸缩缝的布置

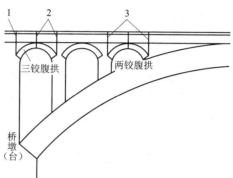

图 11-27 空腹式拱桥伸缩缝和变形缝的布置
1—伸缩缝；2，3—变形缝

对于梁式或板式拱上结构，宜在主拱圈两端的拱脚上设置腹孔墩或采取其他措施与桥墩(台)设缝分开(图11-24)，梁或板与腹孔墩的支撑连接宜采用铰接，以适应主拱圈的变形。

伸缩缝的宽度一般为 0.02～0.03 m。通常是在施工时将用锯木屑与沥青按1:1比例配合压制成的预制板嵌入砌体或埋入现浇混凝土中即可。变形缝则不留设缝宽，可用干砌或油毛毡隔开即可。

人行道、栏杆、缘石和混凝土桥面，在腹拱铰的上方或侧墙有变形缝处，均应设置贯通全桥宽度的伸缩缝或变形缝，以适应主拱圈的变形，其构造形式可参照梁桥选用。

五、排水及防水层

水分渗入砌体，易于溶解混凝土和砂浆中的游离石灰，在寒冷地区还会造成冻胀。因此，对于拱桥，不仅要求能够及时排除桥面的雨、雪水，而且要求将透过桥面铺装渗入到拱腹内的雨水也能及时排除。

关于桥面雨水的排除，除桥梁设置纵坡和桥面设横坡外，一般还沿桥面两侧缘石边缘设置泄水管，其构造情况如图11-28所示。

透过桥面铺装渗入到拱腹内的雨水，应由防水层汇集于预埋在拱腹内的泄水管排出。防水层和泄水管的敷设方式与上部结构的形式有关。

对于实腹式拱桥，防水层应沿拱背护拱、侧墙铺设。如果是单孔，可以不设拱腹泄水管，积水沿防水层流至两个桥台后面的盲沟，然后沿盲沟排出路堤(图11-21)。如果是多孔拱桥，可在1/4跨径处设泄水管[图11-29(a)]。对于空腹式拱桥，防水层应沿腹拱上方与主拱圈跨中实腹段的拱背设置，泄水管也宜布置在1/4跨径处[图11-29(b)]。

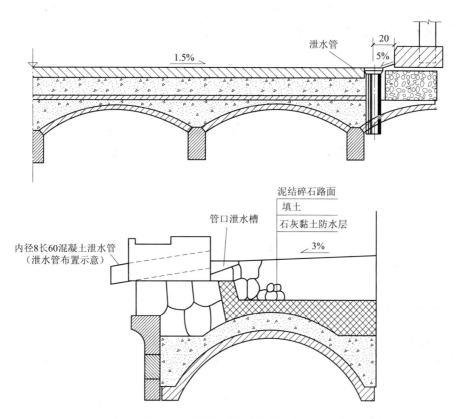

图 11-28 拱桥桥面排水装置(尺寸单位：cm)

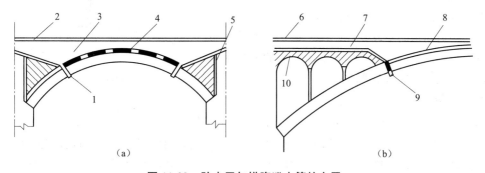

（a）   （b）

图 11-29　防水层与拱腹泄水管的布置

1，9—泄水管；2，6—桥面铺装；3，7—填料；4—防水层；5—变形缝；8—防水层；10—铰

泄水管可以采用铸铁管、混凝土管或陶瓷(瓦)管等。泄水管的内径一般为 6～10 cm，在严寒地区或雨水特多地区须适当加大(但不宜大于 15 cm)。泄水管应伸出结构外表面 5～10 cm，以免雨水顺着结构物外表面下流。为了便于泄水，泄水管尽可能采用直管，并减小管节长度。

防水层在全桥范围内不宜断开，当通过伸缩缝或变形缝处应妥善处理，使其既能防水又可以适应变形。其构造如图 11-30 所示。

防水层有粘贴式与涂抹式两种。前者是由 2～3 层油毛毡与沥青胶交替贴铺而成，效果较好，但造价高，施工麻烦；后者采用沥青或柏油涂抹于砌体表面，施工简便，造价低廉，但效果较差，适用于雨水较少的地区。有时也可以就地取材选用石灰三合土(厚 15 cm，水泥、石灰、砂的配合比约为 1：2：3）、石灰黏土砂浆、黏土胶泥等简易办法代替粘贴式防水层。但这种简易方法的防水性能很差，只能用于道路等级很低的小型圬工拱桥。

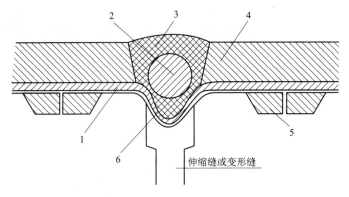

图 11-30　伸缩缝（或变形缝）上防水层的构造
1—防水层；2—涂油脂粗绳；3—柏油；4—混凝土保护层；5—水泥砂浆 1：4；6—白铁皮 2 mm

六、拱铰构造

通常，拱桥中有三种情况需设铰。一是主拱圈按两铰拱或三铰拱设计时；二是空腹式拱上建筑，其腹拱圈按构造要求需要采用两铰或三铰拱；三是在施工过程中，为消除或减小主拱圈的部分附加内力，以及对主拱圈内力作适当调整时，往往在拱脚或拱顶设临时铰。

拱铰的形式，按照铰所处的位置、受力大小、使用材料等条件综合考虑选择。目前常用的形式有平铰、弧形铰或其他形式的不完全铰。

1. 平铰

对于空腹式拱上建筑的腹拱圈，由于跨径较小，可以采用构造简单的平铰（图 11-31）。这种铰是平面相连，直接抵承。平铰的接缝间可铺砌一层低强度等级的砂浆，也可垫衬油毛毡或直接采用干砌。

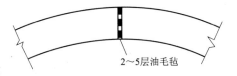

2~5层油毛毡

图 11-31　平面铰构造

2. 弧形铰

弧形铰由两个具有不同半径弧形表面的块件合成（图 11-32），一个为凹面（半径为 R_2），另一个为凸面（半径为 R_1）。R_2 与 R_1 的比值常在 1.2~1.5 范围内取用。铰的宽度应等于构件的全宽。沿拱轴线方向的长度，取为厚度的 1.15~1.20 倍。铰的接触面应精确加工，以保证紧密结合。弧形铰可用石料、混凝土、钢筋混凝土等材料制作。

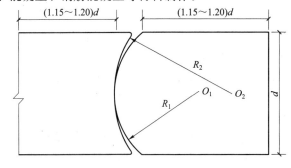

图 11-32　弧形铰构造

弧形铰由于构造复杂，加工铰面既费工又难以保证质量，因此主要用来作为主拱圈的拱铰。

3. 不完全铰

采用钢筋混凝土预制吊装的腹拱圈，为了便于整体吊装，还可以利用图 11-33 所示的不完全铰（或称假铰）。这种铰既能使拱圈在施工时不断开，又能在使用时起到拱铰的作用，构造也简单，因此目前使用较广泛。

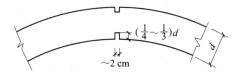

图 11-33　不完全铰构造

第十二章 拱桥的设计要点

・学习要点・

掌握拱桥总体设计的主要内容、拱轴线型选择的原则；了解拱桥主要尺寸的拟定方法、拱桥上部构造体积的计算方法。

第一节 拱桥的总体设计

在通过必要的桥址方案比较，确定了桥位之后，再根据当地水文、地质等具体情况，合理地拟定桥梁的长度、跨径、孔数、桥面标高、主拱圈的矢跨比等，是拱桥总体设计的主要内容。有关确定桥长和桥梁分孔的一般原则，在第二章中桥梁纵断面设计部分已作了介绍，这里只进一步阐明在具体设计拱桥中如何确定设计标高和矢跨比等问题。

一、确定桥梁的设计标高和矢跨比

拱桥的标高主要有四个，即桥面标高、拱顶底面标高、起拱线标高、基础底面标高(图 12-1)。这几项标高的合理确定对拱桥的设计有直接的影响。

拱桥的桥面标高，一方面由两岸线路的纵断面设计来控制；另一方面还要保证桥下净空能满足宣泄洪水或通航的要求。设计时需按有关规定、并与有关部门(如航运、防洪、水利等)商定。当桥面标高确定后，由桥面标高减去拱顶填料厚度(一般包括路面厚度在内为 0.3~0.5 m)，就可得到拱顶上缘(拱背)的标高。随之就可以根据跨径大小、荷载等级、主拱圈材料规格等条件估算出拱圈的厚度。由此可推出拱顶底面标高。

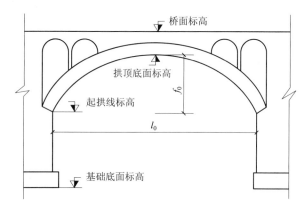

图 12-1 拱桥的主要标高示意图

拟定起拱线标高时，为了尽量减小墩(台)基础底面的弯矩、节省墩台的圬工数量，一般宜选择低拱脚的设计方案。但具体设计时，拱脚位置往往又受到通航净空、排洪、流冰等条件的限制，并要符合《公路桥涵设计通用规范》(JTG D6—2015)的有关规定。

当跨径大小在分孔时已初步拟定后，根据跨径及拱顶、拱脚标高，就可以确定主拱圈的矢跨比(f/l)。

拱桥主拱圈矢跨比是设计拱桥的主要参数之一。它的大小不仅影响拱圈内力的大小，而且也影响到拱桥的构造形式和施工方法的选择。当跨径不变，矢跨比越大（矢高越大），则墩台所受的推力越小，但建筑高度和上部结构的材料用量大；矢跨比越小，则拱上建筑体积减小，桥头路基填土高度降低，但推力和温度变化、混凝土收缩对拱圈内产生的附加内力增大，对墩台基础不利。另外，当桥面标高和跨径确定后，矢跨比还影响桥下净空、拱脚标高。因此，矢跨比的数值必须根据地形、地质、水文、路线标高和桥梁结构形式等方面综合考虑决定。通常，对于砖、石、混凝土板拱桥及双曲拱桥，矢跨比一般为1/6～1/4，不宜小于1/8；箱形拱桥的矢跨比一般为1/8～1/6；钢筋混凝土桁架拱、刚架拱桥的矢跨比一般为1/10～1/6，或者更小一些，但也不宜小于1/12。

二、不等跨连续拱桥的处理方法

连续拱桥最好选用等跨分孔的方案。但在受地形、地质、通航等条件的限制，或考虑与周围景物相协调，也可采用不等跨的分孔方案。为了尽量减少因结构重力引起推力不平衡对桥墩和基础的偏心作用，可以采用如下措施。

(1)采用不同的矢跨比。利用在跨径一定时矢跨比与推力大小成反比的关系，在相邻两孔中，大跨径用较陡的拱（矢跨比较大），小跨径用较坦的拱（矢跨比较小），使两相邻孔在永久荷载作用下的不平衡推力尽量减小。

(2)采用不同的拱脚标高。由于采用了不同的矢跨比，致使两相邻孔的拱脚标高不在同一水平线上。因大跨径孔的矢跨比大，拱脚降低，减小了拱脚水平推力对基底的力臂，这样可以使大跨与小跨结构重力引起的水平推力对基底所产生的力矩接近平衡(图12-2)。

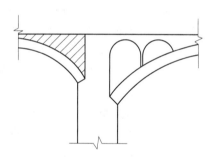

图12-2　采用不同的拱脚标高

(3)调整拱上建筑的重量。在必须使（如美观要求等）相邻孔的拱脚放置在相同（或相接近）的标高上时，也可用调整拱上建筑的重量来减小相邻孔间的不平衡推力。于是大跨径可用轻质的拱上填料或空腹式拱上建筑，小跨径用重质的拱上填料或实腹式拱上建筑。

在这三种措施中，从桥梁外观考虑，以第三种为好，在具体设计时，也可以将几种措施同时采用。如果仍不能达到平衡，则需设计成体型不对称的或加大尺寸的桥墩和基础来加以解决。

第二节　拱轴线形的选择和拱上建筑的布置

在拱桥设计中，拱轴线形状的选择是一项重要的内容，选择的正确与否，直接影响到拱圈的内力。

在竖向荷载作用下，拱圈各截面上轴向压力作用点的连线称为压力线。当拱圈所选择的拱轴线与压力线相吻合时，这样的拱轴线称为拱圈在该荷载作用下的"合理拱轴线"。这时，拱圈截面只受轴向压力，而无弯矩作用。因此，选择拱轴线的原则，就是尽可能使拱轴线与拱上各种荷载作用下的压力线相吻合，使截面内无弯矩作用，以充分利用圬工材料的抗压性能。但事实上是不可能获得这样的拱轴线的，因为除结构重力外，拱圈还要受到活荷载、温度变化和材料收缩等因素的作用。当结构重力压力线与拱轴线吻合时，在活荷载作用下就不再吻合。然而我们知道，公路拱桥结构重力占全部荷载的比重较大。一般来说，以结构重力压力线作为设计拱轴线，可以认为基本上是适宜的。但是，在结构重力作用下，拱圈的轴线将产生压缩变形，拱圈的实际压力线与设计采用的拱轴线，仍会发生偏离。因此在拱桥设计时，要选择一条能够使结构重力作用下的截面弯矩为零的拱轴线也是很困难的，通常选择的拱轴线只是使拱圈截面的弯矩尽量减小而已。

目前，我国拱桥常用的拱轴线形有以下几种：

（1）圆弧线。圆弧线拱，线形最简单，施工最方便，易为群众掌握。但在一般情况下，圆弧形拱轴线与结构重力压力线偏离较大，使拱圈各截面受力不够均匀。因此圆弧线常用于15～20 m之间的小跨径拱桥。

（2）悬链线。实腹式拱桥的结构重力从拱顶向拱脚是均匀增加的，这种荷载引起的压力线是一条悬链线。因此，实腹式拱桥采用悬链线作拱轴线。

对于空腹式拱桥，由于拱上建筑的形式发生了变化，结构重力从拱顶到拱脚不再是均匀增大的，其相应的结构重力压力线不再是悬链线，而是一条在腹孔墩处有转折点的多段曲线。如仍用相应的悬链线作拱轴线时，结构重力的压力线与拱轴线将有偏离。理论分析证明，这种偏离对拱圈控制截面的内力是有利的。又由于用悬链线作拱轴线，对各种空腹形式的拱上建筑的适应性较强，并且已有现成的完备的计算图表可供利用，因此，为了设计的方便起见，空腹式拱桥也广泛采用悬链线作为拱轴线。所以，悬链线是目前我国大、中跨径拱桥采用最普遍的拱轴线形。

（3）抛物线。由结构力学可知，在竖向均布荷载作用下，拱的合理拱轴线是二次抛物线。对于结构重力接近均布的拱桥，可以采用二次抛物线作为拱轴线。

在某些大跨径拱桥中，由于拱上建筑布置的特殊性（如腹拱跨径特别大等），为了使拱轴线尽可能与结构重力压力线相吻合，也有采用高次抛物线（如四次或六次抛物线）作为拱轴线的。

由上可见，拱上建筑的形式及其布置，与合理选择拱轴线形是有密切联系的。一般情况下，小跨径拱桥可采用实腹式圆弧拱或实腹式悬链线拱；大、中跨径拱桥可采用空腹式悬链线拱；轻型拱桥或矢跨比较小的大跨径钢筋混凝土拱桥可以采用抛物线拱。

第三节　拱桥主要尺寸的拟定

一、拱圈宽度的确定

拱圈的宽度，主要取决于桥面净空的宽度。中、小跨径拱桥的栏杆（宽为15～25 cm），一般都布置在帽石的悬出部分上面[图 12-3(a)]。这样，拱圈的宽度就接近桥宽。在大桥中，为了减小拱圈宽度，常将人行道布置在钢筋混凝土悬臂上。钢筋混凝土人行道悬臂的做法大致有两种，一种是设置单独的人行道悬臂构件[图 12-3(b)、(c)]；另一种是采用横贯全桥的钢筋混凝土挑梁，在挑梁上再安设钢筋混凝土人行道板[图 12-3(d)]。采用悬臂式人行道结构，虽然用钢量较不设悬臂者多，但减少了主拱圈宽度及墩台尺寸，节省了较多的圬工量，从而能获得更大的经济效益，因此目前使用广泛。

公路拱桥主拱圈宽度一般均大于跨径的1/20，《公路桥涵设计通用规范》(JTG D60—2015)

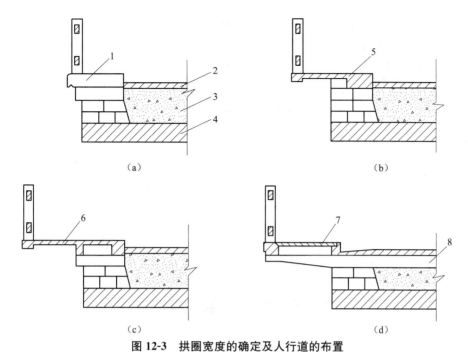

图 12-3 拱圈宽度的确定及人行道的布置

1—人行道块石；2—路面；3—拱腹填料；4—主拱圈；5—钢筋混凝土悬臂人行道；

6，7—钢筋混凝土预制构件；8—钢筋混凝土挑梁

规定，若主拱圈的宽跨比小于 1/20 时，为保证拱的安全可靠，应验算拱的横向稳定性。

二、主拱圈高度的拟定

根据我国多年来大量修建各类拱桥的实践经验，已总结出一些估算主拱圈高度的经验公式或数据，可作为设计计算时拟定截面尺寸的参考，现介绍如下。

1. 石拱桥相关计算公式

(1)中、小跨径石拱桥主拱圈高度可按下式进行估算：

$$d = mk \sqrt[3]{l_0} \tag{12-1}$$

式中 l_0——拱桥净跨径(cm)；

   m——系数，一般为 4.5～6，随矢跨比的减小而增大；

   k——荷载系数，一般为 1.0～1.2；

   d——拱圈厚度(cm)。

(2)大跨径石拱桥拱圈厚度估算公式：

$$d = m_1 k(l_0 + 20) \tag{12-2}$$

式中 l_0——拱圈净跨径(m)；

   m——系数，一般为 0.016～0.02，跨径越大，矢跨比越小，系数取大值；

   k——荷载系数，数值同前；

   d——拱圈厚度(m)。

2. 双曲拱桥、桁架拱桥和箱形拱桥主拱圈高度估算公式

$$H = \left(a + \frac{l_0}{b} \right) k \tag{12-3}$$

式中 l_0——拱桥净跨径(cm);

a，b——系数，按表 12-1 采用；

k——荷载系数，按表 12-1 采用；

H——主拱圈高度(cm)。

表 12-1 a、b、k 系数

双曲拱桥	a、b	$a=35$；$b=100$
	k	$1.0\sim1.4$
桁架拱桥	a、b	$a=20$；$b=70$
	k	$1.0\sim1.2$
箱形拱桥	a、b	$a=35$；$b=100$
	k	1.0

第四节 拱桥上部构造体积计算

一、侧墙体积计算和侧墙勾缝面积计算

1. 圆弧拱侧墙体积和侧墙勾缝面积计算(图 12-4)

侧墙体积(半跨一边的体积)

$$V=V_1+V_2=B_1cl_1^2+B_2m_1l_1^3+\left(c_0+\frac{m_1h}{2}\right)hl_1 \tag{12-4}$$

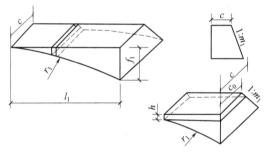

图 12-4 侧墙体积和勾缝面积计算

侧墙勾缝面积(半跨一边的面积)：

$$A=A_1+A_2=B_1l_1^2+hl_1 \tag{12-5}$$

式中 V_1——曲线部分体积，$V_1=B_1cl_1^2+B_2m_1l_1^3$；

V_2——直线部分体积，$V_2=\left(c_0+\dfrac{m_1h}{2}\right)hl_1$；

A_1——曲线部分面积，$A_1=B_1l_1^2$；

A_2——直线部分面积，$A_2=hl_1$；

B_1，B_2——系数，可查表 12-2；

l_1——拱圈外弧半跨长度；

c——拱弧顶处的侧墙宽度；

c_0——侧墙顶宽。

表 12-2 B_1、B_2 值

系数 \ f/L	1/2	1/3	1/4	1/5	1/6	1/7	1/8	1/9	1/10
B_1	0.214 6	0.182 8	0.150 3	0.126 1	0.106 4	0.092 3	0.081 4	0.072 7	0.065 9
B_2	0.047 9	0.031 3	0.021 2	0.016 1	0.010 7	0.007 8	0.006 2	0.005 5	0.004 6

2. 悬链线拱侧墙体积和侧墙勾缝面积(图 12-4)

侧墙体积(半跨一边的体积)：

$$V=V_1+V_2=\frac{cf_1l_1}{k(m-1)}(\text{sh}k-k)+\frac{f_1^2l_1m_1}{2k(m-1)^2}\left(\frac{1}{2}\text{sh}k\text{ch}k-2\text{sh}k+\frac{3}{2}k\right)+\left(c_0+\frac{m_1h}{2}\right)hl_1 \tag{12-6}$$

侧墙勾缝面积(半跨一边的面积)：

$$A=A_1+A_2=\frac{l_1f_1}{k(m-1)}(\text{sh}k-k)+hl_1 \tag{12-7}$$

其中

$$V_1=\frac{cf_1l_1}{k(m-1)}(\text{sh}k-k)+\frac{f_1^2l_1m_1}{2k(m-1)^2}\left(\frac{1}{2}\text{sh}k\text{ch}k-2\text{sh}k+\frac{3}{2}k\right)$$

$$V_2=\left(c_0+\frac{m_1h}{2}\right)hl_1$$

$$A_1=\frac{l_1f_1}{k(m-1)}(\text{sh}k-k)$$

$$A_2=hl_1$$

式中 m——拱轴系数；

k——系数，$k=\ln(m+\sqrt{m^2-1})$。

二、拱体填料体积

$$V_{填}=2BA-V_{侧} \tag{12-8}$$

式中 B——拱圈宽度；

A——侧墙勾缝面积；

$V_{侧}$——侧墙体积。

三、拱圈体积

1. 圆弧拱

$$V=SBd \tag{12-9}$$

式中 S——拱轴线长度。

2. 悬链线拱

$$V=\frac{1}{v_1}LBd \tag{12-10}$$

式中 $1/v_1$——悬链线拱轴长度系数。

第四篇 桥梁墩台

第十三章 桥梁墩台的构造

- 学习要点 -

本章主要介绍了梁桥、拱桥的桥墩与桥台的结构构造，着重介绍了重力式桥墩、空心桥墩、柱式桥墩、轻型桥墩和重力式桥台、埋置式桥台、轻型桥台、框架式桥台等常用墩台的构造、受力特点、适用条件、主要结构的尺寸和配筋要点等，同时简要介绍了一些比较特殊的桥梁墩台构造，如框架桥墩和组合式桥台等。

第一节 概 述

桥梁墩台是桥梁的重要组成部分，称为桥梁的下部结构。其主要由墩台帽、墩台身和基础三部分组成(图 13-1)。

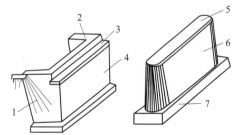

图 13-1 重力式墩台

1—锥坡；2—侧墙；3—台帽；4—台身；
5—墩帽；6—墩身；7—基础

桥梁墩台承担着桥梁上部结构所产生的作用，并将作用有效地传递给地基，桥台还与路堤相连接，承受着桥头填土的土压力。墩台主要决定着桥梁的高度和平面上的位置，受地形、地质、水文和气候等自然因素影响较大。

桥墩是指多跨桥梁中的中间支撑结构物。其除承受上部结构作用的受力外，还承受风力、流水压力及可能发生的冰压力、船只和漂流物的撞击力等。桥台是设置在桥的两端、除支撑桥跨结构作用的受力外，还与两岸接线路堤衔接的构造物；既要挡土护岸，又能承受台背填土及填土上车辆作用所产生的附加土侧压力。因此，桥梁墩台不仅自身应具有足够的强度、刚度和稳定性，而且对地基的承载能力、沉降量、地基与基础之间的摩擦阻力等提出一定的要求，以避免在作用下产生危害桥梁整体结构的位移。这一点对超静定结构桥梁尤为重要。

桥梁墩台结构应遵循安全耐久、满足交通要求，造价低、养护费用少、施工方便、工期短、与周围环境协调、造型美观等原则。桥梁墩台设计与桥跨结构形式及其受力有关；与地质构造和土质条件有关；与水文、水流流速和河床性质有关。因此，桥梁墩台要置于稳定可靠的地基上，应考虑各种因素的组合作用，通过设计和计算确定基础形式和埋置深度，确保墩台在洪水、地震、桥梁活荷载等动力作用下安全、耐久。

墩台的造价通常在桥梁总造价中占有很大的比例。同时墩台的修建，在很多情况下较之建造桥跨结构更为复杂和艰巨。

第二节　桥墩构造

桥墩按其构造可分为重力式墩、空心墩、柱式墩、排架墩、轻型桥墩、框架墩等类型；按其受力特点可分为刚性墩和柔性墩；按其截面形状可分为矩形、圆形、圆端形、尖端形及各种截面组合而成的空心墩，如图13-2所示；按施工工艺可分为就地砌筑或浇筑桥墩和预制安装桥墩。

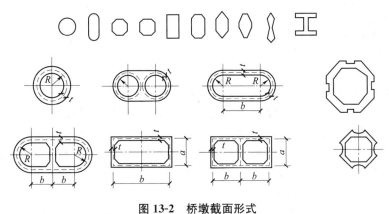

图13-2　桥墩截面形式

一、梁桥桥墩构造

1. 重力式桥墩

重力式桥墩主要依靠自身重力(包括桥跨结构重力)来平衡外力，从而保证桥墩的稳定。其往往是用圬工材料修筑而成，具有刚度大、防撞能力强等优点，但同时存在阻水面积大、圬工数量大、对地基承载力要求高等缺点。其适用于荷载较大的大、中型桥梁或流冰、漂浮物多的河流中，以及砂石料丰富的地区和基岩埋深较浅的地基。

重力式桥墩由墩帽、墩身和基础三部分组成。如图13-3所示，墩帽是桥墩的顶端，它通过支座支承上部结构，并将相邻两孔桥上的荷载传到墩身上。由于它受到支座传来的很大的集中应力作用，所以要求它有足够的厚度和强度。其最小厚度一般不小于0.4 m，中小跨径梁桥也不应小于0.3 m。墩帽一般要用C20级以上的混凝土浇筑，加配构造钢筋；小跨径桥非严寒地区可不设构造钢筋。构造钢筋直径一般取8～12 mm，采用间距20 cm左右的网格布置。支座下墩帽内应布置一层或多层加强钢筋网，其平面分布范围取支座支承垫板面积的两倍，钢筋直径为8～12 mm，网格间距为5～10 cm。当墩帽上相邻支座高度不同时，须加设混凝土垫石调整，并在垫石内设置钢筋网，墩帽钢筋布置如图13-4所示。对于小桥，也可用M5以上砂浆砌MU20以上料石作墩帽。

当桥面的横向排水坡不用桥面三角垫层调整时，可在墩帽顶面从中心向两端横桥向做成一定的排水坡，四周应挑出墩身为5～10 cm作为滴水(檐口)。

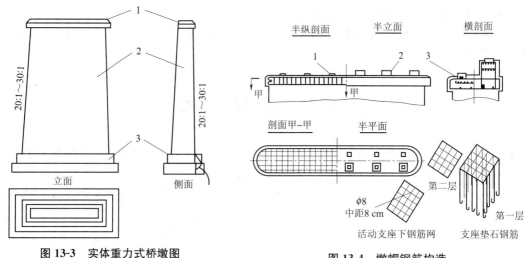

图 13-3 实体重力式桥墩图

1—墩帽；2—墩身；3—基础

图 13-4 墩帽钢筋构造

1—活动支座；2—固定支座；3—1：10 排水坡

对一些宽桥或高墩桥梁，为了节省墩身坼工体积，常常将墩帽做成悬臂式或托盘式。悬臂的长度和宽度根据上部结构的形式、支座的位置及施工荷载的要求确定，悬臂的受力钢筋须经计算确定。一般要求，挑臂式墩帽的混凝土强度等级要高些，悬臂端部的最小高度不小于 0.3～0.4 m。

墩身是桥墩的主体部分，石砌桥墩应采用强度等级不低于 C25 级的石料，大中桥用 M5 以上砂浆砌筑，小桥涵用不低于 M2.5 砂浆砌筑。混凝土桥墩多用 C15 或 C15 以上混凝土浇筑，并可掺入不多于 25% 的片石。混凝土预制块不低于 C20。用于梁式桥的墩身顶宽，小跨径桥不宜小于 80 cm，中跨径桥不宜小于 100 cm，大跨径桥的墩身顶宽视上部结构类型而定。墩身侧坡一般采用 20：1～30：1，小跨径桥桥墩不高时也可以不设侧坡，做成直坡。实体桥墩的截面形式有圆形、圆端形、尖端形、矩形、菱形等，如图 13-5 所示。其中圆形、圆端形、尖端形的导流性好，圆形截面对各方向的水流阻力和导流情况相同，适应于潮汐河流或流向不定的桥位。矩形桥墩主要用于无水的岸墩或高架桥墩。在有强烈流水或大量漂浮物的河道上（冰厚大于 0.5 m，流冰速度大于 1 m/s），桥墩的迎水端应做成破冰凌体。破冰体可由强度较高的石料砌成，也可用强度等级高的混凝土辅以钢筋加固。

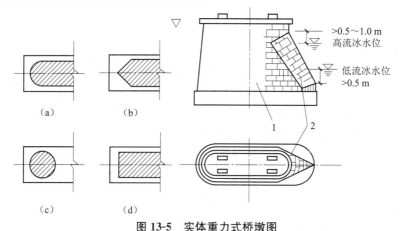

图 13-5 实体重力式桥墩图

1—墩身以钢筋网加强；2—坚硬料石或高等级混凝土砌块镶面

基础是桥墩与地基直接接触的部分，其类型与尺寸往往取决于地基条件，尤其是地基承载力。最常见的是刚性扩大基础，一般采用 C15 以上片石混凝土或浆砌块石筑成。基础的平面尺寸较墩身底面尺寸略大，四周各放大 20 cm 左右。基础可以做成单层，也可以做成 2～3 层台阶式的。台阶的宽度由基础用材的刚性角控制。

2. 空心桥墩

空心桥墩有两种形式，一种为部分镂空式桥墩；另一种为薄壁空心桥墩。

部分中心镂空桥墩，是在重力式桥墩基础上镂空中心一定数量的圬工体积，旨在减少圬工数量，使结构更经济，减轻桥墩自重，降低对地基承载力的要求。但镂空有一个基本前提，即保证桥墩截面强度和刚度足以承担和平衡外力，从而保证桥墩的稳定性。具体镂空部位受到一定条件限制，在墩帽下一定高度范围内应设置实体过渡段，以保证上部结构荷载有效地传递给墩身壁；为避免墩身传力过程中局部应力过于集中，应在空心部分与实体部分连接处应设倒角或配置构造钢筋；对于受船只、漂流物或流冰撞击的墩身部分，一般不宜镂空。

薄壁空心墩是采用强度高、墩身壁较薄的钢筋混凝土构件，其最大特点是大幅度削减了墩身圬工体积和墩身自重，减小了地基负荷，因而适用于桥梁跨径较大的高墩和软弱地基桥墩。常见的几种空心桥墩如图 13-6、图 13-7 所示。

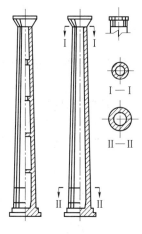

图 13-6　圆形空心墩

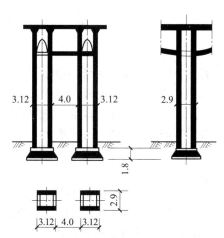

图 13-7　方形空心墩(单位尺寸：m)

薄壁空心墩的混凝土一般采用 C20～C30，墩身壁厚为 30～50 cm，其构造除应满足部分镂空式桥墩规定的要求外，为了降低薄壁墩身内外温差或避免冻胀，应在墩身周围设置适当的通风孔与泄水孔；为保证墩壁稳定和施工方便，应按适当间距设置水平横隔板，对于 40 m 以上的高墩，按 6～10 m 的间距设置横隔板；墩顶实体段高度不小于 1.0～2.0 m；主筋按计算配筋，一般配筋率在 0.5% 左右，并应配置承受局部应力或附加应力钢筋。

3. 柱式桥墩和桩柱式桥墩

柱式桥墩和桩柱式桥墩是目前公路桥梁中广泛采用的桥墩形式，由柱式墩身和盖梁组成，一般可分为单柱、双柱和多柱等形式。这种桥墩的优点是能减轻墩身重力，节约圬工材料，施工方便，外形轻巧又较美观，特别是对于桥宽较大的桥梁和立交桥。

柱式桥墩适用多种基础形式，可以在桩顶设置承台，然后在承台上设立柱[图 13-8(a)]；或在浅基础上设立柱[图 13-8(b)]。为了增强墩柱之间抗撞击的能力，在两柱中间加做隔墙[图 13-8(c)]。当桥墩较高，也可以把水下部分做成实体式，以上部分仍为柱式[图 13-8(d)]。

桩柱式桥墩的基础只适用桩基，在桩基础顶部以上(或柱桩连接处以上)称为柱，以下称为桩。图 13-8(e)所示为单柱式桥墩，适用于斜交桥；图 13-8(f)所示为等截面双柱式桩墩，桩位施工的精度要求高，图 13-8(g)所示为变截面双柱式桩墩，为了增加桩柱的横向刚度，在桩柱之间设置横系梁。

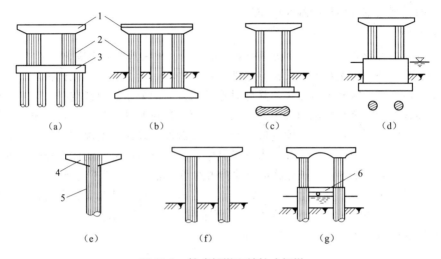

图 13-8 柱式桥墩和桩柱式桥墩

1—盖梁；2—立柱；3—承台；4—悬臂盖梁；5—单立柱；6—横系梁

盖梁是柱式桥墩和桩柱式桥墩的墩帽，一般用 C20～C30 级的钢筋混凝土就地浇筑，也有采用预制安装或预应力混凝土的。盖梁的横截面形状一般为矩形或者 T 形。盖梁宽度由上部构造形式、支座间距和尺寸等确定，高度一般为梁宽的 0.8～1.2 倍。盖梁的长度应保证上部构造放置与抗震构件设置需要的距离，并应满足上部构造安装时的要求，另外设置橡胶支座的桥梁应考虑预留更换支座所需位置。盖梁各截面尺寸与配筋需要通过计算确定，悬臂端高度应不小于 30 cm。

墩柱一般采用 C20～C30 级的钢筋混凝土，直径为 0.6～1.5 m 的圆柱或方形、六角形柱，其构造如图 13-9 所示。墩柱配筋由计算确定，纵向受力钢筋的直径应不小于 12 mm，纵向受力钢筋截面积的配筋率应不小于混凝土计算截面的 0.4%，纵向受力筋之间净距应不小于 5 cm，净保护层厚不小于 2.5 cm。箍筋直径不小于 6 mm，在受力钢筋接头处，箍筋间距应不大于纵向钢筋直径的 10 倍或构件横截面的较小尺寸，亦不大于 40 cm。

为使桩柱与盖梁或承台有较好的整体性，桩柱顶一般应嵌入盖梁或承台 15～20 cm，露出柱顶与柱底的主筋可弯成与铅垂线约成 15°倾斜角的喇叭形，伸入盖梁或承台中，喇叭形主筋外围应设置直径不小于 8 mm 的箍筋，间距一般为 10～20 cm。单排桩基的主筋应与盖梁主筋连接。

当用横系梁加强桩柱的整体性时，横系梁的高度可取为桩(柱)径的 0.8～1.0 倍，宽度可取为桩(柱)径的 0.6～1.0 倍。横系梁一般不直接承受外力，可不作内力计算，按横截面积的 0.10%配置构造钢筋即可。构造钢筋伸入桩内与主筋连接。

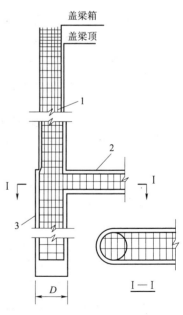

图 13-9 墩柱与桩的构造

1—墩柱；2—横系梁；3—钻孔桩

4. 柔性排架墩

柔性排架墩由单排或双排的钢筋混凝土桩与钢筋混凝土盖
梁连接而成。其主要特点是，上部结构传来的水平力（制动力、温度影响力等）按各墩台的刚度
分配到各墩台，作用在每个柔性墩上的水平力较小，而作用在刚性墩台上的水平力很大，因此，
柔性桩墩截面尺寸得以减小。

柔性墩是桥墩轻型化的途径之一，一般布设
在两端具有刚性较大桥台的多跨桥中，全桥除一
个中墩设置活动支座外，其余墩台均采用固定支
座，如图 13-10 所示。

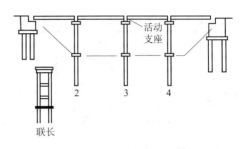

图 13-10　柔性排架墩布置

多跨长桥采用柔性墩时宜分成若干联，每联
设置一个刚性墩（台），两个活动支座之间或刚性
台与第一个活动支座间称为一联，以减小设置固
定支座的墩顶位移，避免刚性桥台的支座所受水
平力过大。

柔性排架桩墩分单排架和双排架墩，如图 13-11 所示。柔性排架墩多用于墩高为 5.0~7.0 m，
跨径 13 m 以下，桥长 50~80 m 的中小型桥中。单排架墩一般用于高度不超出 4.0~5.0 m；桩
墩高度大于 5.0 m 时，为避免行车时可能发生的纵向晃动，宜设置双排架墩。对于漂浮物严重
和流速较大的河流，由于桩墩容易磨耗，不宜采用。

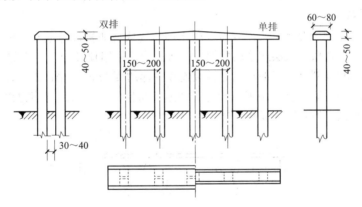

图 13-11　柔性排架墩构造（单位尺寸：m）

桩墩一般是采用预制的钢筋混凝土方桩，当桩长在 10 m 以内时，横截面尺寸 30 cm×30 cm；
桩长大于 10 m 时，为 35 cm×35 cm；大于 15 m 时采用 40 cm×40 cm。桩与桩之间的中距不应
小于桩径的 3 倍或 1.5~2.0 m。盖梁一般为矩形截面，单排桩盖梁的宽度为 60~80 cm，盖梁
的高度一般采用 40~50 cm。

盖梁与梁的接触面之间垫 1 cm 的油毛毡。为使全桥形成框架体系，可用锚栓将上下部构造
连接起来，锚栓的直径用 25~28 mm，预埋在盖梁内。两孔的接缝处用水泥砂浆填实，最好设
置桥面连续装置。桥台背墙与梁端接缝亦填以水泥砂浆，不设伸缩缝。

5. 轻型桥墩

轻型桥墩一般用于中小跨径的桥梁，与重力式墩相比，其圬工体积显著减小，自重减小，
因而其抗冲击能力较低，不宜用于流速大并夹有大量泥沙的河流或可能有航船、冰等漂浮物撞
击的河流中。

墩帽用混凝土浇筑，厚度不小于 30 cm。墩帽四周挑檐宽度为 5 cm，周边做成 5 cm 削角。当桥面的横向排水不用三角垫层调整时，可在墩帽顶面以中心向两端加做三角垫层，如图 13-12 所示。墩帽上要预埋栓钉，位置与上部结构块件的栓孔相适应。

墩身用混凝土、浆砌块石或钢筋混凝土材料做成，其中钢筋混凝土薄壁桥墩最为典型，如图 13-13 所示，墩身宽度不小于 60 cm，两边坡度为直立，两头做成圆端形。

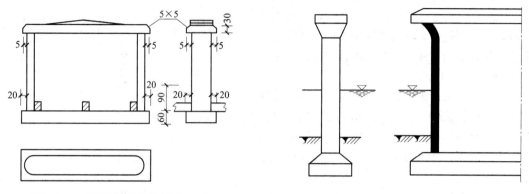

图 13-12　轻型桥墩(单位尺寸：m)　　　　　图 13-13　钢筋混凝土薄壁桥墩

基础采用 C15 级混凝土或 C5 级浆砌片石(或块石)做成，平面尺寸较墩身底面尺寸略大(一般大 20 cm)。基础多做成单层式的，其高度在 60 cm 上下。

6. 框架式桥墩

框架式桥墩采用钢筋混凝土或预应力混凝土等压挠或挠曲构件组成平面框架代替墩身，支撑上部结构，必要时可做成双层或多层框架。桥墩结构可采用顶部分开、底部连在一起的 V 形桥墩[图 13-14(a)]和顶部分开底部与直立桥墩连在一起的 Y 形桥墩[图 13-14(b)]。这类桥墩结构不仅轻巧美观，给桥梁建筑增添了新的艺术造型，而且使桥梁的跨越能力提高，缩短了主梁的跨径，降低了梁高，但其结构复杂，施工比较麻烦。

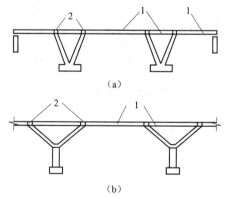

(a)

(b)

图 13-14　V 形桥墩和 Y 形桥墩

1—预制梁；2—接头

框架墩形式较多，均为压弯构件，所有钢筋均应通过计算确定。

对于有分叉的墩来说，可用墩帽，也可无墩帽。无墩帽时，分叉张开角一般应小于 90°，有墩帽时，张角可略大些，视受力情况而定。

墩帽内的配筋可参照柱式墩盖梁配筋。墩按计算配置抗拉、抗压主筋，并应特别重视分叉点钢筋的配置与连接。分叉处的钢筋应与帽顶面(上)或柱侧面(下)外层主筋相连接，并在分叉附近加密箍筋(用多肢或减小箍筋间距)。墩柱中的主筋对纵横两个方向应有不同的考虑，并与两叉上足够数量的主筋连接在一起，如图 13-15 所示。

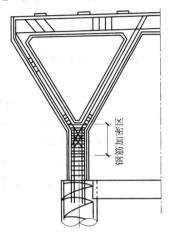

图 13-15　Y 形桥墩分叉处钢筋配置

二、拱桥桥墩构造

1. 重力式桥墩

拱桥重力式桥墩，其形式基本上与梁桥重力式桥墩相仿。因为承受较大的水平推力，所以，拱桥重力式桥墩的宽度尺寸比梁桥大。同时，墩帽顶部做成斜坡(图 13-16)，尽量考虑设置成与拱轴线正交的拱座。

由于拱座承受着较大的拱圈压力，故一般采用 C20 级以上的整体式混凝土、混凝土预制块或 C40 级以上的块石砌筑。肋拱桥拱座由于压力比较集中，故应用高强度等级混凝土及数层钢筋网加固；装配式的肋拱以及双曲拱桥的拱座，可预留供插入拱肋的孔槽，就位后再浇混凝土封固，如图 13-17 所示。为了加强肋底与拱座的连接，底部可设 U 形槽浇灌混凝土，其强度等级不低于 C25 级。有时孔底或孔壁还应增设一些加固钢筋网。

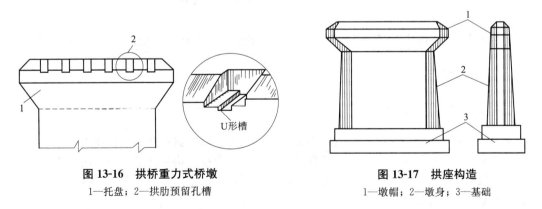

图 13-16　拱桥重力式桥墩
1—托盘；2—拱肋预留孔槽

图 13-17　拱座构造
1—墩帽；2—墩身；3—基础

拱桥墩身体积较大，除用块石砌筑外，也有用片石混凝土浇筑。有时为了节省圬工砌体，可将墩身做成空心，中间填以砂石。

拱桥桥墩基础与梁桥相同。

2. 柱式桥墩和桩柱式桥墩

拱桥的柱式桥墩和桩柱式桥墩与梁桥相同。由于承受较大的水平推力，柱和桩的直径比梁桥大，根数也比梁桥多。当跨径较大(40～50 m)时，可以采用双排桩。拱座(盖梁)采用钢筋混凝土，构造与重力式桥墩拱座基本相同。

3. 单向推力墩

多跨拱桥根据施工和使用要求，每隔3～5孔设置单向推力墩。目前，常用的单向推力墩有以下几种形式：

(1)普通柱墩加设斜撑的单向推力墩。这种单向推力墩是在普通墩柱上对称增设一对钢筋混凝土斜撑(图 13-18)，以提高其抵抗单向水平推力的能力。接头只承受压力而不承受拉力。在基础埋置深度不大，地基条件较好时，也可把桥墩基础加宽成上形的单向推力墩。

(2)悬臂式单向推力墩。悬臂式单向推力墩是在桥墩的顺桥向双向挑出悬臂(图 13-19)。当邻孔遭到破坏后，由于悬臂端的存在，使拱支座竖向反力通过悬臂端而成为稳定力矩，保证了单向推力墩不致遭到损坏。

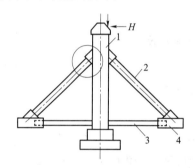

图 13-18　普通柱墩加设斜撑的单向推力墩

1—立柱；2—斜撑；3—拉杆(用预应力)；4—基础板

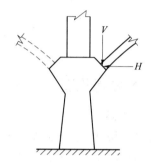

图 13-19　悬臂式单向推力墩

(3)实体单向推力墩。当桥墩较矮及单向推力不大时，只需加大实体墩身的尺寸即可。

第三节　桥台构造

桥台通常按其形式划分为重力式桥台、埋置式桥台、轻型桥台、框架式桥台和组合式桥台。

一、梁桥桥台构造

(一)重力式U形桥台

重力式U桥台一般采用砌石、片石混凝土或混凝土等圬工材料就地砌筑或浇筑而成，主要依靠自重来平衡台后土压力，从而保证自身的稳定。U形桥台构造简单，基础底承压面大，应力较小，但圬工体积大，并由于自身重力而增加对地基的压力，一般宜在填土高度不大而且跨径在 8 m 以上的桥梁中采用。

U形桥台由台帽、台身(前墙和侧墙)和基础组成，在平面上呈 U 字形，如图 13-20 所示。前墙除承受上部结构传来的荷载外，还承受路堤的水平压力。前墙顶部设置台帽，以放置支座和安设上部构造，其构造要求与墩帽基本相同。台顶部分用防护墙(雉墙)将台帽与填土隔开，侧墙是用以连接路堤并抵挡路堤填土向两侧的压力。

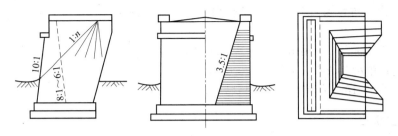

图 13-20　梁桥重力式 U 形桥台

U 形桥台台身由前墙(含上端的防护墙)和侧墙组成。

梁桥 U 形桥台防护墙顶宽，对片石砌体不小于 50 cm，对块石料石砌体及混凝土不小于 40 cm。前墙任一水平截面的宽度，不宜小于该截面至墙顶高度的 0.4 倍，背坡一般采用 5：1～ 8：1，前坡为 10：1 或直立，桥台前墙的下缘一般与锥坡下缘相齐。侧墙长度可根据锥形护坡长度决定。尾端上部做成垂直，下部按一定坡度缩短，前端与前墙相连，改善了前墙的受力条件。侧墙外侧直立，内侧为 3：1～5：1 的斜坡，侧墙顶宽一般为 60～100 cm。任一水平截面的宽度，对片石砌体不小于该截面至墙顶高度的 0.4 倍，对块石、料石砌体及混凝土不小于 0.35 倍；如桥台内填料为透水性良好的砂性土或砂砾，则上述两项可分别相应减为 0.35 倍和 0.3 倍。

桥台内的填土容易积水，应注意防水，防止冻胀，以免桥台结构开裂。为了排除桥台前墙后面的积水，应于侧墙间略高于高水位的平面上铺一层向路堤方向设有斜坡的夯实黏土作为防水层，并在黏土层上再铺一层碎石，将积水引向设于桥台后横穿路堤的盲沟内。

基础尺寸可参照桥墩拟定。

桥台两侧设锥坡，坡度由纵向的 1：1 逐渐变到横向的 1：1.5，锥坡的平面形状为 1/4 椭圆，用土夯实填筑，其表面用片石砌筑。

(二) 埋置式桥台

当路堤填土高度超过 6～8 m 时，可采用埋置式桥台，如图 13-21 所示。它是将台身埋在锥形护坡中，只露出台帽，以安放支座和上部结构。由于台身埋入土中，利用台前锥坡产生的土压力来抵消部分台后填土压力，可以增加桥台的稳定性，桥台的尺寸也相应减小，无须另设翼墙，桥台圬工数量较省。但埋置式桥台的锥坡挡水面积大，对桥孔下的过水面积有所压缩。因此，仅适用于桥头为浅滩，溜坡受冲刷较小，填土高度在 10 m 以下的中等跨径的多跨桥中。

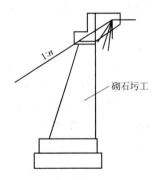

图 13-21　埋置式桥台

埋置桥台的台身可用混凝土、片石混凝土或浆砌块石筑成，台帽及耳墙用钢筋混凝土做成。台身常做成向后倾斜，这样可减小台后土压力和基底合力偏心距。但施工时应注意桥台前后均匀填土，以防倾倒。由于作用在桥台上的水平力较 U 形桥台小，在拟定尺寸后，台身底部可略大于顶部尺寸，最后由验算确定。埋置式桥台挡土采用耳墙，耳墙长度一般不超出 3～4 m，厚度为 0.15～0.3 m，高度为 0.5～2.5 m，其主筋伸入台帽或背墙借以锚固。

埋置式桥台台顶部分的内角到路堤锥坡表面的距离不应小于 50 cm，否则应在台顶缺口的两侧设置横隔板，使台顶部分与路堤锥坡的填土隔开，防止土壅到支撑平台上。桥台通过耳墙与路堤衔接，耳墙伸进路堤的长度一般不小于 50 cm。

埋置衡重式高桥台，利用衡重台及其上的填土重力平衡部分土压力，在高桥中圬工较省，如图 13-22 所示。它适用于跨径大于 20 m，高度大于 10 m 的跨深沟及山区特殊地形的桥梁。

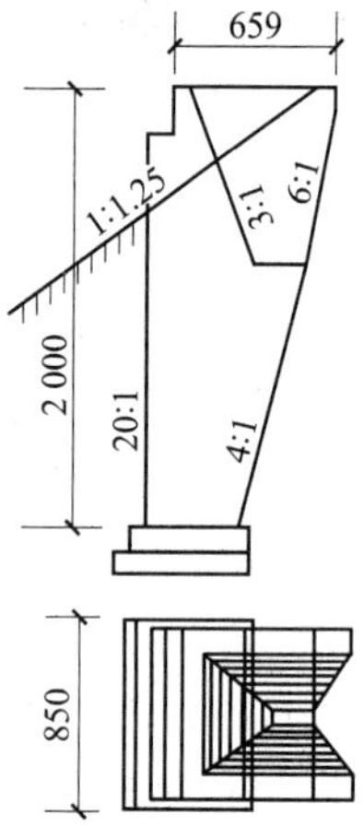

（三）轻型桥台

轻型桥台通常用钢筋混凝土或圬工材料砌筑。圬工轻型桥台只限于桥台高度较小的情况，而钢筋混凝土轻型台应用范围更广泛。从结构形式上分，轻型桥台有薄壁型轻型桥台和支撑梁型轻型桥台。

1. 薄壁轻型桥台

薄壁轻型桥台常用的形式有悬壁式、扶壁式、撑墙式和箱式

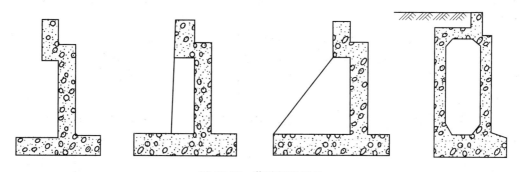

图 13-22　埋置衡重式高桥台
（尺寸单位：m）

等，如图 13-23 所示，其主要特点是利用钢筋混凝土结构的抗弯能力来减少圬工体积从而使桥台轻型化。相对而言，悬臂式桥台的柔性较大，钢筋用量较大，而撑墙式和箱式桥台刚度大，但模板用量多。

图 13-23　薄壁轻型桥台

用得较多的钢筋混凝土薄壁轻型桥台，是由扶壁式挡土墙和两侧的薄壁侧墙构成。挡土墙由厚度不小于 15 cm 的前墙和间距为 2.5～3.5 m 的扶壁组成。其顶帽及背墙成 L 形，并与其下的倒 T 形竖墙台身及底板连成钢筋混凝土整体结构。

2. 支撑梁轻型桥台

轻型桥台用于跨径不大于 13 m 的板（梁）桥，且不宜多于 3 孔，全长不大于 20 m。在墩台基础间设置支撑梁，在上部结构与台锚之间设置锚固栓钉连接，使上部结构与支撑梁共同支撑桥台承受台后土压力（图 13-24），减小桥台尺寸，节省圬工数量。其主要特点是：

（1）利用上部结构及下部的支撑梁作为桥台的支撑，防止桥台向跨中移动或倾覆。

（2）整个构造物成为四铰刚构系统，台身按上下铰接支承的弹性地基梁验算。

台帽用钢筋混凝土浇筑，混凝土强度等级不低于 C30，厚度不小于 30 cm，并应设 5～10 cm 的挑檐。当填土高度较高或跨径较大时，宜采用有台背的台帽。当上部构造不设三角垫层时，可在台帽上做成有斜坡的三角垫层。

上部构造与台帽间应用栓钉连接，栓钉孔、上部结构与台背之间须用小石子混凝土（强度等级同上部结构）或砂浆（强度等级为 M12）填实（图 13-25）。栓钉直径不宜小于上部构造主筋的直

径，锚固长度为台帽厚度加上三角垫层和板厚。

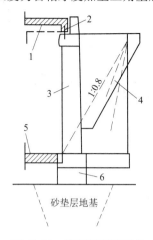

图 13-24　带耳墙轻型桥台
1—上部构造；2—锚固栓钉；3—立柱；
4—耳墙；5—支撑梁；6—基础

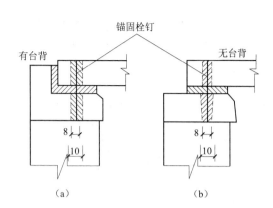

图 13-25　上部构造与锚固栓钉连接

　　台身可用混凝土或浆砌块石砌筑，混凝土强度等级不低于 C15 级，砂浆强度等级不低于 M5，块石强度等级不低于 MU20。台身厚度(含一字翼墙)，块石砌体不宜小于 60 cm，混凝土厚度不宜小于 30～40 cm，两边坡度为直立。两边翼墙与桥台连成整体，成为一字形桥台[图 13-26(b)]，也有把翼墙与桥台设缝分离，翼墙与水流方向成 30°夹角，成为八字形桥台[图 13-26(a)]。为了节约圬工数量，也可在边柱上设置耳墙(图 13-26)。为了增加桥台抵抗水平推力的抗弯刚度，也可将台身做成 T 形截面[图 13-26(d)]。八字翼墙的顶面宽度，混凝土不宜小于 30 cm，块石砌体不宜小于 50 cm，端部顶面应高出地面 20 cm。

　　轻型桥台基础按支承于弹性地基上的梁进行验算，一般用混凝土浇筑。当其长度大于 12 m时，应按构造要求配筋。基础埋置深度一般在原地面(无冲刷时)或局部冲刷线以下不小于 1 m。

　　桥台下端与相邻桥台(墩)之间设置支撑梁，并设在铺砌层及冲刷线之下。支撑梁可用 20 cm×30 cm 的钢筋混凝土筑成，或用尺寸不小于 40 cm×40 cm 的混凝土或块石砌筑。支撑梁按基础长度之中线对称布置，其间距为 2～3 m。当基础能嵌入风化岩层 15～25 cm 时，可不设支撑梁。

(四)框架式桥台

　　框架式桥台由台帽、立柱和基础组成，是一种在横桥向呈框架式结构的钢筋混凝土轻型桥台。它采用埋置式，台前设置溜坡，所受的土压力较小，适用于多种基础形式、台身较高、跨径较大的梁桥，是目前桥梁中采用较多的桥台形式。其构造形式有柱式、肋板式、半重力式和双排架式、板凳式等。

　　柱式桥台指台帽置于立柱上，台帽两端设耳墙以便与路堤衔接，台身与基础的构造和柱式与桩柱式桥墩相似，可以在浅基础上设立柱，形成柱式桥台；也可在桩基础顶部直接设立柱形成桩柱式桥台，这种结构的特点是构造简单、圬工数量小，适用于填土高度小于 5 m 的情况(图 13-27)。柱式框架桥台的立柱可采用双柱式或多柱式，根据桥宽确定，尺寸可参照桩柱式桥墩拟定，并通过计算配筋。钢筋的上、下端分别伸入台帽和桩基与浅基。立柱一般用普通箍筋柱。

　　当填土高度大于 5 m 时，用钢筋混凝土薄墙(肋板)代替立柱支承台帽，即成为肋板式桥台，可以在浅基础上设置肋板；也可在桩基础顶部设承台，承台上设置肋板支撑台帽，当水平力较

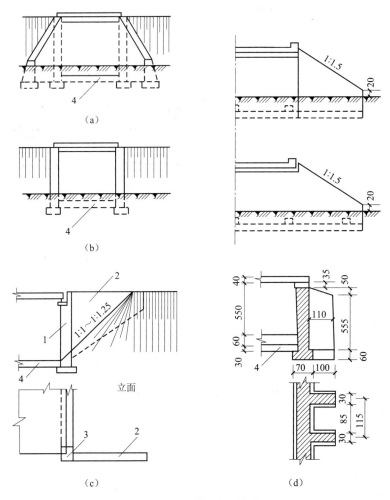

图 13-26　支撑梁轻型桥台

1—桥台；2—耳墙；3—边柱；4—支撑梁

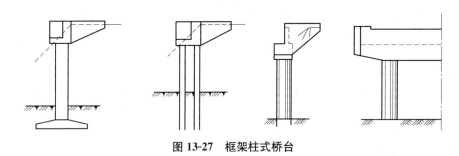

图 13-27　框架柱式桥台

大时，桩基础设置成双排或多排桩。台帽两端同样设耳墙便于同路堤衔接，必要时在台帽前方两侧设置挡土板(图 13-28)。肋板式桥台，墙厚一般为 0.4～0.8 m，通过计算配筋。

　　半重力式桥台与肋板式桥台相似，只是墙更厚，不设钢筋。半重力式桥台与墙式桥台常用桩作基础，桩径一般为 0.6～1.0 m，桩数根据受力情况结合地基承载力决定。半重力式桥台墙厚较大，不设钢筋，尺寸亦通过计算确定。

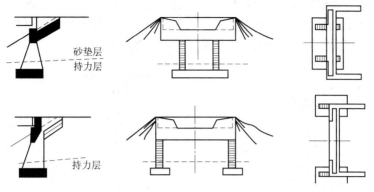

图 13-28　框架肋板式桥台

当水平力较大时，桥台可采用双排架式或板凳式，它由台帽、台柱和承台组成。排架装配式桥台如图 13-29 所示。

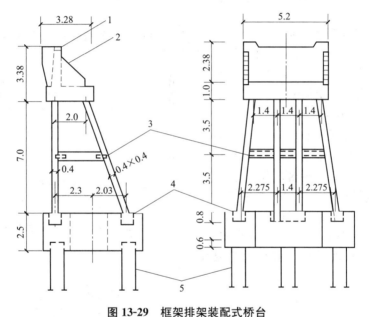

图 13-29　框架排架装配式桥台
1—背墙；2—耳墙；3—预埋角钢；4—预留孔；5—钻孔桩

(五)组合式桥台

为使桥台轻型化，可以将桥台上的外力分配给不同对象来承担，桥台本身主要承受桥跨结构传来的竖向力和水平力，而台后的土压力由其他结构来承担，这就形成了由分工不同的结构组合而成的桥台，即组合式桥台。常见的组合式桥台有锚锭板式组合桥台、过梁式组合桥台、框架式组合桥台及桥台与挡土墙组合桥台等。

1. 锚锭板式组合桥台

锚锭板式组合桥台有分离式与结合式两种形式。分离式是台身与锚锭板、挡土结构分开，台身主要承受上部结构传来的竖向力和水平力，锚锭板结构承受土压力。锚锭板结构由锚锭板、立柱、拉杆和挡土板组成，如图 13-30(a)所示，桥台与结构间预留空隙、基础分开，互不影响，受力明确。结合式是锚锭板结构与台身结合在一起，台身兼做立柱和挡土板[图 13-30(b)]。作用在台身的所有水平力假定均由锚锭板的抗拔力来平衡，台身仅承受竖向荷载，与分离式锚锭板结构相比，其结构简单，施工方便，工程量较小，但受力不很明确。

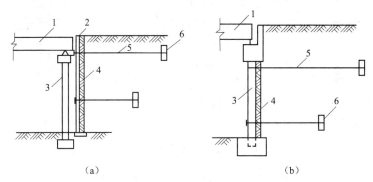

（a）   （b）

图 13-30 锚锭板式组合桥台

1—主梁；2—立柱；3—台身；4—挡土板；5—拉杆；6—锚锭板

2. 过梁式、框架式组合桥台

桥台与挡土墙用梁结合在一起的桥台为过梁式组合桥台，使桥台与桥墩的受力相同。当梁与桥台、挡土墙刚结，则形成框架式组合桥台(图 13-31)。

3. 桥台与挡土墙组合桥台

由轻型桥台支撑上部结构，台后设挡土墙承受土压力的组合式桥台。台身与挡土墙分离，上端做伸缩缝，使受力明确。当地基条件比较好时，也可将桥台与挡墙放在同一基础之上(图 13-32)。这种桥台的主要优点是可以不压缩河床，但构造比较复杂。

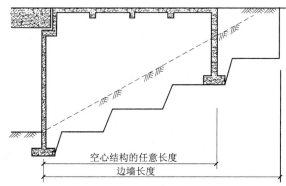

图 13-31 框架式组合桥台

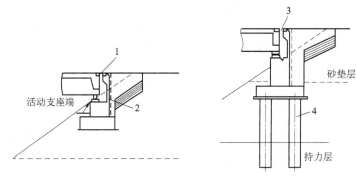

图 13-32 桥台、挡土墙组合桥台

1，3—防水伸缩缝；2—AIB 配方隔离涂料；4—桩

在梁桥中，除上述桥台外，还有一些特殊形式的桥台，如根据上部结构需要及受力要求，具有承压和承拉功能的承拉桥台(图 13-33)；桥台下土质比较密实，河床比较稳定，无冲刷，直接搁于地基上的枕梁式桥台(图 13-34)等。

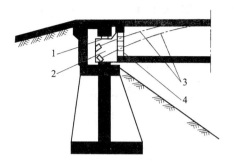

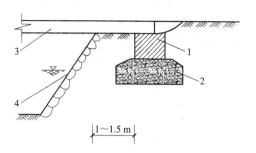

图 13-33　承拉桥台

1—氯丁橡胶；2—悬臂腹板；3—预应力钢束；4—端横梁

图 13-34　枕梁式桥台

1—枕梁；2—碎石垫层；3—梁；4—护坡

二、拱桥桥台构造

（一）重力式 U 形桥台

重力式 U 形桥台在拱桥中用得最多，其构造与梁桥 U 形桥台相仿，也是由前墙、侧墙和基础三部分组成（图 13-35）。前墙承受拱圈推力和路堤填土压力。前墙上设有台帽，构造和拱桥墩帽相同。对空腹式拱桥，在前墙顶设有防护墙。侧墙和前墙连成整体，伸入路堤锥坡内 75 cm，并抵挡路堤填土向两侧的压力。

（二）组合式桥台

组合式桥台由台身和后座两部分组成（图 13-36）。台身基础承受竖向力，一般采用桩基础。

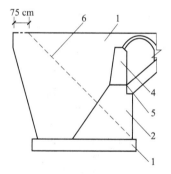

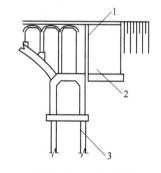

图 13-35　拱桥重力式 U 形桥台

1—侧墙；2—前墙；3—基础；4—防护墙；5—台帽；6—锥坡

图 13-36　组合式桥台

1—沉降变形缝；2—后座；3—基桩

拱的水平推力则主要由后座基底摩阻力及台后的土侧压力来平衡。组合式桥台的承台与后座间必须密切贴合并设置沉降变形缝，以适应两者的不均匀沉降。后座基底标高应低于拱脚下缘标高，台后土侧压力和基底摩阻力的合力作用点同拱座中心标高一致。

（三）轻型桥台

1. 八字形轻型桥台

八字形桥台的台身可做成等厚度的或变厚度的。变厚度的台身背坡一般为 2∶1～4∶11，台口尺寸应满足抗剪强度要求。两边八字翼墙与台身分开,其顶宽为 40 cm,前坡为 10∶1,后坡为 5∶11(图 13-37)。

2. 前倾式轻型桥台

前倾式桥台由于台身向桥孔方向倾斜,因此比直立台身的受力情况要好,用料要省。前倾台身可做成等厚度的,前倾坡度可达 4∶1。其缺点是施工比较麻烦(图 13-38)。

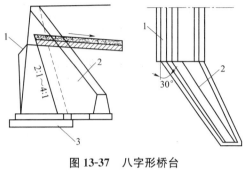

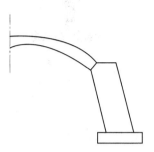

图 13-37　八字形桥台

1—台身；2—八字翼墙；3—基础

图 13-38　前倾式一字形桥台

另外,拱桥轻型桥台还有多种形式,如 U 字形桥台(图 13-39),由前墙(等厚度的)和平行于行车方向的侧墙组成。当桥台宽度较大时,为了保证前墙和侧墙的整体性,可在 U 字形桥台的中间加一道背撑,成为山字形桥台。当拱桥在软土地基而桥台本身不高时,可采用空腹 L 形桥台(图 13-40)、履齿式桥台、屈膝式桥台等。

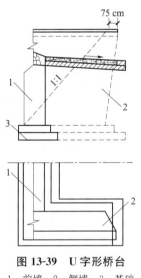

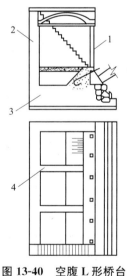

图 13-39　U 字形桥台

1—前墙；2—侧墙；3—基础

图 13-40　空腹 L 形桥台

1—前墙；2—后墙；3—基础板；4—撑墙

第十四章 桥墩计算

・学习要点・

本章主要介绍了梁桥、拱桥的桥墩的作用、作用布置及其作用效应组合，着重介绍了重力式桥墩的计算方法，即拟定桥墩各部分尺寸、依据作用布置与作用效应组合，计算各截面的内力、验算墩身截面承载力和地基承载力和偏心距、验算桥墩倾覆和滑动稳定性等内容。同时简要介绍了桩柱式桥墩的计算要点，包括盖梁和桩柱的主要计算方法等。

第一节 作用及其作用效应组合

前面绪论中对公路桥涵有关作用及其作用效应组合作了介绍，本节将对桥墩计算可能涉及的作用及其作用效应组合作更具体的阐述。

一、桥墩计算作用

1. 永久作用

作用于桥墩的永久作用主要有以下几项：

(1)上部结构重力，包括桥面系、主梁及其他附属物重力对墩帽或拱座产生的支承反力。

(2)上部结构混凝土收缩、徐变的作用。

(3)桥墩重力(包括基础襟边上土的重力)。

(4)桥墩内预加力。

(5)基础变位作用，对超静定结构桥墩，基础的变位对桥墩产生的附加内力或基础变位使上部结构产生附加内力对桥墩产生的影响力。

(6)水的浮力。

上述永久作用中，水的浮力有必要加以说明。在桥涵设计规范中，水的浮力对不同的土质和不同的计算内容有不同的规定。位于透水性地基上的桥墩，当验算稳定时，应计算设计水位时的浮力；当验算地基应力时，仅考虑低水位时的浮力，或不考虑水的浮力；基础嵌入不透水性地基的桥墩，可不计水的浮力；当地基的透水性难以确定时，分别按透水和不透水两种情况以最不利的作用效应组合进行计算。

2. 可变作用

(1)作用在上部构造上的汽车荷载、人群荷载。

(2)汽车冲击力,对钢筋混凝土柱式桥墩应计冲击力,对于重力式实体桥墩,由于冲击力作用衰减很快,所以不计冲击力。

(3)汽车离心力,对弯道半径小于或等于250 m的弯桥桥墩应计离心力。

(4)作用在上部结构和墩身上的纵横向风荷载。

(5)汽车制动力,是桥墩承受的主要纵向水平力之一,其方向与车辆行进方向相同。对于梁式桥桥墩其作用位置可移至支座铰中心或支座的底座面上。

(6)温度作用,主要指上部结构受温度变化发生伸缩而对桥墩产生的水平力。

(7)支座摩阻力(适用于梁桥计算)。

(8)作用在墩身上的流水压力,计算时假定河底流速为零,作用力呈倒三角形分布,因而其合力作用点在设计水位以下1/3水深处。

(9)冰压力主要指作用在墩身上的流冰压力。

3. 偶然作用

(1)地震作用。

(2)作用在墩身上的船只或漂浮物的撞击作用。

(3)作用在墩身上的汽车撞击作用。

上述各种荷载的计算方法可参见《公路桥涵设计通用规范》(JTG D60—2015)。

二、作用布置与作用效应组合

在所有桥墩的计算作用中,有的是主要的,有的是次要的;有的是经常出现的,有的是在特殊条件下出现的,它们不可能同时以最大数值、最不利的作用位置于桥墩上,因此,应根据实际荷载作用于桥墩的可能性进行布载。不过,布置在桥墩上的各种作用的位置、大小和方向应该使桥墩处于该作用的最不利受力状态之下。也就是说,用这样组合起来的作用,应该产生相应的最大内力。这样的作用组合称为"最不利的作用效应组合"。桥墩计算一般须验算墩身截面承载力、作用在墩身截面上的合力偏心距,基底承载力、偏心距以及桥墩的稳定性等,下面介绍可能的作用布置与组合情况。

(一)梁桥桥墩计算作用布置及作用效应组合

1. 作用布置(图14-1)

(1)桥墩在顺桥向承受最大竖向荷载。它是用来验算顺桥向墩身承载力和偏心距、地基承载

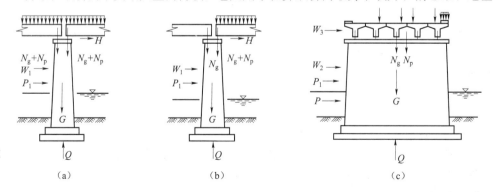

(a)　　　　　　　　　　(b)　　　　　　　　　　(c)

图14-1　作用在梁桥桥墩上的作用

力和偏心距，因此除了有关的永久作用外，应在相邻两孔都布满汽车和人群荷载，同时还可能作用着其他纵向力，如制动力和温度作用、纵向风荷载、船只或漂浮物的撞击作用和汽车撞击作用等[图 14-1(a)]。

（2）桥墩各截面在顺桥向可能产生最大偏心弯矩。它是用来验算顺桥向墩身承载力和偏心距、地基承载力和偏心距以及桥墩的稳定性，因此除永久作用外，应在相邻两孔的一孔上布置汽车和人群荷载，若为不等跨时，则在较大跨径的一孔布置汽车和人群荷载，同时还可能作用着其他纵向力，如制动力和温度作用、支座摩阻力、纵向风荷载、船只或漂浮物的撞击作用和汽车撞击作用等[图 14-1(b)]。

（3）桥墩各截面在横桥向可能产生最大偏心弯矩。它是用来验算在横桥方向上墩身承载力、偏心距、地基承载力以及桥墩的稳定性，布载时，除永久作用外，要注意将汽车和人群荷载偏于桥面的一侧布置，另外，还应考虑其他可变作用，如横向风荷载、流水压力、冰压力等，或者偶然作用中的船只或漂浮物的撞击力和汽车撞击作用等。

2. 作用效应组合

（1）顺桥向作用效应组合（双孔布置和单孔布置分别组合）主要有以下几项：

1）上部结构重力＋计算截面以上桥墩重力＋浮力。

2）上部结构重力＋计算截面以上桥墩重力＋浮力＋汽车荷载＋人群荷载。

3）上部结构重力＋计算截面以上桥墩重力＋浮力＋汽车荷载＋人群荷载＋纵向风力＋支座摩阻力（或制动力＋温度影响力）。组合时，制动力＋温度力小于摩阻力时，用制动力＋温度影响力组合；制动力＋温度力大于摩阻力时，用摩阻力组合。

4）上部结构重力＋计算截面以上桥墩重力＋浮力＋汽车荷载＋人群荷载＋船只撞击作用或漂浮物撞击作用。

5）上部结构重力＋计算截面以上桥墩重力＋浮力＋汽车荷载＋人群荷载＋汽车撞击作用。

（2）横桥向（以双车道为例）作用效应组合主要有以下几项：

1）上部结构重力＋计算截面以上桥墩重力＋浮力＋双孔双行汽车荷载＋双孔单边人群荷载＋横向风荷载＋水压力或冰压力

2）上部结构重力＋计算截面以上桥墩重力＋浮力＋双孔单行汽车荷载＋双孔单边人群荷载＋横向风荷载＋水压力或冰压力。

3）上部结构重力＋计算截面以上桥墩重力＋浮力＋双孔双行汽车荷载＋双孔单边人群荷载＋船只撞击作用或漂浮物撞击作用。

4）上部结构重力＋计算截面以上桥墩重力＋浮力＋双孔双行汽车荷载＋双孔单边人群荷载＋汽车撞击作用。

5）上部结构重力＋计算截面以上桥墩重力＋浮力＋双孔单行汽车荷载＋双孔单边人群荷载＋船只撞击作用或漂浮物撞击作用。

6）上部结构重力＋计算截面以上桥墩重力＋浮力＋双孔单行汽车荷载＋双孔单边人群荷载＋汽车撞击作用。

（二）拱桥桥墩的作用布置及作用效应组合

1. 作用布置

（1）桥墩在顺桥向承受最大竖向荷载。它是用来验算墩身承载力和偏心距、地基承载力和偏心距，即除永久作用外，相邻两孔都布满汽车荷载和人群荷载，同时，还可能作用着其他纵向力，如制动力、纵向风荷载、温度作用、拱圈材料收缩作用、船只撞击作用和汽车撞击作用等；

当相邻两孔为等跨时，则由上部结构重力、温度作用和拱圈材料收缩作用引起的拱座水平推力和弯矩互相抵消。

（2）桥墩各截面在顺桥向可能产生最大偏心弯矩。它是用来验算顺桥向墩身承载力和偏心距。地基承载力和偏心距，以及桥墩的稳定性，即除永久作用外，只在一孔布置汽车和人群荷载，若为不等跨时，则在较大跨径的一孔布置汽车和人群荷载，同时还作用着其他纵向力，如制动力、纵向风荷载、温度作用、拱圈材料收缩作用、船只撞击作用和汽车撞击作用等(图14-2)。

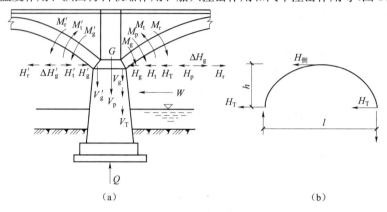

图 14-2　作用在拱桥桥墩上的作用

（3）横桥向。在横桥方向可能作用于桥墩上的外力有风荷载、流水压力、冰压力、船只或漂浮物撞击作用、汽车撞击作用或地震作用等。但对于公路拱桥，横桥方向的受力验算一般不控制设计，除非桥的长宽比特别大，或者受到地震作用、冰压力和船只撞击力作用时才考虑。

2. 顺桥向作用效应组合

顺桥向作用效应组合(双孔布置和单孔布置分别组合)主要包括以下内容：

（1）上部结构重力＋计算截面以上桥墩重力＋浮力＋混凝土收缩作用。

（2）上部结构重力＋计算截面以上桥墩重力＋浮力＋混凝土收缩作用＋汽车荷载＋人群荷载。

（3）上部结构重力＋计算截面以上桥墩重力＋浮力＋混凝土收缩作用＋汽车荷载＋人群荷载＋纵向风荷载＋制动力＋温度作用。

（4）上部结构重力＋计算截面以上桥墩重力＋浮力＋混凝土收缩作用＋汽车荷载＋人群荷载＋船只撞击作用或漂浮物撞击作用。

（5）上部结构重力＋计算截面以上桥墩重力＋浮力＋混凝土收缩作用＋汽车荷载＋人群荷载＋汽车撞击作用。

需要特别强调的是，以上各种荷载组合均应满足公路桥涵设计规范中所规定的安全系数、容许偏心距和稳定系数；而且，有的荷载不能同时组合，如汽车制动力不能与流水压力、冰压力和支座摩阻力中任意一种同时组合，请参阅表14-1。

表 14-1　可变作用不同时组合表

编号	作 用 名 称	不与该作用同时参与组合的作用编号
13	汽车制动力	15，16，18
15	流水压力	13，16
16	冰压力	13，15
18	支撑摩阻力	13

第二节　重力式桥墩计算

桥墩计算可按以下步骤进行：

(1)根据构造要求和经验拟定各部分尺寸。

(2)计算作用在桥墩上的作用。

(3)进行作用布置与作用效应组合，并选取截面，计算各截面的内力。

(4)验算墩身截面承载力和偏心距。

(5)验算地基承载力和偏心距。

(6)验算桥墩倾覆和滑动稳定性。

除此之外，还应结合施工情况进行必要的验算。如拱桥在施工过程中可能产生的单向水平推力，此时砌体强度和基底土的承载能力可以提高，倾覆和滑动稳定性系数可以降低。

一、重力式桥墩主要尺寸的拟定

1. 梁桥桥墩尺寸拟定

(1)墩帽。梁桥桥墩的平面尺寸首先应满足上部结构支座布置的要求，如图 14-3 所示。

1)纵桥向墩帽最小宽度：

$$b \geqslant f + \frac{a}{2} + 2c_1 + 2c_2 + \frac{a'}{2}$$

式中　f——相邻两跨支座的中心距离，$f = e_1 + e_0 + e_1'$；

　　　e_1，e'——支座中心轴到桥跨结构端部的距离；

　　　a，a'——支座的纵桥向宽度；

　　　c_1——出檐宽度，一般为 5~10 cm；

　　　c_2——为了避免支座过于靠近墩身侧面边缘，造成应力集中及考虑施工的要求，支座边缘到墩身顶部边缘的最小距离应按表 14-2 的规定值采用(图 14-4)；

　　　e_0——相邻两桥跨结构间的伸缩缝宽，中小跨径桥梁为 2~5 cm，大跨径梁桥应根据具体情况确定。

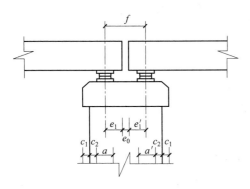

图 14-3　墩帽纵桥向宽度

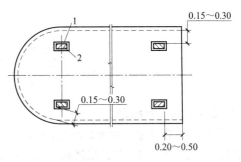

图 14-4　支座边缘至墩(台)边缘最小距离

(尺寸单位：m)

1—垫板；2—支座

2)横桥向墩帽最小宽度：

$$B=桥跨结构两边梁中心＋支座横向宽度＋2c_1＋2c_2$$

表 14-2　支座边缘至墩(台)边缘最小距离m

桥向 / 跨径 L/m	顺向桥	横　向　桥	
		圆弧形端头(自支座边角量起)	矩形端头
$L\geqslant150$	0.3	0.3	0.5
$50\leqslant L<150$	0.25	0.25	0.4
$20\leqslant L<50$	0.2	0.2	0.3
$5\leqslant L<20$	0.15	0.15	0.2

对于圆头形墩帽 c_2 值应根据圆弧形端头至支座边角之间的最小距离确定。

3)墩帽厚度：大跨径桥梁的墩帽厚度不小于 40 cm；中小跨径桥梁的墩帽厚度不小于 30 cm。

(2)墩身。墩身顶宽，小跨径桥不宜小于 80 cm(轻型桥墩不宜小于 60 cm)；中跨径桥不宜小于 100 cm；大跨径桥应视上部构造类型而定。**墩身的侧坡一般采用 20：1～30：1**，小跨径桥的墩身也可采用直坡。墩身宽度和高度应保持一定的比例，以保证稳定性和强度的要求，墩身宽度 $b_1=(1/5～1/6)H_1(H_1$ 为墩身某截面至墩顶的高度，如图 14-5 所示)。

(3)基础。基础在平面上的尺寸宜较墩身底面积尺寸略大，四周放大的尺寸每边为 0.25～0.75 m。每层高度一般采用 0.5～1.0 m。基础扩散角(刚性角)，用 M5 以下砂浆砌筑的砌体不大于 30°；用 M5 及 M5 以上砂浆砌筑的砌体不大于 35°；用混凝土浇筑的不大于 40°。

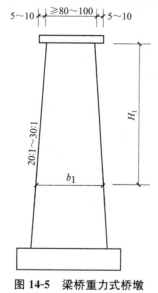

图 14-5　梁桥重力式桥墩
(尺寸单位：cm)

2. 拱桥桥墩尺寸拟定

等跨拱桥实体桥墩的顶宽(单向推力墩除外)，对混凝土可按拱跨的 1/15～1/30 估算；对石砌可按拱跨的 1/10～1/25(其值随跨径增大而减少)估算，且不宜小于 80 cm。墩身两侧的坡度常用 20：1～30：1，一般对称布置。只有承受不对称推力时，才考虑用不对称的墩身坡度。

拱桥桥墩的墩帽和基础尺寸的拟定可参考梁桥的尺寸拟定，但拱座的纵横宽度需结合拱脚的布置情况确定。

二、墩身截面的内力计算

根据不同的作用效应组合结果，经过分析得出最不利作用效应组合，由此算出作用于验算截面上竖向力总和 $\sum N_d$ 和竖向力、水平力对该截面 x—x 轴，y—y 轴的总弯矩 $\sum M_{xd}$ 和 $\sum M_{yd}$，如图 14-6 所示，然后对墩身进行承载力验算。

三、墩身截面承载力和偏心验算

桥墩验算截面的选择，对矮桥桥墩，因墩身尺寸一般都比较大，各截面承载力往往都能满足要求，所以通常只验算墩身底截面即可；对高桥桥墩，其危险截面不一定在墩身底截面，这时应多选择几个截面进行验算，一般可相距 2～3 m 取一截面。

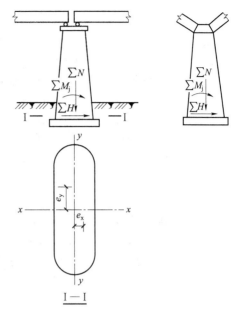

图 14-6　墩身截面强度验算

1. 墩身截面承载力验算

重力式桥墩主要采用圬工材料建造，一般为偏心受压构件，截面承载力的设计验算采用极限状态法。在不利效应组合作用下，验算桥墩各控制截面的作用效应组合设计值（内力）应小于或等于构件承载力的设计值，用方程表示为

$$\gamma_o S \leqslant R(f_d, a_d) \tag{14-1}$$

依据式（14-1）采用下式计算：

$$\gamma_o \sum N_d \leqslant \varphi A f_{cd} \tag{14-2}$$

式中　S——作用（或荷载）效应（其中汽车荷载应计入冲击系数）的组合设计值；

R——结件承载力设计值；

$R(\cdot)$——结构承载力函数；

f_d——材料强度设计值；

a_d——几何参数设计值，可采用几何参数标准值 a_k，即设计文件规定值；

γ_o——结构的重要性系数，按公路桥涵的设计安全等级，一级、二级和三级分别取用 1.1、1.0 和 0.9；

N_d——作用效应不利组合轴向力设计值；

A——墩身截面的面积；

f_{cd}——砌体或混凝土强度设计值；

φ——双向偏心受压构件承载力影响系数，按下式计算：

$$\varphi = \frac{1}{\dfrac{1}{\varphi_x} + \dfrac{1}{\varphi_y} - 1} \tag{14-3}$$

$$\varphi_x = \frac{1 - \left(\dfrac{e_x}{x}\right)^m}{1 + \left(\dfrac{e_x}{i_y}\right)^2} \cdot \frac{1}{1 + \alpha\beta_x(\beta_x - 3)\left[1 + 1.33\left(\dfrac{e_x}{i_y}\right)^2\right]} \tag{14-4}$$

$$\varphi_y = \frac{1 - \left(\dfrac{e_y}{y}\right)^m}{1 + \left(\dfrac{e_y}{i_x}\right)^2} \cdot \frac{1}{1 + \alpha\beta_y(\beta_y - 3)\left[1 + 1.33\left(\dfrac{e_y}{i_x}\right)^2\right]}$$ (14-5)

φ_x，φ_y——分别为 x 方向和 y 方向的单向偏心受压构件承载力影响系数；

x，y——分别为 x 方向和 y 方向截面重心至偏心方向截面边缘的距离，如图 14-7 所示；

e_x，e_y——竖向力在 x 方向和 y 方向的偏心距；

m——墩身截面形状系数，圆形截面取 2.5；T 形截面取 3.5；箱形和矩形截面取 8；

i_x，i_y——在弯曲平面内截面（换算截面）的回转半径；

α——当砂浆强度大于或等于 M5 时，α 为 0.002；当砂浆强度为 0 时，α 为 0.013；

β_x，β_y——构件在 x 方向和 y 方向的长细比，按式 (14-6) 计算，当 β_x，β_y 小于 3 时取 3。

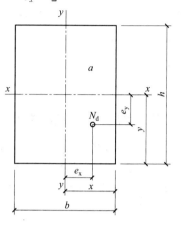

图 14-7 墩身截面偏心受压

$$\beta_x = \frac{\gamma_\beta l_0}{3.5 i_y} \qquad \beta_y = \frac{\gamma_\beta l_0}{3.5 i_x}$$ (14-6)

式中 γ_β——不同砌体材料构件的长细比修正系数，混凝土砌体或组合构件取 1.0；细料石、半细料石取 1.1；粗料石、块石、片石砌体取 1.3；

l_0——构件计算长度，按表 14-3 的规定采用。

表 14-3 构件计算长度 l_0

构件及其两端约束情况		计算长度 l_0
直杆	两端固结	$0.5l$
	一端固定，一端为不移动的铰	$0.7l$
	两端均为不移动的铰	$1.0l$
	一端固定，一端为不移动的铰	$2.0l$
注：l 为构件支点之间长度。		

2. 墩身截面偏心验算

各验算截面在各种作用效应组合下偏心距：

$$e_x = \sum M_{yd} / \sum N_d \qquad e_y = \sum M_{xd} / \sum N_d$$ (14-7)

式中 e_x，e_y——竖向力在 x 方向和 y 方向的偏心距，其值不应超过表 14-4 的规定。

表 14-4 偏心受压构件偏心距限值 e

作用组合	偏心距限值 e
基本组合	$\leqslant 0.6s$
偶然组合	$\leqslant 0.7s$

如果上式不满足，由按下式重新验算墩身截面尺寸：

$$N_d = \frac{A\varphi f_{tmd}}{\dfrac{Ae_x}{W_y} + \dfrac{Ae_y}{W_x} - 1} \tag{14-8}$$

式中　f_{tmd}——受拉边边层的弯曲抗拉强度设计值；

W_y，W_x——截面 x 方向受拉边缘绕 y 轴的截面弹性抵抗矩和截面 y 方向受拉边缘绕 x 轴的截面弹性抵抗矩；

式中其他符号意义同前。

四、基础底面地基土的承载力和偏心距验算

1. 基底承载力验算

基底承载力验算一般按顺桥向和横桥向分别进行。当偏心荷载的合力作用在基底截面的核心半径 ρ 以内时，应按下式验算基底应力：

$$\sigma_{min}^{max} = \frac{\sum N}{A} \pm \frac{\sum M}{W} \leqslant [\sigma] \tag{14-9}$$

当设置在基岩上的桥墩基底的合力偏心距 e_0 超出核心半径 ρ 时，基底的一边会出现拉应力，由于不考虑基底承受拉应力，故须按基底应力重分布（图 14-8）重新验算基底最大应力。其验算公式如下：

顺桥向　　$$\sigma_{max} = \frac{2N}{ac_x} \leqslant [\sigma] \tag{14-10}$$

横向桥　　$$\sigma_{max} = \frac{2N}{bc_y} \leqslant [\sigma] \tag{14-11}$$

式中　N——作用于基础底面合力的垂直分力；

a，b——横桥方向和顺桥方向基础底面积边长；

$[\sigma]$——地基土的容许承载力，按作用及使用情况计入容许承载力的提高系数；

c_x——基底受压面积在顺桥方向的 $c_x = 3(b/2 - e_x)$；

c_y——基底受压面积在横桥方向的长度 $c_y = 3(a/2 - e_y)$；

e_x，e_y——合力在 x 轴和 y 轴方向的偏心距。

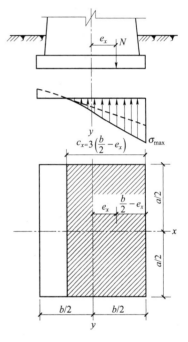

图 14-8　基底应力重分布图式

2. 基底偏心验算

为了防止基底最大和最小应力悬殊过大（即荷载偏心过大）而使基底产生不均匀沉降，影响桥墩的正常使用，必须进行基底偏心验算，使荷载的偏心距 e_0 控制在容许范围之内（表 14-5）。

$$\rho = W/A; \quad e_0 = \left(\sum M\right)/N \tag{14-12}$$

式中　ρ——墩台基础底面核心半径；

W——墩台基础底面截面横量；

A——墩台基础底面面积；

N——作用于基底的合力的竖向分力；

$\sum M$——作用于墩台的水平力和竖向力对基底形心轴的弯矩。

表 14-5　墩台基础合力偏心距的限制

荷 载 情 况	地 基 条 件	合 力 偏 心 距	备　注
墩台仅受永久作用时	非岩石地基	桥墩 $e_0 \leqslant 0.1\rho$； 桥台 $e_0 \leqslant 0.75\rho$	对拱桥桥台，其合力作用点应尽量保持 在基底中线附近
墩台受永久作用、 可变作用时	非岩石地基	$e_0 \leqslant \rho$	
	石质较差的岩石地基	$e_0 \leqslant 1.2\rho$	
	坚密岩石地基	$e_0 \leqslant 1.5\rho$	

五、桥墩稳定性验算

1. 倾覆稳定性验算

抵抗倾覆稳定系数 K_0 按下式验算(图 14-9)：

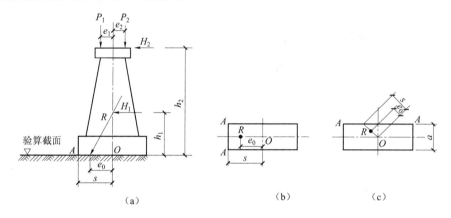

图 14-9　桥墩稳定性验算图

(a)立面；(b)平面(单向偏心)；(c)平面(双向偏心)

O—截面重心；R—合力作用点；$A-A$—验算倾覆轴

$$k_0 = \frac{s}{e_0}$$

$$e_0 = \frac{\sum p_i e_i + \sum H_i h_i}{\sum p_i} \tag{14-13}$$

式中　k_0——墩台基础抗倾覆稳定系数；

　　　s——在截面重心至合力作用点的延长线上，自截面重心至验算倾覆轴的距离(m)；

　　　e_0——所有外力合力(包括浮力)的竖向分力对基底重心的偏心距；

　　　p_i——不考虑其分项系数和组合系数的作用标准值组合或偶然作用(地震除外)标准值组合引起的竖向力(kN)；

　　　e_i——竖向力 p_i 对验算截面重心的力臂(m)；

　　　H_i——不考虑其分项系数和组合系数的作用标准值组合或偶然作用(地震除外)标准值组合引起的水平力(kN)；

　　　h_i——水平力对验算截面的力臂(m)。

　　注：(1)弯矩应视其绕验算截面重心轴的不同方向取符号。

（2）对矩形凹缺的多边形基础，其倾覆轴应取基底截面的外包线。

2. 滑动稳定性验算

抵抗滑动稳定系数 K_c 按下式验算（图 14-9）：

$$K_c = \frac{\mu \sum p_i + \sum H_{ip}}{\sum H_{io}} \tag{14-14}$$

式中 K_c ——墩台基础抗滑稳定系数；

     $\sum p_i$ ——各竖向力总和；

     $\sum H_{ip}$ ——抗滑稳定水平力总和；

     $\sum H_{io}$ ——滑动水平力总和；

     μ ——基础底面（圬工）与地基土之间的摩擦系数，可查表 14-6。

表 14-6   基底摩擦系数

地基土分类	摩擦系数 μ
黏土（流塑—坚硬）粉土	0.25
砂土（粉砂—砾砂）	0.30～0.40
碎石土（松散—密实）	0.40～0.50
软岩（极软岩—较软岩）	0.40～0.60
硬岩（较硬岩—坚硬岩）	0.60～0.70

上述求得的抗倾覆与滑动稳定系数 K_0、K_c 均不得小于表 14-7 所规定的最小值。须引起注意的是在验算倾覆稳定性和滑动稳定性时，要分别按常水位和设计洪水位两种情况考虑水的浮力，以得到最不利状态值。

表 14-7   抗倾覆抗滑动的稳定系数 K_0 或 K_c

作用情况		验算项目	稳定系数
使用阶段	永久作用（不计混凝土收缩徐变浮力）和汽车、人群标准值效应组合	抗倾覆	1.5
		抗滑动	1.3
	各种作用（不包括地震作用）标准值效应组合	抗倾覆	1.3
		抗滑动	1.2
施工阶段作用标准值效应组合		抗倾覆	1.2
		抗滑动	

六、墩顶水平位移验算

1. 墩顶水平弹性位移 Δ_t

一般情况下，重力式桥墩不必验算其墩顶水平位移，而当墩高超过 20 m 时，须进行墩顶水平弹性位移验算。

计算图式是：假定墩身是一个固定在基础顶面的悬臂梁，不考虑上部结构对桥墩位移的约束；所考虑的作用包括制动力、风荷载及偏心的竖向支座反力等。

2. 地基不均匀沉降引起的墩顶水平位移 Δ_{c}

可通过计算不均匀沉降引起的倾斜角求得。

3. 墩顶水平位移容许值 $[\Delta]$

$$[\Delta]=0.5\sqrt{L} \tag{14-15}$$

式中　$[\Delta]$——墩顶水平位移容许值(mm)；

　　　L——相邻墩台间最小跨径(m)，小于 25 m 时仍以 25 m 计算。

4. 验算

应满足

$$\Delta=\Delta_{\text{t}}+\Delta_{\text{c}}\leqslant[\Delta] \tag{14-16}$$

计算示例：天然地基上重力式桥墩计算

一、设计资料

(1)上部结构为简支装配式钢筋混凝土空心板，横断面内共有 12 片空心板，中板宽度为 1.02 m，边板宽度为 1.025 m，上部结构横截支点反力为 3 291.12 kN。标准跨径为 l_{b}＝16 m(两桥墩中心线距离)；预制板长度为 L＝15.96 m(伸缩缝宽度为 4 cm)；计算跨径为 l＝15.60 m(支座重心距离板端 18 cm)；桥面宽度为净－11.25＋2×0.5 m(防撞墙)。

(2)支座为板式橡胶支座，平面尺寸为 200×200 mm，支座高度为 60 mm。

(3)汽车荷载为公路—Ⅰ级。

(4)桥墩高度为 H＝8 m。

(5)桥墩采用圆端型实体桥墩。

(6)墩帽采用 C25 级钢筋混凝土，重度为 25 kN/m³；墩身和基础用 MU30 片石混凝土，重度为 24 kN/m³。

(7)地基为岩石地基，地基允许承载力为 $[\sigma]$＝2 000 kPa。

二、拟定桥墩尺寸

(一)桥墩尺寸

(1)顺桥向尺寸。按照上部结构布置，相邻两孔支座中心距离为 0.4 m，支座顺桥向宽度为 0.2 m，支座边缘离墩身的最小距离为 0.15 m，墩帽顺桥向宽度为：

$$B\geqslant f+a+2c_1+2c_2=0.4+0.2+2\times0.1+2\times0.15=1.1(\text{m})$$

从抗震物构造措施的角度，梁端至墩台帽边缘的最小距离 a(cm) 还满足抗震设计规范第 4.4.3 条规定，即 $a\geqslant50+l$，则 $a=50+15.6=65.6$(cm)，墩帽宽度为 $2\times0.656+0.04=1.352$(m)；取满足上述要求的墩帽宽度为 1.40 m，墩帽厚度取为 0.4 m。

(2)横桥向尺寸。上部构造为 12 片空心板，边板宽 1.025 m，中板宽 1.02 m，整个板宽为 $1.025\times2+1.02\times10=12.25$(m)。两边各加 0.05 m，台帽矩形部分长度为 12.35 m。两端各加直径为 1.40 m 的圆端头，高出墩帽顶面 0.3 m 作为防震挡块，墩帽全长为 13.75 m。

(二)墩身顶部尺寸

因墩帽宽度为 1.40 m，两边挑檐宽度各采用 0.10 m，则墩身顶部宽度 1.20 m。墩身顶部矩形部分长度采用 12.35 m，两端各加直径为 1.20 m 的半圆形端部，则墩身顶部全长为 13.55 m。

（三）墩身底部尺寸

墩身侧面按 25：1 按下放坡，墩身底部宽度为 1.81 m，长度为 12.35＋1.81＝14.16(m)。

（四）基础尺寸

采用两层台阶式片石混凝土基础，每层厚度 0.75 m，每层四周放大 0.25 m，上层平面尺寸为 2.31 m×14.66 m，下层平面尺寸为 2.81 m×15.16 m。

桥墩一般构造及尺寸如图 14-10 所示。

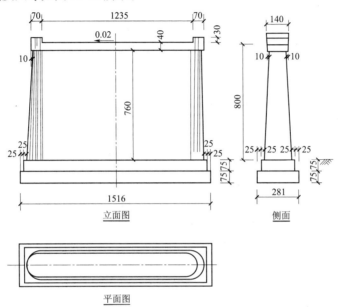

图 14-10　桥墩一般构造及尺寸图(尺寸单位：cm)

三、荷载计算

（一）上部结构恒荷载计算

上部构造恒荷载反力 $G_0＝3$ 291.12 kN。

（二）墩身自重计算

桥墩共分为五段(图 14-11)，其中墩帽为一段(S_1)，墩身为四段(S_2、S_3、S_4、S_5)。

1. 墩帽重力计算

$$G_1＝(1.4×12.35×0.4＋\pi/4×1.4^2×0.7)×25$$
$$＝199.84(kN)$$

2. 墩身重力计算

设墩身 i 截面宽度为 B_i，材料重度为 γ，则其面积为：

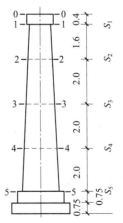

图 14-11　桥墩分段示意图
(尺寸单位：m)

$$A_i = \frac{\pi}{4} \times B_i^2 + 12.35 B_i$$

墩身分段重力为：

$$G = \frac{A_{i-1} + A_i}{2} h_i \gamma$$

计算过程及结果见表14-8。

表 14-8　墩身重力计算

项目 分段	B_i	$A_{i-1} = \pi/4 \times B_{i-1}^2 +$ $12.35 B_{i-1}/\text{m}^2$	$A_i = \pi/4 \times B_i^2 +$ $12.35 B_i/\text{m}^2$	$G_i = \frac{A_{i-1}+A_i}{2} h_i \times 24/\text{kN}$
$s_1 — s_2$	1.33	15.95	17.81	648.19
$s_2 — s_3$	1.49	17.81	20.15	911.04
$s_3 — s_4$	1.65	20.15	22.52	1 024.08
$s_4 — s_5$	1.81	22.52	24.9	1 138.8
合计				3 722.11

3. 基础重力及基础襟边上的土重力

$$\begin{aligned}
G_7 &= (2.31 \times 14.66 + 2.81 \times 15.16) \times 0.75 \times 24 + \\
&\quad (2.81 + 14.66) \times 2 \times 0.25 \times 0.75 \times 18 \\
&= 1\ 494.28 (\text{kN})
\end{aligned}$$

(三)车道荷载计算

1. 车道荷载纵向布置

双孔荷载、双车道布置如图14-12所示。

$$R_1 = R_2 = \frac{2 \times (15.6 + 0.2) \times 1.012 \times 10.5}{2} + \frac{266.88}{2} \times 1.012 \times 2 = 437.973 (\text{kN})$$

对墩中心产生的弯矩 $M = 0$。

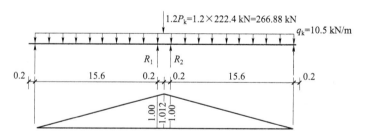

图 14-12　双孔布置车道荷载图(尺寸单位：m，轴重力单位：kN)

单孔荷载、双车道布置如图14-13所示。

$$R_1 = \left[\frac{1}{2} \times 1.012 \times (15.6 + 0.2) \times 10.5 + 1.2 \times 222.4 \times 1.012 \right] \times 2 = 708.056 (\text{kN})$$

对墩中心产生的弯矩为：

$$M = 708.056 \times 0.2 = 141.61 (\text{kN} \cdot \text{m})$$

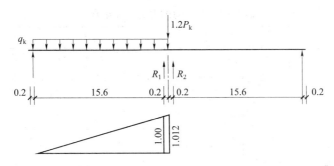

图 14-13　单孔布置车道荷载图(尺寸单位：m，轴重力单位：kN)

2. 车道荷载横向排列(图 14-14)

在横桥向，车道荷载靠一边布置时，单车道荷载的合理偏离桥中线 4.225 m，双车道荷载的合力偏离桥中线 2.675 m，对于实体桥墩，不考虑活荷载冲击力。

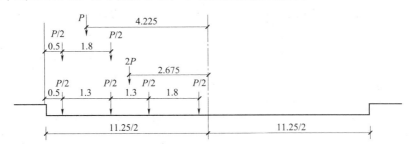

图 14-14　车道荷载横向布置图(尺寸单位：m)

横桥向墩中心弯矩为：

双孔单车道　　$M_单 = 437.973 \times 4.225 = 1\,850.44 (\text{kN} \cdot \text{m})$

双孔双车道　　$M_双 = (437.973 + 437.973) \times 2.675 = 2\,343.155 (\text{kN} \cdot \text{m})$

3. 水平荷载计算

本例为双车道，单向为一个设计车道，制动力应按加载影响线长度上计算的总重力的 10% 计算，但不小于 165 kN。荷载布置如图 14-12 所示。

一个设计车道上车道荷载产生的制动力为

$$F_{bk} = [(15.6 + 0.4 + 15.6) \times 10.5 + 1.2 \times 222.4] \times 0.1 = 59.868 (\text{kN}) < 165 (\text{kN})$$

故　$F_{bk} = 165 (\text{kN})$

制动力对墩身各截面产生的弯矩(按制动动力作用点在板式橡胶支座顶面计算，支座高度暂按 6 cm 计)为

1—1 截面　　$M_{1-1} = 165 \times 0.46 = 75.9 (\text{kN} \cdot \text{m})$

5—5 截面　　$M_{5-5} = 165 \times 8.06 = 1\,329.9 (\text{kN} \cdot \text{m})$

基地截面　　$M_基 = 165 \times 9.56 = 1\,577.4 (\text{kN} \cdot \text{m})$

(四)内力总汇及组合

顺桥向内力汇总及组合见表 14-9，横桥向内力汇总及组合见表 14-10。

表 14-9　顺桥向内力汇总及组合

编号	项目	1—1 截面 N /kN	1—1 截面 H /kN	1—1 截面 M /(kN·m)	5—5 截面 N /kN	5—5 截面 H /kN	5—5 截面 M /(kN·m)	基底截面 N /kN	基底截面 H /kN	基底截面 M /(kN·m)
1	上部结构	3 291.12		0	3 291.12		0	3 291.12		0
2	桥墩	199.84		0	3 921.95		0	5 416.23		0
3	车道荷载单跨双车道布载	708.06	141.61		708.06	141.61		708.06		141.61
4	车道荷载双跨双车道布载	875.95		0	875.95		0	875.95		0
5	车道荷载制动力		165	75.9		165	1 329.9		165	1 577.4
内力组合	(一)1.2×(①+②)+1.4×③	5 180.43	0	198.25	9 646.97	0	198.25	9 415.41	0	141.61
	(一)1.2×(①+②)+1.4×④	5 415.48	0	0	9 882.01	0	0	9 583.30	0	0
	(二)1.2×(①+②)+1.4×③+⑤	5 180.43	165	283.26	9 646.97	184.80	1 687.74	7 532.33	165	1 719.01
	(二)1.2×(①+②)+1.4×④+⑤	5 415.48	165	85.01	9 882.01	184.80	1 489.49	7 566.64	165	1 577.4

注：1—1、5—5 截面内力组合按《公路桥涵设计通用规范》(JTG D60—2015)第 4.1.6 条的规定进行组合。基底截面按允许应力计算，基底截面已考虑了基底应力提高系数。

表 14-10　横桥向内力汇总及组合

编号	项目	5—5 截面 N /kN	5—5 截面 H /kN	5—5 截面 M /(kN·m)	基底截面 N /kN	基底截面 H /kN	基底截面 M /(kN·m)
1	上部结构	3 291.12		0	3 291.12		0
2	桥墩	3 921.95		0	5 416.23		0
3	车道荷载单列双孔布载	437.97		1 850.44	437.97		1 850.44
4	车道荷载双列双孔布载	875.94		2 343.16	875.94		2 343.16
5	地震力		802.97	5 222.97		802.97	6 427.42
内力组合	(一)1.2×(①+②)+1.4×③	9 268.84	0	2 590.61	9 145.32	0	1 850.44
	(二)1.2×(①+②)+1.4×④	9 882	0	3 280.42	9 583.27	0	2 343.16

注：表 14-9、表 14-10 中省略了恒荷载与地震力的组合。

(五)墩身正截面强度验算

横桥向内力不控制计算，故不计算横桥向截面强度。本例仅以5—5截面为例说明墩身验算的过程。

1. 偏心距验算

对于5—5截面(组合(二)控制设计)

$$e_x = M_{dt}/N_d = 3\,280.42/9\,882 = 0.332(\text{m})$$

$$e_y = M_{dt}/N_d = 1\,489.49/9\,882.01 = 0.151(\text{m})$$

$$e = \sqrt{e_x^2 + e_y^2} = 0.365(\text{m})$$

$$\theta = \arctan(e_x/e_y) = 65.543°$$

截面重心至偏心方向边缘距离 $s = 0.905\ \text{m}/\cos\theta = 2.186(\text{m})$

$\dfrac{e}{s} = 0.365/2.186 = 0.17 < 0.6$，满足要求。

2. 墩身底截面强度验算

由式(16—61)

$$\gamma_0 N_d \leqslant \varphi A f_{cd}$$

其中，$\gamma_0 N_d = 1.0 \times 9\,882.01 = 9\,883.01(\text{kN})$。

$$\varphi = \cfrac{1}{\cfrac{1}{\varphi_x} + \cfrac{1}{\varphi_y} - 1}$$

$$\varphi_x = \frac{1 - \left(\dfrac{e_x}{x}\right)^m}{1 + \left(\dfrac{e_x}{i_y}\right)^2} \cdot \frac{1}{1 + \alpha\beta_x(\beta_x - 3)\left[1 + 1.33\left(\dfrac{e_x}{i_y}\right)^2\right]}$$

$$\varphi_y = \frac{1 - \left(\dfrac{e_y}{y}\right)^m}{1 + \left(\dfrac{e_y}{i_x}\right)^2} \cdot \frac{1}{1 + \alpha\beta_y(\beta_y - 3)\left[1 + 1.33\left(\dfrac{e_y}{i_x}\right)^2\right]}$$

在以上各式中，$x = 7.08\ \text{m}$，$y = 0.905\ \text{m}$，$e_x = 0.332\ \text{m}$，$e_y = 0.151\ \text{m}$，$m = 8$。

$I_y = 394.961\,6\ \text{m}^4$(墩身底截面绕 y 轴惯性矩)，$A = 24.926\,5(\text{m})$，$i_y = \sqrt{I_y/A} = 3.980\,6(\text{m})$

$I_x = 6.629\,5\ \text{m}^4$(墩身底截面绕 x 轴惯性矩)，$i_x = \sqrt{I_x/A} = 0.515\,7(\text{m})$

β_x 和 β_y 为构件 x 方向、y 方向的长细比，在 β_x 和 β_y 计算式内，对变身截面墩身，其回转半径近似的取平均截面的回转半径。

$I_{ya} = 469.324\,1\ \text{m}^4$，$A_a = 28.773\,9\ \text{m}^2$，$i_{yn} = \sqrt{\dfrac{I_{ya}}{A_a}} = 4.038\,7\ \text{m}$

$I_{xa} = 9.880\,8\ \text{m}$，$i_{xa} = \sqrt{\dfrac{I_{xa}}{A_a}} = 0.586\,0\ \text{m}$

$l_0 = 2 \times 8 = 16(\text{m})$(按上端自由下端固结的柱考虑)，$\gamma_a = 1.3$，$\alpha = 0.002$

$$\beta_x = \frac{\gamma_a l_0}{3.5 i_{ya}} = \frac{1.3 \times 16}{3.5 \times 4.038\,7} = 1.471，\beta_x \text{ 小于 3 取于 3}$$

$$\beta_y = \frac{\gamma_a l_0}{3.5 i_{xa}} = \frac{1.3 \times 16}{3.5 \times 0.586\,0} = 10.141$$

因此

$$\varphi_y = \frac{1 - \left(\frac{0.332}{7.08}\right)^8}{1 + \left(\frac{0.332}{3.9806}\right)^2} \times \frac{1}{1 + 0.002 \times 3 \times (3 - 3) \times \left[1 + 1.33\left(\frac{0.332}{3.9806}\right)^2\right]} = 0.993$$

$$\varphi_y = \frac{1 - \left(\frac{0.151}{0.905}\right)^8}{1 + \left(\frac{0.151}{0.5157}\right)^2} \times \frac{1}{1 + 0.002 \times 10.141 \times (10.141 - 3) \times \left[1 + 1.33 \times \left(\frac{0.151}{0.5157}\right)^2\right]} = 0.793$$

$$\varphi = \frac{1}{\frac{1}{\varphi_x} + \frac{1}{\varphi_y} - 1} = \frac{1}{\frac{1}{0.993} + \frac{1}{0.793} - 1} = 0.789$$

由 $A = 24.9265 \text{ m}^2$，$f_{cd} = 4.48 \text{ MPa}$，则

$$\varphi A f_{cd} = 0.789 \times 24.9265 \times 10^6 \times 4.48 = 88.108 \times 10^6 \text{ N} > \gamma_0 N_d$$
$$= 9\,882.01 (\text{kN}) (满足要求)$$

（六）基底应力验算

基底应力按《公路桥涵地基与基础设计范围》(JTG D63—2007)进行验算。基础如图 14-10 所示，采用 MU30 片石混凝土，地基为岩石基础。允许承载力 2 000 kPa。基底荷载标准值见表 14-8 和表 14-9。

1. 汽车荷载采用双跨双车道布载

(1)按表 14-8、表 14-9 荷载组合（一）。

基底应力
$$P_{\min}^{\max} = \frac{N}{A} \pm \frac{M_x}{W_x} \pm \frac{M_y}{W_y}$$

$N = (3\,291.12 + 5\,416.23 + 875.95)\text{kN} = 9\,583.3 \text{ kN}$，$M_x = 0$，$M_y = 2\,343.16 \text{ kN} \cdot \text{m}$，$W_x = 19.951 \text{ m}^3$，$W_y = 107.635 \text{ m}^3$，$A = 42.6 \text{ m}^2$，所以基底应力为：

$$P_{\min}^{\max} = \left(\frac{9\,583.3}{42.6} \pm \frac{0}{19.951} \pm \frac{2\,343.16}{107.653}\right)\text{kPa} = (224.96 \pm 21.77)\text{kPa}$$
$$< 2\,000 \text{ kPa}(满足要求)$$

(2)按表 14-8、表 14-9 荷载组合（二）。

$N = 3\,291.12 + 5\,416.23 + 875.95 = 9\,583.3 (\text{kN})$，$M_x = 1\,577.4 \text{ kN} \cdot \text{m}$，$M_y = 2\,343.16 \text{ kN} \cdot \text{m}$，$W_x = 19.951 \text{ m}^3$，$W_y = 107.635 \text{ m}^3$，$A = 42.6 \text{ m}^2$，所以地基承载力为：

$$P_{\min}^{\max} = \left(\frac{9\,583.3}{42.6} \pm \frac{1\,577.4}{19.951} \pm \frac{2\,343.16}{107.653}\right)\text{kPa} = (224.96 \pm 79.06 \pm 21.77)\text{kPa}$$
$$< 2\,000 \text{ kPa}(满足要求)$$

按基地承受作用短期合作组合（二）时，基地承载力应乘以抗力系数 1.25。

2. 汽车荷载采用单跨双车道布载

(1)按表 14-8、表 14-9 荷载组合（一）。

$N = 3\,291.12 + 5\,416.23 + 708.06 = 9\,415.41 (\text{kN})$，$M_x = 141.61 \text{ kN} \cdot \text{m}$，$M_y = 1\,850.44 \text{ kN} \cdot \text{m}$，$W_x = 19.951 \text{ m}^3$，$W_y = 107.635 \text{ m}^3$，$A = 42.6 \text{ m}^2$，所以地基承载力为

$$P_{\min}^{\max} = \left(\frac{9\,415.41}{42.6} \pm \frac{141.61}{19.951} \pm \frac{1\,850.44}{107.653}\right)\text{kPa} = (221.02 \pm 7.10 \pm 17.19)\text{kPa}$$
$$< 2\,000 \text{ kPa}(满足要求)$$

(2)按表 14-8、表 14-9 荷载组合（二）。

$N = 3\,291.12 + 5\,416.23 + 708.06 = 9\,415.41(\text{kN})$，$M_x = 1\,719.01\ \text{kN} \cdot \text{m}$，$M_y = 1\,850.44\ \text{kN} \cdot \text{m}$，

$W_x = 19.951\ \text{m}^3$，$W_y = 107.635\ \text{m}^3$，$A = 42.6\ \text{m}^2$，所以地基承载力为

$$P_{\min}^{\max} = \frac{9\,451.41}{42.6} \pm \frac{1\,719.01}{19.951} \pm \frac{1\,850.44}{107.653} = 221.02 \pm 86.16 \pm 17.19$$

$$= < 1.25 \times 2\,000(\text{kPa})(\text{满足要求})$$

按地基承受作用短期作用合作(二)时，地基承载力应乘以抗力系数 1.25。

(七)桥墩稳定性验算

桥墩抗倾覆稳定性和抗滑稳定性在此仅作短期作用组合(二)纵向受力验算。

1. 抗倾覆稳定性验算

抗倾覆稳定系数为：

$$k_0 = \frac{s}{e_0}$$

其中

$$e_0 = \frac{\sum p_i e_i + \sum H_i h_i}{\sum p_i} = \frac{141.16 + 1\,577.4}{9\,583.3} = 0.179\,(\text{m})$$

s 为在截面重心至合力作用点的延长线上，自截面重心至验算倾覆轴的距离，取 2.186 m。
所以抗倾覆稳定系数为：

$$k_0 = \frac{2.186}{0.179} = 12.21 > 1.3(\text{满足要求})$$

2. 抗滑稳定性验算

$$k_c = \frac{\mu \sum p_i + \sum H_i p}{\sum H_{ia}}$$

μ 为基础与地基摩擦系数，由表 14-5 取为 0.65，所以

$$k_c = \frac{\mu \sum p_i + \sum H_i p}{\sum H_{ia}} = \frac{0.65 \times (3\,291.12 + 5\,416.23) + 165}{165} = 35.30 > 1.3(\text{满足要求})$$

第三节　桩柱式桥墩的计算

桩柱式桥墩的计算包括盖梁和桩柱两部分。

一、盖梁计算

1. 计算图式

(1)盖梁的刚度与桩柱的刚度比大于 5 时，双柱式桥墩按简支梁或悬臂梁计算，多柱式桥墩按连续梁计算。

(2)当盖梁计算跨径与梁高之比，对简支梁大于 2、小于或等于 5，对连续梁或刚构大于 2.5、小于或等于 5 时，按相关规范规定作为一般构件计算。

(3)当盖梁的刚度与桩柱的刚度比小于 5，或桥墩承受较大横向力时，盖梁应作为横向框架的一部分进行验算。

2. 作用

主要有上部结构重力、支座反力、盖梁自重及活荷载(汽车荷载含冲击力)。

3. 计算方法

公路桥梁桩柱式墩大多采用双柱式，且盖梁与桩柱的刚度比往往大于5，所以通常都按简支梁或双悬臂梁计算。内力计算时，控制截面一般在支点和跨中，荷载纵横向分布的影响可参照装配式简支梁主梁梁肋内力计算方法予以考虑。

(1)荷载纵向分布的考虑：活荷载由上部结构通过支座传递给桥墩，所以计算时，首先作盖梁计算截面处上部结构支点反力影响线，然后作最不利布载，即可求得相应最大支座反力。

(2)荷载横向分布影响：首先作出盖梁控制截面的内力横向影响线，然后作最不利布载。当计算跨中正弯矩时，活荷载对称布置，当计算支点负弯矩时，活荷载非对称布置。

4. 注意事项

(1)盖梁内力计算时，可考虑桩柱支撑宽度对削减负弯矩尖峰的影响。

(2)桥墩沿纵向的水平力及当盖梁在纵桥向设置有两排支座时产生的上部结构活荷载偏心力将对盖梁产生扭矩，应予以考虑。

二、桩柱的计算

桩柱式桥墩一般可分为刚性和柔性两种。刚性桩柱式桥墩计算方法同重力式桥墩，柔性桩柱式桥墩受力与桥梁整体结构类型有关，目前国内橡胶支座应用较普遍。这种支座在水平力作用下可有微小的水平位移，一般按在节点处设水平弹簧支撑的计算图式，如图14-15所示。

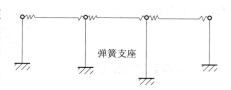

弹簧支座

图14-15 梁桥柔性桥墩计算图式

1. 外力计算

桥墩桩柱上的恒荷载有上部结构的恒荷载支反力、盖梁的力量及桩柱自重；桩柱承受的活荷载按设计荷载进行最不利加载计算，最后经永久作用、可变作用等组合，求得最不利的效应组合设计值。桥墩的水平力有温度作用下支座摩阻力和汽车制动力等。

2. 内力计算

随着计算机技术的普及与应用，目前桩柱计算广泛采用有限元法，按桩、土、柱、梁等上、下部结构联合计算，这是一种最合理、最准确、最为简便的方法。对于柔性墩简支梁桥，一次迭代法和三推力方程法方便手算也不太复杂，所以仍然使用。而集成刚度法和柔度传递法主要用于柔性墩连续梁桥计算。

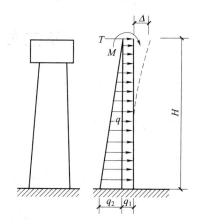

图14-16 桥墩弹性水平位移

3. 墩顶位移计算

柔性墩墩顶位移验算必不可少。在不考虑桩基变位影响时，等截面桥墩由于墩顶承受弯矩M、水平力T及沿墩高梯形分布的水平荷载所引起的墩顶位移可按下式计算(图14-16)：

$$\Delta = 1/E_c I \left(\frac{1}{2}MH^2 + \frac{1}{3}TH^3 + \frac{1}{8}q_1 H^4 + \frac{1}{30}q_2 H^4 \right) \tag{14-17}$$

式中 M——作用在墩顶的弯矩（MPa），包括制动力和永久作用、可变作用偏心等引起的弯矩；

  T——作用在墩顶的水平力（kN）；

  q_1——由于风荷载等沿墩高均匀分布的水平分力（kN）；

  q_2——由于风荷载和其他水平外力沿墩高成三角形分布的水平荷载（墩顶为零，基础顶面为 q_2）（kN）；

  I，E_c——桥墩截面材料的截面惯性矩（m⁴）、抗压弹性模量（MPa）；

  H——桥墩高度。

对于变截面桥墩顶水平位移，可用近似计算公式：

$$\Delta = 1/E_c I[MH^2(1/2+k/3)+TH^2(1/3+k/6)+ \\ q_1 H^4(1/8+k/24)+q_2 H^4(1/30+k/144)] \tag{14-18}$$

其中 $k=\dfrac{1-I_{1/2}}{I_{1/2}}$

式中 I——桥墩底截面惯性矩；

  $I_{1/2}$——桥墩墩高 1/2 处截面惯性矩；

式中其他符号意义同前。

计入桩基变位（水平位移 Δ_0、转角 φ_0），则桥墩顶总的水平位移为

$$\Delta_总 = \Delta_总 + \Delta_0 + \varphi_0 H + \Delta \tag{14-19}$$

4. 桩基础计算

桩基础计算请参教材《土力学与地基基础》及其他有关书籍。

第十五章 桥台计算

· 学习要点 ·

本章主要介绍了梁桥、拱桥桥台的作用、作用布置及其作用效应组合，通过示例着重介绍了重力式桥台的计算方法：拟定桥台各部分尺寸、进行作用布置与作用效应组合，计算台身各截面的内力、验算台底和台口截面承载力和地基承载力和偏心距、验算桥台倾覆和滑动稳定性。

第一节　重力式桥台的计算

一、桥台计算作用的特点

重力式桥台与重力式桥墩相比，其计算作用基本相同，不同的主要是桥台要考虑车辆荷载引起的土侧压力，而桥墩无须考虑，以及桥台无须考虑纵、横向风荷载，流水压力、冰压力、船只或漂浮物的撞击等，但桥墩需要考虑。

台后土侧压力，一般按主动土压力计算，其大小与土的压实程度有关。在计算桥台前端的最大应力、向桥孔一侧的偏心和向桥孔方向的倾覆与滑动时，台后填土按尚未压实考虑(摩擦角取小值)；当计算桥台后端的最大应力、向路堤一侧的偏心和向路堤方向的倾覆与滑动时，则台后填土按已经压实考虑(摩擦角取较大值)。土压力的计算范围，当验算台身和地基承载力时，计算基础顶至桥台顶面范围内的土压力；当验算桥台稳定性时，计算基础底至桥台顶面范围的土压力。

二、作用布置与作用效应组合

(一)梁桥桥台的作用布置及组合

1. 作用布置(只考虑顺桥向)

(1)在桥跨结构上布置车辆荷载，设温度下降，制动力向桥孔方向，并考虑台后土侧压力[图 15-1(a)]。

(2)在台后破坏棱体上布置车辆荷载，设温度下降，并考虑台后土侧压力[图 15-1(b)]。

(3)在桥跨结构上和台后破坏棱体上都布置车辆荷载(当桥台尺寸较大时，还要考虑在桥跨结构上、台后破坏棱体上和桥台上同时布置车辆荷载的情况)，设温度下降，制动力向桥孔方向，并考虑台后土侧压力[图 15-1(c)]。

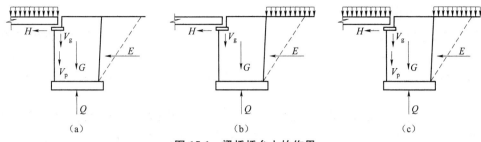

图 15-1 梁桥桥台上的作用

2. 作用效应组合

根据上述的作用布置，可进行如下几种的作用组合（只列出第一种和第二种情况的组合）：

(1)上部结构重力＋计算截面以上桥台重力＋浮力＋土侧压力（此组合是验算地基受永久作用时的合力偏心距）。

(2)上部结构重力＋计算截面以上桥台重力＋浮力＋作用在桥跨结构上的汽车荷载和人群荷载＋土侧压力。

(3)上部结构重力＋计算截面以上桥台重力＋浮力＋作用在桥跨结构上的汽车荷载和人群荷载＋土侧压力＋制动力＋温度作用。

(4)上部结构重力＋计算截面以上桥台重力＋浮力＋作用在桥跨结构上的汽车荷载和人群荷载＋土压力＋支座摩阻力。

(5)上部结构重力＋计算截面以上桥台重力＋浮力＋土侧压力（包括作用在破坏棱体上的汽车荷载所引起的土侧压力）。

(6)上部结构重力＋计算截面以上桥台重力＋浮力＋土侧压力（包括作用在破坏棱体上的汽车荷载所引起的土侧压力）＋支座摩阻力。

(7)上部结构重力＋计算截面以上桥台重力＋浮力＋土侧压力（包括作用在破坏棱体上的汽车荷载所引起的土侧压力）＋温度影响力。

(二)拱桥桥台的作用布置及组合

1. 作用布置(只考虑顺桥向)

(1)在桥跨结构上布置车辆荷载，使拱脚水平推力 H_P 达到最大值，设温度上升，制动力向路堤方向，并考虑台后土侧压力、拱圈材料收缩力（图 15-2）。

(2)在台后破坏棱体上布置车辆荷载，设温度下降，并考虑台后土侧压力、拱圈材料收缩力（图 15-3）。

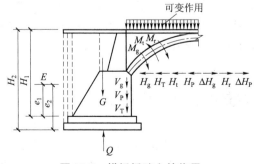

图 15-2 拱桥桥跨上的作用

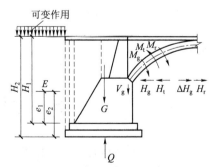

图 15-3 拱桥桥台后的作用

2. 作用效应组合

（1）上部结构重力＋计算截面以上桥台重力＋浮力＋土侧压力＋混凝土收缩作用（此组合是验算地基承受永久作用时的合力偏心距）。

（2）上部结构重力＋计算截面以上桥台重力＋浮力＋作用在桥跨结构上的汽车荷载和人群荷载＋土侧压力＋混凝土收缩作用。

（3）上部结构重力＋计算截面以上桥台重力＋浮力＋作用在桥跨结构上的汽车荷载和人群荷载＋土侧压力＋混凝土收缩作用＋向路堤方向的制动力＋温度上升作用。

（4）上部结构重力＋计算截面以上桥台重力＋浮力＋土侧压力（包括作用在破坏棱体上的汽车荷载所引起的土侧压力）＋混凝土收缩作用。

（5）上部结构重力＋计算截面以上桥台重力＋浮力＋土侧压力（包括作用在破坏棱体上的汽车荷载所引起的土侧压力）＋混凝土收缩作用＋温度下降作用。

三、重力式 U 形桥台主要尺寸拟定

1. 梁桥 U 形桥台尺寸拟定

梁桥 U 形桥台（图 15-4）防护墙顶宽，对片石砌体不小于 50 cm；对块石、料石砌体及混凝土不小于 40 cm。前墙任一水平截面的宽度，不宜小于该截面至墙顶高度的 0.4 倍，背坡一般采用 5∶1～8∶1，前坡为 10∶1 或直立。侧墙顶宽一般为 60～100 cm，任一水平截面的宽度，对片石砌体不小于该截面至墙顶高度的 0.4 倍；对块石、料石砌体及混凝土不小于 0.35 倍，如桥台内填料为透水性良好的砂性土或砂砾，则上述两项可分别相应减为 0.35 和 0.3 倍。台帽和基础尺寸的拟定可参照桥墩进行。

2. 拱桥 U 形桥台尺寸拟定

拱桥 U 形桥台尺寸拟定同梁桥 U 形桥台相同，唯前墙背坡改为 2∶1～4∶1，前坡改为 20∶1～30∶1 或直立，前墙顶宽比梁桥大，其值可用经验公式 $b=0.15L_0$ 估算（b 为起拱线至前墙背坡顶间的水平距离）。

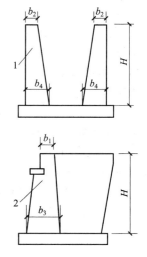

图 15-4　梁桥 U 形桥台尺寸
1—侧墙；2—前墙

四、桥台强度、偏心和稳定性验算

桥台台身承载力、偏心距和地基土承载力、偏心距验算，以及桥台稳定性验算和桥墩相同。如果 U 形桥台两侧墙宽度不小于同一水平截面前墙全长的 0.4 倍时，桥台台身截面承载力验算应把前墙和侧墙作为整体考虑其受力，否则，台身前墙应按独立的挡土墙进行验算。

第二节　梁桥轻型桥台的计算特点

为了防止桥台受路堤的土侧压力而向河中方向移动，通常利用桥跨结构和底部支撑梁作为桥台与桥台或桥墩与桥台之间的支撑，形成四铰框架体系。这类桥台计算内容主要包括以下几项：

（1）将桥台视为在顺桥向纵向竖直平面内上下端铰支，承受竖向荷载和横向荷载作用的竖梁

（简支梁），验算墙身圬工的截面承载力和抗剪承载力。

（2）将台身和翼墙（包括基础）视作横桥向竖直平面内弹性地基上的短梁，验算桥台在该平面内的弯曲承载力。

（3）验算地基土承载力。

一、桥台作为竖梁时的承载力验算（按单位宽度）

这种情况的最不利作用状态是：桥跨上除结构恒荷载外无荷载，台背填上破坏棱体上布置车辆荷载。其计算图式如图 15-5 所示。

1. 台后主动土压力计算

（1）单位台宽由填土本身引起的土压力 E_T 呈三角形公布，其计算公式为

$$E_T = \frac{1}{2}\gamma H_2^2 \tan^2\left(45° - \frac{\varphi}{2}\right) \quad (15\text{-}1)$$

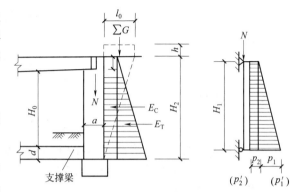

图 15-5　土压力及计算图式

（2）单位台宽由车辆荷载引起的土压力 E_C 呈均匀分布，其计算公式为

$$E_C = \gamma H_2 h \tan^2\left(45° - \frac{\varphi}{2}\right) \quad (15\text{-}2)$$

（3）单位台宽总宽总的土压力 E：

$$E = E_T + E_C \quad (15\text{-}3)$$

（4）等代土层厚度 h：

$$h = \frac{\sum G}{Bl_0 \times \gamma} \quad (15\text{-}4)$$

式中　γ——台后填土容重；

　　　φ——土的摩擦角；

　　　$\sum G$——布置在 Bl_0 面积内的车轮重；

　　　B——桥台计算宽度；

　　　l_0——台后填土的破坏棱体长度。

$$l_0 = H_2 \tan^2\left(45° - \frac{\varphi}{2}\right) \quad (15\text{-}5)$$

2. 台身内力计算

1）计算图式。台身按上下铰接的简支梁计算。如图 15-5 所示，对于有台背桥台，因上部结构桥台台背间的缝隙已用砂浆填实，保证有牢靠的支撑作用，因此，台身作简支梁计算。其计算跨径一般情况下为

$$H_1 = H_0 + \frac{1}{2}d + \frac{1}{2}c \quad (15\text{-}6)$$

式中　H_0——桥跨结构与支撑梁间的净距；

　　　d——支撑梁的高度；

　　　c——桥台背墙的高度。

对于无台背的桥台：

$$H_1 = H_0 + \frac{d}{2} \tag{15-7}$$

当验算桥台抗剪时：

$$H_1 = H_0 \tag{15-8}$$

2)内力计算。在计算截面弯矩 M 时，轴力 N 的影响忽略不计，而是放在承载力验算中考虑。其跨中截面弯矩为

$$M = \frac{1}{8} P_2 H_1^2 + \frac{1}{16} P_1 H_1^2 \tag{15-9}$$

台帽顶部截面的剪力为：

$$Q = \frac{1}{2} P_2' H_0 + \frac{1}{3} P_1' H_0 \tag{15-10}$$

支撑梁顶面处剪力为：

$$Q = \frac{1}{2} P_2' H_0 + \frac{2}{3} P_1' H_0 \tag{15-11}$$

式中　P_1，P_2——受弯计算跨径 H_1 处的土压力强度；

　　　　P_1'，P_2'——受剪计算跨径 H_0 处的土压力强度。

3. 截面承载力验算

按《公路桥涵设计通用规范》(JTG D60—2015)有关公式进行跨中截面的抗压承载力和支点截面的抗剪承载力验算。其中计算截面的垂直力为

$$N = N_1 + N_2 + N_3 \tag{15-12}$$

式中　N_1——上部结构重力引起的支点反力；

　　　　N_2——台帽重力；

　　　　N_3——计算截面以上部分的台身重力。

二、桥台在横桥向竖直平面内的弯曲验算

轻型桥台竖向荷载作用下在本身平面内发生弯曲的程度与地基的变形系数 α 有关。当桥台长度 $L > 4/\alpha$ 时，把桥台当做支撑在弹性地基上的无限长梁计算；当 $L < 1.2/\alpha$ 时，把桥台当做支撑在弹性地基上的刚性梁计算；当 $4/\alpha > L > 1.2/\alpha$ 时，把桥台当做支撑在弹性地基上的短梁计算。通常情况下，轻型桥台的长度都在 $4/\alpha$ 和 $1.2/\alpha$ 之间，即属于弹性地基短梁。

弹性地基短梁计算方法介绍如下：

设梁上作用有对称的均布荷载，则梁的最大弯矩产生在中点，其计算公式为

$$M = \frac{p}{\alpha^2} \frac{B_{B_1} C_{L/2} - C_{B_1} B_{L/2}}{A_{L/2} B_{L/2} + 4 C_{L/2} D_{L/2}} \tag{15-13}$$

式中　α——变形系数，$\alpha = \sqrt[4]{K_0 b/(4EI)}$；

　　　　A——函数值，$A = \mathrm{ch}ax\cos ax$；

　　　　B——函数值，$B = (\mathrm{ch}ax\sin ax + \mathrm{sh}ax\cos ax)/2$；

　　　　C——函数值，$C = (\mathrm{sh}ax\sin x)/2$；

　　　　D——函数值，$D = (\mathrm{ch}ax\sin ax - \mathrm{sh}ax\cos ax)/4$；

　　　　p——作用在桥台上的均布荷载(含桥跨结构重力荷载和车辆换算荷载)；

　　　　K_0——地基土弹性抗力系数，一般由试验确定；无试验资料时，可按表 15-1 查用；

　　　　b——地基梁宽度，即桥台基础宽度；

　　　　E——地基梁(桥台)弹性模量；

I——纵桥向竖剖面的惯性矩，假定整个地基梁的 I 值不变；

B_1——函数脚本，表示 $x=B_1$，αx 的函数值；

$L/2$——函数脚本，表示 $x=L/2$，αx 的函数值。

表 15-1　非岩石类土的弹性抗力系数

序号	土 的 分 类	$K_0/(\text{kN} \cdot \text{m}^{-3})$
1	流塑黏性土 $l_L \geq 1$ 淤泥	100 000～200 000
2	软塑黏性土 $1 > l_L \geq 0.5$ 粉砂	200 000～450 000
3	硬塑黏性土 $0.5 > l_L \geq 0$，细砂，中砂	450 000～650 000
4	坚硬、半坚硬黏性土 $l_L < 0$，粗砂	650 000～1 000 000
5	砾砂、角砾砂、圆粒砂、碎石、卵石	1 000 000～1 300 000
6	密实粗砂夹卵石	1 300 000～2 000 000

三、地基承载力计算

桥台的基底应力为桥台重力引起的应力与桥跨结构车辆荷载引起的应力之和。桥台重力引起的基底应力 σ_1 计算系假定桥台因重力不发生弯曲，如图 15-6 所示。

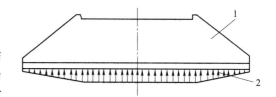

图 15-6　桥台重力引起的基底应力分布

1—台身翼墙；2—地基反力

桥跨结构和车辆荷载引起的基底最大应力（中点）σ_2 可按下式计算：

$$\sigma_2 = \frac{p}{b}\left[\frac{1+\cos\alpha l}{\text{sh}\alpha l + \sin\alpha l}\right]\text{sh}\alpha\alpha\cos\alpha\alpha + \frac{\text{ch}\alpha l + 1}{\text{sh}\alpha l + \sin\alpha l} \cdot \text{ch}\alpha\alpha\sin\alpha\alpha + 1 - \text{ch}\alpha\alpha\cos\alpha\alpha \qquad (15\text{-}14)$$

式中　b——基础宽度；

$\quad\quad\alpha$——桥中心线至分布荷载边缘的距离；

式中其余符号意义同前。

桥台基底总应力：

$$\sigma = \sigma_1 + \sigma_2 \leq [\sigma] \qquad (15\text{-}15)$$

$[\sigma]$——地基土容许承载力。

第五篇　涵洞

第十六章　涵洞的类型与构造

· 学习要点 ·

掌握涵洞的分类、涵洞洞身及洞口构造、涵洞勘测设计的主要内容。

第一节　涵洞的分类

一、按建筑材料分类

(1)石涵：包括石盖板涵和石拱涵。石涵造价、养护费用低，节省钢材和水泥，在产石地区应优先考虑采用石涵。

(2)混凝土涵：可现场浇筑或预制成拱涵、圆管涵和小跨径盖板涵。该种涵洞节省钢材，便于预制，但损坏后修理和养护较困难。

(3)钢筋混凝土涵：可用于管涵、盖板涵、拱涵和箱涵。钢筋混凝土涵涵身坚固，经久耐用，养护费用少。管涵、盖板涵安装运输便利，但耗钢量较多，预制工序多，造价较高。

(4)砖涵：主要指砖拱涵。砖涵便于就地取材，但强度较低。在水流含碱量大或冰冻地区不宜采用。

(5)其他材料涵洞：有陶瓷管涵、铸铁管涵、波纹管涵以及石灰三合土拱涵等。

二、按构造形式分类

(1)管涵：受力性能和对地基的适应性能较好，不需墩台，圬工数量少，造价低。

(2)盖板涵：构造简单，易于维修。有利于在低路堤上修建。跨径较小时可用石盖板，跨径较大时可用钢筋混凝土盖板。

(3)拱涵：适宜于跨越深沟或高路堤时采用。拱涵承载能力大，砌筑技术容易掌握。

(4)箱涵：适宜于软土地基。箱涵整体性强，但用钢量多，造价高，施工较困难。

三、按洞顶填土情况分类

(1)明涵：洞顶不填土，适用于低路堤，浅沟渠。

(2)暗涵：洞顶填土大于 50 cm，适用于高路堤，深沟渠。

四、按水力性能分类

(1)无压力式涵洞：进口水流深度小于洞口高度，水流流经全涵保持自由水面。

(2)半压力式涵洞：进口水流深度大于洞口高度，但水流仅在进口处充满洞口，在涵洞其他部分都是自由水面。

(3)有压力式涵洞：涵前壅水较高，全涵内充满水流，无自由水面。

(4)倒虹吸管：路线两侧水深都大于涵洞进出水口高度，进出水口设置竖井，水流充满全涵身。

第二节　涵洞的洞身和洞口构造

涵洞是由洞身及洞口建筑组成的排水构造物。洞身承受活荷载压力和土压力并将其传递给地基，它应具有保证设计流量通过的必要孔径，同时本身要坚固而稳定。洞口建筑连接着洞身及路基边坡，应与洞身较好地衔接并形成良好的泄水条件。位于涵洞上游的洞口称为进水口，位于涵洞下游的洞口称为出水口。

一、洞身构造

(一)洞身的组成

1. 管涵

圆管涵洞身主要由各分段圆管节和支撑管节的基础垫层组成(图 16-1)。当整节钢筋混凝土圆管涵无铰时，称为刚性管涵。刚性管涵在横断面上是一个刚性圆环。管壁内钢筋有内外两层，钢筋可加工成一个个的圆圈或螺旋筋(图 16-2)。当管节沿横截面圆周对称加设四个铰时，称为四铰管涵。铰通常设置在弯矩最大处，即涵洞两侧和顶部、底部(图 16-3)。由于四铰涵有铰的作用，降低了管节的内力。四铰涵是一个几何可变结构，只有当竖向作用力和横向作用力互相平衡时方能保持其形状。

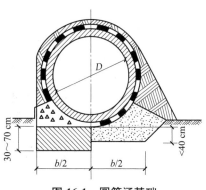

图 16-1　圆管涵基础

因此，要求四铰涵四周的土具有相同的性质。为此，四铰管涵可布置在天然地基或砂垫层上。

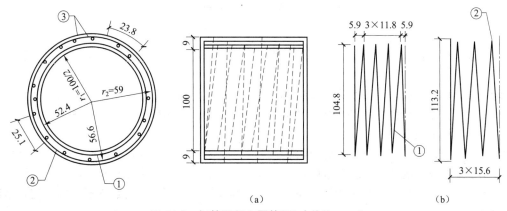

(a)

(b)

图 16-2　钢筋混凝土圆管(尺寸单位：cm)

(a)纵剖面；(b)螺旋主筋

圆管涵常用孔径 d_0 为 75 cm、100 cm、125 cm、150 cm、200 cm，对应的管壁厚度 δ 分别为 8 cm、10 cm、12 cm、14 cm、15 cm。基础垫层厚度 t 根据基底土质确定，当为卵石、砾石、粗中砂及整体岩石地基时，$t=0$；当为粉质砂土、黏土及破碎岩层地基时，$t=15$ cm；当为干燥地区的黏土、粉质黏土、粉质砂土及细砂的地基时，$t=30$ cm。

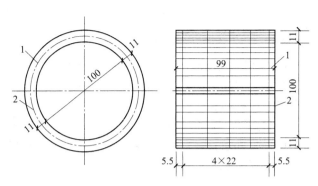

图 16-3　四铰圆管(尺寸单位：cm)
1—受力钢筋；2—分布钢筋

2. 盖板涵

盖板涵洞身由涵台(墩)、基础和盖板组成(图 16-4)。盖板有石盖板及钢筋混凝土盖板等。

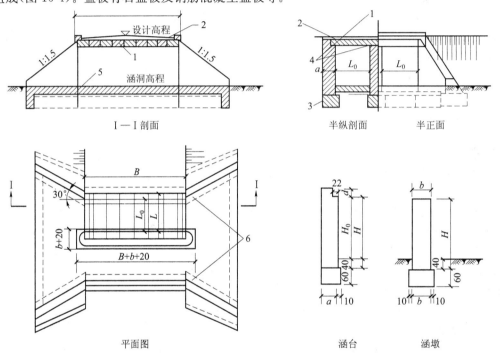

I—I剖面　　　半纵剖面　　半正面

平面图　　　涵台　　涵墩

图 16-4　盖板涵构造图(尺寸单位：cm)
1—盖板；2—路面；3—基础；4—砂浆垫平层；5—铺砌；6—八字墙

钢筋混凝土盖板涵跨径 L_0 为 150 cm、200 cm、250 cm、300 cm、400 cm，相应的盖板厚度 d 为 15～22 cm。

圬工涵台(墩)的临水面一般采用垂直面，背面采用垂直或斜坡面，涵台(墩)顶面可做成平面，也可做成 L 形，借助盖板的支撑作用来加强涵台的稳定。同时，在台(墩)帽内预埋栓钉，使盖板与台(墩)加强连接。

基础有分离式(即涵台基础与河底铺砌分离)和整体式(即涵台基础与河底连成整体)两种，前者适用于地基较好的情况，后者适用于地基较差的情况。当基础采用分离式时，涵底铺砌层下应垫 10 cm 厚的砂垫，并在涵台(墩)基础与涵底间设纵向沉降缝。为加强涵台的稳定，基础顶面间设置支撑梁数道。

3. 拱涵

拱涵洞身主要由拱圈和涵台(墩)组成(图 16-5)。拱圈一般采用等截面圆弧拱。跨径 L_0 为 100 cm、150 cm、200 cm、250 cm、300 cm、400 cm，相应拱圈厚度 d 为 25~35 cm。涵台(墩)临水面为竖直面，背面为斜坡，以适应拱脚较大水平推力的要求。基础有整体式和分离式两种。

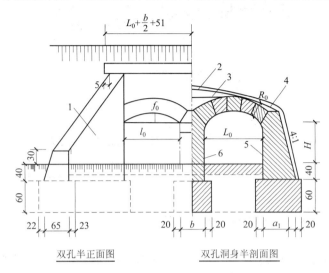

图 16-5 拱涵构造(尺寸单位：cm)

1—八字翼墙；2—胶泥防水层；3—拱圈；4—护拱；5—台身；6—墩身

(二)洞身分段及接头处理

洞身较长的涵洞沿纵向应分成数段，分段长度一般为 3~6 m，每段之间用沉降缝分开，基础也同时分开。涵洞分段可以防止由于荷载分布不均及基底土壤性质不同引起的不均匀沉降，避免涵洞开裂。沉降缝的设置是在缝隙间填塞浸涂沥青的木板或浸以沥青的麻絮。对于盖板暗涵和拱涵，应再在全部盖板和拱圈顶面及涵台背坡均填筑厚 15 cm 的胶泥防水层。对于圆管涵则应在外面用涂满热沥青的油毛毡圈裹两道，再在圆管外圈填筑厚 15 cm 的胶泥防水层。

(三)山坡涵洞洞身构造

山坡涵洞的洞底坡度大，一般为 10%~20% 或更大一些。洞底纵坡主要由进水口和出水口处的标高决定。洞身的布置视底坡大小有以下几种形式。

1. 跌水式底槽(适用于底坡小于 12.5%)

底槽的总坡度等于河槽或山坡的总坡度。洞身由垂直缝分开的管节组成，每节有独立的底面水平的基础(图 16-6)。后一节比前一节垂直降低一定高度，使涵洞得到稳定。为了防止因管节错台在拱圈或盖板间产生缝隙，错台厚度不得大于拱圈或盖板厚度的 3/4[图 16-6(a)]。当相邻两节的高差大于涵顶厚度时，需加砌挡墙[图 16-6(b)]，但两节间高差也不应大于 0.7 m 或 1/3 涵洞净高，以保证泄水断面不受过大的压缩。管节的长度一般不小于台阶高度的 10 倍。若小于 10 倍时，涵洞应按台阶跌水进行水力验算。做成台阶形的涵洞，其孔径应比按设计流量算出的孔径大些。

2. 急流坡式底槽(适用于坡度大于 12.5%)

当跌水式底槽每一管节的跌水高度太大，不能适应台阶长度的要求时，可建造急流坡式

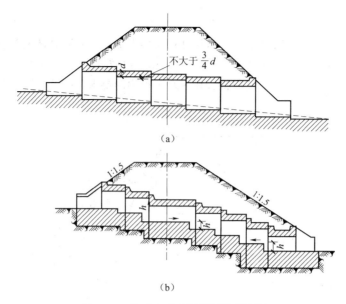

(a)

(b)

图 16-6　带跌水式底槽的涵洞纵断面

底槽。

急流坡式底槽坡度应等于或接近于天然坡度(图 16-7)。涵洞的稳定性主要靠加深管节基础深度来保证,其形式一般为齿形或台阶形。

3. 小坡度底槽

如果地质情况不好,不允许修建坡度较大的涵洞时,应改为小坡度底槽,在进出水口设置有消能设备的涵洞(图 16-8)。

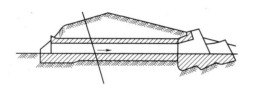

图 16-7　常急流坡式底槽的涵洞纵断面

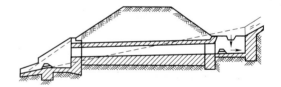

图 16-8　小坡度底槽的涵洞纵断面

二、洞口建筑

洞口建筑是由进水口和出水口两部分组成。洞口应与洞身、路基衔接平顺,并起到调节水流和形成良好流线的作用,同时使洞身、洞口(包括基础)、两侧路基以及上下游附近河床免受冲刷。另外,洞口形式的选定,还直接影响着涵洞的宣泄能力和河床加固类型的选用。

1. 正交涵洞的洞口建筑

常用的洞口形式有端墙式、八字式、走廊式和平头式四种。无论采用何种形式,洞口进出水口河床必须铺砌。

(1)端墙式。端墙式洞口由一道垂直于涵洞轴线的竖直端墙以及盖于其上的帽石和设在其下的基础组成[图 16-9(a)]。这种洞口构造简单,但泄水能力小,适用于流速较小的人工渠道或不易受冲刷影响的岩石河沟上。

(2)八字式。在洞口两侧设张开成八字形的翼墙[图 16-9(b)]。为缩短翼墙长度并便于施工,可将其端部建成平行于路线的矮墙。八字翼墙与涵洞轴线的夹角，按水力条件最适宜的角度设置，进水口为13°左右，出水口为10°左右。但习惯上都按30°设置。这种洞口工程数量小，水力性能好，施工简单，造价较低，因而是最常用的洞口形式。

(3)走廊式。走廊式洞口建筑是由两道平行的翼墙在前端展开成八字形或成曲线形构成的[图16-9(c)]。这种洞口使涵前壅水水位在洞口部分提前收缩跌落，可以降低涵洞的设计高度，提高了涵洞的宣泄能力。由于施工困难，目前较少采用。

(4)平头式。平头式又称领圈式。常用于混凝土圆管涵[图16-9(d)]。因为需要制作特殊的洞口管节，所以模板耗用较多。但它较八字式洞口可节省材料45%～85%，而宣泄能力仅减少8%～10%。

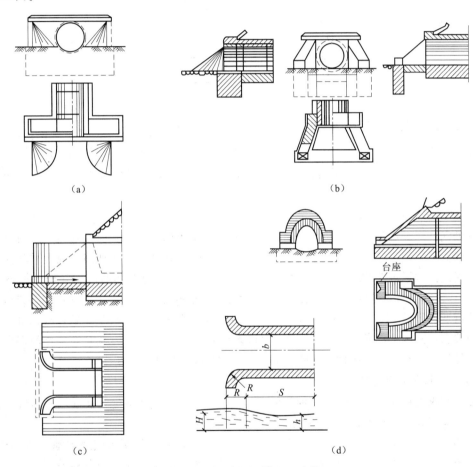

图16-9 正交涵洞的洞口建筑
(a)端墙式；(b)八字式；(c)走廊式；(d)平头式

2. 斜交涵洞的洞口建筑

(1)斜交斜做[图16-10(a)]。涵洞洞身端部与路线平行，此种做法称斜交斜做。此法费工较多，但外形美观且适应水流，较常采用。

(2)斜交正做[图16-10(b)]。涵洞洞口与涵洞纵轴线垂直，即与正交时完全相同。此做法构造简单。

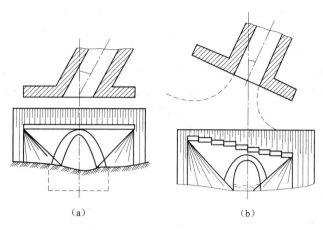

图 16-10　斜交涵洞的洞口建筑

(a)斜交斜做；(b)斜交正做

三、出水口河床加固处理方法

进出水口沟床加固处理是与涵洞本身设置的坡度和涵洞上下游河沟的纵向坡度有关，凡涵洞设置坡度小于临界坡度，上下游河沟纵向坡度也较小时，称为缓坡涵洞；反之，称为陡坡涵洞。

1. 缓坡涵洞进水口沟床加固

建涵处河沟纵坡小于10％且河沟顺直时，涵洞顺河沟纵向设置，此时涵前河沟纵坡有时稍作开挖与涵洞衔接，开挖后纵坡可略大于1∶10。新开挖部分是否需要加固，视土质和流速而定。涵前天然河沟纵坡为10％～40％时，涵洞仍按缓坡设置，此时涵前河沟开挖的纵坡可取1∶4～1∶10。除岩石地基外，新开挖的沟底和沟槽侧向边坡均须采取人工加固，加固类型主要根据水流流速确定(图16-11)。由于涵前沟底纵坡较大，水流在进口处产生水跃，故在进口前应设置一段缓坡，其水平距离为(1～2)L_0(L_0为涵洞孔径，以 m 计)。当水流挟带泥沙较多时，可在进水口处设深约0.5 m的沉沙池，既能沉淀泥沙，又可以起到消能作用。

2. 陡坡涵洞进水口沟床加固

涵前河沟纵坡较陡，但小于50％时，涵洞可按陡坡设置，涵底坡度与涵前沟底纵坡可直接平顺衔接。除了人工铺砌外，无须采取其他措施。

当涵前河沟纵坡大于50％且水流流速很高时，进口处须设置跌水或消力池、消力槛等，以减缓水流，削弱水能。上游沟槽开挖纵坡率视河沟地质情况确定，以保证土体不致滑动。图16-12(a)所示为上游沟槽铺砌加固成梯形截面；图16-12(b)所示为上游沟槽铺砌加固成矩形截面，槽底每隔1.5～2 m设防滑墙一道。

3. 缓坡涵洞出水口处理

坡度 $i \leqslant 15$％的天然河沟上设置缓坡涵底(洞底坡度小于5％)，出水口流速不大，下游洞口河床可采用一般铺砌形式，在铺砌末端设置截水墙。无压力式涵底下游，为了减小水流速度，可视情况与涵底出水口铺砌相结合分别设置一级、二级或三级挑坎。

4. 陡坡涵洞出水口处理

当天然沟槽纵坡大于15％时，须设置陡坡涵洞。陡坡涵洞出水口一般可采用八字翼墙，同

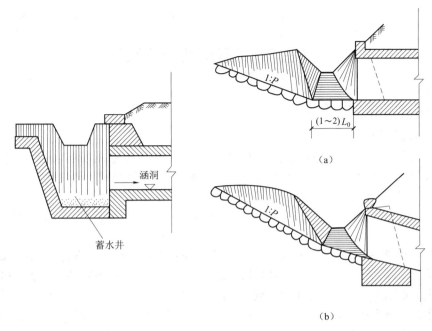

图 16-11　涵洞进水口沟底及沟槽边坡加固

时视地形、地质和水力条件，采用急流槽、跌水、消力池、消力槛、人工加糙等消能设施。其具体形式和彼此衔接方式根据水力计算确定，图 16-13 所示为两种出水口布置形式。

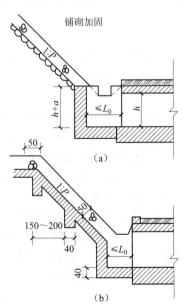

图 16-12　陡坡涵进水口的跌水措施
（尺寸单位：cm）

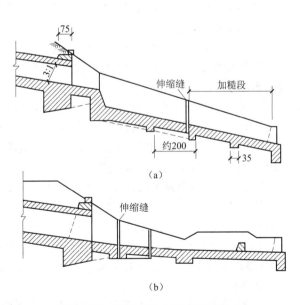

图 16-13　陡坡涵出水口的布置形式
（尺寸单位：cm）

第三节　涵洞勘测设计

一、涵洞的野外勘测

1. 涵洞位置的确定

小桥涵位置原则上应服从路线走向。桥涵中心桩号可根据已定的路线走向及水流流向确定，同时用方向架或有度盘的水准仪，测量桥涵与路线的夹角。下列位置一般应设置涵洞：

(1)一沟一涵。凡路线跨越明显的干沟、小溪时，原则上均应设涵。

(2)农田灌溉涵。路线经过农田，跨越灌溉用渠，为了不致因修路而影响农田灌溉，必须设置灌溉涵。

(3)路基边沟排水涵。山区公路的傍山线，为了排除路基内侧边沟的流水，通常每隔 200～400 m 应设置一道涵洞，其具体位置可根据路线纵、横断面及实际地形情况设置。如在设置截水沟的地段，截水沟排水出口处应设置涵洞；路线的转角较大(大于 90°)，曲线半径又比较小，进入弯道前的纵坡大于 4%，坡长在 200 m 内又无别的排水涵洞，在弯道地点附近应设置涵洞；由路线的陡坡段过渡到缓坡段，在此 200 m 内又无其他涵洞，在变坡点附近应设置涵洞。

(4)路线交叉涵。当路线与铁路、公路、机耕道平面交叉时，为了不使边沟流水受阻，同时不致冲坏相交路线的路基，一般应设排水涵。

(5)其他情况。路线通过积水洼地、池塘、泥沼地带时，为沟通公路两侧水位应设置涵洞。路线穿越村镇时，应保证地面排水畅通，也可设置涵洞。

2. 水文资料调查

小桥涵水文资料调查的目的是为确定设计流量和孔径计算提供所需的资料，具体调查内容根据所采用的水文计算方法来确定。公路小桥涵常采用的水文计算方法有形态调查法、径流形成法和直接类比法。

(1)形态调查法。形态调查法是通过调查河槽形态断面、平均流速及洪水或然率等资料来确定设计流量的方法。主要调查内容有：通过访问当地居民，确定涵址附近不同年代较大洪水位及其或然率；河槽比降测定；形态断面布设及其测量，形态断面测量可用水准仪沿垂直河流方向施测，施测范围应测至洪水痕迹或高程特征点以上 1～2 m。天然流速测定，天然流速可用流速仪测定或用天然流速公式计算。形态断面布设及天然流速计算详见《桥涵水力水文》教材。

(2)直接类比法。直接类比法是从河流上下游原有小桥涵的使用情况来拟定新建小桥涵的设计流量和孔径的方法。其主要调查的内容有：原有桥涵的形式、孔径、墩台和进出口的类型，涵底纵坡，涵洞修建年月、目前使用情况、有无冲刷和淤积现象等。另外，尚需了解新建桥涵与原桥涵之间的距离，地质上有无明显差异，两涵汇水面积的差值等，据此拟定新建桥涵的设计流量和孔径。

(3)径流形成法。径流形成法通过调查汇水面积等资料来确定设计流量的方法。在公路测设前应首先搜集公路沿线 1∶10 000～1∶50 000 的地形图，在外业勘测期间勾绘出较大构造物的汇水面积。无地形图时，可利用平板仪实地测绘。在深入汇区进行勘测时，应将汇水区土壤的类属、植被情况以及水力化设施等情况进行测记，以供计算流量之用。

3. 河沟横断面测量

一般应沿路线方向测量涵址中线横断面。当河沟与路线斜交时，还应在涵位附近测量垂直河沟的断面，测绘范围一般在调查历史洪水位以上 1.0 m，或水面宽度以外 2~10 m。当沟形复杂，地形起伏较大，不宜布置洞口时，可在上下游纵面起伏较大处增测几个横断面。将这些断面套绘在一张米格纸上，以便检查涵位及其路线夹角是否合适，涵身与翼墙基础有无错位现象等。

4. 河沟纵断面及河沟比降测量

测量河沟纵断面主要是了解涵址附近河沟的纵坡情况，以便于计算流量、水位及考虑构造物的纵向布置。河沟纵断面测量应自涵位中桩沿涵洞中线方向分别向上下游施测，施测范围位上下游洞口外 20 m，遇有改沟、筑坝或设缓流设备等附属工程时，应适当延长。当采用形态调查法时，尚需测量河段比降，由于一般洪水位比降不易测到，所以可用常水位、低水位或沟底平均纵坡代替。其施测长度：在平原区，一般河沟上游测量 200 m，下游 100 m；在山区上游测量 100 m，下游 50 m，如有跌水陡坡时，还应将跌水陡坡测出。

5. 涵址平面示意图勾绘

为了便于内业设计时了解涵址附近的地形、地貌现状，当地形复杂、河流较弯曲、涵位与路线斜交、上下游河沟需改道等情况时，有必要勾绘出涵址平面示意图。勾绘时一般是先按比例绘好路线和涵洞方向的关系图，再用目测的方法将地形、地貌、地物等勾绘在示意图上。必要时，可用平板仪实测地形图。

6. 小桥涵地质调查

小桥涵地质调查的目的是了解桥涵基底土壤的承载能力、地质构造和地下水情况以及其对构造物的稳定性影响等，为正确选定桥涵及附属工程的基础类型和尺寸、埋置深度等提供有关资料。调查内容有：基底土壤类别与特征、有无不良地质情况、土壤冻结深度及水位地质对桥涵基础与施工有无影响等。调查方法常采用调查与挖探、钻探相结合。

(1)调查原有构造物基础情况。通过地质部门搜集各种有关的地质资料和附近原有构造物的基础情况，并详细记录河床地表土壤情况。

(2)挖探法。在沟底中心或两侧涵台附近开挖探坑，开挖深度一般不小于预定基底标高以下 1~2 m，开挖的同时应分层选取代表性土样进行试验。

(3)钻探法。一般用轻型螺钻，最大钻进深度为 5 m 左右，能取出扰动土样，可以判断土石类别及液性指数等。

二、涵洞设计

1. 涵洞设计的一般原则

(1)宜就地取材，尽量节约钢材。

(2)尽量套用标准设计，加快设计、施工进度。

(3)在同一段线路范围内尽量减少涵洞类型，以便大量集中制造，简化施工。

(4)充分考虑日后维修养护的方便。

(5)同一段线路的涵洞应做合理的布局，使全线桥涵能形成畅通无阻的、良好的排水系统。

(6)设计中应加强方案比选工作。除技术条件外，应充分考虑经济效益，节省投资。

2. 涵洞类型的选择

涵洞类型的选择应综合考虑以下因素：

(1)地形、地质、水文和水力条件。涵洞类型选择时应考虑水流情况、设计流量大小、路堤填方高度、涵前允许最大壅水高度、地基承载能力等。一般当设计流量在 10 m³/s 左右时，宜采用圆管涵；设计流量在 20 m^3/s 以上时，宜采用盖板涵；设计流量更大时，宜采用拱涵。当然，还应同时综合考虑路堤填方高度是否满足要求。地基情况较差时，可考虑采用箱涵。

(2)经济造价。因地区不同，涵洞造价往往差异很大。涵洞造价主要取决于材料的料场价格，其次是材料的运输费用和当地的人工、机具费用。

在盛产石料地区，应优先考虑石涵；在缺乏石料地区，可根据流量大小选用钢筋混凝土管涵、盖板涵和拱涵。

(3)材料选择和施工条件。涵洞材料选择要因地制宜，尽可能就地取材，优先考虑圬工结构，少用钢材。同时，应方便施工，一段线路上不宜采用过多类型的涵洞，便于集中预制，节省模板，保证质量，加快施工进度。

(4)养护维修。为便于养护，孔径不宜过小，洞身不宜过长。冰冻地区不宜采用倒虹吸管涵；否则，应在冻期前将管内积水排除，并将两端进口封闭。

3. 涵洞孔径的确定

根据设计流量确定涵洞的净跨径。在确定涵洞净跨径时，应结合涵洞净高综合考虑。根据计算的涵洞净跨径套用标准跨径。

《公路桥涵设计通用规范》(JTG D60—2015)规定的涵洞标准跨径有 75 cm、100 cm、150 cm、200 cm、250 cm、300 cm、400 cm 七种。

4. 涵洞布置

(1)涵洞的平面布置。涵洞的平面布置主要是解决好涵位及涵轴线与路线交角的问题。涵洞应尽量布置成正交。正交涵洞长度短，工程数量小，施工简便。当天然河道与路线斜交，但地形变化不大且水流较小时，可经过人工改河，仍设正交涵洞；但经过技术经济比较，不宜改河时，则只能采用斜交涵洞。斜交涵洞的斜交角通常取 5°为一级，以便利用标准图中的尺寸。

(2)涵洞的立面布置。

1)涵洞标高确定。涵洞顶面中心标高应服从路线纵断面要求，可从路线设计标高推算出来。涵底中心标高一般与天然沟床标高一致或略低一些。如果是老涵改建，涵底的标高应考虑涵洞进出口沟底标高，以此确定涵底中心标高。

2)涵底纵坡。涵底纵坡最好选用临界坡度，此时涵洞的排洪能力最大。但实际设计时，涵底纵坡通常根据沟底纵坡确定。最小纵坡不小于 0.4%，以防淤积；但也不大于最大坡度，以防涵底铺砌被冲毁。

3)涵底基础。设置在天然地基上的涵底基础，除岩石、砾石及粗砂地基外，其地基为冻胀性土时，均应将基底埋入冰冻线以下不小于 0.25 m。

当基底下有软土层时，为了将基础置于好土层上或需要人工加固地基时，往往需将基础埋置于较深的土层中。

当沟床坡度大于 5%时，涵底基础宜每隔 3～5 m 设置防滑横隔墙或把基础分段做成阶梯形(见山坡涵洞)。

在无冲刷处，涵洞基底除岩石地基外，一般应设在天然地面或河底面以下 1 m。如河床上有铺砌层时，一般宜设在铺砌层顶面以下 1 m。

5. 涵洞尺寸及工程数量

当涵洞选择标准跨径后，其细部尺寸及工程数量均可套用相应的标准图，使用时应注意以下几项：

(1)荷载应与标准图一致，不能大于标准图的规定。

（2）材料强度等级、地基承载力不能低于标准图的要求，否则应进行强度验算。

（3）当设计的墙身高与标准图不一致时，应选用标准图上大一级墙身所对应的各部分尺寸。

（4）当有些工程数量无法从标准图上查得时，应通过计算确定。

6. 洞口形式

涵洞的洞口形式应根据涵洞进出口的地形和流量大小确定。选定后，也可套用标准图。无论采用的是何种洞口形式，其进水口均须铺砌。

第十七章　涵洞的设计计算

· 学习要点 ·

掌握涵洞长度与洞口建筑工程数量的计算方法。

第一节　涵洞长度计算

一、正交涵洞长度计算

涵洞上游半部的长度和下游半部的长度并不相同,必须分别进行计算,由图 17-1 可得:

$$L_1 = B_1 + (H - a - iL_1)m + C$$

则

$$L_1 = \frac{B_1 + (H - a)m + C}{1 + im} \qquad (17\text{-}1)$$

同理得

$$L_2 = \frac{B_2 + (H - b)m + C}{1 - im} \qquad (17\text{-}2)$$

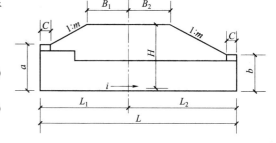

图 17-1　正交涵洞长度计算

式中　L_1,L_2——涵洞上、下游半部长度;

　　　　B_1,B_2——上、下游路基宽度;

　　　　a,b——进、出水口帽石顶面至基础顶面的高度;

　　　　C——帽石宽度;

　　　　H——路基边缘至涵底中心的距离。

二、斜交涵洞长度计算

1. 斜交斜做(洞口与路线平行)

由图 17-1 和图 17-2 可得:

$$L_1 \cos\alpha = B_1 + (H - a - iL_1)m + C$$

则

$$L_1 = \frac{B_1 + (H - a)m + C}{\cos\alpha + im} \qquad (17\text{-}3)$$

同理得

$$L_2 = \frac{B_2 + (H - b)m + C}{\cos\alpha - im} \qquad (17\text{-}4)$$

2. 斜交正做（洞口与洞身垂直）

由图 17-3 可得：

$$L_1 = A_1 + A_2 + \frac{B_1}{\cos\alpha} = C + \frac{d}{2}\tan\alpha + (H - a - iL_1)\frac{m}{\cos\alpha} + \frac{B_1}{\cos\alpha}$$

则

$$L_1 = \frac{B_1 + (H - a)m + \frac{d}{2}\sin\alpha + C\cos\alpha}{\cos\alpha + im} \tag{17-5}$$

同理得

$$L_2 = \frac{B_2 + (H - b)m + \frac{d}{2}\sin\alpha + C\cos\alpha}{\cos\alpha - im} \tag{17-6}$$

式中 　d——帽石长度。

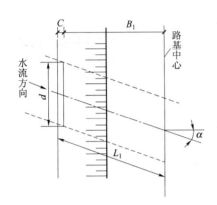

图 17-2　斜交斜做洞口的涵洞长度计算　　　　图 17-3　斜交正做洞口的涵洞长度计算

三、路基有超高加宽时正交涵洞的长度计算

1. i_1 和 i 方向一致时

由图 17-4 可得：

$$L_1 = B_1 + (H - a - iL_1 + i_1 B)m + C$$

则

$$L_1 = \frac{B_1 + (H - a + i_1 B)m + C}{1 + im} \tag{17-7}$$

$$L_2 = B_2 + W + (H - b + iL_2 - i_1 W)m + C$$

则

$$L_2 = \frac{B_2 + W + (H - b - i_1 W)m + C}{1 - im} \tag{17-8}$$

2. i_1 和 i 方向相反时

由图 17-5 可得：

$$L_1 = B_1 + W + (H - a - iL_1 - i_1 W)m + C$$

则

$$L_1 = \frac{B_1 + W + (H - a - i_1 W)m + C}{1 + im} \tag{17-9}$$

同理得

$$L_2 = B_2 + (H - b + iL_2 + i_1 B)m + C$$

则

$$L_2 = \frac{B_2 + (H - b + i_1 B)m + C}{1 - im} \tag{17-10}$$

四、涵洞与路线斜交，考虑路基纵坡影响时涵洞长度计算

由图 17-6 可得：

$$\Delta H = L_1 i_2 \sin\alpha$$

可得

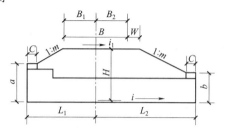 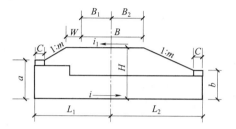

图 17-4　涵洞底坡与超高方向一致时　　　　图 17-5　涵洞底坡与超高方向相反时
　　　　涵洞长度计算　　　　　　　　　　　　　涵洞长度计算

$$L_1 = \frac{B_1 + (H - a - L_1 i_2 \sin\alpha)m + C}{\cos\alpha \pm im}$$

$$(\cos\alpha \pm im)L_1 + L_1 i_2 m\sin\alpha = B_1 + (H-a)m + C$$

则

$$L_1 = \frac{B_1 + (H-a)m + C}{\cos\alpha \pm im + i_2 m\sin\alpha} \qquad (17\text{-}11)$$

由式(17-4)可得

$$L_2 = \frac{B_2 + (H - b + L_2 i_2 \sin\alpha)m + C}{\cos\alpha \mp im}$$

$$(\cos\alpha \mp im)L_2 - L_2 i_2 m\sin\alpha = B_2 + (H-b)m + C$$

则

$$L_2 = \frac{B_2 + (H-b)m + C}{\cos\alpha \mp im - i_2 m\sin\alpha} \qquad (17\text{-}12)$$

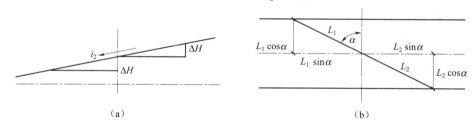

（a）　　　　　　　　　　　　　　（b）

图 17-6　考虑路基纵坡影响斜交斜做涵洞长度计算

(a)路基纵断面；(b)涵洞平面布置

第二节　洞口建筑工程数量计算

一、八字翼墙

1. 八字翼墙的布置形式

(1)涵洞轴线与路线正交时，八字翼墙布置成对称的正翼墙，即沿洞口向外扩散相同的 β

角。此时，β 角等于水流出入洞口的扩散角 θ，如图 17-7 所示。

（2）涵洞轴线与路线斜交时，八字翼墙一般采用斜布置（也有采用正布置）。斜布置的翼墙角度应根据斜度大小、地形和水文情况确定，如图 17-8 所示。θ 角为水流扩散角，β 为翼墙向外张角，α 为涵洞的斜度，则 $\beta_1 = \theta + \alpha$，$\beta_1$ 是正值，翼墙是正翼墙；$\beta_2 = \theta - \alpha$，是负值，翼墙是反翼墙。当 $\beta_2 = 0$ 时，$\theta = \alpha$，这时翼墙为最经济。

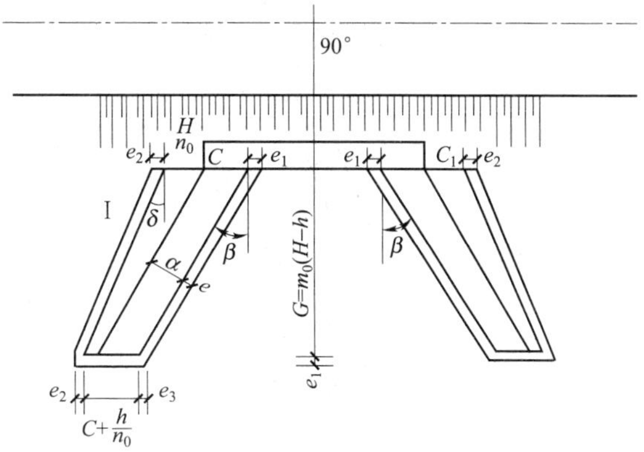

2. 翼墙的体积计算

图 17-7 正交涵洞的八字翼墙

（1）墙身体积。单个翼墙外形如图 17-9 所示，其体积为

$$V = \frac{1}{2} m_0 (H^2 - h^2) C + \frac{m_0}{6 n_0} (H^3 - h^3) \tag{17-13}$$

（2）墙基体积。单个翼墙（正翼墙和反翼墙）基础平面尺寸如图 17-10 所示，其体积为：

$$V = m_0 (C + e_1 + e_2)(H - h)d + \frac{m_0}{2 n_0}$$

$$(H^2 - h^2)d + \left[e_2 + (e_1 + e_3)\frac{1}{2} + C + \frac{h}{n_0} \right] ed \tag{17-14}$$

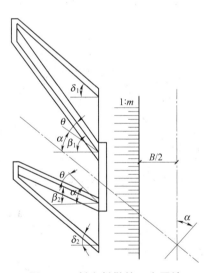

图 17-8 斜交斜做的八字翼墙

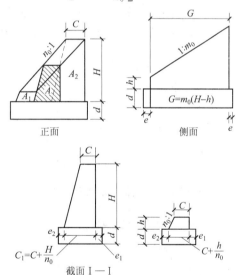

图 17-9 八字翼墙墙身体积计算

$$n_0^{\frac{正}{反}} = (n \pm \sin\beta/m)\cos\beta ;$$

$$\delta^{\frac{正}{反}} = \arctan(\tan\beta \mp 1/mn_0^{\frac{正}{反}}) ;$$

$$e_3^{正} = e(1 - \sin\beta)/\cos\beta ;$$

$$e_3^{反} = e(1 - \sin\delta_{反})/\cos\delta_{反} ;$$

（3）一个翼墙顶面面积：

$$A = C \sqrt{1 + m_0^2}(H - h) \tag{17-15}$$

213 ·

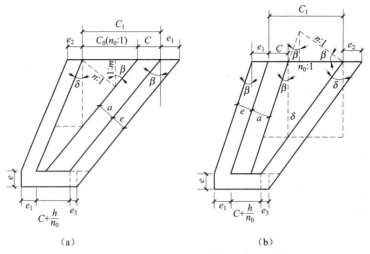

（a） （b）

图 17-10 正、反八字翼墙基础体积计算

二、锥形护坡

1. 锥形护坡的布置形式

（1）涵洞与路线正交时，其平面布置形式如图 17-11 所示。

（2）涵洞与路线斜交时，锥形护坡一般采用斜布置（也有采用正布置）。斜布置的锥形护坡角度应根据斜度大小确定，其平面布置形式如图 17-12 所示。

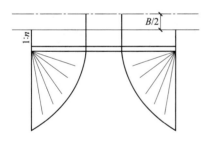

图 17-11 正交涵洞的锥形护坡

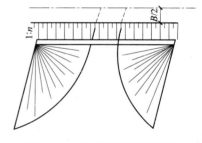

图 17-12 斜交斜做的锥形护坡

2. 一个锥形护坡的体积计算

（1）锥形护坡体积

1）片石砌体。单个锥形护坡外形如图 17-13 所示，其体积为：

$$V_1 = V_{\text{外}} - V_{\text{内}} = \frac{1}{12}\pi mn(H^3 - H_0^3)$$

（17-16）

式中 H_0——内锥平均高度，$H_0 = H - \sqrt{\alpha_0\beta_0}\,t$；

t——片石厚度；

α_0——$\alpha_0 = (\sqrt{1+m^2})/m$；

β_0——$\beta_0 = (\sqrt{1+n^2})/n$。

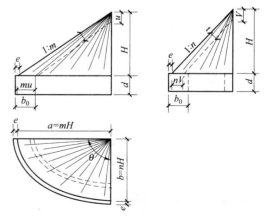

图 17-13 锥形护坡体积计算

2)砂砾垫层：

$$V \approx \frac{t_1}{t} V_1 \tag{17-17}$$

式中 t_1——砂砾垫层厚度。

3)锥心填土：

$$V_3 = V_外 - V_1 - V_2 \tag{17-18}$$

(2)锥坡基础体积。其值为椭圆周长的 1/4 和基础截面积的乘积，从图 17-13 可知：

$$V = \frac{S}{4} b_0 d = \frac{1}{4} \pi (a+b) K b_0 d = \frac{1}{4} K \pi [(m+n)H + 2e - b_0] b_0 d \tag{17-19}$$

式中 K——周长系数，其值可从表 17-1 中查得。

表 17-1　椭圆周长系数表

$\frac{a-b}{a+b}$	0.1	0.2	0.3	0.4	0.5	0.6	0.7	0.8	0.9	1.0
K	1.002 5	1.010 0	1.022 6	1.040 4	1.063 5	1.092 2	1.126 9	1.167 9	1.216 2	1.273 2

第六篇 桥梁施工技术

第十八章 桥梁施工准备与测量

• 学习要点 •

主要介绍国内外桥梁施工发展，桥梁施工方法的分类和选择，桥梁施工准备的内容以及桥梁施工测量。

第一节 概　　述

一、国内外桥梁施工发展概述

随着世界各国技术、经济的进步，交通视野有了很大的发展。交通量的猛增和人们物质化水平的提高，对道路和桥梁的要求也越来越高。就桥梁而言，主要表现在以下几个方面：

（1）对桥梁功能的要求越来越高。例如，桥梁的跨越能力、通过能力、承载能力及行车的舒适性等。

（2）对桥梁造型的艺术要求越来越高，特别是城市桥梁，往往作为城市的象征，其建筑造型成为重要的评价指标。

（3）对桥梁的环保要求越来越高。如行车污染和噪声限制。

（4）对桥梁的施工速度、施工质量和施工管理水平的要求普遍提高，施工中普遍采用大型施工机具、设备，以加快施工速度。

桥梁设计与施工应尽量做到经济实效、技术先进、安全舒适、美观实用、快速优质的要求。当前，桥梁施工技术的发展和进步主要表现在以下几个方面：

（1）对于中小跨径的桥梁构件更多地考虑工厂（场）预制，采用标准化设计的装配式结构。该方法有助于提高工业化的施工程度，施工质量高，施工速度快。目前，我国在简支体系的桥梁中普遍采用装配式结构，其中装配式简支 T 形梁跨径达到 50 cm。

（2）悬臂施工技术在大跨径桥梁中得到普遍应用，其施工效率较高，特别是预应力混凝土结构，可以充分利用预应力结构的受力特点，而得以迅速发展。目前，采用悬臂施工技术修建的预应力梁式桥跨径达 270 m，钢筋混凝土拱桥达 420 m，钢拱桥达 550 m，斜拉桥达 900 m。

（3）桥梁机具设备向着大功能、高效率和自动控制的方向发展，尤其是深水基础的施工机具、大型起吊设备、长大构件的运输装置、大吨位的预应力张拉设备、大型移动模架等。这些施工设备对加快施工速度和提高施工效率起着重要的作用。

（4）依据桥梁结构的体系、跨径、材料和结构的受力状况，可以更方便、合理地选择最合适的施工方法。桥梁施工技术的发展，能够更好地满足设计的要求，桥梁设计与施工之间的相互关系更加密切。

（5）桥梁施工应积极推广使用经过鉴定的新技术、新工艺、新结构、新材料、新设备。施工中做到安全生产、文明施工，减少环境污染，严格执行施工技术规范及有关操作规程的规定。

二、桥梁施工与各有关因素的关系

桥梁施工包括合理选择施工方法，进行必要的施工计算，选择和设计、制作施工机具设备，选购与运输建筑材料，安排水、电、动力、生活设施以及施工计划、组织与管理等方面的工作。由于影响桥梁施工的因素很多，这就要求桥梁施工中应合理处理好各种因素，确保桥梁施工的顺利进行。

1. 施工与设计的关系

桥梁施工与设计有着密切的关系，特别是对于体系复杂的桥梁，往往不能一次按图完成结构的施工，需要进行施工中的体系转化。因此在考虑设计方案时，要考虑施工的可行性、经济性和合理性；在技术设计中要计算施工各阶段的强度（应力）、变形和稳定性，桥梁设计要同时满足施工阶段和运营阶段的各项要求。在施工中，通过各种途径来校核与验证设计的准确性，形成设计与施工相互配合、相互约束、不断发展的关系。

桥梁施工应严格按照设计图样完成。在施工之前，施工人员应对设计图样、说明书、工程预算及施工计划和有关的技术文件进行详细的研究，掌握设计的内容和要求。根据施工现场的情况，确定施工方案，编制施工计划，购置施工设备和材料进行施工。

2. 施工与工程造价

近年来，在国内外桥梁工程建设中，材料费用在整个工程造价中的比例有所下降，而施工费和劳动力工资所占的比例在不断上升，特别是特大跨径和结构比较复杂的桥梁尤其显著。因此，施工费对工程造价起着举足轻重的作用。

影响桥梁施工费用的主要因素是构件的制造费用、架设费用和工期。桥梁施工是将大量的原材料进行运输、制作和拼装，要使用大量的劳动力和机具进行长时间的野外作业，为了缩短工期，确保经济而又安全施工，则在桥梁设计中要充分考虑结构便于制作和架设；在施工中指定周密的施工计划，缩短工期，减少施工管理费用，降低桥梁造价。另外，通过缩短工期，早日通车可以获得较大的经济效益和社会效益。

为确保施工质量，加快施工速度，降低工程造价，应从以下几个方面加以考虑：

（1）提高施工队伍的素质，培养技术熟练、应变能力强的施工技术专业人员。

（2）提高施工机械化程度，做到机具设备配套，使用效率高。

（3）组织专业化施工，使技术力量、机具设备得到充分利用。

（4）加强施工的科学管理，做到文明施工，使工程质量、工期、费用处于最优的组合状态。

3. 桥梁施工组织管理

桥梁施工主要是指施工技术。在进行桥梁初步设计时，就应确定工程的基本施工方法；在工程施工中，结合已有的机具设备和施工能力，制定各施工阶段的施工程序和施工文件。

桥梁施工组织管理是从施工管理上制订周密的施工计划，确保在规定的工期内优质地完成设计图样所要求的内容。桥梁施工组织设计一般包括以下内容：

（1）编制依据。

（2）工程概况。

（3）施工准备工作及设计。

（4）各分部（项）工程的施工方案和施工方法。

（5）制订工程进度计划。根据合同条件及施工技术要求，依照工期及气象、水文等条件，制订分项、分部工程进度计划和整体进度计划，确保按期完工，它是施工组织管理的总纲领。

（6）安排人事劳务计划。根据各施工阶段的进度和施工内容，确保各阶段所需的技术人员、技工及劳务工的计划；同时，确定工程管理机构和职能部门，各负其责。

（7）临时设施计划。根据施工进展情况，合理设置临时设施。生产性临时设施包括构件预制厂、施工便道（便桥）、运输路线等；非生产性临时设施包括办公室、仓库、宿舍等。

（8）机具设备使用计划。包括各施工阶段所需机具设备和种类、数量、使用时间等，以便制订机具设备的购置、制作和调拨计划。

（9）材料及运输计划。根据总施工计划编制材料供应计划，安排材料、设备和物资的运输计划。

（10）工程财务管理。包括工程的预算、资金的使用概算、各种承包合同、施工定额、消耗定额等方面的管理。

（11）安全、质量与卫生管理（文明施工）。桥梁的施工技术与组织管理在内容上是有区别的，但在实际工作中关系是密切的。施工技术是保证工程能按照设计进行施工，而只有严格的组织管理，才能圆满地按照承包合同完成施工任务。

第二节　桥梁施工方法的分类与选择

一、桥梁下部结构

（一）基础工程

在桥梁工程中，通常采用的基础形式有扩大基础、桩基础、沉井基础等，其施工方法分类如图 18-1 所示。

1. 扩大基础

所谓扩大基础，是将墩台及上部结构传来的荷载由其直接传递至较浅的支撑地基的一种基础形式，一般采用明挖基坑的方法进行施工，故又称为明挖扩大基础或浅基础。其主要特点如下：

（1）由于能在现场用眼睛确认支撑地基的情况下进行施工，因而其施工质量可靠。

（2）施工时的噪声、振动和对地下污染等建筑公害较小。

（3）与其他类型的基础相比，施工所需的操作空间较小。

（4）在多数情况下，与其他类型的基础相比，造价省、工期短。

（5）易受冻胀和冲刷的影响。

扩大基础的施工顺序是：开挖基坑，对基底进行处理（当地基承载力不满足要求时需对地基进行加固），砌筑圬工或立模、绑扎钢筋、浇筑混凝土。其中，开挖基坑是基础施工中的一项主要工作，而且在开挖过程中必须解决好支挡与排水的问题。

扩大基础施工的难易程度与地下水处理的难易有关。当地下水位高于基础的底面高程时，施工时应采取止水措施，如打钢板桩或考虑采用集水坑用水泵集中排水、深井排水及井点法等，使地下水位降至开挖面以下。还可采用化学灌浆法及围幕法进行止水或排水。但扩大基础的各种施工方法都有各自特有的制约条件，因此在选择时应特别注意。

2. 桩基础

桩是深入土层的柱形构件，其作用是将来自桩顶的荷载传递到土体中的较深处。

根据不同情况，桩可以有不同的分类方法。这里我们按成桩方法对桩进行分类如下。

（1）沉入桩。沉入桩是将预制桩用锤击打或振动法沉入地层至设计要求的高程。预制桩包括钢筋混凝土桩和钢桩等，一般有如下特点：

1）由于桩是在预制场制作，故桩身质量易于控制。

2）沉入时的施工工序简单，工效高，能保证质量。

3）易于在水上施工。

4）多数情况下施工噪声和振动大，污染环境。

下面为图18-1所示基础施工方法的分类树状图：

- 基础
  - 扩大基础
    - 机械开挖基坑浇筑法
    - 人工开挖基坑浇筑法
    - 土、石围堰开挖基坑浇筑法
    - 板桩围堰开挖基坑浇筑法
  - 桩基础
    - 沉入桩
      - 锤击法
      - 振动法
      - 静力压桩法
      - 辅助沉桩法
        - 射水辅助沉桩
        - 预钻孔辅助沉桩
      - 沉管灌注法
    - 灌注桩
      - 人工挖孔
      - 机械成孔
        - 螺旋钻机成孔法
        - 潜水钻机成孔法
        - 冲抓钻机成孔法
        - 冲击钻机成孔法
        - 旋转锥钻孔法
        - 正循环回转法
        - 反循环回转法
      - 大直径钻孔埋置空心桩
    - 沉井基础
      - 排水开挖下沉法
      - 不排水开挖下沉法
      - 空气幕下沉法
      - 泥浆润滑套下沉法
    - 其他基础（管桩基础、地下连续墙等）

图18-1 基础施工方法的分类

5）沉入长桩时受运输和起吊设备限制，且存在现场接桩，接头工艺复杂。

6）穿越较坚硬的土层时，需要较多的辅助施工措施。

（2）灌注桩。灌注桩是在现场采用钻孔机械（或人工）将地层钻挖成设计孔径和深度的孔后，将预制成一定形状的钢筋骨架吊入孔内，然后往孔内灌入流动的混凝土而形成的桩基。

由于钻孔深度较大时孔内往往有水，故多采用水下混凝土灌注法。灌注桩的特点如下：

1）与沉入桩的锤击法和振动法相比，施工噪声和振动要小得多。

2）能修建比预制直径大得多的桩。

3）与地基的土质无关，在各种地基上均可使用。

4）施工时应特别注意钻孔时的孔壁坍塌、桩尖处地基的流沙及孔底沉淀等情况的处理。

5）因混凝土是在水中浇筑的，故混凝土质量较难控制。

（3）大直径桩。一般认为，$\phi 2.5$ m以上的桩称为大直径桩。目前，桩基础的最大直径已达6 m。近年来，大直径桩在桥梁基础中得到了广泛应用，结构形式也越来越多样化。除实心桩外，还发展了空心桩；施工方法上不仅有钻孔灌注法，还有预制桩壳钻孔埋置法等。根据桩的受力特点，大直径桩多做成变截面的形式。大直径桩与普通桩在施工方法上的区别主要反映在钻机选型、钻孔泥浆及施工工艺等方面。

3. 沉井基础

沉井基础是一种断面和刚度均比桩基础大得多的筒状结构，施工时在现场重复交替进行、构筑和开挖井内土方，使其沉落到预定支撑的地基上。

在岸滩或浅水中建造沉井时，可采用"筑岛法"施工；在深水中修建，则可采用浮式沉井，先将沉井基础浮运到预定位置，再进行下沉施工。按材料、形状和用途不同，可将沉井分成许多类型，但沉井基础有如下共同的特点：

（1）沉井基础的适宜下沉深度一般为 10～40 m。

（2）与其他形式的基础相比，沉井基础的抗水平推力作用的能力、竖向支承力均较大。

（3）由于沉井基础的刚度大，故其变位较小。

沉井基础的施工难点在于沉井的下沉。沉井的下沉主要是通过从井孔内挖除土，清除刃脚正面阻力及沉井内壁摩阻力后，依靠其自重下沉。沉井下沉的方法可分为排水开挖下沉和不排水开挖下沉，但其基本施工方法应为不排水开挖下沉，只有在稳定的土层中，而且渗水量不大时，才采用排水开挖法下沉。另外，还有压重、高压射水、炮振（必要时）、降低井内水位减少浮力、采用泥浆润滑套或空气幕等，一些沉井下沉的辅助施工方法。

4. 地下连续墙

地下连续墙是用膨润土泥浆进行护壁，在防止开挖壁面坍塌的同时在设计位置开挖出一条狭长端圆的深槽；然后，将钢筋骨架放入槽内，并灌注水下混凝土，从而在地下形成连续墙体的一种基础形式。

目前，我国多用于临时支挡工程，国外已有作为永久基础的实例。地下连续墙有墙式和排柱式之分，但一般多用墙式。地下连续墙的特点如下：

（1）施工时的噪声、振动小。

（2）墙体刚度大且截水性能优异，对周边地基无扰动。

（3）所获得的支承力大，可用做刚性基础，对墙体进行适当的组合后，可以代替桩基础和沉井基础。

（4）可用于逆筑法施工，并适用于多种地基条件。

（5）在挖槽时采用泥浆护壁，如管理不当，容易出现槽壁坍塌的问题。

（二）承台

位于旱地、浅水河中采用土石筑岛法施工桩基的桥梁，其承台的施工方法与扩大基础的施工方法相类似，可采用明挖基坑、简易板桩围堰后开挖基坑等方法进行施工。

对深水中的承台，可供选择的方法有：钢板桩围堰、钢管桩围堰、双壁钢围堰及套箱围堰等。无论何种围堰，其目的都是止水，以实现承台在无水环境中施工。钢板桩围堰和钢管桩围堰实际上是一种形式的围堰，只不过所用材料不同而已。双壁钢围堰通常是将桩基和承台的施工一并考虑，即先在围堰顶设置钻孔平台，待桩基施工结束后拆除平台，再在围堰内进行承台的施工；套箱围堰多采用钢材制作，分有底和无底两种类型。根据受力情况不同，又可设计成单壁或双壁套箱。

（三）墩（台）身

墩（台）身的施工方法根据其结构形式的不同而不同。对结构形式较简单，高度又不大的中、小桥的墩（台）身，通常采用传统的方法，一次砌筑或立模（一次或多次）现浇施工；但对高度较高的墩台及斜拉桥、悬索桥的索塔，则有较多的施工方法可供选择。而施工方法的多样化，主要反映在模板结构形式的不同上。近年来，滑升模板、爬升模板和翻升模板等在高墩及索塔上应用较多，其共同的特点是：将墩身分成若干个节段，从下至上逐段进行施工。

采用滑升模板（简称滑模）施工，对结构物外形尺寸的控制较准确，施工进度平稳、安全，机械化程度高，但因多采用液压装置实现滑升，故成本较高，所需的机械设备种类也较多；爬升模板(简称爬模)一般要在模板外侧设置爬升架，因此，这种模板相对而言需耗用较多的材料，体积也较庞大，但不需设另外的提升设备；翻升模板(简称翻模)结构较简单，施工也较方便，不过需要设专门用于提升的起吊设备。

高墩施工应根据现场的实际情况，进行综合比较，选择适宜的施工方案。中、小桥中，当设计为石砌墩(台)身时，施工工艺虽然简单，但必须严格控制砌石工程质量。

二、桥梁上部结构施工方法

桥梁上部结构的形式是多种多样的，其施工方法的种类方法外，大致可分为预制安装和现浇两大类。

预制安装可分为预制梁安装和预制节段式块件拼装两种类型。前者主要指装配式的简支梁桥，如空心板、T 形也较多，但除一些比较特殊的施工工方法外，一般施工方法分类见图 18-2。

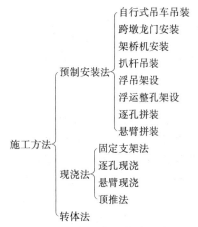

图 18-2　桥梁上部结构施工方法

(一)预制安装法

预制安装可分为预制梁安装和预制节段式块件拼装两种类型。前者主要指装配式的简支梁桥：如空心板、T 形梁、工字形梁及小跨径箱形梁等的安装，而后进行横向连接或施工桥面板而使之成为桥梁整体；后者则将梁体(一般为箱形梁)沿桥轴线分段预制成节段式块件，运至现场进行拼装，其拼装方法一般多采用悬臂法。连续梁、T 构、刚构和斜拉桥都可以应用这种方法进行施工。

下面简要介绍几种常用的预制安装施工方法的特点及使用场合。

1. 自行式吊车吊装法

自行式吊车吊装法多采用汽车吊、履带吊和轮胎吊等机械，有单吊和双吊之分。此法一般适用于跨径在 30 m 以内的简支梁桥的安装作业。在现场应有足够安置吊车的场地，同时要保证运梁道路的畅通。吊车的选用应充分考虑梁体的质量和作业半径后方可决定。

2. 跨墩龙门安装法

在墩台两侧沿桥向设置轨道，在其上安置跨墩的龙门吊，将梁体在起吊状态下运至架设地点然后安装在预定位置。此法一般可将梁的预制场地安排在桥头引道上，以缩短运梁距离。

其优点是：施工作业简单、迅速，可快速施工，容易保证施工安全。但要求架设的地形应平坦，且桥墩不能太高。因设备的费用较大，架设安装的孔数不能太少。

3. 架桥机安装法

架桥机安装法是预制梁典型的安装方法。在孔跨内设置安装导梁，以此作为支撑体来架设梁体，这种作为支撑梁的安装梁结构称为架桥机。目前，架桥机的种类甚多，按形式的不同可分为单导梁、双导梁、斜拉式和悬吊式等。悬臂拼装和逐跨拼装的节段式桥梁也经常采用专用的架桥机进行施工。其特点是：不受架设孔跨桥墩高度的影响，也不受桥下地形条件的影响；架设速度快，作业安全度高；对于孔数较多的桥梁更具有优越性。

4. 浮吊架设法

浮吊架设法一般适用于河口、海上长大桥梁的安装，包括整孔架设和节段式块件的悬臂拼装。采用此法工期较短，但梁体的补强、趸船的补强及趸船、大型吊具、架设用的卡具等设备均较大型化，浮吊所需费用较高，且易受气象、海象和地理条件等影响。梁体安装就位时浮力的减小会引起浮吊和趸船的移动，伴随而来的是梁体的摇动，因此应充分考虑其倾覆问题。

5. 浮运整孔架设法

浮运整孔架设法是将梁体用趸船运至架设地点后进行安装的方法，可采用两种方式：一种方式是用两套卷扬机(或液压千斤顶装置)组合提升吊装就位；另一种方式是利用趸船的吃水落差，将整孔梁体安装就位。

6. 逐孔拼装法

逐孔拼装法一般适用于节段式预应力混凝土连续梁的施工。在施工的孔跨内搭设落地式支架或采用悬吊式支架，将节段预制块件按顺序吊放在支架上，然后在预留孔道内穿入预应力钢筋，对梁施加预应力使其成为整体，这种方法形象地称为"穿糖葫芦"。

7. 悬臂拼装法

悬臂拼装法多用于预应力混凝土梁体的施工，其他类型的桥梁也可选用。这是一种将梁体分节段预制，墩顶附近的块件用其他架设机械安装或现浇；然后，以桥墩为对称点，将预制块件沿桥跨方向对称起吊、安装就位后，张拉预应力筋，使悬臂不断接长，直至合龙的施工方法。悬臂拼装法施工速度快，预制块件质量易控制，但预制场地较大且拼装精度要求高。这种施工方法可不用或少用支架，施工时不影响通航或桥下交通，宜在跨深水、山谷或海上进行施工，并适用于变截面预应力混凝土梁桥。

(二)现浇法

1. 固定支架法

固定支架法是在桥跨间设置支架、安装模板、绑扎钢筋、现场浇筑混凝土的施工方法。特别适用于旱地上的钢筋混凝土和预应力混凝土中小跨径桥梁的施工。支架按其结构的不同，分为满布式、柱式、梁式、梁柱式等几种，所用材料有门式支架、扣件式支架、贝雷桁片、万能杆件及各种型钢组合构件等。固定支架的施工特点是：梁的整体性好，施工平稳、可靠，不需大型起重设备；施工中无体系转换的问题；需要大量施工支架，并需要有较大的施工场地。

2. 逐孔现浇法

逐孔现浇法分在支架上逐孔现浇和移动模架逐孔现浇，目前较多采用后者。自 20 世纪 50 年代末开始使用以来，移动模架逐孔现浇施工方法得到了较广泛的应用，特别是多跨长桥如高架桥、海湾桥，使用十分方便，施工快速、安全，机械化程度高，减小劳动强度，少占场地，不会受桥下条件影响。但因模板拼装与拆卸均较复杂，所以一般适用于跨径 20～50 m 的预应力混凝土连续梁桥施工，且桥长在 500 m 以上。

3. 悬臂浇筑法

悬臂浇筑法最常用的是采用挂篮悬臂浇筑施工，在桥墩两侧对称逐段就地浇筑混凝土，待混凝土达到一定强度后张拉预应力筋，移动挂篮继续施工，使悬臂不断接长，直至合龙。挂篮的构造形式很多，通常由承重梁、悬吊模板、锚固装置、行走系统和工作平台等组成。挂篮的功能是：支撑梁段模板，调整位置，吊运材料机具，浇筑混凝土，拆模和张拉预应力钢筋等工作。悬臂浇筑法施工不需在跨间设置支架，使用少量机具设备便可以很方便地跨越深谷和河流，适用于大跨径连续梁桥的施工。同时，根据施工受力特点，悬臂施工一般宜在变截面梁中使用。

4. 顶推法

顶推施工是在桥台的后方设置施工场地，分节段浇筑梁体，并用纵向预应力钢筋将浇筑节段与已完成的梁体连成整体，在梁体前端安装长度为顶推跨径 0.7 倍左右的钢导梁；然后，通过水平千斤顶施力，将梁体向前方推出施工场地，重复这些工序即可完成全部梁体的施工。顶推法的施工特点是：由于作业场所限定在一定范围内，可设置顶棚，不受天气影响，能全天候施工。连续梁的顶推跨径以 30～50 m 最为经济。若跨径大于此值，则需要有临时墩等辅助手段。逐段顶推施工宜在等截面预应力混凝土连续梁中使用，也可在结合梁和斜拉桥的主梁中使用。

（三）转体施工法

转体施工法多用于拱桥的施工，也可用于斜拉桥和刚构桥的施工。这种施工法是在岸边立支架（或利用地形）预制半跨桥梁的上部结构，然后借助上下转轴偏心值产生的分力使两岸半跨桥梁上部结构向桥跨转动，用风缆控制其转速，最后就位合龙。该法适用于峡谷、水流湍急、通航河道和跨线桥等特殊地形的桥梁，具有工艺简单、操作安全、所用设备少、施工速度快等特点。

三、桥梁施工方法的选择原则

施工方法的分类乃是一种权宜的办法，在实际施工中不太可能仅采用分类中某一种施工方法，多数情况下是将几种方法组合起来应用。另外，桥梁的施工方法很多，本书不可能将所有的施工方法全部包罗。即使是同一种方法，应用中也有不同情况，所需的机具、劳力、施工的步骤和施工期限等也不一样，因此，在选择桥梁施工方法时应根据桥梁的设计要求、施工现场环境、人员设备、施工经验等因素综合考虑，选择最佳的施工方法。

选择桥梁施工方法时应考虑的主要因素有以下几点：
（1）桥梁的结构形式和规模。
（2）桥位处的地形、自然条件和社会环境。
（3）施工机械和施工管理的制约。
（4）以往的施工经验。
（5）安全性和经济性等。

第三节　桥梁施工准备工作

桥梁施工准备工作的基本任务是为桥梁工程的施工建立必要的技术和物资条件，统筹安排施工力量和施工现场，是施工企业搞好目标管理，推行技术经济承包的重要依据，也是施工得以顺利进行的基本保证。

施工单位在承接了施工任务后，要尽快做好各项准备工作，创造有利的施工条件，使施工工作能连续、均衡、有节奏、有计划地进行，从而按质、按量、按期完成施工任务。

施工准备通常包括技术准备、劳动组织准备、物资准备和施工现场准备等工作。

一、技术准备

技术准备是施工准备的核心。由于任何技术上的差错和隐患都可能危及人身安全和造成质量事故，带来生命、财产和经济的巨大损失，因此，必须认真做好技术准备工作。

1. 熟悉设计文件、研究施工图纸及现场核对

施工单位在收到拟建工程的设计图纸和有关技术文件后，应尽快组织工程技术人员熟悉、研究所有技术文件和图纸，全面领会设计意图；检查图纸与其各组成部分之间有无矛盾和错误；在几何尺寸、坐标、标高、说明等方面是否一致；技术要求是否正确；并与现场情况进行核对。同时，要做出详细记录，记录应包括对设计图纸的疑问和有关建议。

2. 原始资料的进一步调查分析

对拟建工程进行实地勘察，进一步获得有关原始数据的第一手资料，这对于正确选择施工方案、制定技术措施、合理安排施工顺序和施工进度计划是非常必要的。自然条件的调查分析中对地质、水文、气象和施工现场的地形地物进行调查分析；同时对技术经济条件的调查分析，即河流流量和水质、年水位变化情况、最高洪水位和最低枯水位的时期及持续时间、流速和漂浮物、地下水位的高低变化、含水层的厚度和流向；冰冻地区的河流封冻时间、融冰时间、流冰水位、冰块大小；受潮汐影响河流或水域中潮水的涨落时间、潮水位的变化规律和潮流等情况。

3. 施工前的设计技术交底

设计技术交底一般由建设单位（业主）主持，设计、监理和施工单位（承包商）参加。先由设计单位说明工程的设计依据、意图和功能要求，并对特殊结构、新材料、新工艺和新技术提出设计要求，进行技术交底。然后，施工单位根据研究图纸的记录以及对设计意图的理解，提出对设计图纸的疑问、建议和变更。最后，在统一认识的基础上，对所探讨的问题逐一做好记录，形成"设计技术交底纪要"，由建设单位正式行文，参加单位共同会签盖章，作为与设计文件同时使用的技术文件和指导施工的依据，以及建设单位与施工单位进行工程结算的依据。当工程为设计施工总承包时，应由总承包人主持，进行内部设计技术交底。

4. 制订施工方案、进行施工设计

在全面掌握设计文件和设计图纸，正确理解了设计意图和技术要求，以及进行了以施工为目的的各项调查之后，应根据进一步掌握的情况和资料，对投标时初步拟定的施工方法和技术措施等进行重新评价和深入研究，以制订出详尽的更符合现场实际情况的施工方案。

施工方案一经确定，即可进行各项临时性结构的施工设计，诸如基坑围堰，浮运沉井和钢围堰的制造场地及下水、浮运、就位、下沉等设施，钻孔桩水上工作平台，连续梁桥顶推施工的台座和预制场地，悬浇桥梁的挂篮，导梁或架桥机，模板支架及脚手架，自制起重吊装设备，施工便桥便道及装卸码头等的设计。施工设计应在保证安全的前提下，尽量考虑使用现材料和设备，因地制宜，使设计出的临时结构经济适用、装拆简便、能用性强。

5. 编制施工组织设计

施工组织设计是施工准备工作的重要组成部分，也是指导工程施工中全部生产活动的基本技术经济文件。编制施工组织设计的目的在于全面、合理、有计划地组织施工，从而具体实现设计意图，优质、高效地完成施工任务。

6. 编制施工预算

施工预算是根据施工图纸、施工组织设计或施工方案、施工定额等文件进行编制的。施工预算是施工企业内部控制各项成本支出、考核用工、签发施工任务单、限额领料以及基层进行经济核算的依据，也是制订分包合同时确定分包价格的依据。

二、劳动组织准备和物资准备

1. 建立组织机构

确定组织机构应遵循的原则是：根据工程项目的规模、结构特点和复杂机构中各职能部门的设置，人员的配备应力求精干，以适应任务的需要。坚持合理分工与密切协作相结合，使其便于指挥和管理，分工明确，责权具体。

2. 合理设置施工班组

施工班组的建立应认真考虑专业和工种之间的合理配置，技工和普工的比例要满足合理的劳动组织，并符合流水作业方式的要求，同时制订出该工程的劳动力需要量计划。

3. 集结施工力量，组织劳动力进场

进场后应对工人进行技术、安全操作规程以及消防、文明施工等方面的培训教育。

4. 施工组织设计、施工计划和施工技术的交底

在单位工程或分部分项工程开工之前，应将工程的设计内容、施工组织设计、施工计划和施工技术等要求，详尽地向施工班组和工人进行交底，以保证工程能严格按照设计图纸、施工工艺、安全技术措施、降低成本措施和施工验收规范的要求；新技术、新材料、新结构和新工艺的实施方案和保证措施；有关部位的设计变更和技术核定等事项。

5. 建立健全各项管理制度

各项管理制度通常是：技术质量责任制度、工程技术档案管理制度、施工图纸学习与会审制度、技术交底制度、技术部门及各级人员的岗位责任制、工程材料和构件的检查验收制度、工程质量检查与验收制度、材料出入库制度、安全操作制度、机具使用保养制度等。

6. 物资准备工作的内容

(1)工程准备，如钢材、木材、水泥、砂石材料等。
(2)工程施工设备的准备。
(3)其他各种小型生产工具、小型配件等的准备。

三、施工现场准备

施工现场的准备工作，主要是为工程的施工创造有利的施工条件和物资保证。

1. 施工控制网测量

按照勘测设计单位提供的桥位总平面图和测图控制网中所设置的基线桩、水准点及重要桩志的保护桩等资料，进行三角控制网的复测，并根据桥梁结构的精度要求和施工方案补充加密施工所需要的各种标桩，建立满足施工要求的平面和立面施工测量控制网。

2. 补充钻探

桥梁工程在初步设计时所依据的地质钻探资料往往因钻孔较少、孔位过远而不能满足施工的需要，因此必须对有些地质情况不甚明了的墩位进行补充钻探，以查明墩位处的地质情况和可能的隐蔽物，为基础工程的施工创造有利条件。

3. 搞好"四通一平"

"四通一平"是指水通、电通、通信通、路通和平整场地。为了蒸汽养生的需要以及在寒冷冰冻地区，还要考虑暖气供热的要求。

4. 建造临时设施

按照施工总平面图的布置，建造所有生产、办公、生活、居住和储存等临时用房，以及临时便道、码头、混凝土拌合站、构件预制场地等。

5. 安装调试施工机具

对所有施工机具都必须在开工前进行检查和试运转。

6. 材料的试验和储存堆放

按照材料的需要量计划，应及时提供材料的试验申请计划，如混凝土和砂浆的配合比和强度、钢材的机械性能等试验。并组织材料进场，按规定的地点和指定的方式进行储存堆放。

7. 新技术项目的试制和试验

按照设计文件和施工组织设计的要求，认真组织新技术项目的试验研究。

8. 冬雨期施工安排

按照施工组织设计要求，落实雨期施工的临时设施和技术措施，做好施工安排。

9. 消防、保安措施

建立消防、保安等组织机构和有关的规章制度，布置安排好消防、保安等措施。

10. 建立健全施工现场各项管理制度

根据工程特点，制定施工现场必要的各项规章制度。

四、施工准备工作计划

为较好地落实各项施工准备工作，应根据各项准备工作的内容、时间和人员，编制出施工准备工作计划，责任落实到人，并加强计划的检查和监督，以使准备工作能如期完成。

施工准备工作计划可参考表 18-1。

表 18-1 施工准备工作计划

序号	施工准备项目	简要内容	负责单位	负责人	起止期限		备 注
					月、日	月、日	

第四节 桥位施工测量

一、概述

桥位施工测量的主要任务是精确地测定墩台中心位置，桥轴线测量以及对构造物各细部构造的定位和放样。对大型桥梁来讲，首先必须建立平面控制网、高程系统及测量桥位中线（桥轴线）的长度，以确保桥梁走向、跨距、高程等符合规范和设计要求。

中线测量包括对桥梁两端头设置控制桩的复测；丈量桥轴线长度；补充水准点测量等。补充水准点要对控制桥梁结构的高程，有效地建立施工水准网提供方便。

为使测量工作顺利进行，测量人员必须重视测量工作，有熟练的操作技能、良好的协作精神及严格遵守测量规范的习惯。测量前，必须做好必要的技术和组织准备工作；要熟悉设计文件、图纸和有关测设资料；要与监理单位办理好现场固定桩的交接工作；还应做好测量人员的分工、仪器的校验，施工步骤的制订等项准备工作。

二、桥涵中线测量

桥位中线（桥轴线）及其长度是用来作为设计预测设墩台位置的依据，所以测量桥位中线的目的，是控制中线的长度和方向，从而确保墩台位置的正确，因此保证桥轴线测量的必要精度是十分重要的。

为了确保桥轴线长度的精度，有时需要建立独立的三角网与国家的控制点进行联测。为了与线路的坐标取得统一，也需要与线路上的国家平面控制点进行联测。桥位平面、水准控制测量及质量要求参见《公路桥涵施工技术规范》(JTG/T F50—2011)。

(一)桥轴线长度的精度

在测量桥轴线长度之前，应预先估算桥轴线长度所需要的精度，以便合理地拟定测量方案和规定各项测量的限差。

桥轴线精度取决于桥长、上部结构制造和架设的精度。桥轴线测量相对中误差精度见表18-2。

表18-2　桥轴线测量相对中误差

多跨桥梁总长(m)	单跨桥梁跨径(m)	测量等级	桥轴线相对中误差[K]
L≥3000	Lk≥500	二等	1/150000
2000≤L<3000	300≤Lk<500	三等	1/100000
1000≤L<2000 高架桥	150≤Lk<300	四等	1/60000
L<1000	Lk<150	一级	1/40000

例18-1　某9孔连续钢桁架梁桥，全桥分为3联，每节桁架由10节杆件组成，每节杆件的上下弦杆长度为16 m。相邻两联支座中心距离为2 m，根据施工验收规范的要求，联与联之间的支座安装误差为±5 mm，钢梁各杆件的制作误差不超过其设计长度的1/5 000，确定该桥梁测量桥轴线长度的误差标准。

解：全桥总长为 $D=9\times10\times16+2\times2=1\,444$(m)

每节的极限误差为(16 000/5 000)$=\pm3.2$(mm)

每联的极限误差 $\Delta\delta=\pm\sqrt{\delta_1^2+Nn\left(\dfrac{S}{5\,000}\right)+\delta_1^2}\pm\sqrt{5^2+3\times10\times\left(\dfrac{16\,000}{5\,000}\right)^2+5^2}$

$=\pm18.9$(mm)

式中　δ_1, δ_2——支座安装极限误差；

N——每联的孔数；

n——每空弦杆数；

S——弦杆长度。

全桥钢桁架梁桥的极限误差为 $\Delta D=\pm\sqrt{3}\,\Delta\delta=\pm\sqrt{3}\times18.9=\pm33$(mm)

全桥钢架梁桥的相对中误差为 $\dfrac{m_D}{D}=\dfrac{33}{2\times1\,444\,000}=\dfrac{1}{88\,000}$

根据计算结果，当测量桥轴线长度误差小于1/88 000，说明测量结果的精度满足要求。

(二)桥轴线长度的测量方法

测量桥轴线长度的方法，通常采用光电测距法(目前使用电子全站仪测量更为方便)、直接丈量法、三角网法等。对于直线桥梁，可以直接采用此三种方法进行测量；对于曲线桥梁，应结合曲线桥梁的轴线在曲线上的位置而定。

1. 光电测距法

近年来光电测距仪已得到广泛应用，因其精度高、操作快、计算简便，在通视方面不受地形限制，因此是测定桥轴线比较好的一种仪器。

观测时应在气象比较稳定，大气透明度好，附近没有光电信号干扰的情况下进行，且应在不同的时间进行往返观测。观测时间的选择，应注意不要使反光镜面对太阳的方向。

当照准方向时，待显示读数变化稳定后测三四次，取平均值，此平均值即斜距。为了得到平距，还应读取垂直角，经倾斜改正后，即为单方向的水平距离观测值（如果用的是电子全站仪，可直接得到平距）。如果往返观测值之差在容许范围之内，则取往返观测值的平均值作为该边的距离观测值。

2. 直接丈量法

沿桥轴线方向，地势平坦、可以通视，则可采取直接丈量法测量桥轴线长度。这种方法所用设备简单，精度也可靠，是一般中小桥施工测量中常用的方法。

为了保证施工期间的长度丈量精度和量具精度的一致性，在量距之前应对所用的钢尺进行严格的检定，取得尺长改正数 Δ_l。

用钢尺量距的方法如下：

（1）沿桥轴线 AB 方向用经纬仪定线，钉出一系列木桩，如图 18-3 所示，桩的标志中心偏离直线最大不得超过 ± 1 cm。为了便于丈量，桩间距应比钢尺的全长略为短一些（约 2 cm）。

（2）用水准仪测出相邻桩顶间的高差，为了校核应测两次，读至毫米，两次高差之差应不超过 2 mm。

（3）丈量时应对钢尺施以标准拉力，每一尺段可连续测量三次，每次读数时均应变换钢尺的前后位置，以防差错。读数取至 0.1 mm，三次测量结果的较差不得超过 1～2 mm。在测量距离的同时，应记下当时的温度，以便进行温度改正。

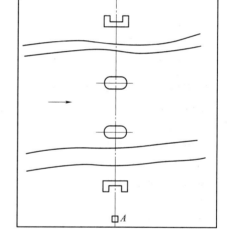

图 18-3　桥轴线图

（4）计算桥轴线长度。每一尺段的丈量结果应进行尺长改正 Δ_l，温度改正 Δ_t 以及倾斜改正 Δ_h，即：

$$l_i = l_i' + \Delta_l + \Delta_t + \Delta_h \tag{18-1}$$

式中　l_i——各尺段经过各项改正后的长度；

l_i'——各尺段未经过各项改正的实量长度；

Δ_l——尺长改正数，$\Delta_l = L_0 - L$，L_0 为检定时的标准长度，L 为名义长度；

Δ_t——温度改正数，$\Delta_t = l_i' \alpha (t - 20 \ ^{\circ}\text{C})$，$\alpha$ 钢尺线膨胀系数，t 为测量时温度；

Δ_h——倾斜改正值，$\Delta_h = -\dfrac{h^2}{2l_i'}$，$h$ 为相邻桩顶高差。

则桥轴线一次测量的总长为

$$L_i = l_1 + l_2 + \cdots + l_n \tag{18-2}$$

取各次丈量结果的平均值，即桥轴线的长度。

（5）评定丈量的精度。

桥轴线的中误差为

$$M=\pm\sqrt{\frac{[VV]}{n(n-1)}}$$ (18-3)

桥轴线的相对中误差为

$$\frac{M}{L}=\frac{1}{n}$$ (18-4)

式中 L——桥轴线的平均长度；

  V——桥轴线的平均长度与每次观测值之差；

  n——丈量的次数。

丈量结果的相对中误差应满足估算精度的要求。

3. 三角网法

采用直接丈量法有困难或不能保证必要的精度时，可采用间接丈量法测定桥轴线，如图 18-4 所示。即把桥轴线 AB 作为三角网的一个边长，测量基线长度 AC、AD，用三角测量的原理测量并解算，即可得出桥轴线的长度 AB。

布设桥梁三角网的是为了求出桥轴线长度及交会处墩台的位置，因此，布网时应注意以下几点：

(1)三角点之间视野应开阔，通视要良好。

(2)三角点不应位于可能被淹没及土壤松软地区。

(3)三角网图形要简单，三角点基础应具有足够的强度。

(4)桥轴线应为三角网的一条边，并与基线的一端相连，以确保桥轴的精度。

(5)桥梁三角网的边长与跨越障碍物的宽度有关，如跨河桥梁则与河宽有关，一般在 $0.5\sim1.5$ 倍障碍物宽度范围内变动；由于桥梁三角网边长一般较短，故三边网的精度不及三角网和边角网的精度；测角网能控制横向误差，测边网能控制纵向误差，故把两者的优点结合起来，布设成带有基线的边角网为最好；

(6)为校核起见，应至少布设两条基线，基线长度应为桥轴线长度的 $0.7\sim0.8$ 倍；

考虑上述几点要求，控制网的常用图形有图 18-5 所示的几种。

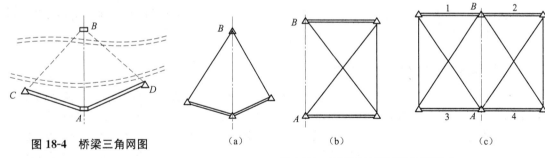

图 18-4　桥梁三角网图　　　(a)　　　　　(b)　　　　　(c)

图 18-5　桥梁三角控制网各种图式

图 18-5(a)较为简单，适用于一般桥梁施工放样。

图 18-5(b)是在桥轴线两侧各布设一个大地四边形，适用于大桥的施工放样，考虑近岸处桥墩的交汇，也可在图 18-5(c)中增设 1、2、3、4 各插点。

根据桥轴线的不同精度要求，控制网的测角和测边精度也有所差异，在《公路桥涵施工技术规范》(JTG/T F50—2011)中分为四个等级。

桥梁三角网一般可测两条基线，其他边长则根据基线及角度推算。在平差时只改正角度，不改正基线，即认为基线误差与角度误差相较可略而不计。为了保证桥轴线有可靠的精度，所以基线精度比桥轴线的高出 2～3 倍；而边角网的情况则不同，它不是只测两条基线，而是测量所有的边长，故平差时不但改正角度，也要改正边长。

外业工作结束以后，应对观测的成果进行验算，基线的相对中误差应满足相应等级控制网的要求，角度误差可按三角形闭合差计算。按照控制网的等级，三角形闭合差的限差见表 9-6。

外业成果验算好以后，就转到内业平差极坐标的计算。由于桥梁控制通常是独立网，要求网本身相对位置的精度较高，所以有时虽与附近的城市网联测，但并不强制附和道城市网上，而只是取得坐标的相互关系而已，故桥梁控制网本身的平差还是作独立网来处理，桥梁控制网的平差方法可采用条件观测平差或间接观测平差。

三、桥涵施工的高程测量

在桥梁施工阶段，除建立平面控制外，还需建立高程控制。一般在河流两岸分别布设若干各水准基点，作为施工阶段高程放样以及桥梁营运阶段沉陷观测的依据。因此，在布设水准基点时，点的密度及高程控制的精度，均应考虑这两方面的要求。布设水准点可由国家水准点引入，经复测后使用。

为施工方便计，应在基点的基础上设立若干施工水准点。基点是永久性的，它既要满足施工要求，又要满足变形观测时永久使用。施工水准点只用于施工阶段，要尽量靠近施工地点。

无论是基点还是施工水准点，均要选在地基稳固，使用方便、且不易破坏的地方。根据地形条件，使用期限和精度要求，可分别埋设混凝土标石、钢管标石、管柱标石或钻孔标石。

桥梁的施工水准网需要以较高的精度施测，因为它直接影响桥梁各部高程放样的相对精度。规范要求，3 000 m 以上的特大桥一般为二等，1 000～3 000 m 的特大桥为三等，1 000 m 以下的桥梁为四等。

跨河水准测量路线，应选在桥址附近且河面最窄处。为了避免折光影响，水准视线不宜跨过沙滩及施工区密集的地方。观测时间及气候条件，应选在物镜成像最稳定的时刻。为了提高精度，跨河桥梁的水面宽超过 300 m 时，应采用双线过河且组成闭合环。水准精度要求可参考《公路桥涵施工技术规范》(JTG/T F50—2011)中有关条款。有了平面及高程控制，就可以进行墩台定位及各种细部放样。

四、桥梁墩台定位及轴线测量

在桥梁施工测量中，最主要的工作是准确地定出桥梁墩、台的中心位置和它的纵横轴线，这些工作称为墩台定位。直线桥梁墩台定位所依据的原始资料为桥轴线控制桩的里程和墩、台中心的设计里程，根据里程算出它们之间的距离，按照这些距离即可定出墩、台中心的位置。曲线桥所依据的原始资料，除控制桩及墩、台中心的里程外，尚有桥梁偏角、偏距及墩距或结合曲线要素计算出的墩、台中心的坐标值。

水中桥墩的基础施工定位时，由于水中桥墩基础的目标处于不稳定状态，在其上无法使测量仪器稳定，一般采用方向交会法；如果墩位在干枯或浅水河床上，可用直接定位法；在已稳固的墩台基础上定位，可以采用方向交会法、距离交会法、极坐标法或直角坐标法。

（一）直线桥梁的墩台定位

位于直线段上的桥梁，其墩、台中心一般都位于桥轴线的方向上，如图 18-6 所示。根据桥轴线控制桩 A、B 及各墩、台中心的里程，即可求得其间的距离。墩位的测设，根据条件可采用直接丈量法，光电测距法或交会法。

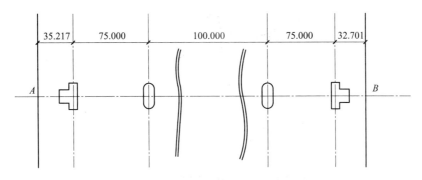

图 18-6　直线桥梁位置图(尺寸单位：m)

1. 直接丈量法

当桥墩位于地势平坦、可以通视、人可以方便通过的地方，用钢尺可以丈量时，可采用这种方法。丈量前钢尺要检定，丈量方法与测定桥轴线相同，不同的只是此处是测设已知长度，在测设前应将尺长改正数、温度改正数及倾斜改正数考虑在内，将已知长度转化为钢尺丈量长度。

为了保证丈量精度，施测时的钢尺拉力应与检定时的钢尺拉力相同。

2. 光电测距法

只要墩台中心处能安置反光镜，且经纬仪和反光镜之间能通视，则用此法是迅速、方便的。

但测设时应根据当时测出的气压、温度和测设距离，通过气象改正，得出测设的显示斜距。在测设出斜距并根据垂直角折算为平距后，与应有的(即设计的)平距进行比较，看两者是否相等。根据其差值前后移动反光镜，直至两者相符，则反光镜处即为要测设的墩位。

3. 方向交会法

如图 18-7 所示，AB 为桥轴线，C、D 为桥梁平面控制网中的控制点，P_i 为第 i 个桥墩设计的中心位置(待测设的点)。A、C、D 三点上各安置一台经纬仪。A 点上的经纬仪瞄准 B 点，定出桥轴线方向；C、D 两点上的经纬仪均先瞄准 A 点，并分别测设根据 P_i 点的设计坐标和控制点坐标计算的 α、β 角，以正倒镜分中法定出交会方向线。

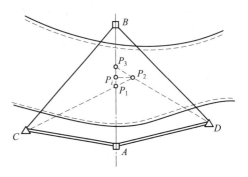

图 18-7　三方向交会法的误差三角形

理论上，从 C、A、D 指来的三条方向线是交于一点的，该交点就是要测设的桥墩中心位置。但实际上，由于测量误差的存在，三条方向线一般不是交于一点，而是构成误差三角形 $\triangle P_1P_2P_3$。如果误差三角形在桥轴线上的边长(P_1P_3)在容许范围之内(对于墩底放样为 2.5 cm，对于墩顶放样为 1.5 cm)，则取 C、D 两点指来的方向线的交点 P_2 在桥轴线上的投影 P_i，作为桥墩放样的中心位置。

在桥墩施工中，随着桥墩的逐渐筑高，中心的放样工作需要重复进行，且要求迅速和准确。为此，在第一次求得正确的桥墩中心位置 P_i 以后，将 CP_i 和 DP_i 方向线延长到对岸，设立固定的瞄准标志 C' 和 D'，如图 18-8 所示。以后，每次作方向交会放样时，从 C、D 点直接瞄准 C'、D' 点，即可恢复点的交会方向。

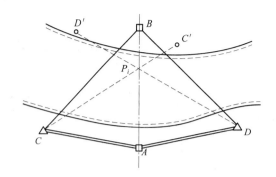

图 18-8　方向交会法的固定瞄准标志

4. 极坐标及直角坐标法

在使用经纬仪加测距仪(或使用全站仪)，并在被测设点位上可以安置棱镜的条件下，若用坐标法放出桥墩中心位置，则更为精确和方便。

对于极坐标法，原则上可以将仪器置于任何控制点上，按计算的放样数据——角度和距离测设点位。

对于全站仪，则还可以根据测站点、后视点及待放点的直角坐标，自动计算出待放点相对于测站点的极坐标数据，再以此测设点位。

但若是测设桥墩中心位置，最好是将仪器安置于桥轴线点 A 或 B 上，瞄准另一轴线点作为定向；然后，指挥棱镜安置在该方向上测设 AP_i 或 BP_i 的距离，即可定出桥墩中心位置 P_i 点。

(二)曲线桥的墩台定位

在整个路线上，处于各种平面曲线上的桥梁并不少见，曲线桥由于桥梁设计方法不同而更复杂些，曲线桥的上部结构一般有连续弯梁和简支直梁等形式，但下部一般都是利用墩、台中心构成折线交点而形成弯桥，如图 18-9 所示。

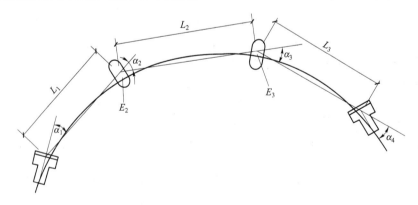

图 18-9　曲线桥的布置

一般路线设计中常用的有圆曲线和缓和曲线，它们的要素有较为固定的计算公式。

在设计文件已给定墩、台定位有关数据时，只需重新复核无误即可按其进行放样定位；但数据通常并不能满足施工的需要，应按路线测设资料、曲线有关要素，由计算公式求出各墩台中心为顶点的直线，再用偏角进行定位。

对于坐标值的计算，一般在直角坐标系中进行较为普遍、简便。可以先建立以墩台中心为原点、切线及法线方向为坐标轴的局部坐标系，在局部坐标系中确立待放点局部坐标值；再利用墩台中心的路线坐标值，将局部坐标值转换至路线坐标中。

墩、台定位的方法，根据不同的条件可采用偏角法、长弦偏角法、利用坐标的交会法和坐标法等。曲线桥的放样工作，主要对放样数据的计算，基本步骤的差异并不大，在此不再详述。

（三）墩台纵横轴线的测设

墩台中心测设定位以后，尚需测设墩台的纵横轴线，作为墩台细部放样的依据。

在直线桥上，墩台的横轴线于桥的纵轴线重合，而且各墩台一致，所以可以利用桥轴线两端控制桩来标志横轴线的方向，而不再另行测设标志桩。

在测设桥墩台纵轴线时，应将经纬仪安置在墩台中心点上，然后盘左、盘右以桥轴线方向作为后视，接着旋转90°（或270°），取其平均位置作为纵轴线方向，如图18-10所示。因为施工过程中经常要在墩台上恢复纵横轴线的位置，所以应于桥轴线两侧各布设两个固定的护桩。

在水中的桥墩，因不能架设仪器，也不能钉设护桩，则暂不测设轴线，等筑岛、围堰或沉井露出水面以后，再利用它们钉设护桩，准确地测设出墩台中心及纵横轴线。

在等跨曲线桥上，墩台的纵轴线位于梁的工作线顶点处的分角线上，而横轴线与纵轴线垂直，如图18-11所示。因此测设时，应置仪器于墩台中心点上，以相邻墩中心方向为后视，测设 $(180°-\alpha)/2$ 角即得纵轴线方向，自纵轴线方向转90°角即测得横轴线。或是将全站仪置于墩台中心，输入中心坐标、后视点坐标，放样点输入中心的曲线切线（法线）方向上任意点的坐标，则可以得到纵（横）轴线方向。无论是在纵轴线还是在横轴线方向上，均要测设四个固定的护桩。

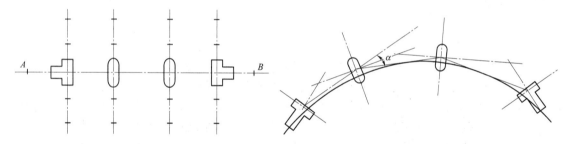

图 18-10　直线桥梁纵横轴线图　　　　图 18-11　等跨曲线桥纵横轴线图

当墩台定好位及其纵横轴线测设已毕，就为细部施工放样做好了准备。

第十九章 梁式桥上部结构的施工

钢筋混凝土和预应力混凝土简支梁桥的施工程序和方法；悬臂施工。

第一节 钢筋混凝土简支梁桥的施工工艺

一、概述

(一)就地浇筑施工

就地浇筑施工是一种古老的施工方法，它是在桥孔位置搭设支架，并在支架上安装模板、绑扎及安装钢筋骨架，预留孔道，并在现场浇筑混凝土与施加预应力的施工方法。由于施工需用大量的模板支架，以前一般仅在小跨径桥或交通不便的边远地区采用。随着桥跨结构形式的发展，出现了一些变宽的异形桥、弯桥等复杂的混凝土结构，加之近年来临时钢构件和万能杆件系统的大量应用，在其他施工方法都比较困难或经过比较，施工方便、费用较低时，也常在中、大跨径桥梁中采用就地浇筑的施工方法。

1. 就地浇筑施工方法的特点

(1)桥梁的整体性好，施工平稳，可靠，不需大型起重设备。

(2)施工中无体系转换。

(3)预应力混凝土连续梁桥可以采用强大预应力体系，使结构构造简化，方便施工。

(4)需要使用大量施工支架，跨河桥梁搭设支架影响河道的通航与排洪，施工期间支架可能受到洪水和漂浮物的威胁。

(5)施工工期长、费用高，需要有较大的施工场地，施工管理复杂。

2. 就地浇筑的施工工序

就地浇筑的钢筋混凝土简支梁的施工工序如图 19-1 所示。

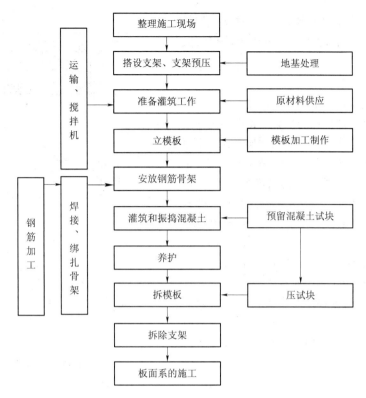

图 19-1　现浇钢筋混凝土简支梁桥的施工工序

（二）装配式梁桥的特点

一般来说，用预制安装法施工的装配式梁桥与就地浇筑的整体式梁桥相比，有如下特点：

（1）缩短施工工期。构件预制可以提早进行，在下部结构施工的同时进行预制工作，做到上、下部结构平行施工。

（2）节约支架、模板。装配式梁桥往往采用无支架或少支架施工。另外，构件在预制场或工厂内预制时，采用的模板和支架易于做到尽量简便、合理，并可考虑更多的反复周期使用。

（3）提高工程质量。装配式梁桥的构件在预制过程中，较易于做到标准化和机械化。

（4）需要吊装设备。主要预制构件的重量，少则几吨或十几吨，一般为几十吨，这就要求施工单位有相应的吊装能力和设备。

（5）用钢量略为增大。

综上所述，装配式梁桥的造价较之整体式梁桥是高还是低的问题，要根据具体情况来具体分析。当桥址地形条件下难以设立支架，且施工队伍有足够的吊装设备，桥梁的工程数量又相当大，这时采用装配式施工将是经济、合理的。

二、施工支架与模板

（一）支架类型及构造

就地浇筑混凝土梁桥的上部结构，首先应在桥孔位置搭设支架，以支撑模板、浇筑的钢筋混凝土，以及其他施工荷载的重量。支架有满布式木支架、满布式钢管脚手架［图 19-2（a）］，钢木混合的梁式支架[图 19-2(b)]、梁支柱式支架及万能杆件拼装支架与装配式公路钢桥桁节拼装支架[图 19-2(c)]等形式。

1. 满布式木支架

满布式木支架常用于陆地或不通航的河道，或桥墩不高、桥位处水位不深的桥梁。其形式可根据支架所需跨径的大小等条件，采用排架式、人字撑式或八字撑式。排架式为最简单的满布式支架，主要由排架及纵梁等部件构成，其纵梁为抗弯构件，因此，跨径一般不大于 4 m。人字撑式和八字撑式的支架构造较复杂，其纵梁须加设人字撑或八字撑为可变形结构。因此，须在浇筑混凝土时适当安排浇筑程序和保持均匀、对称地进行，以防发生较大变形。木支架的跨径可达8 m 左右。

满布式木支架的排架，可设置在枕木上或桩基上，基础须坚实、可靠，以保证排架的沉陷值不超过规定。当排架较高时，为保证支架横向的稳定，除在排架上设置撑木外，尚须在排架两端外侧设置斜撑木或斜立桩。

满布式支架的卸落设备一般采用木楔、木马或砂筒等，可设置在纵梁支点处或桩顶帽木上面。

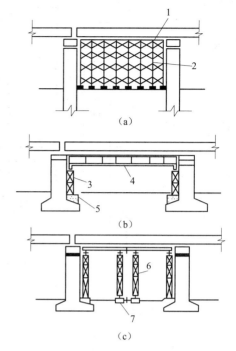

图 19-2　支架类型

(a)支柱式；(b)梁式；(c)梁支柱式
1—梁；2，3，6—立柱；4—钢梁；5，7—混凝土基础

2. 钢木混合支架

为加大支架跨径，减少排架数量，支架的纵梁可采用工字钢，其跨径可达 10 m。但在这种情况下，支架多改用木框架结构，以加强支架的承载力及稳定性。这类钢木混合支架，如图 19-3 所示。工字钢截面如图 19-4 所示。

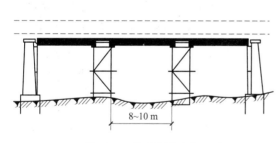

图 19-3　钢木混合支架

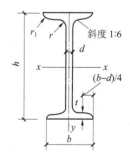

图 19-4　热轧普通工字钢截面形状

3. 万能杆件拼装支架

用万能杆件可拼装成各种跨度和高度的支架，其跨度须与杆件本身长度成倍数。

用万能杆件拼装的桁架的高度，可为 2 m、4 m、6 m 或 6 m 以上。当高度为 2 m 时，腹杆拼为三角形；高度为 4 m 时，腹杆拼为菱形；高度超过 6 m 时，则拼成多斜杆的形式。

用万能杆件拼装墩架时，柱与柱之间的距离应与桁架之间的距离相同。桩高除柱头及柱脚外，应为 2 m 的倍数。

用万能杆件拼装的支架，在荷重作用的变形较大，而且难以预计其数值。因此，应考虑预加压重，预压重量相当于灌筑混凝土的重量。

万能杆件的类别、规格及容许应力，可参阅有关资料。

4. 装配式公路钢桥桁节拼装支架

用装配式公路钢桥桁节，可拼装成桁架梁和塔架。为加大桁架梁孔径和利用墩台作支撑，也可拼成八字斜撑，以支撑桁架梁。桁架梁与桁架梁之间，应用抗风拉杆和木斜撑等进行横向联结，以保证桁架梁的稳定。横向联结系的构造，参阅有关章节。

用装配式公路钢桥桁节拼装的支架，在荷重作用下的变形很大，因此，应进行预压。

5. 轻型钢支架

桥下地面较平坦、有一定承载力的梁桥，为节省木料，宜采用轻型钢支架。轻型钢支架的梁和柱，以工字钢、槽钢或钢管为主要材料，斜撑、联结系等可采用角钢。构件应制成统一规格和标准；排架应预先拼装成片或组，并以混凝土、钢筋混凝土枕木或木板作为支撑基底。为了防止冲刷，支撑基底须埋入地面以下适当的深度。为适应桥下高度，排架下应垫以一定厚度的枕木或木楔等。

为便于支架和模板的拆卸，纵梁支点处应设置木楔。

轻型钢支架构造示例，如图 19-5 所示。

6. 墩台自承式支架

在墩台上留下承台式预埋件，上面安装横梁及架设适宜长度的工字钢或槽钢，即构成模板的支架。这种支架适用于跨径不大的梁桥，但支立时仍须考虑梁的预拱度，支架梁的伸缩以及支架和模板的卸落等所需条件。

7. 模板车式支架

这种支架适用于跨径不大、桥墩为立桩式的多跨梁桥的施工，形状如图 19-6 所示。在墩柱施工完毕后即可立即铺设轨道，拖进孔间，进行模板的安装。这种方法可简化安装工序和节省安装时间。

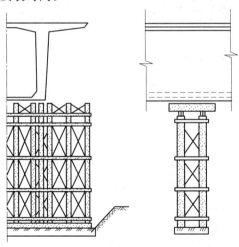

图 19-5　轻型钢支架

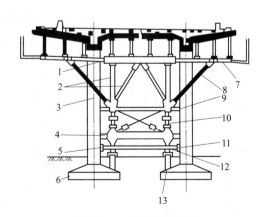

图 19-6　模板车式支架

1—钢架；2—钢支撑；3—立柱；4—轮轴架；5—轨道；

6—基础；7—插入式钢梁；8—斜撑；9—楔块；

10—调整千斤顶；11—枕木；12—钢底梁；13—混凝土支墩

当上部构造混凝土浇筑完毕，强度达到要求后，模板车即可整体向前移动，但移动时须将斜撑取下，将插入式钢梁节段推入中间钢梁节段内，并将千斤顶放松。

（二）模板构造

跨径不大的肋板梁，其模板如图 19-7(a)所示，一般用木料制成。安装时，首先在支架纵梁上安装横木（分布杆件），横木上钉底板；然后，在其上安装肋梁的侧面模板及桥面板的底板。肋梁的侧面模板系钉于肋木之上。桥面板底板的横木则由钉于上述肋木上的托板承托。肋木后面须钉以压板，以支撑肋梁混凝土的水平压力。为减少现场的安装工作，肋梁的侧面模板及桥面板的底板（包括横木），可预先分别制成镶板块件。

当上部构造的肋梁较高时，其模板一般须采用框架式；梁的侧模及桥面板的底模，用木板或镶板钉于框架之上即可。但当梁的高度超过（1.5 m 左右）时，梁下部混凝土的浇筑和捣实宜从侧面进行。此时，梁的一侧的模板须开窗口或分两次装钉。

框架式模板的构造示例，如图 19-7(b)、(c)、(d)所示。

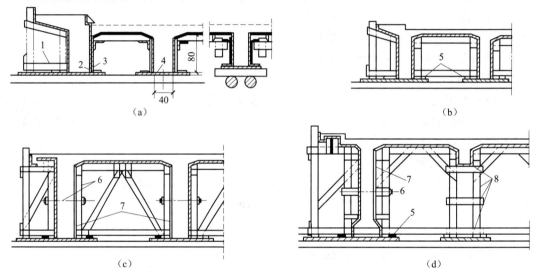

图 19-7　肋板梁模板（单位：cm）

1—小柱架；2—侧面镶板；3—肋木；4—底板；5—压板；6—拉杆；

7—填板；8—连接两个框架的木板（就地安钉）

（三）模板和支架的制作与安装

1. 模板及支架在制作和安装时的注意事项

(1)构件的连接应尽量紧密，以减少支架变形，使沉降量符合预计数值。

(2)为保证支架稳定，应防止支架与脚手架和便桥等接触。

(3)模板的接缝必须密合；如有缝隙须塞堵严密，以防跑浆。

(4)建筑物外露面的模板应涂石灰乳浆、肥皂水或无色润滑油等润滑剂。

(5)为减少施工现场的安装拆卸工作和便于周转使用，支架和模板应尽量制成装配式组件或块件。

(6)钢制支架宜制成装配式常备构件，制作时应特别注意构件外形尺寸的准确性，一般应使用样板放样制作。

(7)模板应用内撑支撑，用对拉螺栓销紧。内撑有钢管内撑、钢筋内撑、硬塑料胶管内撑等。

2. 制作及安装质量要求

支架和模板制作应符合设计图纸的要求，面板可以用 4~6 mm 的冷轧钢板或厚 18 mm 以上的木胶合板。为增加周转次数，胶合板的面上要有高分子材料覆膜。胶合板面板不得使用脱胶空鼓、边角不齐、板面覆膜不全的板材。

3. 支架和模板的安装

(1)安装前按图纸要求检查支架的自制模板的尺寸与形状，合格后才准进入施工现场。

(2)安装后不便涂刷脱模剂的内侧木板应在安装前涂刷脱模剂，顶板模板安装后，布扎钢筋前涂刷脱模剂。

(3)支架结构应满足立模标高的调整要求。按设计标高和施工预拱度立模。

(4)承重部位的支架和模板，必要时应在立模后预压，消除非弹性变形和基础沉降。预压重力相当以后所浇筑混凝土的重力。当结构分层浇筑混凝土时，预压重力可取浇混凝土重量的 80%。

(5)相互连接的模板，木板面要对齐，连接螺栓不要一次紧到位，整体检查模板线形。发现偏差，及时调整后再锁紧连接螺栓，固定好支撑杆件。

(6)模板连接缝间隙大于 2 cm 应用灰膏类填缝或贴胶带密封。预应力管道锚具处空隙大时用海绵泡沫填塞，防止漏浆。

(7)主要起重机械必须配备经过专门训练的专业人员操作，指挥人员、司机、挂钩人员要统一信号。

(8)遇 6 级以上大风时，应停止施工作业。

(四)施工预拱度

1. 确定预拱度时应考虑的因素

在支架上浇筑梁式上部构造时，在施工时和卸架后，上部构造要发生一定的下沉和产生一定的挠度。因此，为使上部构造在卸架后能满意地获得设计规定的外形，须在施工时设置一定数值的预拱度。在确定预拱度时，应考虑下列因素：

(1)卸架后上部构造本身及活荷载一半所产生的竖向挠度 δ_1；

(2)支架在荷载作用下的弹性压缩 δ_2；

(3)支架在荷载作用下的非弹性变形 δ_3；

(4)支架基底在荷载作用下的非弹性沉陷 δ_4；

(5)由混凝土收缩及温度变化而引起的挠度 δ_5。

2. 预拱度的计算

上部构造和支架的各项变形值之和，即应设置的预拱度。各项变形值可按下列方法计算和确定：

(1)桥跨结构应设置预拱度，其值等于恒荷载和半个静活荷载所产生的竖向挠度 δ_1。当恒荷载和静荷载产生的挠度不超过跨径的 1/1 600 时，可不设预拱度。

(2)满布式支架，当其杆件长度为 L，压应力为 δ 时，其弹性变形为

$$\delta_2 = \frac{\sigma \cdot L}{E} \tag{19-1}$$

当支架为桁架等形式时，应按具体情况计算其弹性变形。

（3）支架在每一个接缝处的非弹性变形，在一般情况下，横纹木料为 3 mm；顺纹木料接缝为 2 mm；木料与钢的接缝约为 2 mm；卸落设备砂筒的非弹性压缩量，一般为 2～4 mm。

（4）支架基底的沉陷，可通过试验确定或参考表 19-1 估算。

表 19-1　支架基底沉陷　　　　　　　　　　　　　　　　　mm

底梁置于砂土	5～10	底梁置于砌石或混凝土上	约为 3
底梁置于黏性土	10～20	打入砂土中桩	约为 5

3. 预拱度的设置

根据梁的挠度和支架的变形所计算出来的预拱度之和，为预拱度的最高值，应设置在梁的跨径中点。其他各点的预拱度，应以中间点为最高值，以梁的两端为零，按直线或二次抛物线比例进行分配。

三、钢筋骨架的制作与安装

钢筋混凝土中的钢筋和预应力混凝土中的非预应力钢筋，其力学、工艺性能必须符合现行国家规范的要求。钢筋应具有出厂质量证明书和试验报告单。对桥涵所用的试样做力学性能试验。

钢筋必须按不同钢种、等级、牌号规格及生产厂家分批验收，分别堆置，不得混杂且应设立识别标志。钢筋在运输过程中，应避免锈蚀和污染。钢筋宜堆置在仓库（棚）内，露天堆置时，应垫高并加遮盖。

钢筋表面上的油渍、漆污和锤击能剥落的浮皮、铁锈应清除干净。带有颗粒状或片状老锈的钢筋不得使用。钢筋除锈通常可在冷拉或调直过程中除锈，少量的除锈可采用电动除锈机或喷砂，局部除锈可采用人工用钢丝刷或砂轮等方法进行，也可将钢筋通过砂箱往返搓动除锈。如除锈后钢筋表面有严重的麻抗、斑点，已伤蚀截面时，应降级使用或剔除不用。

预制构件的吊环，必须采用未经冷拉的热轧光圆钢筋制作，且其使用时的计算拉应力不应大于 50 MPa。

（一）钢筋加工

（1）钢筋的表面应洁净、无损伤，使用前应将表面油渍、漆皮、鳞锈等清除干净。带有颗粒状或片状老锈的钢筋不得使用；当除锈后钢筋表面有严重的麻坑、斑点，已伤蚀截面时，应降级使用或不用。

（2）钢筋应平直、无局部弯折，成盘的钢筋和弯曲的钢筋均应调直。采用冷拉方法调直钢筋时，HPB300 级钢筋的冷拉率不宜大于 2%；HRB400 级钢筋的冷拉率不宜大于 1%。

（3）钢筋的形状、尺寸应按照设计的规定进行加工。加工后的钢筋，其表面不应有削弱钢筋截面的伤痕。

（4）钢筋的弯制和末端的弯钩应符合设计要求，如设计无规定时，应满足《公路桥涵施工技术规范》（JTG/T F50—2011）的相关规定。

（5）钢筋的末端应做成弯钩，弯钩的形状应符合设计规定。弯钩的弯曲直径应大于受力主钢筋的直径，且 HPB300 级钢筋不应小于钢筋直径的 2.5 倍，HRB400 级钢筋应不小于钢筋直径的 4 倍。弯钩平直部分的长度，一般结构不应小于钢筋直径的 5 倍；有抗震要求的结构，不应小于钢筋直径的 10 倍。

(二)钢筋的连接

1. 一般规定

(1)钢筋的连接宜采用焊接接头或机械连接接头。只有当钢筋构造复杂、施工困难时才可采用绑扎接头，绑扎接头的钢筋直径不宜大于 28 mm，对轴心受压和偏心受压构件中的受压钢筋可不大于 32 mm；轴心受拉和小偏心受拉构件不应采用绑扎接头。

(2)受力钢筋的连接接头应设置在内力较小处，并应错开布置。对焊接接头和机械连接接头，在接头长度区段内，同一根钢筋不得有两个接头；对绑扎接头，两接头之间的距离应不小于 1.3 倍搭接长度。配置在接头长度区段内的受力钢筋，其接头的截面面积占总截面面积的百分率，应符合表 19-2 的规定。

表 19-2　接头长度区段内受力钢筋接头面积的最大百分率

接头形式	接头面积最大百分率/%	
	受拉区	受压区
主钢筋绑扎接头	25	50
主钢筋焊接接头	50	不受限制

注：1. 焊接接头长度区段内是指 35d(d 为钢筋直径)长度范围内，但不得小于 500 mm，绑扎接头长度区段是指 1.3 倍搭接长度。

　　2. 在同一根钢筋上宜少设接头。

　　3. 装配式构件连接处的受力钢筋焊接接头可不受此限制。

　　4. 绑扎接头中钢筋的横向净距不应小于钢筋直径且不应小于 25 mm。

2. 焊接接头

钢筋的焊接接头应符合下列规定：

(1)钢筋的焊接接头宜采用闪光对焊，或采用电弧焊、电渣压力焊或气压焊，但电渣压力焊仅可用于竖向钢筋的连接，不得用作水平钢筋和斜筋的连接。钢筋焊接的接头形式、焊接方法和焊接材料应符合现行行业标准《钢筋焊接及验收规程》(JGJ 18－2012)的规定，质量验收标准按《公路桥涵施工技术规范》(JTG/T F50—2011)附录 A1 执行。

(2)每批钢筋焊接前，应先选定焊接工艺和焊接参数，按实际条件进行试焊，并检验接头外观质量及规定的力学性能，试焊质量经检验合格后方可正式施焊。焊接时，对施焊场地应有适当的防风、雨、雪、严寒的设施。

(3)电弧焊宜采用双面焊缝，仅在双面焊无法施焊时，方可采用单面焊缝。采用搭接电弧焊时，两钢筋搭接端部应预先折向一侧，两相接钢筋的轴线应保持一致；采用帮条电弧焊时，帮条应采用与主筋相同的钢筋，其总截面面积不应小于被焊接钢筋的截面面积。电弧焊接头的焊缝长度，双面焊缝不应小于 5d，单面焊缝不应小于 10d(d 为钢筋直径)。电弧焊接与钢筋弯曲处的距离不应小于 10d，且不宜位于构件的最大弯矩处。

3. 机械连接

(1)钢筋的机械连接宜采用镦粗直螺纹、滚轧直螺纹或套筒挤压连接接头。镦粗直螺纹和滚轧直螺纹连接接头适用于直径大于或等于 25 mm 的 HRB400 级热轧带肋钢筋；套筒挤压连接接头适用于直径 16～40 mm 的 HRB400 级热轧带肋钢筋。各类接头的性能均应符合现行行业标准《钢筋机械连接技术规程》(JGJ 107—2016)的规定，并应符合下列规定：

1)钢筋机械连接接头的等级应选用Ⅰ级或Ⅱ级，接头的性能指标应符合《公路桥涵施工技术规范》(JTG/T F50—2011)附录 A2 的规定。

2)钢筋机械连接接头的材料、制作、安装施工及质量检验和验收，应符合现行行业标准《钢筋机械连接用套筒》(JG/T 163—2013)或《钢筋机械连接技术规程》(JGJ 107—2016)的规定。

3)钢筋机械连接件的最小混凝土保护层厚度，应符合设计受力主筋混凝土保护层厚度的规定，且不得小于 20 mm；连接件之间或连接件与钢筋之间的横向净距不宜小于 25 mm。

4)对受力钢筋机械连接接头的位置要求，应符合上述焊接接头的规定。

5)连接套筒、锁母、丝头在运输和储存过程中应采取防护措施，防止雨淋、油污和损伤。

(2)钢筋机械接头在施工现场的检验与验收应符合下列规定：

1)技术提供单位应向使用单位提交有效的型式检验报告。

2)钢筋连接工程开始前及施工过程中，应对第一批进场的钢筋进行接头工艺试验。进行工艺试验时，每种规格钢筋的接头试件不应少于 3 个，3 个接头试件的抗拉强度和残余变形均应满足《公路桥涵施工技术规范》(JTG/T F50—2011)附录 A2 的要求。

3)现场检验应进行外观质量检查和单向拉伸强度试验。

4)接头的现场检验应按验收批进行。同一施工条件下采用同一批材料的同等级、同形式、同规格接头，以 500 个为一个验收批进行检验与验收，不足 500 个时也作为一个验收批。

5)对接头的每一个验收批，应在工程结构中随机截取 3 个试件做抗拉强度试验，当 3 个接头试件的抗拉强度符合相应等级要求时，该验收批为合格。如有 1 个试件的抗拉强度不合格，应再取 6 个试件进行复检，复检中如仍有一个试件检验结果不合格，则该验收批为不合格。

6)在现场连续检验 10 个验收批，其全部试件的抗拉强度试验一次抽样均合格时，验收批接头数值可扩大 1 倍。

(3)钢筋机械接头连接组装完成后，应符合下列规定：

1)对镦粗直螺纹连接接头，套筒每端不宜有一扣以上的完整螺纹外露，加长丝扣型、扩口型及加锁母型接头的外露螺母不受此限制，但应有明显标志。

2)对滚轧直螺纹连接接头，标准型接头连接套筒外应有有效螺纹外露，正反螺扣型接头套筒单边外露有效螺纹不得超过 2 倍螺距，其他连接形式应符合产品设计要求。

3)对套筒挤压接头，挤压后套筒长度应为原套筒长度的 1.10～1.15 倍，压痕道数应符合型式检验确定的道数。

4. 绑扎接头

钢筋的绑扎接头应符合下列规定：

(1)绑扎接头的末端距钢筋弯折处的距离，不应小于钢筋直径的 10 倍，接头不宜位于构件的最大弯矩处。

(2)受拉钢筋绑扎接头的搭接长度，应符合表 19-3 的规定；受压钢筋绑扎接头的搭接长度，应取受拉钢筋绑扎接头搭接长度的 0.7 倍。

(3)受拉区内 HPB300 级钢筋绑扎接头的末端应做弯钩；HRB400、RRB400 级钢筋的绑扎接头末端可不做弯钩；直径不大于 12 mm 的受压 HPB300 级钢筋的末端可不做弯钩，但搭接长度不应小于钢筋直径的 30 倍，应在其中心和两端用钢丝扎牢。

表 19-3 受拉钢筋绑扎接头搭接长度

钢筋	混凝土强度等级		
	C20	C25	>C25
HRB400	—	50d	45d
注：d 为钢筋直径。			

（三）钢筋的绑扎与安装

（1）安装钢筋时应符合下列规定：

1)钢筋的级别、直径、根数、间距等应符合设计的规定。

2)对多层多排钢筋，宜根据安装需要在其间隔处设立一定数量的架立钢筋或短钢筋，但架立钢筋或短钢筋的端头不得伸入混凝土保护层内。

3)当钢筋过密影响到混凝土浇筑质量时，应及时与设计人员协商解决。

（2）钢筋的绑扎应符合下列规定：

1)钢筋的交叉点宜采用直径为 0.7～2.0 mm 的钢丝扎牢，必要时可采用点焊焊牢。绑扎宜采取逐点改变绕丝方向的 8 字形方式交错扎结，对直径为 25 mm 及以上的钢筋，宜采取双对角线的十字形方式扎结。

2)结构或构件拐角处的钢筋交叉点应全部绑扎；中间平直部分的交叉点可交错绑扎，但绑扎的交叉点宜占全部交叉点的 40％以上。

3)钢筋绑扎时，除设计有特殊规定外，箍筋应与主筋垂直。

4)绑扎钢筋的钢丝丝头不应进入混凝土保护层内。

（3）钢筋与模板之间应设置垫块，垫块的制作、设置和固定应符合下列规定：

1)混凝土垫块应具有足够的强度和密实性；采用其他材料制作垫块时，除应满足使用强度的要求外，其材料中不应含有对混凝土产生不利影响的成分。垫块的制作厚度不应出现负误差，正误差应不大于 1 mm。

2)用于重要工程或有防腐蚀要求的混凝土结构或构件中的垫块，宜采用专门制作的定型产品，且该类产品的质量同样应符合 1)的规定。

3)垫块应相互错开、分散设置在钢筋与模板之间，但不应横贯混凝土保护层的全部截面进行设置。垫块在结构或构件侧面和底面所布设的数量不应少于 3 个/m²，重要部位宜适当加密。

4)垫块应与钢筋绑扎牢固，且其绑丝的丝头不应进入混凝土保护层内。

5)混凝土浇筑前，应对垫块的位置、数量和紧固程度进行检查，不符合要求时应及时处理，应保证钢筋的混凝土保护层厚度满足设计要求和相应的规定。

四、混凝土工程

原材料在进场之前，施工单位应自检，做好混凝土配合比设计，并报请监理工程师验证批准后才能进场，具体内容如下：

（一）原材料的检查

1. 水泥的检查与保管

（1）公路桥涵工程采用的水泥应符合现行国家标准《通用硅酸盐水泥》(GB 175—2007)的规定，水泥的品种和强度等级应通过混凝土配合比试验选定，且其特性应不会对混凝土的强度、耐久性和工作性能产生不利影响。当混凝土中采用碱活性集料时，宜选用含碱量不大于 0.6％的低碱水泥。

（2）水泥进场时，应附有生产厂的品质试验检验报告等合格证明文件，并应按批次对同一生产厂、同一品种、同一强度等级及同一出厂日期的水泥进行强度、细度、安定性和凝结时间等性能的检验，散装水泥应以每 500 t 为一批，袋装水泥应以每 200 t 为一批，不足 500 t 或 200 t 时，也按一批计。当对水泥质量有怀疑或受潮或存放时间超过 3 个月时，应重新取样复验，并应按其复验结果使用。水泥的检验试验方法应符合现行行业标准《公路工程水泥及水泥混凝土试验规程》(JTG E30—2005)。

(3)公路桥涵混凝土工程宜采用散装水泥，散装水泥在工地应采用专用水泥罐储存，采用袋装水泥时，在运输和储存过程中应防止受潮，且不得长时间露天堆放，临时露天堆放时应设支垫并覆盖。不同品种、强度等级和出厂日期的水泥应分别按批存放。

2. 细集料

(1)细集料的选择。细集料应采用级配良好、质地坚硬、吸水率小、颗粒洁净且粒径小于5 mm的河砂，当河砂不易得到时，也可用硬质岩石加工的符合国家标准的人工砂。细集料不宜采用海砂，不得不采用海砂时，应具有可靠的冲洗条件。冲洗后的细集料，其氯离子含量等技术指标必须符合《桥施规》的规定。

(2)细集料的试验。对细集料进场使用前，根据规范应完成外观、筛分、细度模数、有机质含量、含泥量以及压碎值等试验，必要时还要进行坚固性检验，有害物质含量、氯离子含量等检验。试验应按《公路工程集料试验规程》(JTG E42—2005)的规定进行。

3. 粗集料

粗集料宜采用质地坚硬、洁净、级配合理、粒形良好、吸水率小的碎石或卵石，其技术指标应符合《公路桥涵施工技术规范》(JTG/T F50—2011)的规定。

粗集料宜根据混凝土最大粒径采用连续两级配或连续多级配，不宜采用单粒级或间断级配制，必须使用时，应通过试验验证。粗集料最大粒径宜按混凝土结构情况及施工方法选取，但最大粒径不得超过结构最小边尺寸的1/4和钢筋最小净距的3/4；在两层或多层密布钢筋结构中，最大粒径不得超过钢筋最小净距的1/2，同时不得超过75.0 mm。混凝土实心板的粗集料最大粒径不宜超过板厚的1/3且不得超过37.5 mm。泵送混凝土时的粗集料最大粒径，除应符合上述规定外，对碎石不宜超过输送管径的1/3；对卵石不宜超过输送管径的1/2.5。

施工前应对所用的粗集料进行碱活性检验，在条件许可时宜避免采用有碱活性反应的粗集料，必须采用时应采取必要的抑制措施。粗集料的进场检验组批应符合上述的规定，检验内容应包括外观、颗粒级配、针片状颗粒含量、含泥量、泥块含量、压碎值指标等，检验试验方法应符合现行行业标准《公路工程集料试验规程》(JTG E42—2005)的规定。

无论是粗集料，还是细集料，在进场之前，必须报请监理抽验，填写进场材料检验申请单，经监理工程师检验合格并签证后方可进场使用。

此外，组成混凝土的材料还有水以及外加剂。人畜可用的洁净水可用来拌制混凝土。主要的外加剂类型有普通和高效减水剂、早强减水剂、缓凝减水剂、引气减水剂、抗冻剂、膨胀剂、阻锈剂和防水剂等。混合材料包括粉煤灰、火山灰质材料、粒化高炉矿渣等。混合材料的技术条件可以参考《公路桥涵施工技术规范》(JTG/T F50—2011)。

(二)混凝土配合比

由于大部分桥梁施工远离城市，特别是中、小桥以及涵洞工程混凝土数量不大，基本上都是采用现场拌制混凝土，除非城市桥梁施工，采用商品混凝土(预拌混凝土)。因此，工程技术人员要设计并控制好现场混凝土配合比，确保混凝土质量。

混凝土的配合比应以质量比表示，并应通过计算和试配选定。试配时应使用施工实际采用的材料，配制的混凝土拌合物应满足和易性、凝结时间等施工技术指标；制成的混凝土应满足强度、耐久性(抗冻、抗渗、抗侵蚀)等质量要求。

普通混凝土的配合比，可按照现行行业标准《普通混凝土配合比设计规程》(JGJ 55—2011)

的规定进行计算,并应通过试配确定。混凝土的试配强度,应根据设计强度等级,并考虑施工条件的差异和变化以及原材料质量可能的波动,按照《公路桥涵施工技术规范》(JTG/T F50—2011)附录 B2 计算确定。混凝土的坍落度和工作性能宜根据结构物情况和施工工艺要求确定,在满足工艺要求的前提下,宜采用低坍落度的混凝土施工。通过设计和试配确定的配合比,应经批准后方可使用,且应在混凝土拌制前将理论配合比换算为施工配合比。

(三)混凝土拌制

混凝土拌制通常以机械为主,人工为辅,人工拌制速度慢,劳动强度大,仅用于小量的辅助或修补工程。混凝土的配料宜采用自动计量装置,各种衡器的精度应符合要求,计量应准确。计量器具应定期标定,迁移后应重新进行标定。

混凝土应采用机械拌制。拌制时,自全部材料装入搅拌筒开始搅拌至开始出料的最短搅拌时间,应按照搅拌机产品说明书的要求并经试验确定。混凝土拌合物应搅拌均匀,颜色一致,不得有离析和泌水现象,对在施工现场集中拌制的混凝土,应检测其拌合物的均匀性。检测时,应在搅拌机的卸料过程中,从卸料流的 1/4 ～ 3/4 之间部位取试样进行试验,试验结果应符合《公路桥涵施工技术规范》(JTG/T F50—2011)规定。

(四)混凝土的运输

运输能力应与混凝土的凝结速度和浇筑速度相适应,应使浇筑工作不间断且混凝土运到浇筑地点时仍能保持其均匀性和规定的坍落度。混凝土的运输宜采用搅拌运输车,或在条件允许时采用泵送方式输送;采用吊斗或其他方式运输时,运距不宜超过 100 m 且不得使混凝土产生离析。

采用搅拌运输车运输混凝土时,途中应以 2 ～ 4 r/ min 的慢速进行搅拌,卸料前应以常速再次搅拌。混凝土运至浇筑地点后发生离析、泌水或坍落度不符合要求时,应进行第二次搅拌。二次搅拌时不宜任意加水,确有必要时,可同时加水、相应的胶凝材料和外加剂并保持其原水胶比不变;二次搅拌仍不符合要求时,则不得使用。

混凝土采用泵送方式时应符合下列规定:

(1)混凝土的供应宜使输送混凝土的泵能连续工作,泵送的间歇时间不宜超过 15 min。在泵送过程中,受料斗内应具有足够的混凝土,应防止吸入空气产生阻塞。

(2)输送管应顺直,转弯处应圆滑,接头应严密不漏气。

(3)向低处泵送混凝土时,应采取必要措施,防止混凝土离析或堵塞输送管。

(五)混凝土的浇筑

浇筑混凝土前应进行以下准备工作:

应根据待浇筑结构物的情况、环境条件及浇筑量等制订合理的浇筑工艺方案,工艺方案应对施工缝设置、浇筑顺序、浇筑工具、防裂措施、保护层的控制等作出明确规定。应对支架、模板、钢筋和预埋件等进行检查,模板内的杂物、积水及钢筋上的污物应清理干净。模板如有缝隙或孔洞时,应堵塞严密且不漏浆。应对混凝土的均匀性和坍落度等性能进行检测。

自高处向模板内倾卸混凝土时,应防止混凝土离析。直接倾卸时,其自由倾落高度不宜超过 2 m,否则应设置串筒、溜管等设施下落;当其自由倾落高度超过 10 m 时,应设置减速装置。

1. 混凝土浇筑的厚度

混凝土应按一定的厚度、顺序和方向分层浇筑,且应在下层混凝土初凝或能重塑前浇筑完成上层混凝土；上、下层同时浇筑时，上层与下层的前后浇筑距离应保持 1.5 m 以上；在倾斜面上浇筑混凝土时，应从低处开始逐层扩展升高，并保持水平分层。混凝土分层浇筑的厚度不宜超过表 19-4 的规定。

表 19-4　混凝土分层浇筑厚度　　　　　　　　　　　　mm

振捣方式		浇筑层厚度
采用插入式振动器		300
采用附着式振动器		300
采用表面振动器	无筋或配筋稀疏时	250
	配筋较密时	150

2. 混凝土的浇筑顺序

在考虑主梁混凝土的浇筑顺序时，不应使模板和支架产生有害的下沉；为了使混凝土振捣密实，应采用相应的分层浇筑；当在斜面或曲面上浇筑混凝土时，一般应从低处开始。

(1)水平分层浇筑。对于跨径不大的简支梁桥，可在钢筋全部扎好以后，将梁和板沿一跨全长内水平分层浇筑，在跨中合拢。分层的厚度视振捣器的能力而定，一般为 0.15～0.3 m。当采用人工捣实时可采用 0.15～0.2 m。为避免支架不均匀沉陷的影响，浇筑工作应尽量快速进行，以便在混凝土失去塑性以前完成。

(2)斜层浇筑。跨径不大的简支梁桥混凝土的浇筑，还可用斜层法从主梁两端对称向跨中进行，并在跨中合拢。T 形梁和箱梁采用斜层浇筑的顺序如图 19-8(a)所示。当采用梁式支架、支点不设在跨中时，应在支架下沉量大的位置先浇混凝土，使应该发生的支架变形及早完成。其浇筑顺序如图 19-8(b)所示。采用斜层浇筑时，混凝土的倾斜角与混凝土的稠度有关，一般为 20°～25°。

较大跨径的简支梁桥，可用水平分层或斜层法先浇筑纵横梁，待纵横梁浇筑完毕后，再沿桥的全宽浇筑桥面板混凝土。在桥面板与纵横梁间应按设置工作缝处理。

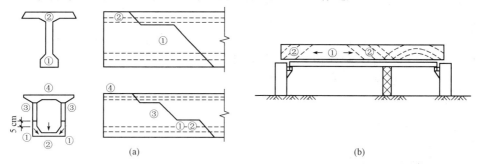

图 19-8　简支梁桥在支架上的浇筑顺序

(3)单元浇筑法。当桥面较宽且混凝土数量较大时，可分成若干纵向单元分别浇筑。每个单元的纵横梁可沿其长度方向水平分层浇筑或用斜层法浇筑，在纵梁间的横梁上设置工作缝，并在纵横梁浇筑完成后填缝连接。之后桥面板可沿桥全宽全面积一次浇筑完成，不设工作缝。桥面板与纵横梁间设置水平工作缝。

3. 混凝土浇筑注意事项

混凝土的浇筑宜连续进行，因故中断间歇时，其间歇时间应小于前层混凝土的初凝时间或能重塑时间。混凝土的运输、浇筑及间歇的全部时间不宜超出表 19-5 的规定；当超出时应按浇筑中断处理，并应留置施工缝，同时应做好记录。

表 19-5　混凝土的运输、浇筑时间及间歇的全部允许时间　　　　　　　　　　min

混凝土强度等级	气温≤25 ℃	气温＞25 ℃
≤C30	210	180
＞C30	180	150

施工缝的位置应在混凝土浇筑之前确定，且宜留置在结构受剪力和弯矩较小并便于施工的部位，施工缝宜设置成水平面或垂直面。对施工缝的处理应符合下列规定：

(1)处理层混凝土表面的松弱层应予以凿除。对处理层混凝土的强度，当采用水冲洗凿毛时，应达到 0.5 MPa；人工凿毛时，应达到 2.5 MPa；采用风动机凿毛时，应达到 10 MPa。

(2)经凿毛处理的混凝土面，应采用洁净水冲洗干净。

(3)重要部位及有抗震要求的混凝土结构或钢筋稀疏的钢筋混凝土结构，宜在施工缝处补插锚固钢筋；有抗渗要求的混凝土，其施工缝宜做成凹形、凸形或设置止水带；施工缝为斜面时宜浇筑或凿成台阶状。

在环境相对湿度较小、风速较大的条件下浇筑混凝土时，应采取适当措施防止混凝土表面过快失水。浇筑混凝土期间，应随时检查支架、模板、钢筋、预应力管道和预埋件等的稳固情况，并应及时填写混凝土施工记录。新浇筑混凝土的强度达到 2.5 MPa 之前，不得使其承受行人、运输工具、模板、支架及脚手架等荷载。

(六)混凝土的振捣

混凝土的振捣分人工振捣(用铁钎)和机械两种。人工振捣一般用于坍落度大、混凝土数量少或钢筋过密部位的振捣。大规模的混凝土浇筑，必须用机械振捣。

机械振捣设备有插入式、附着式、平板式振捣器和振动台等。平板式振捣器用于大面积混凝土施工，如桥面、基础等；附着式振捣器可设在侧模板上，但附着式振捣器是借助振动模板来振捣混凝土，故对模板要求较高，而振捣效果不是太好，常用于薄壁混凝土部分振捣，如梁肋上和空心板两侧部分；插入式振捣器常用的是软管式的，只要构件断面有足够的地方插入振捣器，而钢筋又不太密时，采用插入振捣器的振捣效果比平板式和附着式都要好。

采用振动器振捣混凝土时，应符合下列规定：

(1)插入式振动器的移位间距不应超过振动器作用半径的 1.5 倍，与侧模应保持 50～100 mm 的距离，且插入下层混凝土中的深度宜为 50～100 mm。

(2)平板式振动器的移位间距应使振动器平板能覆盖已振实部分不小于 100 mm。

(3)附着式振动器的布置距离，应根据结构物形状和振动器的性能通过试验确定。

(4)每一振点的振捣延续时间宜为 20～30 s，以混凝土停止下沉、不出现气泡、表面呈现浮浆为度。

(七)混凝土养护

对新浇筑混凝土的养护，应满足其对温度、湿度和时间的要求。应根据施工对象、环境条件、水泥品种、外加剂或掺合料及混凝土性能等因素，制订具体的养护方案，并严格实施。

混凝土浇筑完成后，应在其收浆后尽快予以覆盖并洒水保湿养护。对干硬性混凝土、高强度和高性能混凝土、炎热天气浇筑的混凝土以及桥面等大面积裸露的混凝土，应加强初始保湿养护，具备条件的可在浇筑完成后立即加设棚罩，待收浆后再予以覆盖和洒水养护，覆盖时不得损伤或污染混凝土的表面。混凝土面有模板覆盖时，应在养护期间使模板保持湿润。

混凝土的养护不得采用海水或含有害物质的水。混凝土的洒水保湿养护时间不应少于 7 d，对重要工程或有特殊要求的混凝土，应根据环境湿度、温度、水泥品种，以及掺用的外加剂和掺合料等情况，酌情延长养护时间，并应使混凝土表面始终保持湿润状态。当气温低于 5 ℃时，应采取保温养护的措施，不得向混凝土表面洒水。当采用喷洒养护剂对混凝土进行养护时，所使用的养护剂应不会对混凝土产生不利影响，且应通过试验验证其养护效果。

新浇筑的混凝土与流动的地表水或地下水接触时，应采取临时防护措施，保证混凝土在 7 d 以内且强度达到设计强度的 50% 以前，不受水的冲刷侵袭；当环境水具有侵蚀作用时，应保证混凝土在 10 d 以内且强度达到设计强度的 70% 以前，不受水的侵袭。混凝土处于冻融循环作用的环境时，宜在结冰期到来 4 周前完成浇筑施工，且在混凝土强度未达到设计强度等级的 80% 前不得受冻，否则应采取技术措施，防止发生冻害。

第二节　装配式简支梁的运输、安装和连接

一、一般规定

(1)装配式桥的构件在脱底模、移运、存放和吊装时，混凝土的强度不应低于设计规定的吊装强度；设计未规定时，不应低于设计强度的 80%。

(2)构件安装前应检查其外形、预埋件的尺寸和位置，允许偏差不得超过设计规定；设计未规定时，不得超过有关规定。

(3)安装构件时，支承结构(墩台、盖梁)的混凝土强度和预埋件(包括预留锚栓孔、支座钢板等)的尺寸、高程及平面位置应符合设计要求。

(4)构件安装就位完毕并经检查校正符合要求后，方可焊接或浇筑混凝土固定构件。跨径 25 m 以上预应力混凝土简支梁的安装应验算裸梁的稳定性。

(5)对分层、分段安装的构件，应在先安装的构件可靠固定且受力较大的接头混凝土达到设计要求的强度后，方可继续安装；设计未规定时，应达到设计强度的 80% 后方可继续安装。

(6)分段拼装梁的接头混凝土或砂浆，其强度应不低于构件的设计强度；不承受内力的构件的接缝砂浆，其强度应不低于 M10。需与其他混凝土或砌体结合的预制构件的砌筑面应按施工缝处理。

(7)构件吊运安装时，其起重安全应符合相关规定。吊运工具、设备的使用技术要求，应参照起重吊装的有关规定执行。

(一)预制场地准备

构件预制场地布置应满足预制、移运、存放及架设安装的施工作业要求；场地应平整、坚实，应根据地基情况和气候条件，设置必要的防、排水设施，并应采取有效措施防止场地沉陷。砂石料场的地面宜进行硬化处理。

(二)预制台座要求

构件预制台座的地基应具有足够的承载能力，并应符合下列规定：

（1）预制台座应采用适宜的材料和方式制作，且应保证其坚固、稳定、不沉陷；当用于预制后张法预应力混凝土梁、板时，宜对台座两端及适当范围内的地基进行特殊加固处理。

（2）预制台座的间距应能满足施工作业的要求；台座表面应光滑、平整，在 2 m 长度上平整度的允许偏差应不超过 2 mm，且应保证底座或底模的挠度不大于 2 mm。

（3）对预应力混凝土梁、板，应根据设计提供的理论拱度值，结合施工的实际情况，正确预计梁体拱度的变化情况，在预制台座上按梁、板构件跨度设置相应的预拱度。当后张法预应力混凝土梁预计的上拱度值较大时，可考虑在预制台座上设置反拱。

（三）混凝土的浇筑

（1）各种构件混凝土的浇筑应符合下列规定：

当腹板底部为扩大断面的 T 形梁时，应先浇筑扩大部分并振实后，再浇筑其上部腹板。

（2）U 形梁可上下一次浇筑或分两次浇筑。一次浇筑时，宜先浇筑底板至底板承托顶面，待底板混凝土振实后再浇筑腹板；分两次浇筑时，宜先浇筑底板至底板承托顶面，按施工缝处理后，再浇筑腹板混凝土。

（3）小型构件宜在振动台上振动浇筑。混凝土砌块、小型盖板、路缘石等小型构件，可在移动式底模上浇筑。

（4）采用平卧重叠法支立模板、浇筑构件混凝土时，下层构件顶面应设临时隔离层；上层构件必须待下层构件混凝土强度达到 5.0 MPa 后方可浇筑。

（5）中小跨径的空心板浇筑混凝土时，对芯模应有防止上浮和偏位的可靠措施。

（6）对高宽比较大的预应力混凝土 T 形梁和 I 形梁，应对称、均衡地施加预应力，并应采取有效措施防止梁体产生侧向弯曲。

（四）构件场内移运

1. 吊点位置控制

构件吊点位置一般都在设计图上已标明，设计无要求时，应根据构件配筋情况、外形特征等计算确定。构件的吊环应竖直。吊绳与起吊构件的交角小于 60°时应设置吊梁。

（1）细长构件。细长构件中所配的钢筋，往往是按照受力情况配置的，而吊点位置又是根据细长构件内正弯矩与负弯矩相等条件确定的。因此，吊点选择不当会使构件产生裂缝以至断裂。根据桩长的不同，根据计算确定。一点吊可设在离端头 $0.293L$ 处，两点吊可设在离端头 $0.207L$ 处（L 为构件长度）。

（2）一般构件。以下部受拉为主的一般构件，如梁、板等，由于钢筋配置上下不对称，吊点均距支点不远，以减少起吊时吊点处的负弯矩。

（3）厚大构件。为防止吊运过程中构件翻身，一般多采用四点吊。

（4）曲线梁。因曲线梁的重心比较难找，一般通过计算找出，吊点位置的连线必须通过重心。

2. 构件移运

构件的场内移运应符合下列规定：

（1）对后张法预应力混凝土梁、板，在施加预应力后可将其从预制台座吊移至场内的存放台座上后再进行孔道压浆，但必须满足下列要求：

1）从预制台座上移出梁、板仅限一次，不得在孔道压浆前多次倒运。

2）吊移的范围必须限制在预制场内的存放区域，不得移往他处。

3)吊移过程中不得对梁、板产生任何冲击和碰撞。

(2)后张法预应力混凝土梁、板在孔道压浆后进行移运的，其压浆浆体强度不应低于设计强度的80%。

(3)梁、板构件移运时的吊点位置应符合设计规定；设计未规定时，应根据计算决定。构件的吊环必须采用未经冷拉 HPB300 钢筋制作，且吊环应顺直。吊绳与起吊构件的交角小于60°时，应设置吊架或起吊扁担，使吊环垂直受力。吊移板式构件时，不得吊错上下面。

(五)构件存放

构件的存放应符合下列规定：

(1)存放台座应坚固稳定，且宜高出地面200 mm以上。存放场地应有相应的防、排水设施，并应保证梁、板等构件在存放期间不致因支点沉陷而受到损失。

(2)梁、板构件存放时，其支点位置应符合设计规定；支点处应采用垫木和其他适宜的材料进行支撑，不得将构件直接支撑在坚硬的存放台座上；存放时混凝土养护期未满的，应继续养护。

(3)构件应按其安装的先后顺序编号存放，预应力混凝土梁、板的存放时间不宜超过3个月，特殊情况下不应超过5个月。

(4)当构件多层叠放时，层与层之间应以垫木隔开，各层垫木的位置应设在设计规定的支点处，上下层垫木应在同一条竖直线上；叠放的高度宜按构件强度、台座地基的承载力、垫木强度及叠放的稳定性等经计算确定，大型构件宜为两层，不应超过3层，小型构件宜为6~10层。

(5)雨季或春季融冻期间，应采取有效措施防止因地面软化下沉而造成构件断裂及损坏。

(六)构件运输

构件的运输应符合下列规定：

(1)板式构件运输时，宜采用特制的固定架稳定构件。对小型构件，宜顺宽度方向侧立放置，并应采取措施防止倾倒；如平放，在两端吊点处必须设置支搁方木。

(2)梁的运输应按高度方向竖立放置，并应有防止倾倒的固定措施；装卸梁时，必须在支撑稳妥后，方可卸除吊钩。

(3)采用平板拖车或超长拖车运输大型构件时，车长应能满足支点之间的距离要求，支点处应设活动转盘防止搓伤构件混凝土；运输道路应平整，如有坑洼或高低不平时，应事先处理平整。

(4)水上运输构件时，应有相应的封舱加固措施，并应根据天气状况安排装卸和运输作业时间，同时，应满足水上(海上)作业的相关安全规定。

(七)简支梁、板架设

(1)简支梁、板的安装应符合下列规定：

1)安装前应对墩台的施工质量进行检验，并应对支座或临时支座的平面位置和高程进行复测，合格后方可进行梁、板等构件的安装。

2)安装的方法和安装设备宜根据构件的结构特点、质量及施工环境条件等综合确定，并应制定专项施工技术方案、安装工艺及安全技术方案，对安装设备的强度、刚度和稳定性应进行必要的验算。

3)采用架桥机进行安装作业时，其抗倾覆稳定系数不应小于1.3；架桥机过孔时，应将起重小车置于对稳定最有利的位置，且抗倾覆稳定系数不应小于1.5。

4）采用吊机吊装构件时，如采用1台起重机起吊，应在吊点位置的上方设置吊架或起吊扁担；如采用两台起重机抬吊，应统一指挥，协调一致，使构件的两端同时起吊、同时就位。

5）梁、板安装施工期间及架桥机移动过孔时，严禁行人、车辆和船舶在作业区域的桥下通行。

6）梁、板就位后，应及时设置保险垛或支撑将构件临时固定，对横向自稳性较差的T形梁和I形梁等，应与先安装的构件进行可靠的横向连接，防止倾倒。

7）安装在同一孔跨的梁、板，其预制施工的龄期差不宜超过10 d。梁、板上有预留孔道的，其中心应在同一轴线上，偏差不应大于4 mm。梁、板之间横向湿接缝，应在一孔梁、板全部安装完成后方可进行施工。

8）对弯、坡、斜桥的梁、板，其安装的平面位置、高程及几何线形应符合设计要求。

（2）先简支后连续的梁，其施工应符合下列规定：

1）先简支安装的梁，除应符合简支梁架设规定外，还应设置临时支座进行支撑。在一片梁中，临时支座顶面的相对高差不应大于2 mm。

2）简支变连续的施工程序应符合设计规定，且应在一联梁全部安装完成后方可进行湿接头混凝土的浇筑。

3）对湿接头处的梁端，应按施工缝的要求进行凿毛处理。永久支座应在设置湿接头底模之前安装。湿接头处的模板应具有足够的强度和刚度，与梁体的接触面应密贴并具有一定的搭接长度，各接缝应严密不漏浆。负弯矩区的预应力管道应连接平顺，与梁体预留管道的相接处应密封；预应力锚固区预留的张拉齿板应保证其外形尺寸准确且不被损坏。

4）湿接头的混凝土宜在一天中气温相对较低的时段浇筑，且一联中的全部湿接头应一次浇筑完成。湿接头混凝土的养护时间不应少于14 d。

5）湿接头按设计要求施加预应力、孔道压浆且浆体达到规定强度后，应立即拆除临时支座，按设计规定的顺序完成体系转换。同一片梁的临时支座应同时拆除。

6）仅为桥面连续的梁、板，应按设计要求进行施工。

（八）移运工具设备

常用移运工具设备如下。

1. A型小车

A型小车构造如图19-9(a)所示。可用木料或钢材制作，起重运输能力为2～10 kN。

其适用于小型构件的场内运输。使用方法是将车架前端抵住构件，抬高车柄使A字架向前倾斜，吊钩钩住构件，压下车辆，使构件离开地面并靠在A字架上，即可用人力推动小车行走，如图19-9(b)所示。空车运输时，则可将车轮移至后面的轴座上。

2. 轨道平板车

轨道平板车应设有转盘装置，以便装上构件后能在曲线上安全运行。同时还应设置制动装置，以便在发生意外时能制动刹车，保证安全。轨道平车的构造如图19-10所示。

轨道平板车的临时铁路线的轨距有1 435 mm、1 000 mm、750 mm和600 mm多种，钢轨质量从5～50 kg/m不等，均视承载质量大小和设备条件而定。场内铁路线纵坡宜尽量设平坡，须设纵坡时宜控制在2%以内。

运输构件时以2辆平车装载构件，平车应设在构件前后吊点的下面。牵引钢丝绳挂在前面平车上，前后平车间应用钢丝绳连接；或从整个构件的下部缠绕一周后再引向导向滑车至绞车。这样即使构件与平车之间稍有滑动，也不致倾覆。

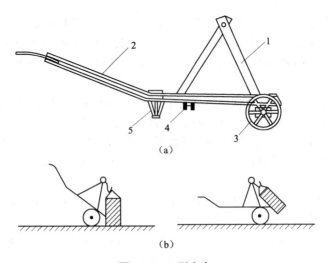

(a)

(b)

图 19-9 A 型小车

1—A 字架；2—车架；3—车轮；4—轴座；5—支腿

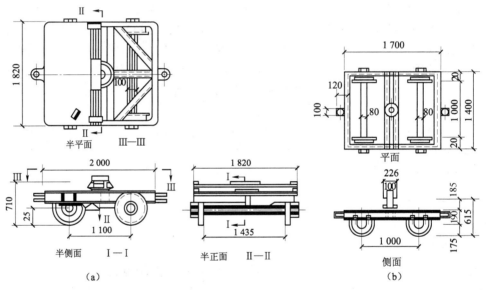

半平面

III—III

半侧面   I—I

半正面   II—II

侧面

(a)

(b)

图 19-10 轨道平车(尺寸单位：mm)

(a)载重 30 t 轨道平板车；(b)载重 15 t 轨道平板车

3. 扒杆

扒杆在场内主要作为出坑用，即：把构件从预制的底座上吊移出来。各种扒杆的构造、计算和使用时需注意之点，可参阅《公路施工手册 桥涵》(上、下册)有关章节。

4. 龙门架(龙门起重机)

用龙门架起吊移运构件出坑，横移至预制构件运输轨道，再卸落在运输平车或汽车上，较其他设备使用方便。龙门架的构造型式有固定式和活动式两种。用于起吊预制构件出坑的龙门架都采用活动式。这种起重机是由底座、腿架和横梁、跑车组成，运行在专用轨道上，操作时分构件上下升降，跑车横向运行及龙门架整体纵向运行，三个方向运动，其动力可用人力或电力。

龙门架运行及构件起吊则根据吊荷载大小选用不同起重能力的卷扬机。各种结构的龙门架的构造可参阅《公路施工手册 桥涵》(上、下册)有关章节。

5. 拖履(走板)、滚杠、聚四氟乙烯滑板

拖履和滚杠的构造、计算及使用方法可参阅《公路施工手册 桥涵》(上、下册)有关章节。

聚四氟乙烯俗称塑料王，是一种热塑料，成型品色泽洁白，半透明，有蜡状感觉。能耐高温和低温，可在$-180\ ℃\sim+250\ ℃$范围内长期使用，有较强的化学稳定性，除融熔金属钠和液氟外，能耐其他一切化学药品，即使在高温下也不与强酸、浓碱和强氧化剂起作用，也不被水浸湿和泡胀。制成模压板作为滑板(简称四氟板)时其摩擦系数很低，起动阶段为0.04，它与铸铁和钢的干摩擦和静摩擦系数也很低，而且在摩擦过程中，静摩擦和动摩擦系数很接近。它的抗压强度也很高，为$12.5\sim24.5\ \mathrm{MPa}$，表面硬度为$3.41\sim3.82$(布氏)。

由于聚四氟乙烯具有以上的特性，国内外将其用做桥梁活动支座，用于顶推法架桥或墩台上横移大梁。在构件预制场内也可用四氟板代替走板和滚杠作为移动构件的滑板。

6. 汽车、轮胎式起重机和履带式起重机

这些起重机通称运行式回转起重机。其中汽车式起重机，是把起重机构装在载重汽车底盘上，由汽车发动机供给动力，起重操纵室和行驶驾驶室是分开的。底盘两侧设有支腿，以扩大支承点，增加稳定。它的优点是机动性高，行驶速度快，可与汽车编队行驶，转移灵活方便。作业时应放下支腿，一般不宜带负荷行驶。它的缺点是要求较好的路面及支承点。

轮胎式起重机与汽车式起重机的区别在于：前者是装在特别的轮胎盘上的回转台上，无论起重量大小，一般全机只有一台发动机，起重和行驶在一个驾驶室内操纵，行驶速度较低，一般不超过30 km/h，没有外伸支腿，可吊较小的荷载行驶，也要求较好路面。

履带式起重机由回转台和行驶履带两部分组成。在回转台上装有起重臂、动力装置、绞车和操纵室，在其尾部装有平衡重。回转台能绕中心轴线转动360°，履带架既是行驶机构，也是起重机的支座。它的优点是起重量大，可在崎岖不平及松软泥泞的施工场地行驶，稳定性较好，缺点是行驶速度慢，一般不超过20 km/h，自重大，对路面有破坏作用。

二、装配式梁桥的安装

预制梁(板)的安装是预制装配式混凝土梁桥施工中的关键性工序，应结合施工现场条件、工程规模、桥梁跨径、工期条件、架设安装的机械设备条件等具体情况，以安全可靠、经济简单和加快施工速度等为原则，合理选择架梁的方法。

对于简支梁(板)的安装设计，一般包括起吊、纵移、横移、落梁(板)就位等工序，从架设的工艺来分有陆地架梁、浮吊架梁和利用安装导梁、塔架、缆索的高空架梁法等方法。《公路施工手册 桥涵》(上、下册)详细介绍了预制梁安装的十几种方法，可供参考，这里简要介绍几种常用的架梁方法的工艺特点。

必须注意的是，预制梁(板)的安装既是高空作业，又需用复杂的机具设备，施工中必须确保施工人员的安全，杜绝工程事故。因此，无论采用何种施工方法，施工前均应详细、具体地研究安装方案，对各承力部分的设备和杆件进行受力分析和计算，采取周密的安全措施，严格执行操作规程，加强施工管理和安全教育，确保安全、迅速地进行架梁工作。同时，安装前应将支座安装就位。

(一)陆地架梁法

1. 移动式支架架梁法

此法是在架设孔的地面上，顺桥轴线方向铺设轨道，其上设置可移动支架，预制梁的前端搭在支架上，通过移动支架将梁移运到要求的位置后，再用龙门架或人字扒杆吊装；或者在桥墩上设枕木垛，用千斤顶卸下，再将梁横移就位。如图19-11所示。

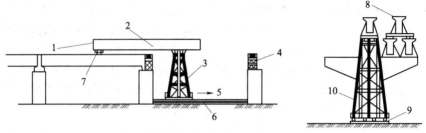

图 19-11 移动式支架架设法

1—后拉绳；2—预制梁；3—移动式支架；4—枕木垛；5—拉绳；6—轨道；
7—平车；8—临时搁置的梁（支架拆除后再架设）；9—平车；10—移动式支架

利用移动支架架设，设备较简单，但可安装重型的预制梁；无动力设备时，可使用手摇卷扬机或绞磨移动支架进行架设。但不宜在桥孔下有水、地基过于松软的情况下使用，一般也不适宜桥墩过高的场合，因为这时为保证架设安全，支架必须高大，因而此种架设方法不够经济。

2. 摆动式支架架梁法

本法是将预制梁（板）沿路基牵引到桥台上并稍悬出一段，悬出距离根据梁的截面尺寸和配筋确定。从桥孔中心河床上悬出的梁（板）端底下设置人字扒杆或木支架，如图19-12所示。前方用牵引绞车牵引梁（板）端，此时支架随之摆动而到对岸。

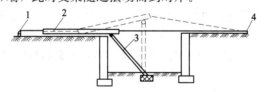

图 19-12 摆动式支架架设法

1—制动绞车；2—预制梁；3—支架；4—牵引绞车

为防止摆动过快，应在梁（板）的后端用制动绞车牵引制动。用摆动式支架架梁法较适宜于桥梁高跨比稍大的场合。当河中有水时也可用此法架梁，但需在水中设一个简单小墩，以供立置木支架用。

3. 自行式起重机架梁法

由于大型的自行式起重机的逐渐普及，且自行式起重机本身有动力、架设迅速、可缩短工期，不需要架设桥梁用的临时动力设备及不必进行任何架设设备的准备工作和不需要如其他方法架梁时所具备的技术工种等特点，因此，一般中小跨径的预制梁（板）的架设安装越来越多地采用自行式起重机。

自行式起重机架梁可以采用一台起重机架设、两台起重机架设、起重机和绞车配合架设等方法。

当预制梁质量不大，而起重机又有相当的起重能力，河床坚实无水或少水，允许起重机行驶、停搁时，可用一台起重机架设安装。这时应注意钢丝绳与梁面的夹角不能太小，一般以 45°～60° 为宜，否则应使用起重梁（扁担梁）。用一台自行式起重机架梁如图 19-13(a) 所示。

对跨径不大的预制梁，吊机起重臂跨径 10 m 以上且起重能力超过梁重的 1.5 倍时，吊机可搁放在桥台后路基上架设安装，或先搁放在一孔已安装好的桥面上，架设安装次一孔的梁（板）。

两台起重机架梁法是用两台自行式吊机各吊住梁（板）的一端。将梁（板）吊起并架设安装。此法应注意两吊机的相互配合。

起重机和绞车配合架梁如图 19-13(b) 所示。预梁一端用拖履、滚筒支垫，另一端用起重机吊起。前方用绞车或绞磨牵引

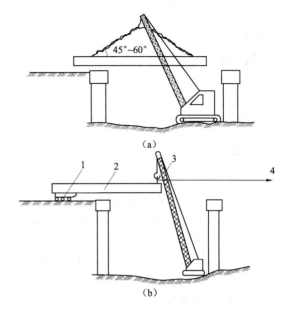

图 19-13　自行式吊机架梁法
(a)一台自行式吊机架设法；(b)吊机和绞车配合架设法
1—拖履滚筒；2—预制梁；3—吊机起重臂；4—绞车或绞盘

预制梁前进。梁前进时，起重机起重臂随之转动。梁前端就位后，起重机行驶到后端，提起梁后端取出拖履滚筒，再将梁放下就位。

4. 跨墩或墩侧龙门架架梁法

本法是以胶轮平板拖车、轨道平车或跨墩龙门架将预制梁运送到桥孔，然后用跨墩龙门架或墩侧高低脚龙门架将梁吊起，再横移到梁设计位置然后落梁就位完成架梁工作。

搁置龙门架脚的轨道基础要按承受最大反力时能保持安全的原则进行加固处理。河滩上如有浅水，可在水中填筑临时路堤，水稍深时可考虑修建临时便桥，在便桥上铺设轨道。并应与其他架设方法进行技术经济比较以决定取舍。

用本法架梁的优点是架设安装速度较快，河滩无水时也较经济，而且架设时不需要特别复杂的技术工艺，作业人员较少，但龙门吊机的设备费用一般较高，尤其在高桥墩的情况。

跨墩龙门架的架梁程序如图 19-14(a) 所示。预制梁可由轨道平车运送至桥孔，如两台龙门架起重机自行且能达到同步运行时，也可利用跨墩龙门架将梁吊着运送到桥孔再吊起横移落梁就位。

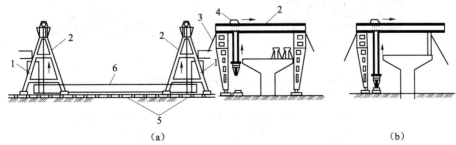

图 19-14　龙门架架梁法
(a)跨墩龙门架架设；(b)墩侧高低脚龙门架架设
1—桥墩；2—龙门架吊机（自行式）；3—风缆；4—横移行车；5—轨道；6—预制梁

墩侧高低脚龙门架如图 19-14(b)所示,其架设程序与跨墩龙门架基本相同。但预制梁必须用轨道平车或胶轮平车拖板运送至桥孔。一孔各片梁安装完毕后,将 1 号墩的龙门架拆除运送到 3 号墩安装使用,以后如此循环使用。为了加快预制梁吊起横移就位速度,可准备三台高低脚龙门架,设置在 1、2、3 号墩侧。待第一跨各梁安装完毕,可即安装第二跨,与此同时,将 1 号墩龙门架运送到 4 号墩安装。这种高低脚龙门架较跨墩龙门架可减少一条轨道,一条腿的高度也可降低,但增加运、拆、装龙门架的工作量,并需要多准备一台龙门架。

(二)浮运架梁法

浮运架梁法是将预制梁用各种方法移装到浮船上,并浮运到架设孔以后就位安装。采用浮运架梁法时,河流须有适当的水深,水深需根据梁重而定,一般宜大于 2 m;水位应平稳或涨落有规律如潮汐河流;流速及风力不大;河岸能修建适宜的预制梁装卸码头;具有坚固适用的船只。浮运架梁法的优点是桥跨中不需设临时支架,可以用一套浮运设备架设安装多跨同跨径的预制梁,较为经济,且架梁时浮运设备停留在桥孔的时间很少,不影响河流通航。浮运架梁法采用如下两种方法。

1. 移动式支架架梁法

预制梁装船浮运至架设孔再起吊安装就位。装梁上船一般采用引道栈桥码头,用龙门架吊着预制梁上船,如图 19-15 所示。若装载预制梁的船本身无起吊设施,可用另外的浮吊吊装就位,或用装设在墩顶的起吊设施吊装就位。

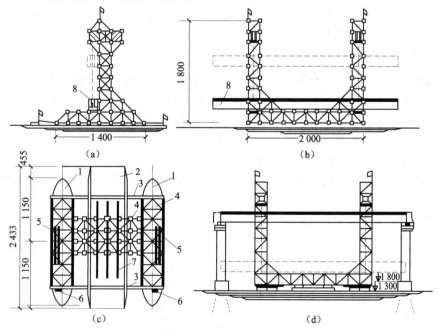

图 19-15 预制梁装船浮运架设法(尺寸单位:cm)
(a)侧面;(b)正面;(c)平面;(d)墩位安装
1—19 t 浮桥船;2—80 t 铁驳船;3—联结 36 号工字钢;4—万能杆件;
5—吊点位置;6—5 t 卷扬机;7—56 号工字钢;8—预制梁

将预制梁装载在一艘或两艘浮船中的支架枕木垛上,使梁底高度高于墩台支座顶面 0.2~0.3 m,然后将浮船拖运至架设孔,充水入浮船,使浮船吃水加深,降低梁底高度使预制梁安装就位。在有潮汐的河流或港湾上建桥时，可利用潮汐水位的涨落来调整梁底标高以安装就位。若潮汐的水位高差不够，可在浮船中配合排水、充水解决。因此，浮船应配备足够的水泵，以保证及时有效地排水和充水。且在装梁时进行水泵的性能试验。

预制梁较短、重量较轻时，可装载在一艘浮船上。如预制梁较长且又重时，可装载在两艘浮船上或以多艘浮船连成两组使用。无论浮船多少，预制梁的支承处不宜多于两处，并有荷载分布确定。预制梁支承处两端伸出长度应考虑浮船进入架设孔便利，同时，应考虑因两端伸出在支承外产生的负弯矩，在浇筑梁体时适当加固，防止由负弯矩而产生的裂纹、损坏发生。

2. 浮船支架拖拉架梁法

此法是将预制梁的一端纵向拖拉滚移到岸边的浮船支架上，再用如移动式支架梁法相同方法沿桥轴线拖拉浮船至对岸，预制梁也相应拖拉至对岸，当梁前端抵达安装位置后用龙门架或人字扒杆安装就位，如图 19-16 所示。

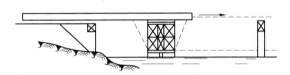

图 19-16　浮船支架拖拉架设

预制梁装船的方法，应根据梁的长度、重量、河岸的情况，选用不同的方法。对于河边有垂直驳岸、预制梁不太长又不太重时，可采用大起重量、大伸幅的轮胎式或履带式起重机将梁从岸上吊装到浮船上，或用大起重量、大伸幅的浮吊将梁从岸上吊装到浮船上。必须建栈桥码头时，可用栈桥码头将预制梁纵向拖拉上船。也可用栈桥码头横移预制梁上船，但此时必须与河岸垂直修建两座栈桥，其间距等于预制梁的长度。

用栈桥码头纵向拖拉将梁装船，栈桥码头必须与河岸垂直，栈桥上铺设轨道，轨道一端接梁预制场轨道，另一端接浮船支架上轨道。预制梁拖拉上船如图 19-17 所示。

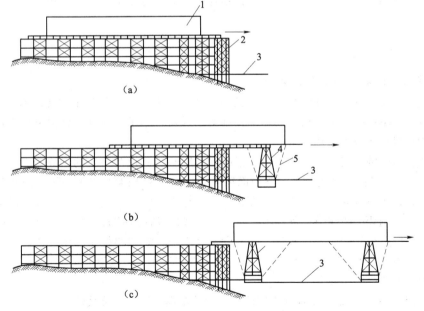

图 19-17　利用栈桥码头将预制梁纵向拖拉上船

(a)预制梁已拖至栈桥上；(b)预制梁已拖拉至第一艘浮船支架上；(c)预制梁已拖拉至第一、二艘浮船支架上
1—预制梁；2—栈桥排架；3—水面；4—浮船支架；5—拉索

栈桥码头宜设在桥位下游，因为向上游牵引浮船比向下游要稳当些。栈桥的高度、长度应根据河岸与水位的高差，水下河床深度、浮船最大吃水深度、浮船支架高度等因素确定。

在预制梁被拖拉上第一艘浮船的过程中，随着梁移出栈桥端排架的长度增加，浮船所支承的梁重也逐渐增加。为了维持梁处于水平位置，就必须在与梁向前拖拉的同时，不断地将浮船中先充入的压舱水相应排出，以逐渐增加浮船的浮力，使浮船在载重逐渐增加时，浮船的吃水深度保持不变。因此，水泵的能力和排水速度应根据梁的重量和拖移的速度来决定。浮船可用缆索和绞车拉动或拖船牵引至架设孔。

用栈桥码头横移梁上船如图 19-18 所示。预制梁经过栈桥横向移运到两个提长塔（或龙门吊机下）之间后，就可用卷扬机将梁提长起来，然后将双艘浮船连系的浮船支架拖入，再将梁落放在浮船支架上。浮船中线宜与预制梁中线相垂直。

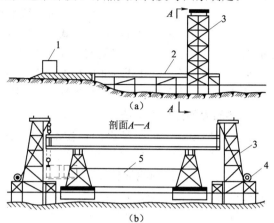

图 19-18　用栈桥码头横移预制梁上船

(a)侧面；(b)剖面 A—A

1—预制梁；2—栈桥；3—提升预制梁的塔架；

4—卷扬机；5—两浮船支架间连系桁架

当栈桥排架较高，浮船支架高度稍低于栈桥上梁底高度时，可不必用卷扬机或龙门架提升预制梁，而采用先将浮船充水使它吃水深些，待浮船拖到梁下的预定位置后，再用水泵将浮船中压舱水排出，使浮船升高将梁托起在支架上。但完全靠充水、排水来升降浮船支架高度比较费时，可与千斤顶联合使用。在浮船支架拖运途中，应注意必须撤除千斤顶，以免梁发生翻倒现象。

(三)高空架梁法

1. 联合架桥机架梁(蝴蝶架架梁法)

此法适用于架设安装 30 m 以下的多孔桥梁，其优点是完全不设桥下支架，不受水深流急影响，架设过程中不影响桥下通航、通车。预制梁的纵移、起吊、横移、就位都较方便。缺点是架设设备用钢量较多但可周转使用。

联合架桥机由两套门式吊机、一个托架(即蝴蝶架)、一根两跨长的钢导梁三部分，组成如图 19-19 所示。钢导梁由贝雷装配，梁顶面铺设运梁平车和托架行走的轨道。门式起重机由工字梁组成，并在上下翼缘处及接头的地方，用钢板加固。门式吊机顶横梁上设有吊梁用的行走小车。为了不影响架梁的净空位置，其立柱做成拐脚式(俗称拐脚龙门架)。门式吊机的横梁标高，由两根预制梁叠起的高度加平车及起吊设备高确定。蝴蝶架是专门用来托运门式吊机转移的，它由角钢组成，如图 19-19 所示，整个蝴蝶架放在平车上，可沿导梁顶面轨道行走。

联合架桥机架梁顺序如下：

(1)在桥头拼装钢导梁，梁顶铺设钢轨，并用绞车纵向拖拉导梁就位；

(2)拼装蝴蝶架和门式吊机，用蝴蝶架将两个门式吊机移运至架梁孔的桥墩(台)上；

(3)由平车轨道运送预制梁至架梁孔位，将导梁两侧可以安装的预制梁用两个门式起重机吊起，横移并落梁就位，如图 19-19 中 1、2、3、4 号梁；

(4)将导梁所占位置的预制梁临时安放在已架设好的梁上，如图 19-19 中的 5、6 号梁；

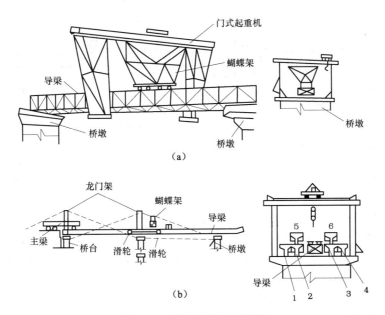

图 19-19　联合架桥机架梁法

(a)主梁纵移图；(b)主梁横移安装图

(5)用绞车纵向拖拉导梁至下一孔后，将临时安放的梁由门式吊机架设就位，完成一孔梁的架设工作，并用电焊将各梁联结起来；

(6)在已架设的梁上铺接钢轨，再用蝴蝶架顺序将两个门式吊机托起并运至前一孔的桥墩上。

如此反复，直至将各孔梁全部架设好为止。

2. 双导梁穿行式架梁法

本法是在架设孔间设置两组导梁，导梁上安设配有悬吊预制梁设备的轨道平车和起重行车或移动式龙门吊机，将预制梁在双导梁内吊着运到规定位置后，再落梁、横移就位。横移时可将两组导梁吊着预制梁整体横移，另一种是导梁设在桥面宽度以外，预制梁在龙门起重机上横移，导梁不横移，这比第一种横移方法安全。

双导梁穿行式架梁法的优点与联合架桥机法相同，适用于墩高、水深的情况下架设多孔中小跨径的装配式梁桥，但不需蝴蝶架，而配备双组导梁，故架设跨径可较大，吊装的预制梁可较重。我国用这类型的起重机架设了梁长 51 m，重量 1 310 kN 的预应力混凝土 T 形梁桥。

两组分离布置的导梁可用公路装配式钢桥桁节、万能杆件设备或其他特制的钢桁节拼装而成。两组导梁内侧净距应大于待安装的预制梁宽度。导梁顶面铺设轨道，供起重行车吊梁行走。导梁设三个支点，前端可伸缩的支承设在架桥孔前方墩桥上，如图 19-20 所示。

两根型钢组成的起重横梁支承在能沿导梁顶面轨道行走的平车上，横梁上设有带复式滑车的起重行车。行车上的挂链滑车供吊装预制梁用。其架设顺序如下：

(1)在桥头路堤上拼装导梁和行车，并将拼装好的导梁用绞车纵向拖拉就位，使可伸缩支脚支承在架梁孔的前墩上。

(2)先用纵向滚移法把预制梁运到两导梁间，当梁前端进入前行车的吊点下面时，将预制梁前端稍稍吊起，前方起重横梁吊起，继续运梁前进至安装位置后，固定起重横梁。用横梁上的起重行车将梁落在横向滚移设备上，并用斜撑住以防倾倒，然后在墩顶横移落梁就位(除一片中梁处)。

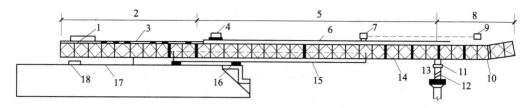

图 19-20　双导梁穿行式架梁法

1—平衡压重；2—平衡部分；3—人行便道；4—后行车；5—承重部分；6—行车轨道；7—前行车；
8—引导部分；9—绞车；10—装置特殊接头；11—横移设备；12—墩上排架；13—花篮螺钉；
14—钢桁架导梁；15—预制梁；16—预制梁纵向滚移设备；17—纵向滚道；18—支点横移设备

(3)用以上步骤并直接用起重行车架设中梁。

如用龙门吊机吊着预制梁横移，其方法同联合架桥机架梁。此法预制梁的安装顺序是先安装两个边梁，再安装中间各梁。全孔各梁安装完毕并符合要求后，将各梁横向焊接连系，然后在梁顶铺设移运导梁的轨道，将导梁推向前进，安装下一孔。

重复上述工序，直至全桥架梁完毕。

3. 自行式吊车桥上架梁法

在预制梁跨径不大，重量较轻且梁能运抵桥头引道上时，可直接用自行式伸臂吊车(汽车式起重机或履带式起重机)来架梁。但是，对于架桥孔的主梁，当横向尚未联成整体时，必须核算吊车通行和架梁工作时的承载能力。此种架梁方法简单方便，几乎不需要任何辅助设备，如图19-21所示。

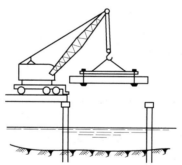

图 19-21　自行式吊车桥上架梁法

4. 扒杆纵向"钓鱼"架梁法

此法是用立在安装孔墩台上的两副人字扒杆，配合运梁设备，以绞车互相牵吊，在梁下无支架、导梁支托的情况下，把梁悬空吊过桥孔，再横移落梁、就位安装的架梁法。其架梁示意图如图19-22所示。

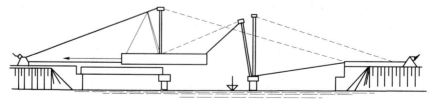

图 19-22　扒杆纵向"钓鱼"架梁法

用此法架梁时，必须以预制梁的重量和墩台间跨径为基础，在竖立扒杆、放倒扒杆、转移扒杆或架梁或吊着梁进行横移等各个工作阶段，对扒杆、牵引绳、控制绳、卷扬机、锚碇和其他附属零件进行受力分析和应力计算，以确保设备的安全。还须对各阶段的操作安全性进行检查。

本法不受架设孔墩台高度和桥孔下地基、河流水文等条件影响；不需要导梁、龙门吊机等重型吊装设备而可架设 30～40 m 以下跨径的桥梁；扒杆的安装移动简单，梁在吊着状态时横移容易，且也较安全，故总的架设速度快，但本法需要技术熟练的起重工，且不宜用于不能设置缆索锚碇和梁上方有障碍物处。

第三节　预应力混凝土简支梁桥的施工工艺

一、先张法施工

先张法生产工序少、效率高，适宜工厂化大批量生产。张拉钢筋时，只需夹具，无需锚具，预应力钢筋自锚于混凝土之中。但先张法需要专门的张拉台座，构件中钢筋一般只能采用直线配筋，施加的应力较小，一般只适合于制作跨径在 25 m 内的中小跨径梁（板）。先张法施工基本工艺流程如图 19-23 所示。

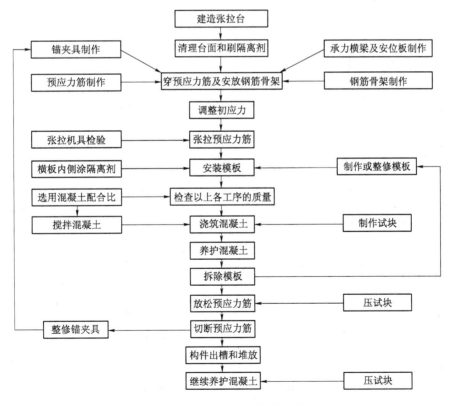

图 19-23　先张法工艺流程图

（一）张拉台座

张拉台座是先张法生产的主要设备之一，它承受预应力筋的全部张拉力，因此须有足够的强度、刚度和稳定性。承力台座应进行专门设计，其抗倾覆安全系数应不小于 1.5，抗滑移系数应不小于 1.3。锚固横梁应有足够的刚度，受力后挠度应不大于 2 mm。

台座按构造形式分为墩式、槽式、构架式和换埋式四类。其中墩式台座和槽式台座较为常用。

1. 墩式台座

墩式台座主要由承力台墩、台面和横梁组成。其长度宜为 100～150 m。台座的承载力根据构件的张拉力的大小，可设计成 200～500 kN/m。其构造通常采用传力墩和台座板、台面共同受力的形式，依靠自重平衡外力，减小台墩自重和埋深。台座长度和宽度由场地大小、构件类型和产量等因素确定，一般长度不大于 150 m，每组宽度不大于 2 m，张拉力可达 1 000～2 000 kN。如图 19-24 所示。

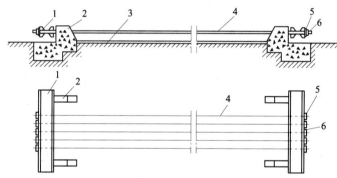

图 19-24　墩式台座构造示意
1—横梁；2—承力架；3—台面；4—顶应力筋；5—定位钢板；6—夹具

2. 槽式台座

槽式台座（又称压杆式台座）由钢筋混凝土压杆、传力架及台面组成，如图 19-25 所示。槽式台座能承受的张拉力较大（1 000～4 000 kN），台座变形小，但建造时较墩式台座材料消耗多，花费时间长。为便于蒸汽养护和运输，槽式台座多低于地面。施工现场还可利用已预制好的柱、桩等构件装配成简易槽式台座。

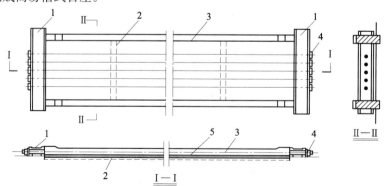

图 19-25　槽式台座
1—横梁；2—横系梁；3—传力柱；4—定位板；5—台面

槽式台座一般由锚固端柱、张拉端柱、传力柱台面及上下横梁等构件组成，一般做成装配式。传力柱可分段制作，每段5～6 m，总长度为45～47 m，宽度随构件外形及制作方式而定，一般不小于2 m，它既可承受张拉力，又可作为养生槽，适用于张拉和倾覆力矩均较大的中型预应力构件，如跨径较大的预应力空心板梁。

(二)施加预应力

1. 预应力筋下料

预应力筋的下料长度应通过计算确定，计算时应考虑结构的孔道长度或台座长度、锚夹具厚度、千斤顶长度、焊接接头或墩头预留量、冷拉伸长值、弹性回缩值、张拉伸长值和外露长度等因素。

钢丝束两端采用墩头锚具时，同一束中各根钢丝下料长度的相对差值，当钢丝束长度小于或等于20 m时，不宜大于1/3 000；当钢丝束长度大于20 m时，不宜大于1/5 000，且不大于5 mm。长度不大于6 m的先张法构件，当钢丝成组张拉时，同组钢丝下料长度的相对差值不得大于2 mm。预应力筋的切断，应采用切断机或砂轮锯，不得采用电弧切割。

预应力筋的安装宜自下而上进行，并应采取措施防止其被台座上涂刷的隔离剂污染。预应力筋与锚固横梁间的连接，宜采用张拉螺杆。

2. 预应力张拉用的机具设备和仪表

预应力张拉用的机具设备和仪表应符合下列规定：

(1)预应力筋的张拉宜采用穿心式双作用千斤顶，整体张拉或放张宜采用具有自锚功能的千斤顶；张拉千斤顶的额定张拉力宜为所需张拉力的1.5倍，且不得小于1.2倍。与千斤顶配套使用的压力表应选用防振型产品，其最大读数应为张拉力的1.5～2.0倍，标定精度应不低于1.0级。张拉机具设备应与锚具产品配套使用，并应在使用前进行校正、检验和标定。

(2)张拉用的千斤顶与压力表应配套标定、配套使用，标定应在经国家授权的法定计量技术机构定期进行，标定时千斤顶活塞的运行方向应与实际张拉工作状态一致。当处于下列情况之时，应重新进行标定：

1)使用时间超过6个月；

2)张拉次数超过300次；

3)使用过程中千斤顶或压力表出现异常情况；

4)千斤顶检修或更换配件后。

(3)采用测力传感器测：量张拉力时，测力传感器应按相关国家标准的规定每年送检一次。

3. 施工现场准备工作

施加预应力之前，施工现场的准备工作及结构或构件需达到的要求如下：

(1)施工现场已具备经批准的张拉顺序、张拉程序和施工作业指导书，经培训掌握预应力施工知识和正确操作的施工人员，以及能保证操作人员和设备安全的防护措施。

(2)锚具安装正确，结构或构件混凝土已达到要求的强度和弹性模量(或龄期)。

4. 对预应力筋的施工要求

加预应力时对预应力筋的施工要求，应符合下列规定：

(1)千斤顶安装时，工具锚与前端的工作锚对正，工具锚和工作锚之间的各根预应力筋不得错位、扭绞、实施张拉时，千斤顶与预应力筋、锚具的中心线应位于同一轴线上。

(2)预应力筋的张拉顺序和张拉控制应力应符合设计规定。当施工中需要对预应力筋实施超张拉或计入锚圈口预应力损失时,可比设计规定提高 5%,但在任何情况下均不得超过设计规定的最大张拉控制应力。

(3)预应力筋采用应力控制方法张拉时,应以伸长值进行校核:实际伸长值与理论伸长值的差值应符合设计规定;设计未规定时,其偏差应控制在 ±6% 以内,否则应暂停张拉,待查明原因并采取措施予以调整后,方可继续张拉。对环形筋、U 形筋等曲率半径较小的预应力束,其实际伸长值与理论伸长值的偏差宜通过试验确定。

(4)预应力筋的理论伸长值 ΔL_L(mm)可按下式计算:

$$\Delta L_L = \frac{P_P L}{A_P E_p}$$

式中　P_P——预应力筋的平均张拉力(N),直线筋取张拉端的拉力;两端张拉的曲线筋,计算
　　　　　　方法见《公路桥涵施工技术规范》(JTG/T F50—2011)附录 C1;

　　　　L——预应力筋长度(mm);

　　　　A_P——预应力筋截面面积(mm²);

　　　　E_p——预应力筋弹性模量(N/mm²)。

(5)预应力筋张拉时,应先调整到初应力 σ_0,该初应力宜为张拉控制应力 σ_{con} 的 10%~25%,伸长值应从初应力时开始量测;预应力筋的实际伸长值除量测的伸长值外,还应加上初应力以下的推算伸长值。预应力筋张拉的实际伸长值 ΔL_s(mm)可按下式计算

$$\Delta L_s = \Delta L_1 + \Delta L_2$$

式中　ΔL_1——从初应力至最大张拉应力间的实测伸长值(mm);

　　　　ΔL_2——初应力以下的推算伸长值(mm)采用相邻级的伸长值。

(6)预应力筋的锚固,应在张拉控制应力处于稳定状态下进行。锚固阶段张拉端锚具变形、预应力筋的内缩量和接缝压缩值,应不大于设计规定或不大于《公路桥涵施工技术规范》(JTG/T F50—2011)所规定容许值。

(7)在预应力筋张拉、锚固过程中及锚固完成后,均不得大力敲击或振动锚具。预应力筋锚固后需要放松时,对夹片式锚具宜采用专门的放松装置松开;对支撑式锚具可采用张拉设备缓慢地松开。

(8)预应力筋在实施张拉或放张作业时,应采取有效的安全防护措施,预应力筋两端的正面严禁站人和穿越。

5. 先张法预应力钢筋张拉

先张法预应力筋的张拉还应符合下列规定:

(1)张托前,应对台座、锚固横梁及各项张拉设备进行详细检查,符合要求后方可进行操作。

(2)同时张拉多根预应力筋时,应预先调整其单根预应力筋的初应力,使相互之间的应力一致,再整体张拉。张拉过程中,应使活动横梁与固定横梁始终保持平行,并应检查预应力筋的预应力值,其偏差的绝对值不得超过按一个构件全部预应力筋预应力总值的 5%。

(3)预应力钢筋张拉完毕后,其位置与设计位置的偏差应不大于 5 mm,同时应不大于构件最短边长的 4%,且宜在 4 个小时内浇筑混凝土。

先张法张拉预应力筋,分单根张拉和多根整批张拉,单向张拉和双向张拉。单根张拉设备比较简单,吨位要求小,但张拉速度慢,为避免台座承受过大的偏心力,应先张拉靠近台座截面重心处的预应力筋,然后向两侧对称张拉。多根同时张拉需一个或两个大吨位千斤顶,张拉速度快,但控制要求较高,要保证每根钢筋的初始长度一致,活动横梁与固定横梁保持平行。如遇钢筋的伸长值大于千斤顶油缸最大工作行程时,可采用重复张拉的办法解决。图 19-26 和

图 19-27 所示为单根张拉与多根同时张拉的示意图。

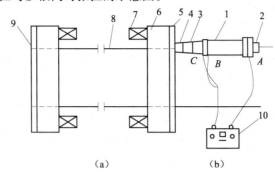

（a）   （b）

图 19-26　单根预应力钢筋张拉工艺布置图

1—yc18 型穿心式千斤顶；2—千斤顶尾部锥形锚具；3—顶压头；4—圆锥形夹具；
5—定位板；6—横梁；7—承力支架；8—预应力筋；9—镦粗头；10—高压油泵

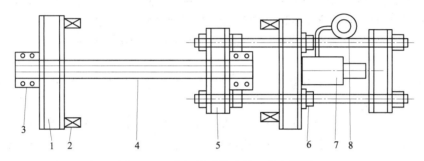

图 19-27　多根筋成批张拉工艺布置图

1—横梁；2—承力支架；3—夹具；4—预应力筋；5—张拉架；6—螺母；7—千斤顶；8—压力表

6. 张拉程序

钢筋张拉的程序因钢筋的类型而异，见表 19-6。表中初应力一般取 $10\%\sigma_{con}$，以保证成组张拉时每根钢筋应力均匀，张拉至 $105\sigma\%_{con}$ 是超张拉方法，目的是减少预应力损失。应力由 $105\%\sigma_{con}$ 退至 $90\%\sigma_{con}$，主要是为了设计预埋件、绑扎钢筋和支模时的安全。

预应力筋张拉完毕后，其位置与设计位置偏差应不大于 5 mm，同时应不大于构件最短边长的 4%，且宜在 4 h 内浇筑混凝土。

表 19-6　先张法预应力筋张拉程序

预应力筋种类		张拉程序
螺纹钢筋		$0 \rightarrow 初应力 \rightarrow 1.05\sigma_{con}(持荷 5\ min) \rightarrow 0.9\sigma_{con} \rightarrow \sigma_{con}(锚固)$
钢丝、钢绞线	夹片式等具有自锚性能的锚具	普通松弛预应力筋：$0 \rightarrow 初应力 \rightarrow 1.03\sigma_{con}(锚固)$低松弛预应力筋：$0 \rightarrow 预应力 \rightarrow \sigma_{con}(持荷 5\ min\ 锚固)$
	其他锚具	$0 \rightarrow 初应力 \rightarrow 1.05\sigma_{con}(持荷 5\ min) \rightarrow 0 \rightarrow \sigma_{con}(锚固)$
注：1. 表中 σ_{con} 为张拉时的控制应力值，包括预应力损失值。 2. 超张拉数值超过规定的最大超张拉应力限值时，应按规定的限制张拉应力进行张拉。 3. 张拉钢筋时，为保证施工安全，应在超张拉并持荷 5 分钟后放张至 $0.9\sigma_{con}$ 时再安装模板、普通钢筋及预埋件等。		

(三)先张法预应力筋的放张

1. 一般规定

(1)预应力筋放张时构件混凝土强度和弹性模量(或龄期)应符合设计规定；设计为未规定时，混凝土强度应不低于设计强度等级的 80％，弹性模量应不低于混凝土 28 d 弹性模量的 80％。

(2)在预应力筋放张之前，应将限制位移的侧模、翼缘模板或内模拆除。

(3)预应力筋的放张顺序应符合设计规定；设计未规定时，应分阶段、均匀、对称、相互交错地放张。

(4)多根整批预应力筋的放张，当采用砂箱放张时，放砂速度应均匀一致；采用千斤顶放张时，放张宜分数次完成；单根钢筋采用拧松螺母的方法放张时，宜先两侧后中间，并不得一次将一根预应力筋松完。

(5)预应力筋放张后，对钢丝和钢绞线，应采用机械切割的方式进行切断；对螺纹钢筋，可采用乙炔—氧气切割，但应采取必要措施防止高温对其产生不利影响。

(6)长线台座上预应力筋的切断顺序，应由放张端开始，依次向另一端切断。

2. 常用的放松方法

(1)螺杆放松。放松时只要将螺母反向拧动即可(图 19-28)，此法一般用于放松用螺钉端杆或工具式张拉螺杆固定的预应力筋。

(2)千斤顶放松。在台座固定端的承力架与横梁之间，张拉之前预先安放千斤顶。放松时，两个千斤顶同时回程，使拉紧的预应力筋徐徐回缩，张拉力被放松，如图 19-29 所示。

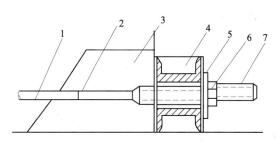

图 19-28　螺杆放松示意图

1—预应力筋；2—对焊接头；3—台座；4—钢横梁；
5—钢垫板；6—螺母；7—螺钉端杆

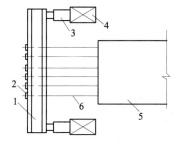

图 19-29　千斤顶放松示意图

1—横梁；2—夹具；3—千斤顶；
4—承力架；5—构件；6—钢丝

(3)砂箱放松。用砂箱(图 19-30)代替千斤顶。使用时从进砂口灌满烘干的砂子，加上压力打紧。放松时，打开出砂口，砂子慢慢流出，预应力筋徐徐回缩，张拉力被放松。

(4)滑楔放松法。张拉前将三块钢制 U 形滑楔放在台座横梁与螺帽之间，如图 19-31 所示在中间滑楔上设置螺杆、螺钉顶住预应力筋。张拉完后，旋松螺钉，因反力作用，而使中间滑楔向上滑动，将预应力筋慢慢放松。

(5)氧割法。氧割法是简单地直接用氧炔焰沿构件端部将锚固在台座上的预应力筋切断，这种放松预应力筋的方法对预应力冲击很大，易产生裂缝和造成大批预应力损失。氧割操作人员只准沿横向站立，严禁站在预应力筋上进行操作。

(6)手工法。手工法即采用各种手工机具将预应力筋沿构件端部锯断或剪断，此法费工费时。

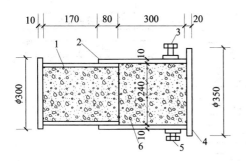
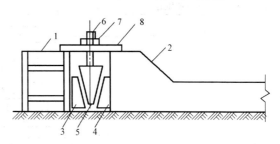

图 19-30　砂箱放松示意图(尺寸单位：mm)　　　图 19-31　楔块放张法

1—活塞；2—钢套箱；3—进砂口；　　　　　1—横梁；2—台座；3、4—钢固定楔块；

4—钢套箱底板；5—出砂口；6—砂子　　　　5—钢滑动楔块；6—螺杆；7—螺母；8—承力板

预应力筋全部放松后，可用"乙炔—氧气"烧割或用电弧切割外露钢筋，切割时要防止浇伤端部混凝土，切割后的外露端头，应用砂浆封闭或涂刷防蚀材料，防止生锈。

长线台座上预应力筋的切割顺序，宜由放张端开始，逐次切向另一端。放松程序见表 19-7。

表 19-7　先张法预制梁预应力筋放松程序

阶段	每阶段放松数量/mm	第一次	第二次	第三次
I	1～2	1，4	2，3	5，6
II	2～4	1，4	2，3	5，6
III	全部	6，5	1，4	2，3

（四）安全技术和注意事项

(1)预应力筋张拉时，在两侧设防护柱杆，以免拉脱伤人。

(2)张拉过程中，端横梁须设防护网，两端设专人警戒，同时操作人员不得正对丝杆。

(3)起吊模板立模时，必须设专人指挥。放张时两端模块必须同步放松，有专人指挥，统一号令，防止施力不均，模块飞出伤人。

(4)起梁时要有专人指挥，两端同步起吊，横移时打紧两支撑木，滑板涂上黄油，同步均匀移动。

(5)振捣混凝土时，如采用插入式振捣棒，须从两侧同时进行，以防充气橡胶芯模左右移动；避免振捣棒端头接触芯模，出现穿孔漏气现象。边梁浇筑时，应注意翼板上护栏座预埋钢筋的位置。

(6)先张法预应力混凝土构件进行湿热养护时，应采取正确的养护措施以减少由于温差引起的预应力损失。

二、后张法施工

后张法的张拉设备简单，不需要专门台座，便于在现场施工，预应力筋可布置成直线和曲线，施加的力较大，适合预制大型构件。

后张法制作预应力混凝土构件，常采用抽拔芯管成型孔道，其基本工艺流程如图 19-32 所示。

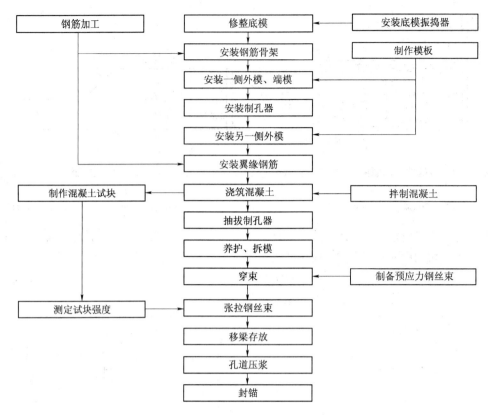

图 19-32　后张法预制 T 形梁工艺流程图

（一）张拉前准备

张拉前需要完成梁内预留孔道、制索、制锚、穿索和张拉机具的准备工作。

1. 一般规定

（1）采用金属或塑料管道构成后张法预应力混凝土结构或构件的孔道时，应符合下列规定：

1）管道的规格、尺寸应符合设计规定，且其横截面面积不小于预应力筋净截面面积的 2 倍；对长度大于 60 m 的管道，宜通过试验确定其面积比是否可以进行正常的压浆作业。

2）管道应按设计规定的坐标位置进行安装，并应采用定位钢筋固定，使其能牢固地置于模板内的设计位置，且在混凝土浇筑期间不产生位移。管道与普通钢筋重叠时，应移动普通钢筋，不得改变管道的设计坐标位置。固定各种成孔管道用的定位钢筋的间距，对钢管不宜大于 1.0 m；波纹管不宜大于 0.8 m；位于曲线上的管道和扁平波纹管管道应适当加密。定位后的管道应平顺，其端部的中心线应与锚垫板相垂直。

3）管道接头处的连接管宜采用大一级直径的同类管道，其长度宜为被连接管道内径的 5～7 倍。连接时不应使接头处产生角度变化或在混凝土浇筑期间发生管道的转动或移位，并应缠裹紧密防止水泥浆的渗入。塑料波纹管应采用专用焊接机进行热熔焊接或采用具有密封性能的塑料结构连接器连接。当采用真空辅助压浆工艺进行孔道压浆时，管道的所有接头应具有可靠的密封性能，并应满足真空度的要求。

4）所有管道均应在每个顶点设排气孔（需要时应在每个低点设排水孔）。压浆管、排气管和排水管应是最小内径为 20 mm 的标准管或适宜的塑性管，与管道之间的连接应采用金属或塑料结构扣件,长度应足以从管道引出到结构物以外。

5)管道安装完毕后,其端口应采取可靠措施临时封堵,防止水或其他杂物进入。

6)后张法预应力管道安装的允许偏差应符合表19-8的规定。预留孔道是后张构件制作的特殊工序,孔道的形状、尺寸和质量对后张构件的质量有直接影响,其预留孔道主要有直线和曲线两种形式。

表 19-8 后张预应力筋制作安装允许偏差   mm

项目		允许偏差
管道坐标	梁长方向	30
	梁高方向	10
管道间距	同排	10
	上下层	10

(2)采用胶管抽芯法制孔时,胶管内应插入芯棒或充以压力水增加刚度;采用钢管抽芯法制孔时,钢管表面应光滑,焊接接头应平顺。抽芯时间应通过试验确定,以混凝土抗压强度达到 0.4~0.8 MPa 时为宜,抽拔时不得损伤结构混凝土。抽芯后,应采用通孔器或压气、压水等方法对孔道进行检查,如发现孔道堵塞或有残留物或与邻孔有串通,应及时处理。

2. 制孔的方法

(1)埋设管道法拨拔。埋设管道法主要用于曲线管孔的制作。一般采用薄铁皮管和铝合金波纹管,它在梁体制成后留在梁内,使用后不能回收,成本高,金属材料耗用量大。

(2)抽芯管法。抽芯管法主要用于直线管孔制作。其是预先将抽芯制孔器安放在预应力筋的设计位置上,待混凝土终凝后将它拔出,构件内即具有孔道。它能周转使用,应用较广。抽拔式制孔器有橡胶、金属伸缩和钢管三种形式。抽拔制孔器的时间与预制所处的环境的气温有关,必须严格掌握,否则将会出现塌孔或拔不出的情况。抽拔时间一般以混凝土抗压强度达到0.4~0.8 MPa 时为宜。抽拔时间通过试验确定,也可参考表19-9进行。

表 19-9 制孔器抽拔时间参考表表

环境温度/℃	抽拔时间/h	环境温度/℃	抽拔时间/h
30 以上	3	20~10	5~8
30~20	3~5	10 以下	8~12

抽拔制孔器的顺序宜先上后下,先曲后直,分层浇筑的混凝土应根据各层凝固情况确定抽拔顺序。芯管采用橡胶管或钢管时,可用机械抽拔,抽拔时施拉方向应和管道轴线重合,胶管先抽出芯棒,再抽胶管,抽出后清洗干净,卷盘存放。

(3)制孔器和通孔器。制孔器可采用橡胶管、无缝钢管、铁皮管、金属波纹管。现将几种常见的制孔器简介如下:

1)橡胶管。此法应用较普遍。常见的胶管有:外径 48 mm±2 mm、内径 26 mm、六层布筋橡胶管;外径 51 mm、内径 21 mm 纯橡胶管等。一般胶管抗拉力约为 5 kN,在拉力作用下管道径向收缩不小于 2 mm,取消拉力后残余变形小,有良好的挠曲性和耐磨性。它不仅适用于直线孔,也能用于曲线孔中。制孔时,胶管位置靠定位架固定,定位架间距为 40~60 cm,沿箍筋间隔设置,曲线孔道适当加密。为增加胶管的刚性和放置浇筑混凝土过程中胶管挠曲离开设计位置及局部变形,需在橡胶管内置一圆钢筋或钢丝束(称芯棒),芯棒直径应较胶管内径小 8~10 mm,

长度较胶管长1～2 m，以便先抽拔芯棒。对于曲线束的孔道，宜由两端胶管在跨中对接，对接接头处套一段长为0.3～0.5 m铁皮管，如图19-33所示，也可用塑料布包裹后并用钢丝绑扎。接头要牢固严密，以防浇筑混凝土时脱节和漏浆，胶管从梁的两端抽拔，铁皮管则留在架内。为易于胶管拔出，也有采用胶管内充气、充水的方法，充气后

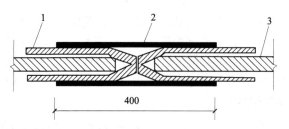

图19-33　橡胶制孔器的接头(尺寸单位：mm)
1—φ46钢丝网胶管；2—φ46镀薄钢套管；3—φ19芯棒

胶管径向扩张3～5 mm。通常需气压0.7～0.8 MPa，混凝土初凝后终凝前即可放气使胶管收缩抽出。

2)无缝钢管。无缝钢管用于直线孔道制孔。钢管要求平直，表面应光滑，焊接接头处应仔细清理干净，保持平顺，过长孔道的中间活动接头，可用白铁管套接，钢管架立间距以钢管无下垂为度。活动接头处至少要架立两点，使白铁套管不受力。结构混凝土浇筑完成后，应定时转动钢管，防止钢管与混凝土黏结。钢管长度以混凝土浇筑后能使钢管转动为宜，钢管预埋前应除锈、刷油。

3)铁皮管。铁皮管预埋在孔道内成为孔道一部分，常用0.5～0.75 mm厚黑铁皮卷制而成。为防止漏浆，纵向采用咬口接缝，并与节之间采用套接，大头直径放大2 mm。接头间用氧焊焊接。曲线管道在木模上压制成型。为便于穿过预应力钢束，各管节均按同向套接。为防止咬口处漏浆，可涂热沥青一道。铁皮管架设应符合孔道形状，绑扎在钢筋骨架上要牢固，防止平移或上浮。

预埋铁皮管成孔方法需要大量铁皮，故多用于抽拔胶管有困难的梁体上或管道十分密集的部位，以防互相串浆。

4)金属伸缩套管。金属伸缩套管主要用铝锌合金等制作，为防止漏浆，增加套管可靠度，伸缩套层数至少在两层以上。操作时，将伸缩套管穿入定位架或孔道筋位置后，将套管孔径扩大到预留孔径，使其与孔道筋绑牢，接头处可用铁皮管处理，在管内50 cm以上时，管径可比伸缩套管扩大后的直径大1～2 mm，并用腻子把接头抹死。

5)金属波纹管。如图19-34所示，金属波纹管一般是用厚0.3～0.6 mm的镀锌钢带，由制管机卷制而成，管分为"通用段"和"连用段"。钢带的厚度根据管径而定，管表面有螺旋状的凸肋，既增加了管的刚性，又可在接头处旋入直径稍大的连接管段，成型后的管沿纵向和径向具有一定的刚度。其沿长度又有较好的柔性，而且便于排布各种曲线孔道，故称为半刚性管。管的直径通常以25 mm为起点，按5 mm的模数递增直到130 mm。在需要接长时，两段管之间旋入一段长约40 mm的连接管段作为搭接头，在接缝处缠绕塑料胶带密封，以防漏浆。"连接段"与"通用段"两种管的形状相同，"连接段"仅直径增大3～5 mm。金属波纹管的连接如图19-35所示。用金属波纹管做孔道预埋管，可提高孔道位置的准确度和防止孔道间掉浆。

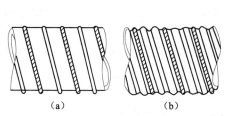

图19-34　金属波纹管
(a)单波纹；(b)双波纹

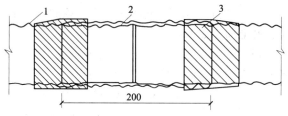

图19-35　波纹管的连接(尺寸单位：mm)
1—波纹管；2—接头管；3—密封胶带

(4)制孔器的安装。安装制孔器时，可先将其沿梁体长度方向顺序穿越各定位钢筋的"井"字网眼，如图19-36所示，然后在梁中部安装好接头，最后穿入钢筋芯棒。"井"字定位钢筋的位置可依预应力筋坐标图来确定，如图19-36下部所示，其间距一般为0.4～0.6 m，曲线管道应适当加密。接头布置在跨中附近，但不同孔道接头不宜在同一断面上(同一断面是指顺制孔器长度方向为1 m的范围内)。

(5)压浆孔及排气孔的预留。除非锚具上已设置，无论何种管道或孔道均须设置压浆孔及排气孔，一般排气孔应设在孔道最高位置，压浆孔直径不小于20～25 mm，排气空直径为8～10 mm，可用木塞或钢筋头

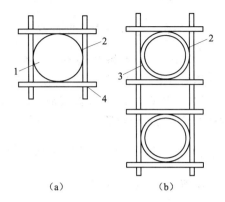

图 19-36　固定钢管或胶管用的"井"字架
(a)单孔井字架；(b)双孔井字架

顶紧预留，混凝土初凝后拔出。螺钉端杆、锥形螺杆锚具的垫板上有槽口，只留灌浆孔，可不留排气孔，锥形锚具、JM锚具在锚塞正中留有小孔能灌浆及排气，不需留灌浆孔和排气孔。

3. 孔道检查

制孔后，应用通孔器检查，若发现孔道堵塞，应清除孔道内的杂物，为力筋穿孔创造条件。通孔器是检查制孔质量的仪器，用圆钢制作，长100～120 mm，中间一段呈圆柱形，直径比预应力筋孔道小4～7 mm，两端为截头圆锥形，并各钻一小孔，通过小孔来固定牵引钢丝。检查时，一般用大小不一的两种直径通孔器(相差10 mm左右)，先用大直径的试通，若通不过，再用小直径的试通，并用芯棒检查堵孔位置并作以标记。对仅能通过小直径的孔道可采取用螺纹钢筋在孔内通捣(或来回拉孔)；对不通的孔，查明原因后，分别采取措施，若是由于断胶管、水泥浆或铁皮头堵塞，则可在芯棒上焊制钢钩将其钩出或用力将其导通；若是金属伸缩套管或其他接头因拉断残留在孔中等原因，堵塞严重，则应标出准确位置，从侧面凿开取出，疏通孔道，重设制孔器，修补缺口。

(二)预应力筋的安装

(1)预应力筋可在浇筑混凝土之前或之后穿入孔道，穿束前应检查锚垫板和孔道，锚垫板的位置应准确；孔道内应畅通，无杂物。

(2)宜将一根钢束中的全部预应力筋编束后整体穿入孔道中，整体穿束时，钢束的前端宜设置穿束网套或特制的牵引头，应保持预应力筋顺直，且仅应前后拖动，不得扭转。对钢绞线，可采用穿束机逐根将其穿入孔道内，但应保证其在孔道内不发生相互缠绕。

(3)对在混凝土浇筑及养护之前安装在孔道中未按规定时限内压浆的预应力筋，应采取防止锈蚀或其他防腐蚀的措施。

(4)预应力筋安装在管道中后，应将管道端部开口密封防止湿气进入。采用蒸汽养护混凝土时，在养护完成之前不应安装预应力筋。

(5)在任何情况下，当在安装有预应力筋的结构或构件附近进行电焊时，均应对全部预应力筋、管道和附属构件进行保护，防止溅上焊渣或造成其他损坏。

(6)对在混凝土浇筑之前穿束的管道，预应力筋安装完成后，应进行全面检查，查出可能被损坏的管道。在混凝土浇筑之前，应将管道上所有非有意留的孔、开口或损坏之处修复，并应在浇筑混凝土过程中随时检查预应力筋能否在管道内自由移动。

(三)锚、夹具和连接器的安装

(1)锚具和连接器的安装位置应准确，且应与孔道对中。锚垫板上设置有对中止口时，应防止锚具偏出止口。安装夹片，应使夹片的外露长度基本一致。

(2)采用螺母锚固的支撑式锚具，安装时应逐个检查螺纹的配合情况，应保证在张拉和锚固过程中能顺利旋合拧紧。

(四)后张法预应力钢筋张拉

1. 张拉、锚固的要求

(1)预应力张拉之前，宜对不同类型的孔道进行至少一个孔道的摩阻测试，通过测试所确定的 μ 值和 K 值宜用于对设计张拉控制应力的修正。

(2)张拉时，结构或构件混凝土的强度、弹性模量(或龄期)应符合设计规定；设计未规定时，混凝土的强度不应低于设计强度等级值的 80%，弹性模量不应低于混凝土 28 d 弹性模量的 80%。

(3)预应力筋的张拉顺序应符合设计规定；设计未规定时，可采取分批、分阶段的方式对称张拉。

(4)预应力筋应整束张拉锚固。对扁平管道中平行排放的预应力钢绞线束，在保证各根钢绞线不会叠压时，可采用小型千斤顶逐根张拉，但应考虑逐根张拉时预应力损失对控制应力的影响。

(5)预应力筋张拉端的设置应符合设计规定；设计未规定时，应符合下列规定：

1)直线筋和螺纹钢筋可在一端张拉。对曲线预应力筋，应根据施工计算的要求采取两端张拉或一端张拉的方式进行，当锚固损失的影响长度小于或等于 $L/2$(L 为结构或构件长度)时，应采取两端张拉；当锚固损失的影响长度大于 $L/2$ 时，可采取一端张拉。

2)当同一截面中有多束一端张拉的预应力筋时，张拉端宜分别交错设置在结构或构件的两端。

3)预应力筋采用两端张拉时，宜两端同时张拉，或先在一端张拉锚固后，再在另一端补足预应力值进行锚固。

(6)预应力筋在张拉控制应力达到稳定后方可锚固。对夹片式锚具，锚固后夹片顶面应平齐，其相互间的错位不宜大于 2 mm，且露出锚具外的高度不应大于 4 mm。锚固完毕并经检验确认合格后方可切割端头多余的预应力筋，切割时应采用砂轮锯，严禁采用电弧进行切割，同时不得损伤锚具。

(7)切割后预应力筋的外露长度不应小于 30 mm，且不应小于 1.5 倍预应力筋直径。锚具应采用封端混凝土保护，当需长期外露时，应采取防止锈蚀的措施。

2. 张拉程序

张拉程序与预应力钢材的类别和锚具的形式有关，各种张拉程序可按表 19-10 的规定进行。

表 19-10　后张法预应力筋张拉程序

锚具和预应力筋类别		张拉程序
夹片式等具有自锚性能的锚具	钢绞线束钢丝束	普通松弛预应力筋：0→初应力→$1.03\sigma_{con}$(锚固)
		低松弛预应力筋：0→预应力→σ_{con}(持荷 5 min 锚固)

锚具和预应力筋类别		张拉程序
其他锚具	钢绞线束	0→初应力→1.05σ_{con}(持荷 5 min)→σ_{con}(锚固)
	钢丝束	0→初应力→1.05σ_{con}(持荷 5 min)→0→σ_{con}(锚固)
螺母锚固锚具	螺纹钢筋	0→初应力→σ_{con}(持荷 5 min)→0→σ_{con}(锚固)
注：1. 表中 σ_{con} 为张拉时控制应力值，包括预应力损失值。 2. 两端同时张拉时两端千斤顶升降压、画线、侧伸长等工作应基本一致。 3. 超张拉数值超过规定的最大超张拉应力限值时，应按规定的限值进行张拉。		

3. 滑丝和断丝要求

在张拉过程中，由于各种原因会引起预应力筋断丝或滑丝，使预应力筋受力不均，甚至使构件不能建立足够的预应力。因此需要限制预应力筋的断丝和滑丝数量，其控制数参见表 19-11 的规定。

表 19-11 后张法预应力筋的断丝、滑移限制(钢丝、钢绞线、钢筋)

类别	检查项目	控制数
钢丝 钢绞线束	每束钢丝断丝或滑丝	1 根
	每束钢绞线断丝或滑丝	1 丝
	每个断面断丝数之和不得超过该断面钢丝总数的百分比	1%
螺纹钢筋	断筋或滑移	不允许

滑丝与断丝现象发生在顶锚以后，处理方法可采用如下方法：

(1)钢丝束放松。将千斤顶按张拉状态装好，并将钢丝在夹盘内楔紧。一端张拉，当钢丝受力伸长时，锚塞稍被带出。这时立即用钢钎卡住锚塞螺纹(钢钎可用直径 5 mm 的钢丝端部磨尖制成，长 20～30 cm)。然后主缸缓慢回油，钢丝内缩，锚塞因被卡住而不能与钢丝同时内缩。主缸再次进油，张拉钢丝，锚塞又被带出。再用钢钎卡住，并使主缸回油，如此反复进行至锚塞退出为止。然后拉出钢丝束更换新的钢丝束和锚具。

(2)单根滑丝单根补拉。将滑进的钢丝楔紧在卡盘上，张拉达到应力后顶压楔紧。

(3)人工滑丝放松钢丝束。安装好千斤顶并楔紧各根钢丝。在钢丝束的一端张拉到钢丝的控制应力仍拉不出锚塞时，打掉一个千斤顶卡盘上钢丝的楔子，迫使 1～2 根钢丝产生抽丝。这时锚塞与锚圈的锚固力就减小了，再次拉锚塞就较易拉出。

(五)孔道压浆及封锚

1. 压浆

孔道压浆是用水泥浆填满孔道中预应力筋周围的空隙，目的是保护预应力筋不致锈蚀，并使预应力筋与梁体结成整体，从而提高梁的承载能力、抗裂性能和耐久性。孔道压浆是用专门的活塞式压浆机进行，要求预应力筋张拉锚固后尽早压浆且应在 48 h 内完成，否则应采取避免预应力筋锈蚀的措施。压浆时要求密实、饱满。

(1)压浆前准备工作。

1)应在工地试验室对压浆材料加水进行试配，各种材料的称量(均以质量计)应精确到±1%。经试配的浆液其各项性能指标均满足浆液性能指标的要求后方可用于正式压浆。

2)应对孔道进行清洁处理。对抽芯成型的孔道应冲洗干净并应使孔壁完全湿润；金属和塑料管道在必要时也应冲洗清除附着于孔道内壁的有害材料。对孔道内可能存在的油污等，可采用已知对预应力筋和管道无腐蚀作用的中性洗涤剂或皂液，用水稀释后进行冲洗；冲洗后，应使用不含油的压缩空气将孔道内的所有积水吹出。

3)应对压浆设备进行清洗，清洗后的设备内不应有残渣和积水。

(2)压浆时，对曲线孔道和竖向孔道应从最低点的压浆孔压入；对结构或构件中以上下分层设置的孔道，应按先下层后上层的顺序进行压浆。同一管道的压浆应连续进行，一次完成。压浆应缓慢、均匀地进行，不得中断，并应将所有最高点的排气孔依次打开和关闭，使孔道内排气通畅。

(3)浆液自拌制完成至压入孔道的延续时间不宜超过 40 min，且在使用前和压注过程中应连续搅拌，对因延迟使用所致流动度降低的水泥浆，不得通过额外加水增加其流动度。

(4)对水平或曲线孔道，压浆的压力宜为 0.5～0.7 MPa；对超长孔道，最大压力不宜超过 1.0 MPa；对竖向孔道，压浆的压力宜为 0.3～0.4 MPa。压浆的充盈度应达到孔道另一端饱满且排气孔排出与规定流动度相同的水泥浆为止。关闭出浆口后，宜保持一个不小于 0.5 MPa 的稳压期，该稳压期的保持时间宜为 3～5 min。

(5)采用真空辅助压浆工艺时，在压浆前应对孔道进行抽真空，真空度宜稳定在 −0.06～0.10 MPa 范围内。真空度稳定后，应立即开启孔道压浆端的阀门，同时启动压浆泵进行连续压浆。

(6)压浆时，每一工作班应制作留取不少于 3 组尺寸为 40 mm×40 mm×160 mm 的试件，标准养护 28 d，进行抗压强度和抗折强度试验，作为质量评定的依据。

压浆过程中及压浆后 48 h 内，结构或构件混凝土的温度及环境温度不得低于 5 ℃，否则应采取保温措施，并应按冬期施工的要求处理。浆液中可适量掺用引气剂，但不得掺用防冻剂。当环境温度高于 35 ℃时，压浆宜在夜间进行。

(7)压浆后应通过检查孔抽查压浆的密实情况，如有不实，应及时进行补压浆处理。

(8)压浆完成后，应及时对锚固端按设计要求进行封闭保护或防腐处理。需要封锚的锚具，应在压浆完成后对梁端混凝土凿毛并将其周围冲洗干净，设置钢筋网浇筑封锚混凝土；封锚应采用与结构或构件同强度的混凝土并应严格控制封锚后的梁体长度。长期外露的锚具应采取防锈措施。

(9)对后张法预制构件，在孔道压浆前不得安装就位；压浆后，应在浆液强度达到规定的强度后方可移运和吊装。

(10)孔道压浆应填写施工记录。记录项目应包括：压浆材料、配合比、压浆日期、搅拌时间、出机初始流动度、浆液温度、环境温度、稳压压力及时间，采用真空辅助压浆工艺时还应包括真空度。

2. 封锚

孔道压浆后应立即将梁端水泥浆冲洗干净，并将端面混凝土凿毛，绑扎端部钢筋和安装封锚模板后浇筑锚端混凝土。封锚应采用与结构或构件同强度的混凝土。浇完封锚混凝土并静置 1～2 h 后，应进行带模浇水养护。脱模后在常温下一般养护时间不少于 7 昼夜。长期外露的锚具，应采取防锈措施。

锚固端的混凝土保护层厚度不应小于 50 mm 或符合设计规定；封锚混凝土应密实、无裂纹。无黏结和体外束的预应力筋端头、锚具夹片等应达到密封的要求。

(六)安全技术及注意事项

(1)操作高压油泵人员应戴护目镜，防止油管破裂时或接口不严时喷油伤眼。

(2)高压油泵与千斤顶之间所有连接点、紫铜管的喇叭口或接口必须完好无损坏，并应将螺母拧紧。

(3)张拉时，构件两端不得站人，并应设置防护罩。高压油泵应放在构件端部的两侧；拧紧螺母时，操作人员应站在预应力钢材位置的侧面。张拉完毕后，稍等几分钟再拆卸张拉设备。

(4)雨天张拉时，应搭设防雨棚，防止张拉设备淋雨；冬季张拉时，张拉设备应有保暖措施，防止油管和油泵受冻，影响操作。

(5)孔道压浆时，掌握喷浆嘴的人必须戴护目镜、穿水鞋、戴手套。喷嘴插入孔道后，喷嘴后面的胶皮垫圈须压紧在孔洞上。堵压浆孔时应站在孔的侧面，以防灰浆喷出伤人。

(6)张拉地区应有明显标记，禁止非工作人员张拉场地。

第四节　悬臂施工法

悬臂施工法也成为分段施工法，它不需要在河中搭支架，而是以桥墩为中心向两岸对称的、逐节悬臂接长，并是施加预应力，使其与建成部分连接成整体。

悬臂施工法最早应用于修建预应力 T 形刚构桥，由于悬臂施工法的优越性，后来被推广用于预应力混凝土悬臂梁桥、连续梁桥、斜腿刚架桥、桁架桥、拱桥和斜拉桥等。近年来，悬臂施工法在国内外大跨径预应力混凝土桥梁中得到广泛应用。

悬臂施工法分为悬臂浇筑和悬臂拼装两类。

一、悬臂施工的特点

如果将悬伸的梁体与墩柱做成刚性固结，这样就构成了能最大限度发挥悬臂施工优越性的预应力混凝土 T 形刚构桥。因此，在预应力连续梁及悬臂梁桥的施工中，需要进行体系转换，即在悬臂施工时梁体与墩柱采取临时固结，结构为 T 形刚构，合龙后形成连续体系。设计时，应对施工状态进行配束验算。

桥跨间不需搭设支架，施工不影响桥下通航或行车。施工机具和人员等重力均由已建梁段承受，随着施工的进展，悬臂逐渐延伸，机具设备也逐步移至梁端，需用支架作支撑。

多孔桥跨结构可同时施工，加快施工进度。

悬臂施工法充分利用预应力混凝土承受负弯矩能力强的特点，将跨中正弯矩转移为支点负弯矩，使桥梁跨越能力提高，并适合变截面桥梁施工。

悬臂施工用的悬拼吊机或挂篮设备可重复使用，施工费用较省，可降低工程造价。

二、悬臂浇筑

悬臂浇筑(简称悬浇)采用移动式挂篮作为主要施工设备，以桥墩为中心，对称向两岸利用挂篮浇筑梁段混凝土。待混凝土达到要求强度后，张拉预应力束，再移动挂篮，进行下一段施工。悬臂浇筑每个节段长度一般为 2~6 m。节段过长，将增加混凝土自重及挂篮结构重力，同时还要增加平衡重及挂篮后锚设施；节段过短，影响施工进度。所以施工时，应根据设备情况及工期，选择适合的节段长度。

1. 悬臂浇筑的分段及程序

悬臂浇筑施工时，梁体一般要分四部分浇筑，如图 19-37 所示。Ⅰ为桥墩顶梁段(0 号块)，Ⅱ为由 0 号块两侧对称分段悬臂浇筑部分，Ⅲ为边孔在支架上浇筑部分，Ⅳ为主梁在跨中合龙段。主梁各部分的长度视主梁模式和跨径、挂篮的形式及施工周期而定。0 号块一般为 5~10 m，悬浇分段一般为 3~5 m，支架现浇段一般为 2~3 个悬臂浇筑分段长，合龙段一般为 1~3 m。

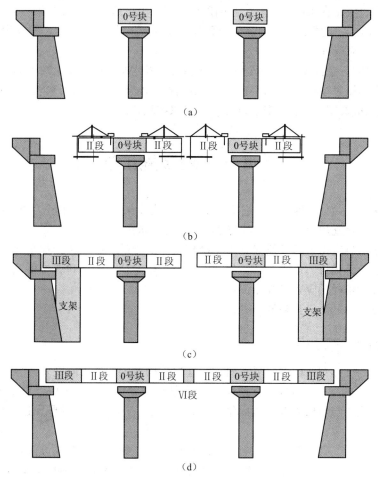

图 19-37　悬臂浇筑程序示意图

(a)托架上浇筑 0 号块；(b)利用挂篮浇筑Ⅱ梁段；(c)临时支架上浇筑Ⅲ梁段；(d)浇筑Ⅳ梁段合龙

悬臂浇筑程序如下：

(1)在墩顶托架上浇筑 0 号块，并实施墩梁临时固结系统，如图 19-37(a)所示。

(2)在 0 号块上安装悬臂挂篮，向两侧依次对称地分段浇筑主梁至合龙前段，如图 19-37(b)所示。

(3)在临时支架或梁端与边墩间的临时托架上支模浇筑现浇梁段，如图 19-37(c)所示。当现浇梁段较短时，可利用挂篮浇筑；当与现浇段相接的连接桥是采用顶推施工时，可将现浇梁段锚固在顶推梁前段施工，并顶推到位。此法无须现浇支撑，省料、省工。

(4)主梁合龙段可在改装的简支挂篮托架上施工，如图 19-37(d)所示。多跨合龙段浇筑顺序，按设计或施工要求进行。

2. 墩顶Ⅰ梁段(0号块)施工

墩顶0号块采用在托架上立模现浇,如图19-38所示,并在施工过程中设置临时梁墩锚固,使0号块能承受两侧悬臂施工时产生的不平衡力矩。

0号块结构复杂,预埋件、钢筋、各项预应力钢束及其孔道、锚具密集交错,梁面有重横坡度,端面与待浇段密切相连,务必精心施工。视其结构形式及高度,一般分2~3层浇筑,先底板、再腹板、后顶板。

(1)施工程序。

1)安装墩顶托架平台;

2)浇筑支座垫石及临时支座;

3)安装永久盆式橡胶支座;

4)安装底、侧钢梁及降落木楔或千斤顶;

5)安装底板部分堵头模板;

6)托架平台试压;

7)调整模板位置及高程;

8)绑扎底板和腹板的伸入钢筋;

9)安装底板上的竖向预应力管道和预应力筋;

10)监理工程师验收;

11)浇筑底板第一层混凝土;

12)混凝土养护;

13)绑扎腹板、横隔梁钢筋;

14)安装腹板纵向、横隔梁预应力管道和预应力筋;

图19-38 托架上浇筑墩顶0号块

15)安装全套模板;

16)监理工程师验收;

17)浇筑腹板横隔板;

18)混凝土养护;

19)拆除部分内模后,安装顶板模;

20)安装顶板端膜;

21)绑扎顶板底层钢筋网及管道定位筋;

22)安装顶板纵向预应力管道及横向预应力管道和预应力筋;

23)安装顶板上层钢筋网;

24)监理工程师验收;

25)浇筑顶板混凝土;

26)纵向胶管抽拔;

27)管孔清理及混凝土养生;

28)拆除顶板、底板端模;

29)两端混凝土连接面凿毛;

30)混凝土强度达到设计要求强度后张拉竖横向预应力筋;

31)竖横向预应力管道压浆;

32)拆除内模、侧模和底模；

33)拆除墩顶托架平台。

若墩梁刚性固结时，可省去2)、3)施工程序。

(2)施工托架。施工托架可根据承台形式、墩身高度和地形情况，分别支撑在承台、墩身或地面上。常用施工托架有扇形托架(图19-39)、高墩托架(图19-40)、墩顶预埋牛腿托架平台(图19-41)、临时墩及型钢结构支撑平台(图19-42)等。托架的顶面尺寸，视拼装挂篮的需要和拟浇梁段的长度而定，横桥间的宽度一般应比箱形梁底板宽出1.5～2 m，以便设立箱形梁边肋的外侧模板。

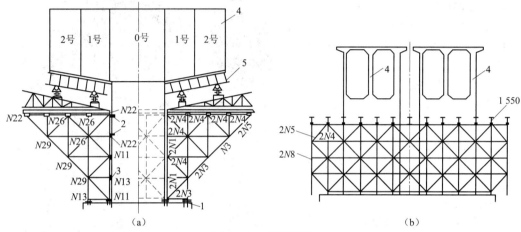

图 19-39 扇形托架

(a)顺桥向；(b)横桥向

1—ϕ18预埋螺栓；2—预埋钢筋；3—硬木；4—箱形梁；5—底模垫梁

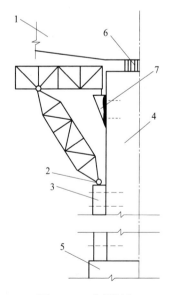

图 19-40 高墩托架

1—箱形梁；2—圆柱形铰；3—承托槽钢；4—墩身；
5—承台；6—支座；7—预埋牛腿

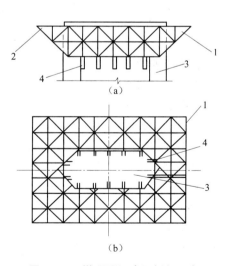

图 19-41 墩顶预埋牛腿托架平台

(a)顺向桥；(b)平面

1—万能杆件托架；2—平台面层结构；
3— 桥墩；4—预埋牛腿支点

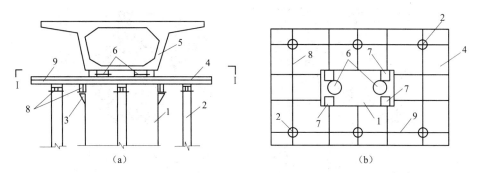

图 19-42　临时墩及型钢结构支撑平台

(a)顺桥向立面;(b)Ⅰ—Ⅰ平面

1—墩柱;2—临时墩;3—牛腿;4—支撑平台;5—箱形梁;6—支座;

7—临时支座;8—平台纵梁;9—平台横梁

(3)支座。

1)支座垫石。垫石是永久支座的基石。由于支座安装平整度和对中精度要求,因此垫石四角及平面高差应小于 1 mm,为此垫石分两层浇筑。首层浇筑高程比设计高程低 15 cm;第二层应利用带微调整平器的模板,控制浇筑高程比设计高程稍高,再利用整平器及精密水准仪量测,反复整平混凝土面。在安装支座前凿毛垫石,铺 2~3 cm 厚与墩身等强的砂浆,砂浆浇筑高程较设计高程略高 3 mm,然后安放支座就位,用锤振击,使符合设计高程,偏差不得大于 1 mm;水平位置偏差不得大于 2 mm。

2)临时支座。临时支座的作用是在施工阶段临时固结墩梁,结构为 T 形刚构,能承受两侧悬臂施工时产生的不平衡力矩,并便于拆除和体系转换。

临时支座一般采用 C40 混凝土,并用塑料包裹的锚固钢筋穿过混凝土预埋梁底和墩顶中。在混凝土支座中层,设有 10~20 cm 厚夹有电阻丝的硫黄砂浆层,便于拆除时加热融化,或采用静态爆破等其他方法解除固结,其布置如图 19-43 所示。

3. Ⅱ 梁段悬浇施工

(1)Ⅱ 梁段悬浇施工程序。施工程序如图 19-44 所示。挂篮是悬臂浇筑施工的主要机具,悬挂在已经张拉锚固的梁段上。它是一个能沿着轨道行走的活动脚手架,悬臂浇筑时的模板安装、钢筋绑扎、管道安装、混凝土浇筑、预应力张拉、压浆等工作均在挂篮上进行。当一个梁段的施工程序完成后,挂篮解除后锚,移至下一梁段施工。所以,挂篮既是空间的施工设备,又是预应力筋未张拉前梁段的承重结构。

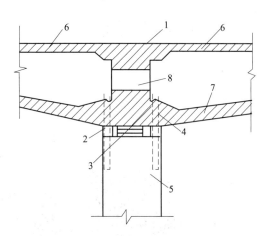

图 19-43　连续梁悬浇施工墩顶临时锚固支座纵剖面图

1—悬浇箱形梁;2—临时锚固支座;3—支座垫石及永久支座;

4—临时支座预埋锚固钢筋;5—桥墩;6—箱形梁顶板;

7—箱形梁底板;8—通道

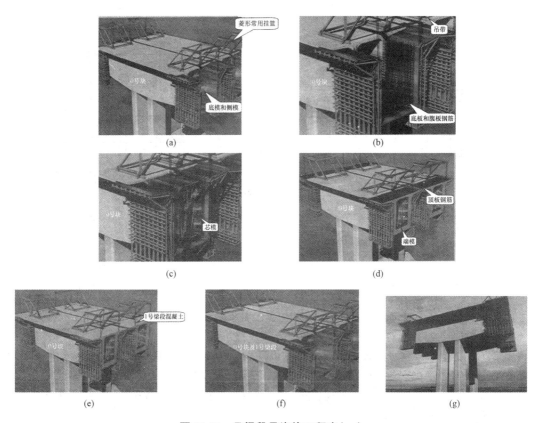

图 19-44　Ⅱ梁段悬浇施工程序（一）

(a)拼装挂篮，安装底模和侧模；(b)绑扎底板和腹板钢筋，安装预应力管道；

(c)安装芯模；(d)浇筑底板、腹板混凝土，绑扎顶板钢筋，安装预应力管道；

(e)浇筑顶板、腹板混凝土，达到强度后，穿束、张拉、压浆；

(f)挂篮从 0 号块移至 1 号梁段，开始浇筑 2 号梁段；(g)重复上述步骤，逐节接长悬臂

（2）挂篮的分类。随着施工技术的不断改进，挂篮已由过去的压重平衡式，发展成现在通用的自锚平衡式。自锚式施工挂篮结构的形式主要有桁架式和斜拉式两类，如图 19-45 和图 19-46 所示。

图 19-45　桁架式挂篮悬浇Ⅱ梁段

1)桁架式。按构成形状的不同，可分为平行桁架式、弓弦式、菱形等多种，如图 19-47 所示。

图 19-46 斜拉式挂篮悬浇 Ⅱ 梁段

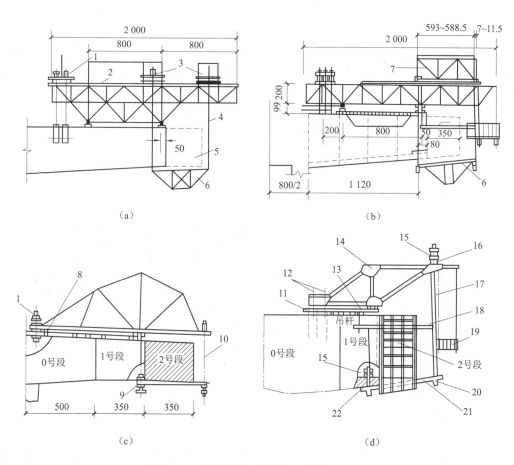

图 19-47 常用桁架式挂篮(尺寸单位：cm)

(a)平行桁架式挂篮；(b)常用平弦无平衡重挂篮；(c)常用弓弦式挂篮；(d)常用菱形挂篮

1—后锚；2—纵桁梁；3—横桁梁；4—吊带；5—外模；6—底篮；7—前后上横桁；8—滑板；9—底板后锚；
10—前吊杆；11—轨道；12—锚固装置；13—行走液压缸；14—主构架；15—千斤顶；16—前上横梁；
17—前吊带；18—滑架；19—张拉平台；20—底模架；21—底模；22—后吊带

2)斜拉式。斜拉式挂篮也叫轻型挂篮，随着桥梁跨径越来越大，为了减轻挂篮自重，以达到减少施工阶段增加的临时钢丝束，在桁架式挂篮的基础上研制了斜拉式挂篮。

斜拉式挂篮主要有三角斜拉、预应力筋斜拉、体内斜拉等多种，如图19-48所示。

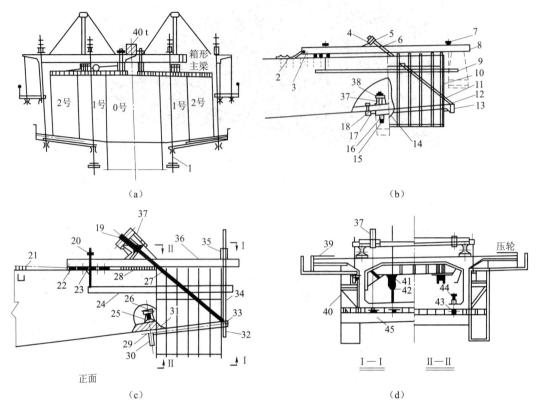

图19-48 常用斜拉式挂篮

(a)三角组合式常用挂篮；(b)滑动斜拉式常用挂篮；(c)滑动斜拉式挂篮

1—放下吊杆；2—限位板；3—压紧器；4—元宝梁；5—大上横梁；6—三角；7—上横梁；8—主梁；9—滑梁；
10—外侧模；11—斜拉带；12—活动槽钢；13—前托梁；14—底模纵梁；15—后锚杆；16—后托梁；
17—顶紧丝杆；18—限位器；19—主横梁；20—后上横梁；21—上限位；22—压紧器；23—枕木；
24—外滑架；25—千斤顶；26—后吊带；27—斜拉带；28—钢枕；29—主纵梁；30—后托梁；
31—下限位；32—前托架；33—活动槽钢；34—前支架；35—前上横梁；36—主梁；
37—千斤顶；38—扁担梁；39—花篮拉筋；40—侧模板；41—内模架；
42—后吊架；43—主纵梁；44—后吊带；45—内滑梁

(3)挂篮的构造。挂篮构造如图19-49所示。

1)主纵、横桁梁。主纵、横桁梁是挂篮悬臂承重结构，可由万能杆件或贝雷桁架(或装配式公路钢桁架)组拼或型钢加工而成。

2)行走系统。行走系统包括支腿和滑道及拖移收紧设备。采用电动卷扬机牵引，通过圆棒滚动或在铺设的滑道上移动。滑道要求平整、光滑，摩擦阻力小，铺拆方便，能反复使用。目前大多采用上滑道覆一层不锈钢薄板，下滑道用槽钢，内设聚四氟乙烯板，行走方便、安全，稳定性好。

3)底篮。底篮直接承受悬浇梁段的施工重力，可供立模板、绑扎钢筋、浇筑混凝土、养护等工序用。由下横桁梁和底模纵梁及吊杆(吊带)组成。横梁可用万能杆件、贝雷桁架、型钢、

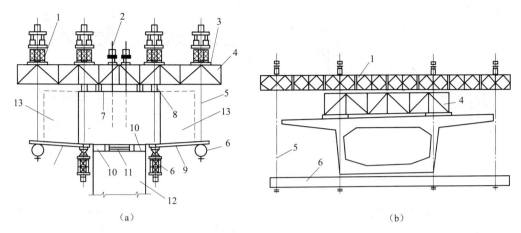

图 19-49 挂篮纵横桁梁系布置

(a)挂篮施工纵断面；(b)挂篮施工正面

1—主横桁梁；2—后锚点；3—行走滑板；4—主纵桁梁；5—吊杆；6—底篮横梁(钢管)；7—后支点；
8—前支点；9—底模；10—临时固定支座；11—永久支座；12—桥墩；13—待浇梁段

钢管构成，底模纵梁用多根 24～30 号槽钢或工字钢；吊杆一般可用 $\phi 32$ mm 的精轧螺纹钢筋或
16 Mn 钢带。

4)后锚系统。后锚是主纵桁梁自锚平衡装置，由锚杆压梁、压轮、连接件、升降千斤顶等
组成，目的是防止挂篮在浇筑混凝土梁段时倾覆失稳。

(4)挂篮的安装。

1)挂篮组拼后，应全面检查安装质量，并做载重试验，以测定其各部位的变形量，并设法
消除其永久变形。

2)在起步长度内梁段浇筑完成并获得要求的强度后，在墩顶拼装挂篮。有条件时，应在地
面上先进行试拼装，以便在墩顶熟练、有序地开展挂篮拼装工作。拼装时应对称进行。

3)挂篮的操作平台下应设置安全网，防止物件坠落，以确保施工安全。挂篮应呈全封闭形
式，四周设围护，上下应有专用扶梯，方便施工人员上下挂篮。

4)挂篮行走时，须在挂篮尾部压平衡重，以防倾覆。浇筑混凝土梁段时，必须在挂篮尾部，
将挂篮与梁进行锚固。

(5)挂篮试压。为了检验挂篮的性能和安全，并消除结构的非弹性变形，应对挂篮试压。试
压通常采用试验台加压法、水箱加压法等。

1)试验台加压法。新加工的挂篮可用试验台加压法检测桁架受力性能和状况。试验台可利
用桥台或承台和在岸边梁中预埋的拉力筋锚住主桁梁后端，前端按最大荷载计算值施力，并记
录千斤顶逐级加压变化情况，测出挂篮弹性变形和非弹性变形参数，用做控制悬浇高程依据，
如图 19-50 所示。

2)水箱加压法。对就位待浇混凝土的挂篮，可用水箱试压法检查挂篮的性能和状况。加压
的水箱一般设于前吊点处，后吊杆穿过紧靠墩顶梁段边的底篮和纵桁梁，锚固于横桁梁上，或
穿过已浇箱形梁中的预留孔，锚于梁体，在后吊杆的上端装设带压力表的千斤顶，反压挂篮上
横桁梁，计算前后施加力后，分级分别进行灌水和顶压，记录全过程挂篮变化情况即可求得控
制数据，如图 19-51 所示。

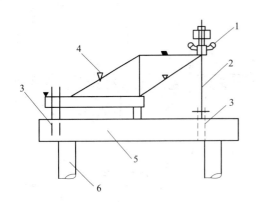

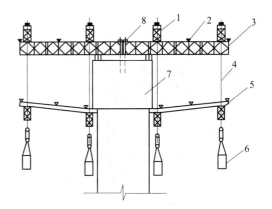

图 19-50 菱形挂篮试验台试压示意图	图 19-51 挂篮水箱法试压示意图
1—压力表千斤顶；2—拉杆；3—预埋钢筋；	1—横桁梁；2—观测点；3—纵横梁；4—吊杆；
4—观测点；5—承台；6—桩	5—底篮；6—水箱；7—墩顶梁段；8—后锚固

(6)浇筑混凝土时消除挂篮变形的措施。每个悬浇段的混凝土一般可两次或三次浇筑完成（混凝土数量少的也可采用一次浇筑完成）。为了使后浇混凝土不引起先浇混凝土的开裂，需要消除后浇混凝土引起挂篮的变形。

一般可采取如下的几种措施：

1）箱形梁混凝土一次浇筑法。箱形梁混凝土的浇筑采用一次浇筑，并在底板混凝土凝固前全部浇筑完毕。也就是要求挂篮的变形全部发生在混凝土塑性状态之间，避免裂缝的产生。但需在浇筑混凝土前，预留准确的下沉量。

2）水箱法。水箱法的布置如图 19-51 所示。浇筑混凝土前，先在水箱中注入相当于混凝土质量的水；混凝土浇筑过程中，逐步放水，使挂篮的负荷和挠度基本不变。

3）抬高挂篮的后支点法。浇筑混凝土前，将模板前端设计高程抬高 10～30 mm，预留第一次浇筑混凝土的下沉量；同时，用螺旋式千斤顶起挂篮后支点，使之高于滑道或钢轨顶面（一般顶高 20～30 mm）。在浇筑第一次混凝土时，千斤顶不动，浇筑混凝土的质量使挂篮的下沉量与模板的抬高量相抵消。

在浇筑第二次混凝土时，将千斤顶分次下沉，并随即收紧后锚系的螺栓，使挂篮后支点逐步贴近滑道面或轨道面。随着后支点的下降，以前支点为轴的挂篮前端必然上升一数值；此数值应正好与第二次混凝土质量使挂篮所产生的挠度相抵消，保证箱形梁模板不发生下沉变形。此法需用设备很少，较水箱法简单，但需顶起量合适，顶起量应由实测确定。

斜拉式挂篮因其总变形小，一般可在浇筑混凝土前预留下沉量，不必在浇筑过程中进行调整。也可试用某桥的施工实践，挂篮底模承重横梁采用直径 1～1.2 m 加劲钢管，管内与水泵及泄水管连通，使加卸载控制灵活。在梁段混凝土浇筑过程中，逐渐泄水，保持挂篮的负荷和挠度基本不变。

4. 现浇Ⅲ梁段施工

Ⅲ梁段为边跨支架上的现浇部分，支架可在墩旁搭设临时墩支撑平台，一般采用万能杆件、贝雷架等拼装，在其上分段浇筑。当与采用顶推法施工的连接桥相接时，可把Ⅲ梁段临时固结在顶推梁上，到位后再进行梁的连接。

5. Ⅳ梁段（合龙段）施工和连续梁施工的体系转换

连续梁的分段悬浇施工，常采用对称施工。全梁施工过程是从各墩顶 0 号段开始至该 T 构的完成，再将各 T 构拼接而形成整体连续梁。这种 T 构的拼接就是合龙。合龙是连续梁施工和体系转换的重要环节，合龙施工必须满足受力状态的设计要求和保持梁体线形，控制合龙段的施工误差。

利用连续梁成桥设计的负弯矩预应力筋为支撑，是连续梁分段悬浇施工的受力特点。悬浇过程中，各独立 T 构的梁体处于负弯矩受力状态，随着各 T 构的依次合龙，梁体也依次转化为成桥状态的正、负弯矩交替分布形式，这一转化就是连续梁的体系转换。因此，连续梁悬浇施工的过程，就是其应力体系转换的过程，也就是悬浇时实行支座临时固结、各 T 构的合龙、固结的适时解除、预应力的分配以及分批依次张拉的过程。

多跨连续梁合龙的原则是由边至中，即先合龙各边跨，再各次边跨，最后为中跨。

三、悬臂拼装

悬臂拼装(简称悬拼)是悬臂施工法的一种，它是利用移动式悬拼吊机将预制梁段起吊至桥位，然后采用环氧树脂胶和预应力钢丝束连接成整体，主要工序如图 19-52 所示。采用逐段拼装，一个节段张拉锚固后，再拼装下一节段。悬臂拼装的分段，主要决定于悬拼吊机的起重能力，一般节段长 2~5 m。节段过长则自重大，需要悬拼吊机的起重能力大；节段过短则拼装接缝多，工期也延长。一般在悬臂根部，因截面积较大，预制长度比较短，以后逐渐增长。悬拼适用于预制场地及运吊条件较好，特别是工程量大和工期较短的桥梁工程。

1. 悬拼特点

悬拼和悬浇均利用悬臂原理逐段完成全联梁体的施工，悬浇以挂篮为支承逐段现浇，悬拼以吊机逐段完成梁体拼装。因此，悬拼和悬浇与支架现浇等施工方法相比，除有许多共同优点外，悬拼还有以下特点：

(1)进度快。悬浇一节段梁在天气好时也需要 1 周时间；而采用悬拼法，梁体的预制可与桥梁下部构造施工同时进行，平行作业缩短了建桥工期。

(2)制梁条件好，混凝土质量高。悬拼法将大跨度梁化整为零，预制场或工厂化的梁段预制生产，利于整体施工的质量控制。

(3)收缩和徐变小。预制梁段的混凝土龄期比悬浇成梁的长，从而减少悬拼成梁后混凝土的收缩和徐变。

(4)线形好。梁段预制采用长线法，长线法是在按梁底曲线制作的固定底模上分段浇筑混凝土的方法，能保证梁底线形。

悬拼施工的主要工序：梁段预制、运输、吊拼、悬拼梁体体系转换、合龙。

2. 梁段预制

(1)预制方法。悬拼施工是将梁沿纵轴向根据起吊能力分成适当长度的节段，在工厂或桥位附近的预制场进行预制，然后运到桥位处用吊机进行拼装。节段预制的质量，直接关系着梁段悬拼的速度和质量，因此，预制时应严格控制梁段断面及形体的精度，并应充分注意场地的选择与布置、台座和模架的制作、工艺流程的拟定以及养护和储运的每一环节。梁段预制方法有长线法和短线法两类。

1)长线预制。长线预制是在预制厂或施工现场按桥梁底缘曲线制作固定台座，在台座上安装底模，进行节段混凝土浇筑工作。组成 T 构半悬臂或全悬臂的诸梁段，均在固定台座上的活动模板内浇筑，且相邻段的拼合面应互相贴合浇筑，缝面浇前涂抹隔离剂，以利脱模。

长线预制需要较大场地，台座两侧常设挡土墙，内填不沉降的砂石加 20 cm 厚混凝土封顶

（a）

（b）

（c）

图 19-52 利用移动式吊车悬拼施工主要工序

(a)驳船将梁段运至施工点吊拼；(b)铰接缝处理；(c)在张拉平台上张拉钢筋

并抹上高强度找平砂浆，其上加铺一层镀锌铁皮，待砂浆未达到要求强度前用铁钉固定。长线法台座如图 19-53 所示。

模板常采用钢模，每段一块，以便于装拆使用。为加快施工进度，保证节段之间密贴，常采用先浇筑奇数节段，然后利用奇数节段混凝土的端面，弥合浇筑偶数节段。也可以采用节段的预制方法。当节段混凝土强度达到设计强度 70% 以上后，可吊出预制场地。

2)短线预制。梁段在固定台位能纵移的模内浇筑，待浇筑段一端设固定模架，另一端已浇梁段(配筑梁段)，浇毕达到要求强度后运出原配筑梁段，达到要求强度梁段为下一待浇段配筑，如此周而复始。短线法台座如图 19-54 所示。

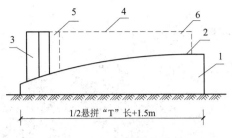

图 19-53　长线法台座

1—长线台座；2—梁底线形；3—顶制梁段；

4—梁顶线形；5—待浇梁段；6—待浇梁段位置

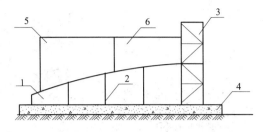

图 19—54　短线法台座

1—短线台座；2—可调底模；3—封闭式端模；

4—基础；5—配筑梁段；6—待浇梁段

长线法的优点是由于台座可靠，因而成桥后梁体线形较好，长线的台座使梁段存储有较大余地；缺点是占地较大，地基要求坚实，混凝土的浇筑和养护移动、分散。

短线法的优点是场地相对较小，浇筑模板及设备基本不需移机，可调的底模、侧模便于平、竖曲线梁段的预制；主要缺点是精度要求高，施工要求严，另外施工周转不便，工期相对较长。

(2)密贴预制及剪力齿、定位销的设置。

1)密贴预制。为提高预制梁段拼接面的吻合度，一般宜在长线台座上将待浇梁段与已浇梁段端接面密贴浇筑，中间用不带硬化剂的环氧树脂作为隔离层分隔，预应力束孔用金属管分隔。也可用图 19-55 所示分隔板分隔。

2)剪力齿。为提高梁段拼接面的抗剪强度，拼接面做成齿合，如图 19-55 所示。

3)定位销。为固定两梁段位置，设有定位销。定位销一般均衡布置在顶板上，可固位，又可传递剪力。

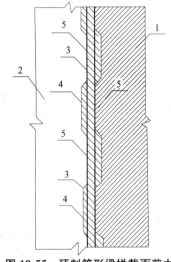

图 19-55　预制箱形梁拼截面剪力
凹凸齿示意图

1—已浇箱形梁；2—待浇箱形梁；3—钢或

木制分隔板；4—凹齿；5—凸齿

3. 梁段的吊拼及其设备

悬拼按起重吊装的方式不同分为：浮吊悬拼、连续千斤顶或卷扬机滑轮组悬拼(吊机悬拼)、缆索起重机(缆吊)、悬拼及移动式导梁悬拼等。

(1)浮吊悬拼。浮吊如图 19-56 所示，重型的起重机械装配在船舶上，全套设备在水上作业就位方便，40 m 的吊高范围内起重力大，辅助设备少，相应的施工速度较快，但台班费用较高。一个对称干接悬拼的工作面，一天可完成 2~4 段的吊拼。

(2)连续千斤顶或卷扬机滑轮组悬拼(悬拼吊机)。连续千斤顶或卷扬机滑轮组吊拼时，均需架设悬臂起重桁架，其上安装起重设备，驳船将待拼梁段运至施工点吊拼。

悬臂起重桁架多采用贝雷架、万能杆件及型钢等拼配制作，由承重梁、横梁、锚固装置、起吊装置、行走系统和张拉平台等几部分组成。

图 19-57 所示为移动式吊车，外形似挂篮，其工作程序如图 19-52 所示。

图 19-58 所示为贝雷桁架拼装的悬拼吊机吊拼梁段示意图，起吊设备为卷扬机和滑轮组。

图 19-56 浮吊

卷扬机
图 19-57 移动式吊车

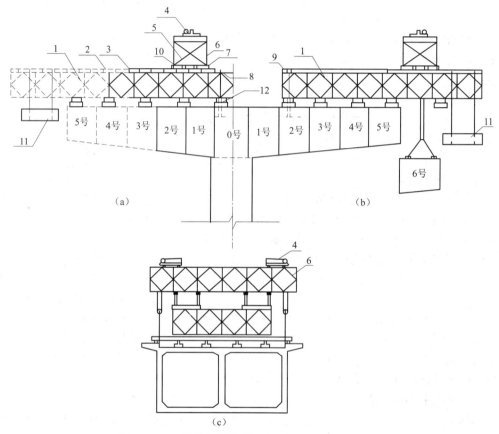

图 19-58 贝雷桁梁拼装的悬拼吊机吊拼梁段示意图

(a)吊拼 1～5 号梁段立面；(b)吊拼 6～9 号梁段立面；(c)侧面

1—吊机桁梁；2—钢轨；3—枕木；4—卷扬机；5—撑架；6—横向桁梁；7—平车；8—锚固吊环；

9—工字钢；10—平车之间用角钢连接成整体；11—工作吊篮；12—锚杆

图 19-59 所示为贝雷桁架连续千斤顶悬拼吊机吊拼梁段示意图。连续千斤顶占用面积小、质量轻，起重力与吊重力之比约为 1：100。当 0 号梁段顺桥向长度不能满足起步长度或采用吊机悬吊 1 号梁段时，需在墩侧设立托架。

连续千斤顶或卷扬机滑轮组作业设备简单，适应性强。图 19-60 所示为梁段吊装正面示意图。

(3)缆索起重机(缆吊)悬拼。缆吊无须考虑桥位状况，且吊运结合，机动灵活，作业的空间大，在一定设计范围内缆吊几乎可以负责全桥下部到上部，从此岸到彼岸的施工作业，因此，缆吊的利用率和工作效率很高。其缺点是一次性设备投资大，涉及跨度和起吊重力有限，一般起吊重力不宜大于 500 kN，而一般混凝土预制梁段的重力多逾 500 kN，目前我国使用缆吊悬拼连续梁都是由两个独立单箱单室并列组合的桥型。为了充分利用缆吊的空间特性，特将预制场及存梁布设在缆吊作用面内。缆吊进行拼合作业时增加风缆和临时手拉葫芦，以控制梁段就位的精度。缆机运吊结合的优势，大大缩短了采用其他吊运方式所需的转运时间，可以将梁段从预制场直接吊至悬拼结合面。施工速度可达日拼 2 个作业面 4 段，甚至可达 3 个作业面 6 段。

图 19-61 所示为某桥缆索起重机塔柱图。

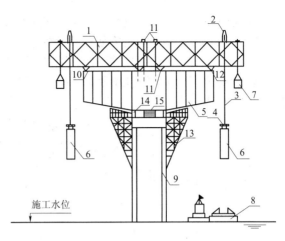

图 19-59　贝雷桁架连续千斤顶悬拼吊机吊拼梁段示意图

1—贝雷纵梁；2—ZLD—100 连续千斤顶；3—起重索；

4—起重连接器；5—已安装定位梁段；6—待吊安装梁段；

7—工作吊篮；8—运梁驳船；9—桥墩；10—前支点；

11—锚筋；12—前支点；13—托架；14—临时支座；15—支座

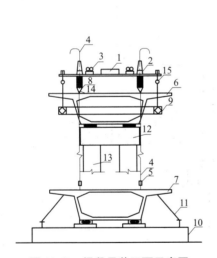

图 19-60　梁段吊装正面示意图

1—提吊中心控制台；2—ZLD—100 连续千斤顶；

3—油泵；4—9×φ15 钢绞线；5—起重连接器；

6—已安装定位梁段；7—待吊安装梁段；

8—贝雷主桁梁；9—贝雷梁组合工作吊篮；

10—运梁段船只；11—梁段稳定风缆；12—墩帽；

13—双柱式桥墩；14—悬梁前支点；

15—升降手拉葫芦

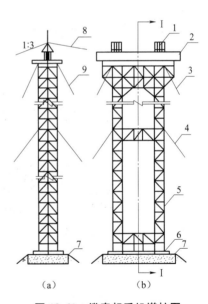

图 19-61　缆索起重机塔柱图

(a) I—I 剖面图；(b) 正面图

1—索鞍；2—型钢；3—八字风缆；

4—八字腰风缆；5—万能杆件墩柱；

6—铰接；7—基础；8—主索；9—风缆

(4)移动式导梁悬拼。这种施工方法需设计一套比桥跨略长的可移动式导梁，如图 19-62 所示，安装在悬拼的工作位置，梁段沿已拼梁面运抵导梁旁，由导梁吊运到拼位，用预应力拼合在悬臂端上。导梁设有两对固定支架，一对在导梁后面，另一对设在中间，梁段可以从支柱中间通过。导梁前端有一个活动支柱，使导梁在下一个桥墩上能形成支点。导梁下弦杆用来铺设轨道以支承运梁平车。平车可使梁段水平和垂直移动，同时还能使它转动 90°。施工可分三阶段进行，如图 19-62 所示。

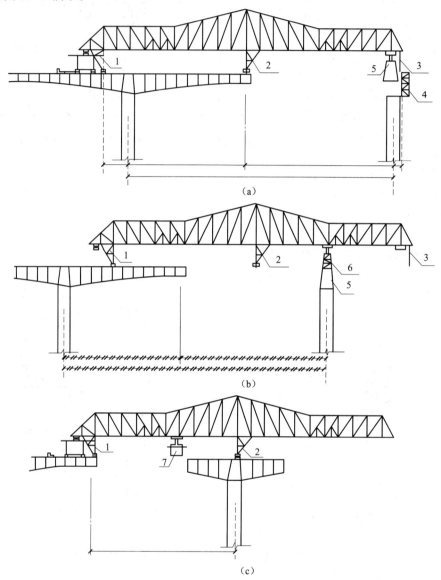

图 19-62 移动式导梁悬拼梁段示意图

(a)吊装中间梁段；(b)导梁移至前方桥墩；(c)吊装其他桥梁

1—后支架；2—中支架；3—临时前支架；4—支柱；5—墩顶梁段；6—临时支架；7—移梁段小车

1)吊装墩顶梁段。导梁放在三个支点上，即后支架，靠近已拼悬臂端头的中支架和借助临时支柱而与装在下一桥前方的前支柱相接，形成第三支点。

2)导梁前移。通过后支架的滚轮滚动和前支架的滑轮装置，使导梁向前移动。

3)吊装其他梁段。拼装其他梁段时，导梁由后支架和中间支架支承。中间支架锚固在墩顶梁段上，后支架锚固在已建成的悬臂梁端。

4. 梁段的拼装施工

(1)支座临时固结或设置临时支架。为了确保连续梁分段悬拼施工的平衡和稳定，常与悬浇方法相同，需要临时固结成 T 构。当临时固结支座不能满足悬拼要求时，一般考虑在墩两侧或一侧加临时支架。悬拼完成，T 构合龙(合拢要点与悬浇相同)即可恢复原状，拆除支架。

(2)梁段拼装程序。梁段拼接缝有湿接、胶接两种形式，不同的施工阶段和不同部位，常采用不同的接缝形式。

1)湿接缝拼装梁段。湿接缝是相邻梁段间浇筑一段 $10 \sim 20$ cm 宽的混凝土作为接头的连接缝，用以调整随后梁段(基准梁段)的位置，使准确地控制其后续梁段的安装精度。

1号梁段时紧邻 0 号梁段两侧的第一个阶段，也是悬拼 T 构的基准梁段，是全跨安装质量的关键，一般采用湿接缝连接。1 号梁段安装的允许偏差见表 19-12。

表 19-12 1 号梁段安装允许偏差　　　　　　　　　　　　　　　　mm

高程	中线	平均位置长度	扭转高差	转角高差
±1	±1	1	1	0.5/m

2)胶接缝拼装梁段。胶接缝是在两端接触面上涂一层约 0.8 mm 厚的环氧树脂加水泥薄层而形成。它在施工中起润滑作用，使接缝密贴，在凝固后提高结构的抗剪能力、整体刚度和不透水性。

梁段吊上并基本定位后(此时接缝宽 $10 \sim 15$ cm)，先将临时预应力筋穿入，安好连接器；然后，开始涂胶及合龙，张拉临时预应力筋，使固化前铰接缝的压应力不低于 0.3 MPa，这时可以解除吊钩。

3)拆除吊机后，穿入永久预应力筋；张拉预应力筋后，可移动挂篮，进行下一梁段的吊装。

第二十章　圬工和钢筋混凝土拱桥的施工

·学习要点·

本章主要对拱桥的有支架施工、悬臂浇筑钢筋混凝土拱圈、装配式拱桥安装施工、钢管混凝土拱桥施工及转体施工拱桥进行了简单陈述，其中包括施工的基本原理、适用条件、技术要求、施工组织及过程控制等内容。

第一节　拱桥的有支架施工

一、拱架

(一)拱架的结构类型

拱架是有支架施工必不可少的临时结构。要求拱架能部分或全部支承拱圈及拱上建筑的重量，保证拱圈的形状符合设计要求，故应具有足够的强度、刚度和稳定性。

拱架的种类很多，按其使用材料可分为木拱架、钢拱架、扣件式钢管拱架、斜拉式贝雷平梁拱架、竹拱架、竹木混合拱架、钢木组合拱架以及土牛胎拱架等多种形式；按结构形式可分为排架式、撑架式、扇形式、桁架式、组合式、叠桁式、斜拉式等。

(二)拱架的构造

1. 木拱架

木拱架一般有排架式、撑架式、扇形式、叠桁式及木桁架式等。拱架制作安装时，拱架尺寸和形状要符合设计要求，立柱位置准确且保持直立，各杆件连接接头要紧密，支架基础要牢固，高拱架应特别注意横向稳定性。拱架全部安装完成后，应全面检查，确保结构牢固可靠。如图 20-1 所示为满布式木拱架构造。如图 20-2 所示为撑架式木拱架。

支架基础必须稳固，承重后应能保持均匀承降且下降量不得超过设计范围。

拱架可就地拼装，也可根据起吊设备能力预拼成组件后再进行安装。

2. 钢拱架与钢木组合拱架

(1)工字梁钢拱架。工字梁钢拱架可采用两种形式：一种是有中间木支架的钢木组合拱架；另一种是无中间木支架的活用钢拱架。

钢木组合拱架是在木支架上用工字钢梁代替木斜梁，以加大斜梁的跨度，减少支架用量。工字钢梁顶面可用垫木垫成拱模弧形线。钢木组合拱架的支架常采用框架式，如图 20-3 所示。

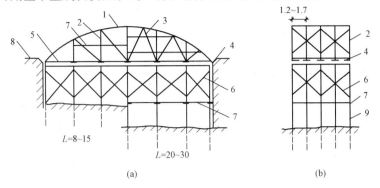

图 20-1　满布式木拱架

1—弓形木；2—立柱；3—斜撑；4—卸架设备；5—水平拉杆；
6—斜夹木；7—水平夹木；8—桥墩（台）；9—桩木

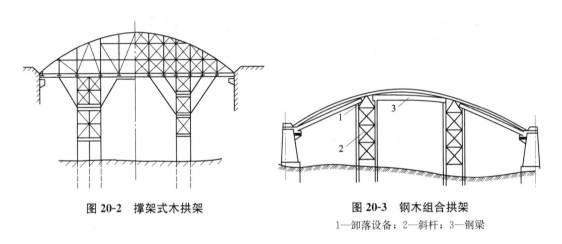

图 20-2　撑架式木拱架

图 20-3　钢木组合拱架

1—卸落设备；2—斜杆；3—钢梁

工字梁活用钢拱架，构造简单，拼装方便，且可重复使用，其构造形式如图 20-4 所示。其适用于施工期间需保持通航、墩台较高河水较深或地质条件较差的桥孔。

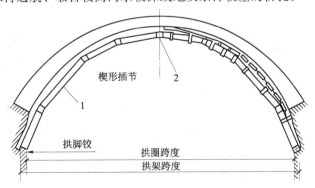

图 20-4　工字梁活用钢拱架

1—基本节；2—拱顶拆拱设备

(2)钢桁架拱架。钢桁架拱架的结构类型通常有常备拼装式桁架型拱架、装配式公路钢桁架节段拼装式拱架、万能杆件拼装式拱架、装配式公路钢桁架或万能杆件桁架与木拱盔组合的钢木组合拱架。

如图 20-5 所示为常备拼装式桁架拱架，如图 20-6 所示为装配式公路钢桁架节段拼装式拱架。

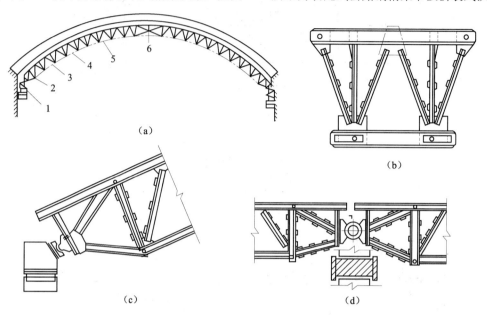

图 20-5　常备拼装式桁架拱架示意图

(a)常备拼装式；(b)标准节；(c)拱脚节；(d)拱顶节

1—砂筒；2—拱脚节；3—连接杆甲；4—连接杆乙；5—标准节；6—拱顶节

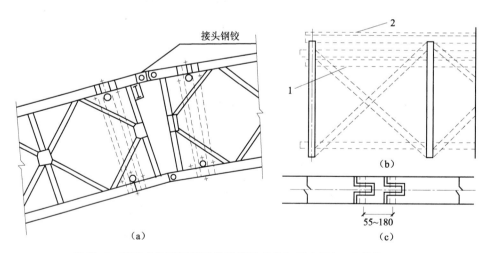

图 20-6　装配式公路钢桁架节段拼装式拱架示意图(尺寸单位：mm)

(a)桁节联结；(b)拱架横向联结；(c)钢铰接头平面

1—底层撑木；2—面层撑木

3. 拱圈模板

(1)板拱模板。板拱拱圈模板(底模)厚度应根据弧形木或横梁间距的大小来确定。一般有横梁的底模板厚度为 4~5 cm，直接搁在弧形木上时为 6~7 cm。有横梁时为使顺向放置的模板与拱圈内弧形圆顺一致，可预先将木板压弯。压弯的方法是：每 4 块木板一叠，将两端支起，在中间适当加重，使木板弯至正矢符合要求为止，施压约需半个月左右的时间。40 m 以上跨径的拱桥模板可不必事先压弯。

石砌板拱拱圈的模板，应在拱顶处预留一空档，以便于拱架的拆卸。

模板顶面标高误差不应大于计算跨径的 1/1 000，且不应超过 3 cm。

（2）肋拱拱肋模板。拱肋模板如图 20-7 所示。其底模与混凝土或钢筋混凝土板拱拱圈底模基本相同。拱肋之间及横撑间的空档也可不铺底模。

拱肋侧面模板，一般应预先按样板分段制作，然后拼装在底模上，并用拉木、螺栓拉杆及斜撑等固定。安装时，应先安置内侧模板，等钢筋入模后再安置外侧模板。模板宜在适当长度内设一道变行缝（缝宽约为 2 cm），以避免在拱架沉降时模板间相互顶死。

拱肋间的横撑模板与上述侧模构造基本相同，处于拱轴线较陡位置时，可用斜撑支撑在底模板上。

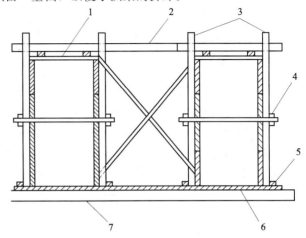

图 20-7　肋拱拱肋模板横截面
1—填水；2—拉木；3—侧模；
4—螺栓；5—挡板；6—底模；7—横梁

二、拱桥的有支架施工

（一）现浇混凝土拱桥

1. 施工工序
现浇混凝土拱桥施工工序一般分三阶段进行：
第一阶段：浇筑拱圈（或拱肋）及拱上立柱的底座；
第二阶段：浇筑拱上立柱、联结系及横梁等；
第三阶段：浇筑桥面系。
前一阶段的混凝土达到设计强度的 85% 以上才能浇筑后一阶段的混凝土。拱架则在第二阶段或第三阶段混凝土浇筑前拆除，但必须事先对拆除拱架后拱圈的稳定性进行验算。若设计文件对拆除拱架另有规定，应按设计文件执行。
双曲拱桥的拱波，应在拱肋强度或其间隔缝混凝土强度达到设计强度 85% 后开始砌筑。

2. 拱圈或拱肋的浇筑
（1）浇筑流程。满堂式拱架浇筑流程：支架设计→基础处理→拼设支架→安装模板→安装钢筋→浇筑混凝土→养护→拆模→拆除支架。满堂式拱架宜采用钢管脚手架、万能杆件拼设；模板可以采用组合钢模、木模等。
拱式拱架浇筑流程：钢结构拱架设计→拼设拱架→安装模板→安装钢筋→浇筑混凝土→养护→拆模→拆除拱架。拱式拱架一般采用六四式军用梁（三脚架）、贝雷架拼设。

(2)连续浇筑。跨径小于16 m的拱圈（或拱肋）混凝土，应按拱圈全宽度、自两端拱脚向拱顶对称地连续浇筑，并在拱脚处混凝土初凝前全部完成。如预计不能在限定时间内完成，则须在拱脚处预留一个隔缝并最后浇筑隔缝混凝土。

薄壳拱的壳体混凝土，一般从四周向中央进行浇筑。

(3)分段浇筑。大跨径桥的拱圈（或拱肋）（跨径≥16 m），为避免拱架变形而产生裂缝以及减少混凝土的收缩应力，应采用分段浇筑的施工方法。分段长度一般为6～15 m。分段长度应以能使拱架受力对称、均匀和变形小为原则，拱式拱架宜设置在拱架受力反弯点、拱架结点、拱顶及拱脚处；满堂式拱架宜设置在拱顶、$L/4$部位、拱脚及拱架节点等处。各段的接缝面应与拱轴线垂直。

分段浇筑程序应符合设计要求，且对称于拱顶进行，使拱架变形保持对称均匀和尽可能的小。填充间隔缝混凝土，应由两拱脚向拱顶对称进行。拱顶及两拱脚间隔缝应在最后封拱时浇筑，间隔缝与拱段的接触面应事先按施工缝进行处理。间隔缝的位置应避开横撑、隔板、吊杆及刚架节点等处。间隔缝的宽度以便于施工操作和钢筋连接为宜，一般为0.5～1.0 cm，以便于施工操作和钢筋连接。间隔缝混凝土应在拱圈分段混凝土强度达到85%设计强度后进行；为缩短拱圈合龙和拱架拆除的时间，间隔缝内的混凝土强度可采用比拱圈高一等级的半干硬性混凝土。封拱合龙温度应符合设计要求，如设计无规定时，宜选择夜间气温较稳定的时段的温度进行。

(4)箱形截面拱圈（或拱肋）的浇筑。大跨径拱桥一般采用箱形截面的拱圈（或拱肋），为减轻拱架负担，一般采取分环、分段的浇筑方法。分段的方法与上述相同。分环的方法一般是分成二环或三环。分二环时，先分段浇筑底板（第一环），然后分段浇筑肋墙、隔墙与顶板（第二环）。分三环时，先分段浇筑底板（第一环），然后分段浇筑肋墙、隔墙（第二环），最后分段浇筑顶板（第三环）。

分环分段浇筑时，可采取分环填充间隔缝合龙和全拱完成后最后一次填充间隔缝合龙两种不同的合龙方法。如图20-8所示为箱形截面拱圈采用分环分段浇筑施工工程序。

3. 卸拱架及注意事项

采用就地浇筑施工的拱架，卸拱架的工作相当关键。现浇混凝土拱圈的拱架，其拆除期限应符合设计规定；设计未规定时，应在拱圈混凝土强度达到设计强度85%后，方可卸落拱架。

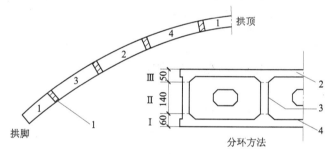

图 20-8　箱形截面拱圈分环、分段浇筑的
施工工程序示意图（尺寸单位：cm）
1—工作缝；2—顶板；3—肋墙；4—底板

此外还必须考虑拱上建筑、拱背填料、连拱等因素对拱圈受力的影响，尽量选择对拱体产生最小应力的时候卸落拱架。为了能使拱架所支承的拱圈重力能逐渐转给拱圈自身来承受，拱架不能突然卸除，而应按提前拟定的卸落程序进行，且宜分步卸落。满布式拱架从拱顶向拱脚依次循环卸落；拱式拱架可在两支座处同时均匀卸落；多孔拱桥卸架时，若桥墩允许承受单孔施工荷载，可单孔卸落，否则应多孔同时均匀卸落，或各连续孔分阶段卸落。卸落拱架时应设专人对拱圈的挠度、墩台的位移等情况进行观测，如有异常，应暂停卸落，查明原因并采取相应措施后方可继续进行。

（二）石（混凝土砌块）拱桥拱圈砌筑

1. 砌筑材料

(1)拱圈及拱上建筑可按设计要求采用粗料石、块石、片石（或乱石）、普通烧结砖或混凝土预制砌块等。一般可在砌筑时，选择较规则和平整的同类石料稍经加工后作为镶面。如有镶面要求时，应按规定加工镶面石。各种砌块和镶面石的强度要求详见《公路桥涵施工技术规范）》(JTG/T F50—2011)的有关规定。

（2）拱圈砌缝可用砂浆或小石子混凝土砌筑、填塞。

砌筑拱圈用的砂浆，一般宜为水泥砂浆。小桥涵拱圈可使用水泥石灰砂浆。砂浆强度等级应符合设计规定。

小石子混凝土的配合比设计、材料规格和质量检验标准，应符合《公路桥涵施工技术规范》(JTG/T F50—2011)的有关规定。小石子混凝土拌合料应具有良好的和易性和保水性。为改善小石子混凝土拌合料的和易性和保水性并节约水泥，可通过试验在拌合料中掺入一定数量的减水剂或粉煤灰等混合材料。

2. 拱圈基本砌筑方法

（1）粗料石拱圈。拱圈砌筑应按编号顺序取用石料。砌筑时砌缝砂浆应铺填饱满。对于较平的砌缝，应先坐浆再放拱石挤砌，以利用石料自重将砂浆压实。侧面砌缝可填塞砂浆，用插刀捣实。当砌缝较陡时，可在拱石间先嵌入与砌缝同宽的木条或用撬棍拨垫，然后分层填塞砂浆捣实，填塞完毕后再抽出木条或撬棍。

（2）块石拱圈。块石拱石的尺寸可不统一，排数可不固定，砌筑时应符合下列要求：

1）应分排砌筑，每排中拱石内口宽度应尽量一致；

2）竖缝应成辐射形，相邻两排间砌缝应互相错开；

3）石块应平砌，每层石料高度应大致相等。

（3）浆砌片石拱圈。浆砌片石拱圈的砌筑应符合下列要求：

1）石块宜竖向放置，小头向上，大面朝向拱轴。如石块厚度不小于拱圈厚度或石块较整齐、可错缝搭接时，也可横向放置。

2）较大的石块应使用于下层，砌筑时应选用形状及尺寸较为合适的石块，尖锐凸出部分应敲除。

竖缝较宽时，应在砂浆中塞以小石块，但不得在片石下面用高于砂浆砌缝的小石片支垫。

3）片石应分层砌筑，宜以 2～3 层砌块组成一个工作层，每一工作层的水平缝应大致找平。各工作层竖缝应互相错开、不得贯通。

4）外圈定位行列和转角石，应选择形状较为方正、且尺寸较大的片石，并长短相间地与里层砌块咬接，连成整体，特别是拱圈与拱上侧墙及护拱连接处、拱脚与墩台身连接处、拱圈上下层间及垂直路线方向应"错缝咬马"、连成整体。

5）片石拱圈靠拱腹一面，可略加锤改、打干，并用砂浆及大小适宜的石块填补缺口。

6）拱石的空隙要用砂浆填实，较大的空隙应塞以坚硬石片。

在多孔连续拱桥的施工中，当桥墩不是按施工单向受力墩设计时，应考虑相邻孔拱圈施工的对称均衡问题，以避免桥墩承受过大的单向推力。

3. 砌筑程序

砌筑拱圈时，为了保证在整个施工过程中拱架受力均匀、变形最小，使拱圈的砌筑质量符合设计要求，必须选择适当的砌筑方法和砌筑顺序。一般根据拱圈跨径大小、构造形式（矢高、拱圈厚度）、拱架种类等分别采用下列不同的施工方法和顺序。砌筑时，必须随时注意观测拱架的变形情况，必要时，对砌筑顺序进行调整以控制拱圈的变形。

（1）拱圈按顺序对称连续砌筑。跨径 10 m 以下的拱圈，当用满布式拱架砌筑时，可按拱圈的全宽和全厚，由两拱脚同时按顺序对称均衡地向拱顶砌筑，最后砌拱顶石合龙。当采用拱式拱架时，宜分段、对称地先砌筑拱脚和拱顶段，后砌拱跨 1/4 部位。

(2)拱圈分段、分环、分阶段砌筑。

1)分段砌筑。跨径在 10～20 m 的拱圈，无论采用何种拱架，每半跨均应分成三段对称砌筑。先砌筑拱脚和拱顶段，后砌 1/4 跨径段，两半跨应同时对称进行。砌筑顺序如图 20-9 所示，先对称地砌Ⅰ段和Ⅱ段，后砌Ⅲ段，或各段同时向拱顶方向对称地砌筑，最后砌筑拱顶石合龙。

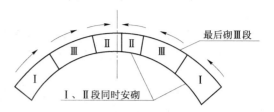

图 20-9　跨径小于 25 cm 的拱圈分段砌筑顺序图

2)分环分段砌筑。跨径大于 20 m 的拱圈，宜采用分段砌筑或分段分环相结合的方法砌筑，将全部拱圈厚度分成几环砌筑，每一环可分成若干段对称、均衡地砌筑，砌一环合龙一环。当下环砌筑合龙、砌缝砂浆强度达到设计强度 85％以上后，再砌筑上一环。

分环砌筑时各环的分段方法、砌筑顺序及空缝的设置等，与一次砌筑(不分环、只分段)完成时相同，但上下环间应以犬牙状相接。

3)分阶段砌筑。砌筑拱圈时，为争取时间和使拱架荷载均匀对称、拱架变形正常，有时在砌筑完一段或一环拱圈后的养护期间，砌筑工作不间歇，而是根据拱架荷载平衡的需要，紧接着将下一拱段或下一环层砌筑一部分。此种前后拱段和上下环层分阶段交叉进行的砌筑方法，称为分阶段砌筑法。如图 20-10 所示为分阶段砌筑拱圈示意图。

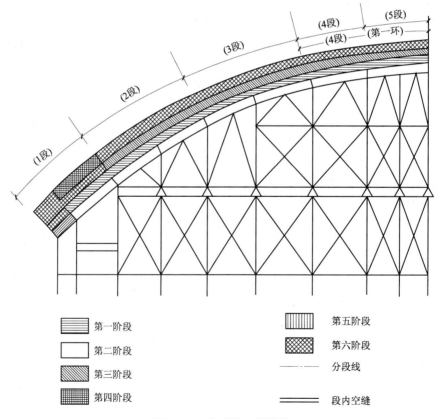

图 20-10　分阶段砌筑拱圈

不分环砌筑拱圈的分阶段方法，通常先砌拱脚几排，然后同时砌筑拱顶、拱脚及跨径 1/4 点等拱段。上述三个拱段砌到一定程度后，再均匀地砌筑其余拱段。

分环砌筑的拱圈，可先将拱脚各环砌筑几排，然后分段分环砌筑其余环层。在砌完一环后，在其养护期间，砌筑次一环拱脚段，然后砌筑其余环段。

(3)拱圈封拆合龙。拱圈封拱合龙宜在当日最低气温且温度场较为稳定的时段进行；分段砌筑拱圈应待填塞空缝的砂浆强度达到设计强度的 85％后再进行合龙。常见合龙方法如下：

1)拱顶石合龙。砌筑拱圈时，常在拱顶预留一缺口，在各拱段砌筑完成后安砌拱顶石完成拱圈合龙。分段较多的拱圈以及分环砌筑的拱圈为使拱架受力对称、均匀，可在拱圈两半跨的 1/4 或在几处同时完成拱圈合龙。

2)刹尖封拱。对于小跨径拱圈，为提高拱圈应力和有利于拱架的卸落，可采用刹尖封顶完成拱圈合龙。此法是：在砌筑拱顶石前，先在拱顶缺口中打入若干组木楔，使拱圈挤紧、拱起，然后嵌入拱顶石合龙。刹尖木楔须用硬木制作，每组木楔由三块硬木组成，两侧木块宽约为 10 cm，中间木块宽 15～30 cm。

刹尖时，与拱顶石邻近的二三排拱石受振动较大，其砌缝可暂时只用铁条垫隔，待刹尖后再用稠砂浆填封。其他拱段的空缝，宜在刹尖前填封。刹尖封顶应在拱圈砌缝砂浆达到设计规定强度后方可进行。

3)预施压力封顶。用千斤顶施加压力来调整拱圈应力，然后进行拱圈合龙，此法应严格按照设计规定进行；如设计文件中无此要求时，不得采用预施压力封顶来完成拱圈合龙。

4. 砌体养护及拱架卸落

拱圈砌筑完成后应立即用草帘或麻袋覆盖，并于 4 h 后(砂浆初凝后)经常洒水，使砌体保持湿润。养护时每天洒水的次数，以及养护天数应视水泥品种和气温情况而定，一般为 7～14 d。最初三昼夜应勤洒水。拱上建筑的浆砌砌体可采用上述养护方法。

浆砌石拱桥拱架，应待砂浆强度达到设计强度的 85％后方可卸落；设计另有规定时，应从其规定。

跨径小于 10 m 的小拱桥，宜在拱上建筑砌筑完成后卸架；中等跨径的实腹式拱桥，宜在护拱砌筑完成后卸架；跨径较大的空腹式拱桥，宜在拱上小拱横墙砌好(未砌小拱圈)后卸架。

(三)拱上建筑浇筑

主拱圈拱背以上的结构物称为拱上建筑，它主要有横墙座、横墙、横墙帽或立柱座、立柱、盖梁、腹拱圈或梁(板)、侧墙、拱上结构伸缩缝及变形缝、护拱、拱上防水层、拱腔填料、泄水管、桥面铺装、栏杆等。

石拱桥拱上结构在拱架卸架前砌筑时(晚脱架)，应待拱圈合龙段的砂浆强度达到设计强度的 85％以上进行；当先卸架后砌拱上建筑时(早脱架)，应待拱圈合龙段的砂浆强度达到设计强度的 100％后进行。

混凝土拱桥常采用早脱架方法，在主拱圈的混凝土强度达到设计规定强度后，方可进行拱上建筑施工。拱上建筑宜由拱脚至拱顶对称、均衡地砌筑。

1. 伸缩缝及变形缝的施工

伸缩缝缝宽 1.5～2 cm，要求笔直，两侧对应贯通。如为圬工砌体，缝壁要清凿到粗料石规格，外露照口要挂线砌筑；如为现浇混凝土侧墙，须预先安设塑料泡沫板，将侧墙与墩台分开，缝内采用锯末沥青，按 1：1(质量比)配合制成填料填塞。

变形缝不留缝宽，设缝处可以干砌或用低强度砂浆砌筑，现浇混凝土时用油毛毡隔断，以适应主拱圈变形。

当护拱、缘石、人行道、栏杆和混凝土桥面跨越伸缩缝或变形缝时，在相应位置要设置贯通桥面的伸缩缝或变形缝(栏杆扶手一端做成活动的)。

2. 拱上防水设施

(1)拱圈混凝土自防水。采用优良品质的粗、细集料和优质粉煤灰或硅灰制作高耐久性的混凝土；同时采用优良的施工方法。

(2)拱背防水层。小跨径拱桥可采用石灰土防水层。对于具有腹拱的拱腔防水可采用砂浆或小石子混凝土防水层。大型拱桥及冰冻地区的砖石拱桥一般设沥青毡防水层，其做法常为三油两毡或二油一毡。

当防水层经过拱上结构物伸缩缝或变形缝时，要做特殊处理。一般采用 U 形防腐白铁皮过缝，或 U 形防水土工布过缝，或橡胶止水带过缝。泄水管处的防水层，要紧贴泄水管漏斗之下铺设，防止漏水。在拱腔填料填充前，要在防水层上填筑一层砂性细粒土，以保证防水层完好。

3. 拱圈排水处理

拱桥的台后要设排水设施，集中于盲沟或暗沟排出路基外。拱桥的桥面纵向、横向均设坡度，以利顺畅排水，桥面两侧与护轮带交接处隔 15～20 m 设泄水管。拱桥除桥面和台后应设排水设施外，对渗入到拱腹内的水应通过防水层汇积于预埋在拱腹内的泄水管排出。泄水管可采用铸铁管、混凝土管或陶管。泄水管内径一般为 6～10 cm，严寒地区须适当增大，但不宜大于15 cm。宜尽量避免采用长管和弯管。泄水管进口处周围防水层应作积水坡度，并以大块碎石作成倒滤层，以防堵塞。

4. 拱背填充

拱背填充应采用透水性强和安息角较大的材料，一般可用天然砂砾、片石、碎石夹砂混合料以及矿渣等材料。填充时应按拱上建筑的顺序和时间，对称而均匀地分层填充并碾压密实，但须防止损坏防水层、排水管和变形缝。

第二节　拱桥的悬臂浇筑施工

国外在拱桥就地浇筑施工中，多采用悬臂浇筑法。以下介绍塔架、斜拉索及挂篮浇筑法和斜吊式悬臂浇筑法两种施工方法。

一、塔架、斜拉索及挂篮浇筑拱圈

塔架、斜拉索及挂篮浇筑拱圈，是国外采用最早、最多的大跨径钢筋混凝土拱桥无支架施工的方法。这种方法的要点是：

在拱脚墩、台处安装临时的钢塔架或钢筋混凝土塔架，用斜拉索(或斜拉粗钢筋)将拱圈(或拱肋)用挂篮浇筑一段系吊一段，从拱脚开始，逐段向拱顶悬臂浇筑，直至拱顶合龙。如图 20-11 所示为塔架、斜拉索及挂篮浇筑拱圈的施工示意图。

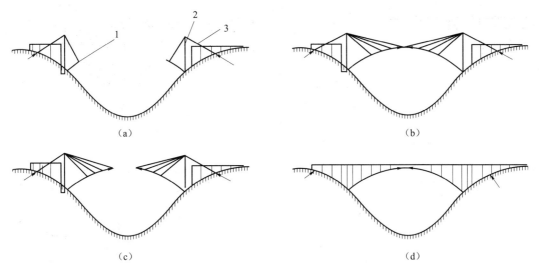

图 20-11　塔架、斜拉索及挂篮浇筑拱圈
1—悬臂挂篮；2—塔架；3—斜拉索

二、斜吊式悬臂浇筑拱圈

斜吊式悬臂浇筑拱圈是借助于专用挂篮，结合使用斜吊钢筋将拱圈、拱上立柱和预应力混凝土桥面板等齐头并进、边浇筑边构成桁架的悬臂浇筑方法。施工时，用预应力钢筋临时作为桁架的斜吊杆和桥面板的临时拉杆，将桁架锚固在后面的桥台(或桥墩)上。过程中作用于斜吊杆的力，是通过布置在桥面板上的临时拉杆传至岸边的地锚上(也可利用岸边桥墩作地锚)。用这种方法修建大跨径拱桥时，个别的施工误差对整体工程质量的影响很大。对施工测量、材料规格和强度及混凝土的浇筑方法等，必须进行严格检查和控制。施工技术管理方面值得重视的问题有：斜吊钢筋的拉力控制，斜吊钢筋的锚固和地锚地基反力的控制，预拱度的控制，混凝土应力的控制等几项。其施工程序如图 20-12 所示。

图 20-12(a)所示为在边孔完成后，在桥面板上设置临时拉杆(明索)，在吊架上浇筑第一段拱圈；待此段混凝土达到要求强度后，在其上设置临时预应力拉杆，并撤去吊架，直接系吊于斜吊杆上；然后，在其前端安装悬臂挂篮。

图 20-12(b)所示为用挂篮逐段悬臂浇筑拱圈。当挂篮通过拱上立柱 P_2 位置后，须立即浇筑立柱 P_2 及 P_1 至 P_2 间的桥面板；然后，用挂篮继续向前悬臂浇筑，直至通过下一个立柱后，再安装 P_1 至 P_2 间桥面板的临时拉杆及斜吊杆 T_2，并浇筑下一个立柱及之间的桥面板。每当挂篮前进一步，必须将桥面板拉杆收紧一次。这样，一面用斜吊钢筋构成桁架，一面向前悬臂浇筑，直至拱顶附近，撤去挂篮，再用吊架浇筑拱顶合龙混凝土。

当拱圈为箱形截面时，每段拱圈施工应按箱形截面拱圈的施工程序进行浇筑。

为加快施工进度，拱上桥面板混凝土宜用活动支架逐孔浇筑。

采用斜吊式浇筑的大跨径拱桥时，个别施工误差对整体工程的影响很大。对施工质量、材料规格和强度及混凝土的浇筑等，必须进行严格的检查和控制。尤其应重视斜吊杆预应力钢筋的拉力控制、斜吊钢筋的锚固和地锚的地基反力的稳定、预拱度以及混凝土应力的控制等。

如图 20-13 所示是借助于专用挂篮、结合使用斜吊钢筋的斜吊式悬臂施工，其主要架设步骤：拱肋除第一段用斜吊支架现浇混凝土外，其余各段均用挂篮现浇施工。斜吊杆可以用钢丝

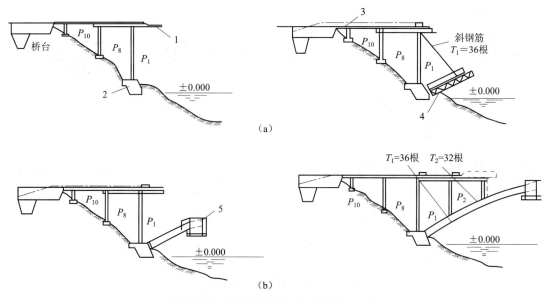

图 20-12 斜吊式现浇法的主要施工步骤

1—上桥面板移动支架；2—拱台；3—上桥面板预应力混凝土外钢筋；4—格构梁；5—挂篮

束或预应力粗钢筋。架设过程中作用于斜吊杆的力，通过布置在桥面板上的临时拉杆传至岸边的地锚上（也可利用岸边桥墩作地锚）。

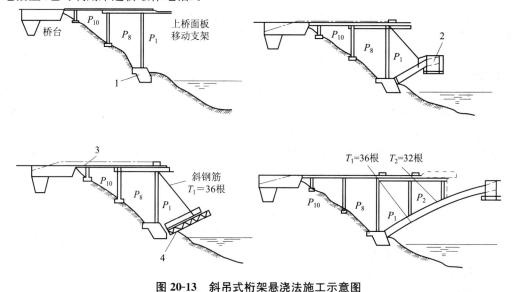

图 20-13 斜吊式桁架悬浇法施工示意图

1—拱台；2—挂篮；3—上桥面板预应力混凝土外钢筋；4—格构梁

第三节 拱桥的装配式施工

梁桥上部的轻型化、装配化，大大加快了梁桥的施工速度。要提高拱桥的竞争能力，拱桥也必须向轻型化和装配化的方向发展。从双曲拱桥及以后发展至桁架拱桥、刚架拱桥、箱形拱桥、桁式组合拱桥、钢管混凝土拱桥，均沿着这一方向发展。混凝土装配式拱桥主要包括肋拱、组合箱形拱、悬砌拱、桁架拱、钢管拱、刚构拱和扁壳拱等，也适用于采用预制安装的其他类型的桥梁，如简支 T 形梁桥、T 形钢构的吊装等。

装配式混凝土拱桥采用的施工方法可以分为少支架和无支架施工两种。本节将着重介绍箱形截面拱桥的装配式施工。

一、缆索吊装施工

(一)概述

在峡谷或水深流急的河段上，或在通航的河流上需要满足船只的顺利通行，缆索吊装由于具有跨越能力大、水平和垂直运输机动灵活、适应性广、施工比较稳妥方便等优点，使缆索吊装成为拱桥施工中使用最为广泛的方案。

采用缆索吊机吊装拱肋时，为使在起重索的偏角不超过 15° 的限度内主索减少横向移动次数，可采用两组主索或加高主索塔架高度的方法施工。

在采用缆索吊装的拱桥上，为了充分发挥缆索的作用，拱上建筑也可以采用预制装配施工。缆索吊装对于加快桥梁施工速度、降低桥梁造价等方面起到很大作用。如图 20-14 所示为缆索吊装示意图。

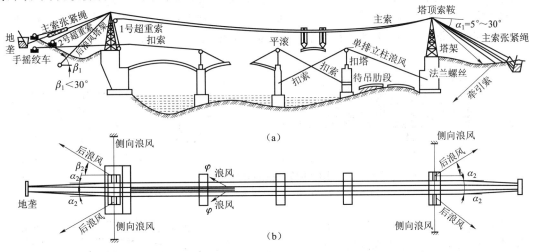

图 20-14　缆索吊装布置示意图

(二)构件的预制、堆放与运输

1. 预制方法

(1)拱肋构件坐标放样。装配式混凝土拱桥，拱肋坐标放样与有支架施工拱肋坐标放样相同。

(2)拱肋立式预制。采用立式浇筑方法预制拱肋，具有起吊方便、节省木材的优点。常用的预制方法有以下几项：

1)土牛拱胎立式预制，如图 20-15 所示；

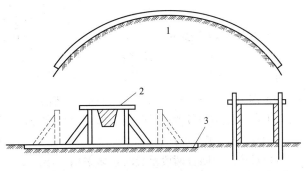

图 20-15　土牛拱胎预制拱肋
1—土牛拱胎；2—凹形拱肋扶手；3—横木

2）木架立式预制；

3）条石台座立式预制，条石台座由数个条石支墩、底模支架和底模等组成，如图 20-16 所示。

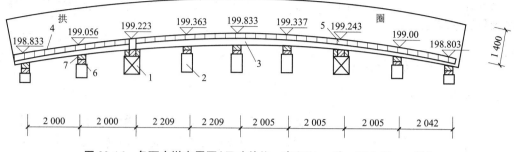

图 20-16　条石支墩布置图(尺寸单位：高程以 m 计，其余以 mm 计)

1—滑道支墩；2—条石支墩；3—底模支架；4—底模；5—船形滑板；6—木楔；7—混凝土帽梁

（3）拱肋卧式预制。卧式预制一般有下列几种方法：

1）木模卧式预制，预制拱肋数量较多时，宜采用木模，如图 20-17(a)所示。浇筑截面为 L 形或倒 T 形时(双曲拱拱肋)，拱肋的缺口部分可用烧结普通砖或其他材料垫砌。

2）土模卧式预制，如图 20-17(b)所示，在平整好的土地上，根据放样尺寸，挖出与拱肋尺寸大小相同的土槽；然后，将土槽壁仔细抹平、拍实，铺上油毛毡或水泥袋，便可浇筑拱肋。

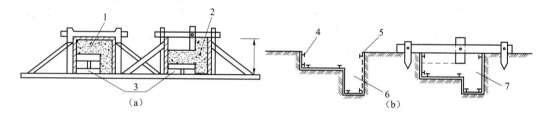

图 20-17　拱肋卧式预制

1，6—边肋；2，7—中肋；3—砖砌垫块；4—圆钉；5—油毛毡

3）拱肋卧式叠浇。如图 20-18 所示，采用卧式预制的拱肋混凝土强度达到设计强度的 30% 以后，在其上安装侧模，浇筑下一片拱肋，如此连续浇筑称为卧式叠浇。

2. 拱肋分段与接头

（1）拱肋的分段。拱肋跨径在 30 m 以内时，可不分段或仅分两段；在 30～

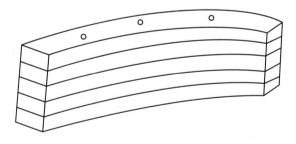

图 20-18　拱肋卧式叠浇

80 m 范围时，可分三段；大于 80 m 时，一般分五段。拱肋分段吊装时，理论上接头宜选择在拱肋自重弯矩最小的位置及其附近，但一般为等分，这样各段重力基本相同，吊装设备较省。

（2）拱肋的接头形式。

1）对接。拱肋分两段吊装时，多采用对接形式，如图 20-19(a)、(b)所示。对接接头在连接处为全截面通缝，要求接头的连接材料强度高，一般采用螺栓或电焊钢板等。

2）搭接。分三段吊装的拱肋，因接头处在自重弯矩较小的部位，一般宜采用搭接形式，如

图 20-19(c)所示；分五段安装的拱肋，边段与次边段拱肋的接头也可采用搭接形式。搭接接头受力较好，但构造复杂，预制也较困难，须用样板校对、修凿，以保证拱肋安装质量。

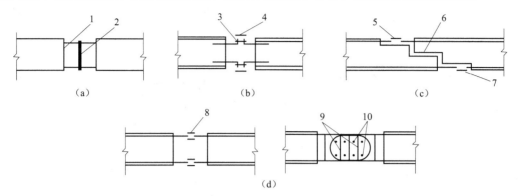

图 20-19　拱肋接头形式

(a)电焊钢板或型钢对接接头；(b)法兰盘螺栓对接接头；
(c)环氧树脂粘接及电焊主筋搭接接头；(d)主筋焊接或主筋环状套接绑扎现浇接头
1—预埋钢板或型钢；2—电焊缝；3—螺栓；4，5，7—电焊；6—环氧树脂；
8—主筋对接和绑焊；9—箍筋；10—横向插销

3)现浇接头。用简易排架施工的拱肋，可采用主筋焊接或主筋环状套接的现浇接头，如图 20-19(d)所示。

(3)接头连接方法及要求。用于拱肋接头的连接材料，有型钢电焊、钢板(或型钢)螺栓、电焊拱肋钢筋、环氧树脂水泥胶等，其优点、缺点见表 20-1。

表 20-1　连接材料优点、缺点

连接材料	优　点	缺　点
电焊型钢	接头基本固结，强度高	钢材用量多，高空焊接量大，焊固后不能调整标高
螺栓连接	拱肋合龙时不需要电焊，安装方便，可反复调整，接头能承受部分弯矩	拱肋预制的精度要求高
电焊拱肋钢筋	拱肋受力具有连续性，钢材用量少，施工方便	拱肋钢筋未电焊前，接头不能承受拉力
环氧树脂水泥胶	加强接头混凝土接触面的粘结，填补钢结构的空隙	硬化时间不能受力，应严格控制配比，不能单独作连接措施

接头处的混凝土强度等级应比拱肋混凝土强度等级高一级。对连接钢筋、钢板(或型钢)的截面要求，应按计算确定。钢筋的焊缝长度，应满足《公路桥涵设计通用规范》(JTG D60—2015)有关规定。

3. 拱座

拱肋与墩台的连接，称为拱座。拱座主要有如图 20-20 所示的几种形式，其中插入式及方形拱座因其构造简单、钢材用量少、嵌固性能好采用较为普遍。

4. 拱肋起吊、运输及堆放

(1)拱肋脱模、运输、起吊时间的确定。装配式拱桥构件在脱模、运输、堆放、吊装时，混

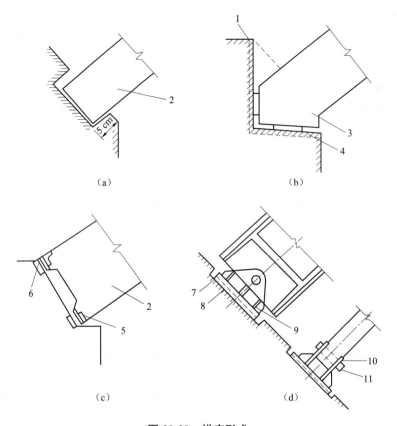

图 20-20　拱座形式

1—预留槽；2—拱肋；3—肋座；4—铸铁垫板；5—预埋角钢；6—预埋钢板；
7—铰座底板；8—预埋钢板；9—加劲钢板；10—铰轴支承；11—钢铰轴

凝土的强度不应低于设计所要求的吊装强度；若无设计要求，一般不得低于设计强度的 75%，为加快施工进度，可掺入适量早强剂。在低温环境下，可用蒸汽养护。

（2）场内起吊。拱肋移运起吊时的吊点位置应按设计图上设计位置进行，如图上无要求应结合拱肋的形状、拱肋截面内的钢筋布置以及吊运、搁置过程中的受力情况综合考虑确定，以保证移运过程中的稳定、安全。当采用两点吊时，吊点位置应设在拱肋弯曲平面重心轴之上，一般可设在离拱肋端头 $(0.22\sim0.24)L$ 处（L 为拱肋长度）；当拱肋较长或曲率较大时，应采用三点吊或四点吊，以保持拱肋受力均匀和稳定。除跨中设一吊点外，其余两吊点可设在离拱肋端头 $0.2L$ 处；采用四点吊时，外吊点一般设在离拱肋两端头 $0.17L$ 处，内吊点可设在离拱肋两端头 $0.37L$ 处，四个吊点应左右对称布置。

大跨径拱桥拱肋构件的脱模起吊一般采用龙门架，小跨径拱桥拱肋及小型构件可采用三角扒杆、马凳、吊车等机具进行。

（3）场内运输（包括纵横移）。场内运输可采用龙门架、胶轮平板挂车、汽车平板车、轨道平车或船只等机具进行。

（4）构件堆放。拱肋堆放时应尽可能卧放，特别是矢跨比小的构件（拱肋、拱块），卧放时应垫三点，垫木位置应在拱肋中央及离两端 $0.15L$ 处。三个垫点应同高度；如必须立放时，应搁放在符合拱肋曲度的弧形支架上；如无此种支架，则应垫搁三个支点，其位置在中央及距两端 $0.2L$ 处。各支点高度应符合拱肋曲度，以免拱肋折断。

堆放构件的场地应平整夯实，不致积水；当因场地有限而采用堆垛时，应设置垫木。堆放高度按构件强度、地面承载力、垫木强度以及堆放的稳定性而定，一般以 2 层为宜，不应超过 3 层。

构件应按吊运及安装次序顺序堆放，并留适当通道，防止越堆吊运。

(三)吊装程序

根据拱桥的吊装特点，其一般吊装程序为：边段拱肋吊装及悬挂，次边段拱肋吊装及悬挂（对五段吊装），中段拱肋吊装及拱肋合龙，拱上构件的吊装或砌筑安装等。

全桥拱肋的安装可按下列原则进行：

(1)单孔桥吊装拱肋顺序常由拱肋合龙的横向稳定方案决定；多孔桥吊装应尽可能在每孔合龙几片拱肋后再推进，一般不少于两片拱肋。对于肋拱桥，在吊装拱肋时应尽早安装横系梁，为加强拱肋的稳定性，需设横向临时连接系，加快施工进度。但合龙的拱肋片数所产生单向推力，应不超过桥墩的承受能力。

(2)对于高墩，应以桥墩的墩顶位移值控制单向推力，位移值应为 $L/400 \sim L/600$。

(3)设有制动墩的桥跨，可以制动墩为界分孔吊装，先合龙的拱肋可提前进行拱肋接头、横系梁及拱波等的安装等工作。

(4)采用缆索吊装时，为减少主索的横向移动次数，可将每个主索位置下的拱肋全部吊装完毕后再移动主索。一般将起吊拱肋的桥孔安排在最后吊装，必要时该孔最后几段拱肋可在两肋之间用"穿孔"方法起吊。

(5)为减少扣索往返拖拉次数，可按吊装推进方向，顺序地进行吊装。缆索吊装施工工序为：在预制场预制拱肋(箱)和拱上结构，将预制拱肋和拱上结构通过平车等运输设备移运至缆索吊装位置，将分段预制的拱肋吊运至安装位置，利用扣索对分段拱肋进行临时固定，吊装合龙段拱肋，对各段拱肋进行轴线调整，主拱圈合龙，拱上结构安装。

(四)吊装准备工作

1. 预制构件质量检查

预制构件起吊安装前必须进行质量检查。不符合质量标准和设计要求的不准使用，有缺陷的应预先予以修补。

拱肋接头和端头应用样板校验，凸出部分应予以凿除，凹陷部分应用环氧树脂砂浆抹平。接头混凝土接触面应凿毛，钢筋应除锈。螺栓孔应用样板套孔，如不合适应适当扩孔。拱肋接头及端头应标出中线。

应仔细检测拱肋上下弦长；如有与设计不符者，应将长度大的弧长凿短。拱肋在安装后如发生接合面张口现象，可在拱座和接头处垫塞钢板。

2. 墩台拱座尺寸检查

墩台拱座混凝土面要修平，水平顶面高程应略低于设计值，预留孔长度应不小于计算值，拱座后端面应与水平顶面相垂直，并与桥墩中线平行。在拱座面上应标出拱肋安装位置的台口线及中线。用红外线测距仪或钢尺(装拉力计)复核跨径，每个拱座在肋宽范围内，左、右均应至少测量两次。用装有拉力计的钢尺测量时，测量结果要进行温度和拉力的修正。

3. 跨径与拱肋的误差调整

每段拱肋预制时拱背弧长宜小于设计弧长 0.5～10 cm，使拱肋合龙时接合面保留上缘张口，便于嵌塞钢片，调整拱轴线。通过测量和计算所得的拱肋长度和墩台之间净跨的施工误差，可以用拱座处垫铸铁板来调整，如图 20-21 所示。背垫板的厚度一般比计算值增加 1～2 cm，以缩短跨径。合龙后，应再次复核接头标高以修正计算中一些未考虑的因素和测量误差。

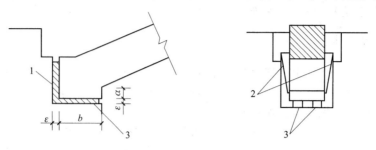

图 20-21　拱肋施工误差的调整
1—背调整垫板；2—左、右木楔；3—底调整垫板

(五)缆索设备的检查与试吊

缆索吊装设备在使用前必须进行试拉和试吊。

1. 地锚试拉

一般每一类地锚取一个进行试拉。缆风索的土质地锚要求位移小，因此，在有条件时宜全部试拉，使其预先完成一部分位移。可利用地锚相互试拉，受拉值一般为设计荷载的 1.3～1.5 倍。

2. 扣索对拉

扣索是悬挂拱肋的主要设备，因此，必须通过试拉来确保其可靠性。可将两岸的扣索用卸甲连在一起，将收紧索收紧进行对拉，这样可全面检查扣索、扣索收紧索、扣索地锚和动力装置等是否达到设计要求。

3. 主索系统试吊

主索系统试吊一般分跑车空载反复运转、静载试吊和吊重运行三步骤。必须待每一步骤检查、观测工作完成并无异常现象后，方可进行下一步骤。试吊重物，可以利用钢筋混凝土预制构件、钢轨和钢梁等，一般按设计吊重的 60%、100%、130%，分几次进行。

试吊后应综合各种观测数据和检查情况，对设备的技术状况进行分析和鉴定；然后，提出改进措施，确定能否进行正式吊装。

(六)拱肋缆索起吊

拱肋由预制场运到主索下后，一般用起重索直接起吊；当不能直接起吊时，可采用下列方法进行。

1. 翻身

卧式预制拱肋在吊装前，需要"翻身"成立式，常用就地翻身和空中翻身两种方法。

(1)就地翻身，如图 20-22(a)所示。先用枕木垛将平卧拱肋架至一定高度，使其在翻身后两端头不至碰到地面；然后，用一根短千斤将拱肋吊点与吊钩相连，边起重拱肋边翻身直立。

(2)空中翻身，如图 20-22(b)所示。在拱肋的吊点处，用一根串有手链滑车的短千斤穿过拱肋吊环，将拱肋兜住，挂在主索吊钩上；然后，收紧起重索起吊拱肋；当拱肋起吊至一定高度时，缓慢放松手链滑车，使拱肋翻身为立式。

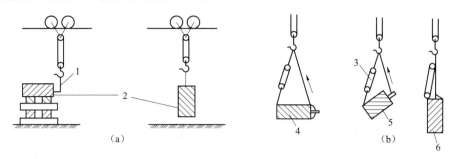

图 20-22　拱肋翻身

(a)就地翻身；(b)空中翻身

1—短千斤顶；2—拱肋；3—熟练滑车；4—平放；5—放松；6—翻身后

2. 掉头

为方便拱肋预制，边段拱肋有时采用同一方向预制，这样部分拱肋在安装时，掉头方法常因设备不同而异：

(1)在河中起吊时，可利用装载拱肋的船进行掉头。

(2)在平坦场地采用胶轮平车运输时，可将跑车与平车配合起吊将拱肋掉头。

(3)用一个跑车吊钩将拱肋吊离地面约 50 cm，再用人工拉动麻绳使拱肋旋转 180°掉头放下；当一个跑车承载力不够时，可在两个跑车下另加一钢扁担起吊，旋转调头。

3. 吊"鱼"

如图 20-23 所示，当拱肋从塔架下面通过后，在塔架前起吊而塔架前场地不足时，可先用一个跑车吊起一个吊点并向前牵出一段距离后，再用另一个跑车吊起第二个吊点。

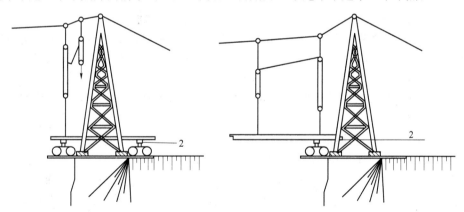

图 20-23　吊"鱼"

1—悬臂钢架；2—尾索

4. 穿孔

拱肋在桥孔中起吊时，最后几段拱肋常须在该孔已合龙的拱肋之间穿过，俗称穿孔，如图 20-24 所示。

穿孔前，应将穿孔范围内的拱肋横夹木暂时拆除。在拱肋两端另加稳定缆风索，穿孔时应防止碰撞已合龙的拱肋，故主索宜布置在两拱肋中间。

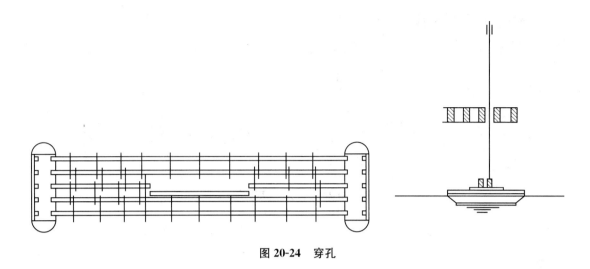

图 20-24 穿孔

5. 横移起吊

当主索布置在对中拱肋位置，不宜采用穿孔工艺起吊时，可以用横移索帮助拱肋横移起吊。

(七)拱肋缆索吊装合龙方式

边段拱肋悬挂固定后，就可以吊运中段拱肋进行合龙。拱肋合龙后，通过接头、拱座的连接处理，使拱肋由铰接状态逐步成为无铰拱，因此，拱肋合龙是拱桥无支架吊装中一项关键工作。拱肋合龙的方式比较多，主要根据拱肋自身的纵向与横向稳定性、跨径大小、分段多少、地形和机具设备条件等不同情况，选用不同的合龙方式。

1. 单基肋合龙

拱肋整根预制吊装或分两段预制吊装的中小跨径拱桥，当拱肋高度大于 $0.009L \sim 0.012L$（L 为跨径），拱肋底面宽度为肋高的 $0.6 \sim 1.0$ 倍，且横向稳定系数不小于 4 时，可以进行单基肋合龙；嵌紧拱脚后，松索成拱，如图 20-25(a)所示。这时，其横向稳定性主要依靠拱肋接头附近所设的缆风索来加强，因此，缆风索必须十分可靠。

单基肋合龙的最大优点是所需要的扣索设备少，相互干扰也少，因此，也可用在扣索设备不足的多孔桥跨中。

2. 悬挂多段拱脚段或次拱脚段拱肋后单基肋合龙

拱肋分三段或五段预制吊装的大、中跨径拱桥，当拱肋高度不小于跨径的 1/100 且其单肋合龙横向稳定安全系数不小于 4 时，可采用悬扣边段或次边段拱肋，用木夹板临时连接两拱肋后，单根拱肋合龙，设置稳定缆风索，成为基肋。待第二根拱肋合龙后，立即安装两肋拱顶段及次边段的横夹木，并拉好第二根拱肋的风缆。如横系梁采用预制安装，应将横系梁逐根安上，使两肋及早形成稳定、牢固的基肋。其余拱肋的安装，可依靠与"基肋"的横向连接，达到稳定，如图 20-25(b)、(c)所示。

3. 双基肋同时合龙

当拱肋跨径大于等于 80 m 或虽小于 80 m，但单肋合龙横向稳定安全系数小于 4 时，应采用"双基肋"合龙的方法。即当第一根拱肋合龙并调整轴线，楔紧拱脚及接头缝后，松索压紧接头缝，但不卸掉扣索和起重索；然后，将第二根拱肋合龙，并使两根拱肋横向连接固定。拉好风缆后，再同时松卸两根拱肋的扣索和起重索，这种方法需要两组主索设备。

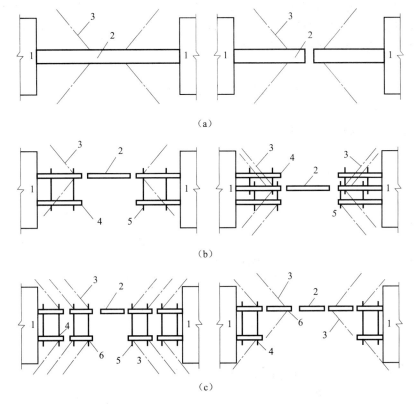

图 20-25　拱肋合龙示意图

(a)单基肋合龙；(b)3 段吊装单肋合龙；(c)5 段吊装单肋合龙

1—墩台；2—基肋；3—风缆；4—拱脚段；5—横尖木；6—次拱脚段

4. 留索单肋合龙

在采用两组主索设备吊装而扣索和卷扬机设备不足时，可以先用单肋合龙方式吊装一片拱肋合龙。待合龙的拱肋松索成拱后，将第一组主索设备中的牵引索、起重索用卡子固定，抽出卷扬机和扣索移到第二组主索中使用。等第二片拱肋合龙并将两片拱肋用木夹板横向连接、固定后，再松起重索并将扣索移到第一组主索中使用。

(八)拱上构件吊装

主拱圈以上的结构部分，均称为拱上构件。拱上构件的砌筑同样应按规定的施工程序对称、均衡地进行，以免产生过大的拱圈应力。为了能充分发挥缆索吊装设备的作用，可将拱上构件中的立柱、盖梁、行车道板、腹拱圈等做成预制构件，用缆索吊装施工，以加快施工进度，但因这些构件尺寸小、质量轻、数量多，其吊装方法与吊装拱肋有所不同。常用的吊装方法有以下几种。

1. 运入主索下起吊

这种方法适用于主索跨度范围内有起吊场地时的起吊，它是将构件从预制场运到主索下，由跑车直接起吊安装。

(1)墩、台上起吊。预制构件只能运到墩、台两旁，先利用辅助机械设备，如摇头扒杆、履带吊车等，将构件吊到墩、台上；然后，由跑车进行起吊安装。

(2)横移起吊。当地形和设备都受到限制时，必须在横移索的辅助下将跑车起吊设备横移到桥跨外侧的构件位置上起吊。这种起吊方式对腹拱圈，可以直接起吊安装；对其他构件，则须先吊到墩、台上，然后再起吊安装。

2."横扁担"吊装法

由于拱上构件数目多，横向安装范围广，为减少构件横移就位工作，加快施工进度，可采用"横扁担"装置进行吊装。

(1)构造形式。"横扁担"装置可以就地取材，采用圆木或型钢等制作，其构造形式如图20-26所示。

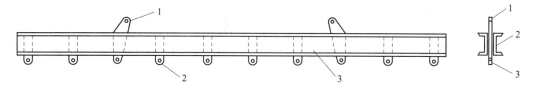

图 20-26　"横扁担"构造图

1—起吊板；2—构件吊装点；3—槽钢扁担梁

(2)主索布置。根据拱上构件的吊装特点，主索一般有以下三种布置形式：

(1)将主索布置在桥的中线位置上，跑车前后布置，并用千斤绳连接。每个跑车的吊点上安装一副"横扁担"，如图20-27所示。这种布置比较简单，但吊装的稳定性较差，起吊构件须左右对称、质量相等。多用在一组主索的桅杆式塔架的吊装方案中。

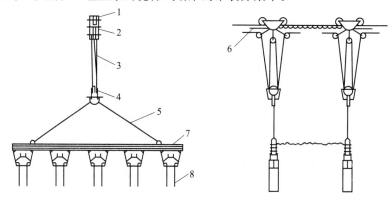

图 20-27　一组主索吊装

1—跑车；2—主索；3—起重索；4—吊点；5—千斤索；6—牵引索；7—"横扁担"；8—构件

(2)将一根主索分开成两组布置，每组主索上安置一个跑车，横向并联起来。"横扁担"装置直接挂在两跑车的吊点上，如图20-28所示。这种吊装的稳定性好，吊装构件不一定要求均衡对称、灵活性大，但主索布置工作量稍大，且只能安装一副"横扁担"。

(3)在双跨缆索吊装中，将两跑车拆开，每一跨缆索中安装一个，用一根长钢丝绳联系起来（钢丝绳长度相当于两跨中较大一跨的长度）。这种布置由于两跑车只能平行运行，因此，两跨不能同时吊装构件，如图20-29所示。

3. 吊装

用"横扁担"吊装时，应根据构件的不同形状和大小，采取不同的吊装方法。对于短立柱，可直接直立吊运；对于长立柱，因受到吊装高度的限制，常需先进行卧式吊运，待运到安装位

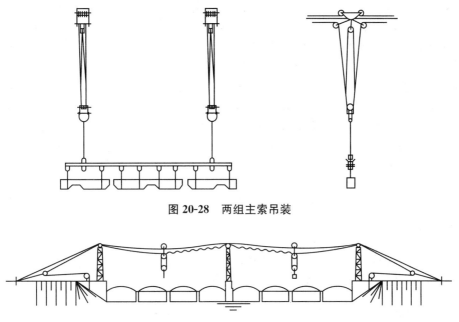

图 20-28　两组主索吊装

图 20-29　双跨主索单跑车吊运

置后，再竖立起来，放下立柱的下端进行安装。对于盖梁，一般可直接采用卧式吊运和安装的方法。对腹拱圈、行车道板的吊装，为减小立柱所承受的单向推力，应在横桥方向上分组，沿桥跨方向逐次安装。

第四节　钢管混凝土拱桥的施工

一、钢管混凝土拱概述

(一)钢管混凝土的基本原理

钢管混凝土拱桥是以钢管为拱圈外壁，在钢管内浇筑混凝土，使其形成由钢管和混凝土组成的拱圈结构。其基本原理如下：

(1)借助内填普通混凝土以增强钢管的稳定性；

(2)钢管对核心混凝土的"套箍"作用，使核心混凝土处于三向受压状态，从而使核心混凝土具有更高的抗压强度和变形能力。故钢管混凝土本质上属于套箍混凝土。

(二)基本组成

钢管混凝土拱桥上部结构由钢管混凝土拱肋、横向联系、桥面系、立柱、吊杆、系杆等组成。

(三)特点

钢管混凝土除具有一般套箍混凝土强度高的优点外，由于管壁内填满混凝土，提高了钢管壁受压的稳定性，钢管内的混凝土受钢管的约束，提高了混凝土的抗压强度和延性。在施工上，由于钢管的重量轻，刚度大，吊装方便，钢管的较大刚度可以作为拱圈施工的劲性骨架，钢管本身就是模板，这些优点给大跨度拱桥施工创造了十分有利的条件。钢管混凝土拱桥断面尺寸较小，使结构感到很轻巧，钢管外壁涂以色彩美丽的油漆，使拱桥建筑造型极佳。由于有上述这些优点，使钢管混凝土拱桥在全国各地很快得到推广应用。值得一提的是，钢管混凝土结构，由于钢管吊装重量轻、塑性好、耐疲劳、耐冲击、安装方便、刚度大等优点，将钢管混凝土应用于拱桥同时解决了拱桥材料高强化和拱圈施工轻型化两大难题。特别近年来大跨度钢筋混凝土拱桥施工中常采用钢管混凝土结构作为拱圈施工的劲性骨架，已被广泛应用。故钢管混凝土拱桥在我国得到迅速发展。

二、中承式、下承式钢管混凝土拱桥

图 20-30 为某中承式钢管混凝土拱桥。

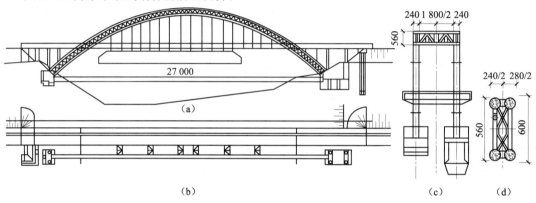

图 20-30 中承式钢管混凝土拱桥(尺寸单位：cm)
(a)立面图；(b)平面图；(c)横截面；(d)拱肋截面

(一)施工程序及要点

1. 施工程序

首先分段制作钢管及加工腹杆、横撑等，然后，在样台上拼接钢管拱肋，应先端段，后顶段逐段进行；接着吊装钢管拱肋就位，台龙，从拱顶向拱脚对称施焊，封拱脚使钢管拱肋转为无铰拱，同时，从拱顶向拱脚对称安装肋间横梁、X 撑及 K 撑等结构；第三步可按设计程序浇筑钢管内混凝土；最后，安装吊杆、拱上立柱及纵横梁和桥面板，浇筑桥面混凝土。

2. 施工要点

(1)用钢板制作钢管时，下料要准确，成管直径误差应控制在±2 mm 范围内；

(2)拱肋拼接应在 1∶1 大样的样台上进行，焊接时应采取措施减少焊接变形，并严格保证焊接质量；

(3)由于钢管直径大，一次浇筑混凝土数量多，为避免浇筑过程中钢管混凝土出现过大的拉应力及保证管内混凝土的浇筑质量，每根钢管混凝土的浇筑应连续进行，上下钢管、相邻钢管内混凝土按一定程序或设计要求进行；

(4)为保证空间桁架拱肋在施工中的纵横向稳定性，拱肋间应设置横梁、X 撑、K 撑、八字撑，调整管内混凝土的浇筑程序等措施；

(5)钢管的防锈和柔性吊杆的防护和更换应有一定的措施；

(6)必须在钢管混凝土达到设计强度后才能进行桥面系的安装；

(二)钢管拱肋制作

钢管混凝土拱桥所用的钢管直径大，材料一般采用 A3 钢和 16Mn 钢，钢管由钢板卷制成型，管节长度由钢板宽度确定，一般为 120～180 cm。采用桁式截面时，上下弦之间的腹杆由于直径较小，可以直接采用无缝钢管。在有条件的情况下，优先选用符合国家标准系列的成品焊接管。拱肋制作的关键在于拱肋在放样平台上的精确放样和严格控制焊接质量，应尽量减少高空焊接。严格控制钢管拱肋的制作质量，为拱肋的安装和拱肋内混凝土浇筑，提供了安全保证。

1. 钢管卷制和焊接

钢板利用焰割机切割，但应去掉热力影响宽度 3～5 mm。拱肋及横撑结构外表面均应先喷丸除锈，按一级表面清理。钢板卷制前，应根据要求将板端开好坡口，将钢板送入卷板机卷成直筒体，卷管方向应与钢板压延方向一致。钢板卷制焊接管可采用工厂卷制和工地冷弯卷制。前者卷制质量便于控制，检测手段齐全，为推荐方法。轧制的管筒的失圆度和对口错边偏差应符合施工规程要求。根据不同的板厚和管径，可采用螺旋焊缝和纵向直焊缝将卷成的钢管缝焊接成直管。由于钢管对混凝土起套箍作用，宜采用螺旋焊缝。对焊成的直钢管应进行检查和校正，以确保卷制的精度。

2. 拱肋放样

卷制后的成品管通常为 8～12 m 长的直管，一般在工地进行接头、弯制、组装，形成拱肋。首先根据设计图的要求绘制施工详图(包括零件图、单元构件图、节段单元图及组焊、拼装工艺流程图)，然后将半跨拱肋在现场平台上按 1∶1 进行放样，注意考虑温度和焊接变形的影响，放样的精度需达到设计和规范要求。沿放样的拱肋轴线设置胎架，在大样上放出吊杆位置及段间接头位置以及混凝土灌注孔、位置。拱肋分段的长度应考虑从工厂到工地的运输能力。分段的长度可以适当变化，主要分段接头应避开吊杆孔和混凝土灌注孔位置。

按拱肋加工段长度进行钢管接长。首先应对两管对接端进行校圆，除成品管按相应的国家标准外，失圆度一般不大于 3D/1 000(D 为钢管直径)，达不到要求必须进行调校。接下来进行坡口处理，包括对接端不平度的检查，然后焊接。工地弯管宜采用加热预压方式，加热温度不得超过 800 ℃。钢管的对接焊缝可采用有衬管的单面坡口焊和无衬管的双面熔透焊。两对接环焊缝的间距，应符合设计要求，设计无规定时，直缝焊接管不小于管的直径，螺旋焊接管不小于 3 m。对接径向偏差不得超过壁厚的 0.2 倍。纵向焊缝各管节应相错，施工时应严格进行控制；而且将纵向焊缝全部置于两肋板中间，以免外表面焊缝影响美观。焊接完成后严格按照设计要求对管缝焊接质量进行超声探伤和 X 光拍片检查。

3. 拱肋段的拼装

(1)精确放样和下料。

(2)对管段涂刷油漆作防锈(喷砂)防护处理。

(3)在 1∶1 放样台上组拼拱肋。先进行组拼，然后作固定性点固焊接，在拱肋初步形成后，详细检查，调校尺寸。

(4)精度控制。精度控制着眼于节段的制作精度。

(5)防护。钢管防护的好坏直接影响钢管混凝土拱桥的使用寿命。首先对所有外露面作喷砂除锈处理，然后作防护处理，目前一般采用热喷涂，其喷涂、工艺以及厚度均应符合设计要求。

（三）拱肋安装和拱肋混凝土浇筑

1. 拱肋安装

钢管拱肋的安装，我国已建成的钢管混凝土拱桥中采用最多的施工方法为少支架或无支架缆索吊装、转体施工或斜拉扣索悬拼法施工。转体施工方法将在以后章节给予详细叙述，缆索吊装方法在以前章节装配式拱桥施工中详细叙述，在此不作赘述。如图 20-31 所示为钢管拱肋拼装流程示意图。

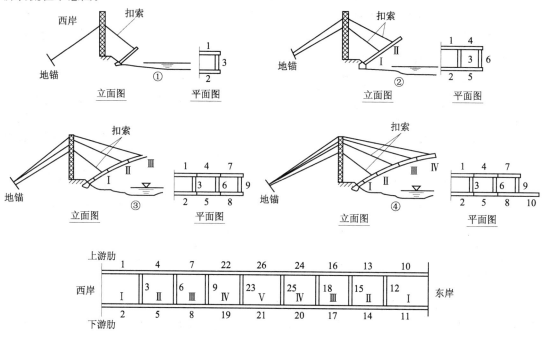

图 20-31 钢管拱肋拼装流程示意图

2. 拱肋混凝土浇筑

根据钢管拱肋的截面型式及施工设备，钢管混凝土的浇筑可采用以下两种浇筑方法：

（1）人工浇筑法。这种方法是用索道吊点悬吊活动平台，在钢管拱肋顶部每隔 4 m 开孔作为灌注孔和振捣孔。混凝土由吊斗运至拱肋灌注孔，混凝土由人工铲进，插入式和附着式振捣器振捣。

（2）泵送顶升浇筑法。这种方法适用于桁架式钢管拱肋内混凝土的浇筑，也可用于单管、哑铃型等实体形拱肋截面的混凝土浇筑。一般输送泵设于两岸拱脚，对称均衡地一次压注混凝土。在钢管上应每隔一定距离开设气孔，以减少管内空气压力，泵送之前，应先用压力水冲洗钢管内壁，再用水泥砂浆通过，然后连续泵送混凝土。

图 20-32 所示为泵送混凝土浇筑管内混凝土示例。

灌注混凝土的配合比除满足强度指标外，还应注意混凝土坍落度的选择。对于泵送顶升浇灌法粗集料粒径可采用 0.5～3 cm，水胶比不大于 0.45，坍落度不小于 15 cm；对于吊斗浇捣法粗集料粒径可采用 1～4 cm。为满足上述坍落度的要求，应掺入适量减水剂。为减少收缩量，可掺入适量的混凝土微膨胀剂。

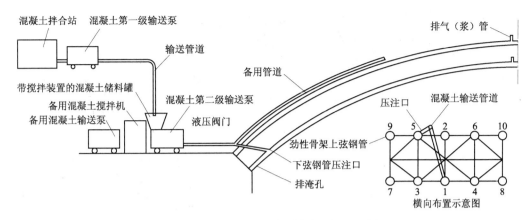

图 20-32　泵送混凝土浇筑管内混凝土示例

3. 浇筑混凝土注意事项

钢管混凝土填充的密实度是保证钢管混凝土拱桥承载能力的关键问题。钢管内混凝土是否灌满，混凝土收缩后与钢管壁形成空隙往往是问题所在。质量检测办法以超声波检测为主，人工敲击为辅。当然，采用小铁锤敲击钢管听声音的方法是十分简单和有效的，通过检测，有空隙部位必须进行钻孔压浆补强。施工中除应按设计要求进行外，还应注意以下几点：

（1）每根钢管的混凝土须由拱脚至拱顶一次连续浇筑完成，不得中断，且浇筑完成时间不宜超过第一盘入管混凝土的初凝时间，当钢管直径较大，混凝土初凝时间内不能浇完一根钢管时，可设隔板把钢管分为 3 段或 5 段、分段灌注。隔板钢板厚度应大于 1.5 倍钢管壁厚。下一段开口应紧靠隔板，使两段混凝土通过隔板严密结合。隔板周边应与钢管内壁焊接。

（2）浇筑入口应设在浇筑段根部，应从两拱脚向拱顶对称浇筑。用顶升法浇筑时，严禁从中部或顶部抛灌。

（3）浇筑混凝土的前进方向，应每隔 30 m 左右设一个排气孔，有助于排出空气，加强管内混凝土的密实度。

（4）桁式钢管拱肋混凝土的浇筑顺序，一般为先下管、后上管或上、下管和相邻管的混凝土浇筑按一定程序交错进行或按设计要求进行。

（5）浇筑时环境气温应大于 5 ℃。当环境气温高于 40 ℃，钢管温度高于 60 ℃时，应采取措施降低钢管温度。

（6）因浇筑管道较小，要求混凝土有较高的和易性，为减小混凝土凝结时收缩，施工时应加入适量的减水剂和微膨胀剂；并注意振捣密实。

（7）管内混凝土的配合比及外掺剂等，应通过设计、试验来确定。施工中须严格管理，以确保钢管混凝土的质量。

大跨径钢管混凝土拱桥，混凝土灌注可以分环或分段浇筑，灌注时应从拱脚向拱顶对称进行。大跨径拱肋灌注混凝土时应对拱肋变形和应力进行观测，并在拱顶附近配置压重，以保证施工安全。

三、中承式和下承式系杆拱桥施工

图 20-33 所示为某中承式钢管混凝土系杆拱桥。

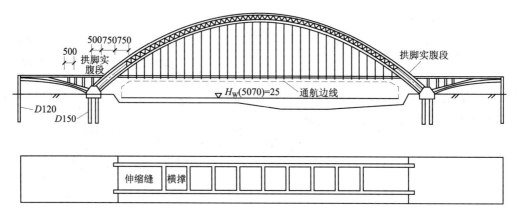

图 20-33　某中承式钢管混凝土系杆拱桥

（一）施工程序及要点

1. 施工程序

（1）搭架浇筑两边跨半拱。

（2）拱肋制作，吊装。

（3）杆安装。拱肋合龙后安装横撑，穿系杆钢绞线，安装张拉设备，张拉部分系杆，以平衡钢管拱肋产生的水平推力。

（4）浇筑拱肋钢管内混凝土，安装桥面系（吊杆、横梁、纵梁及桥面板）并同步张拉系杆，要求按设计程序浇筑管内混凝土，同时按增加的水平推力张拉系杆，以达到推力平衡。按一定的加载程序安装横梁、桥面板、吊杆及桥面系其他部分，同步张拉系杆，最后封固系杆，形成系杆拱桥。

（5）拆除边跨支架，安装边跨支座。

2. 施工时注意事项

（1）钢管拱肋合龙时，系杆因无法马上张拉，因此主墩必须能承受空钢管拱肋产生的水平推力或采取临时措施使主墩能承受此水平推力；如为单跨系杆拱桥，则在钢管拱肋吊装合龙且安装好横撑后，在封拱脚同时，浇筑拱脚两端的系杆锚墩，完成主拱拱脚固结。

（2）对拱肋加载应与系杆张拉同步进行。施工中应严格控制主墩（或锚墩）的水平位移以确保施工安全。

（3）桥面系施工、吊杆安装程序等应按设计程序对称、均衡施工。

（4）加载程序为先灌注拱肋钢管内混凝土，然后施工桥面系，张拉竖向吊杆及水平向系杆钢束。

（5）钢管内混凝土浇筑可通过压浆、微膨胀混凝土、泵送连续浇筑等措施保证管内混凝土的密实性及与管壁的紧密结合，完成后，要检查其质量及密实度。

（6）应采取措施使吊杆与后浇筑的系杆混凝土隔离。

四、钢管混凝土劲性骨架

钢管混凝土结构，由于钢管吊装质量轻，钢管内灌注混凝土后刚度大，钢管对混凝土的约束作用提高了混凝土的强度和变形能力。以上这些突出的优点使钢管混凝土结构适宜作为大跨径钢筋混凝土拱桥的施工劲性骨架。这已成为一个发展趋势。

此法采用不同形状的钢管（如单管形、哑铃形、矩形、三角形或集束形），或者以无缝钢管作弦杆，以槽钢、角钢等作为腹杆组成空间桁架结构，先分段制作成钢骨架，然后吊装合龙成拱，再利用钢骨架作支架，浇筑钢管内混凝土，待钢管内混凝土达到一定强度后，形成钢管混凝土劲性骨架，然后在其上悬挂模板，按一定的浇筑程序分环（层）分段浇筑拱圈混凝土直至形成设计拱圈截面。先浇的混凝土凝结成形后可作为承重结构的一部分与劲性骨架共同承受后浇各部分混凝土的重力；同时，钢管中混凝土也参与钢骨架共同承受钢骨架外包混凝土的重力，从而降低了钢骨架的用钢量，减少了钢骨架的变形。故利用钢管混凝土作为劲性骨架浇筑拱圈的方法比劲性骨架法更具优越性。如图 20-34 所示为某钢管混凝土劲性骨架构造及浇筑顺序图。

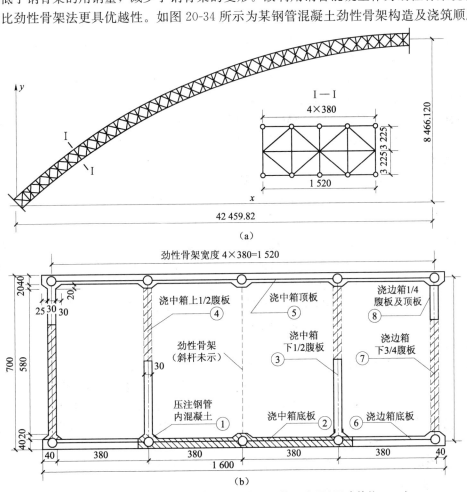

图 20-34　某钢管混凝土劲性骨架构造及浇筑顺序图(尺寸单位：cm)

第五节　拱桥的转体施工

一、概述

转体施工法一般适用于单孔或三孔拱桥的施工。其基本原理是：将拱圈或整个上部结构分为两个半跨，分别在河流两岸利用地形或简单支架现浇或预制装配半拱，然后利用一些机具设备和动力装置将其两半跨拱体转动至桥轴线位置（或设计标高）合龙成拱。采用转体法施工拱桥的特点是：结构合理，受力明确，节省施工用材，减少安装架设工序，变复杂的、技术性强的水上高空作业为岸边陆上作业，施工速度快，不但施工安全、质量可靠，而且在通航河道或车辆频繁的跨线立交桥的施工中可不干扰交通、不间断通航、减少对环境的损害、减少施工费用和机具设备，是具有良好的技术经济效益和社会效益的桥梁施工方法之一。

转体的方法可以采用平面转体、竖向转体或平竖结合转体，目前已应用在拱桥、桁架拱、T形刚构、斜拉桥、斜腿刚构等不同桥型上部结构的施工中。

1. 平面转体

平面转体适用于深谷、河岸较陡峭、预制场地狭窄或无法采用现浇或吊装的施工现场。在桥墩、台的上、下游两侧利用山坡地形的拱脚向河岸方向与桥轴线成一定角度搭设拱架，在拱架上现浇拱（肋）箱或组拼箱段以完成 1/2 跨拱，其拱顶标高与设计标高相同（应设置预留高度）。利用转动体系，将两岸拱箱相继旋转合龙就位，要使得拱箱平衡稳定旋转就位，拱箱的平衡是平转法的关键，使拱箱旋转平衡有如下方法：

（1）有平衡重转体：拱箱（肋）在平转中是利用扣索，悬扣于桥台上，在桥台后（或拱体的另一端）要加平衡重，用以平衡拱箱（肋）的重量，以达到平稳转体，平衡重一般是通过计算利用桥台圬工或在桥台配置一定重量（条块石或其他重物），待拱箱（肋）合龙，转动体系封固后再拆除配重。

（2）无平衡重转体：由锚旋、尾管、水平撑、锚梁、斜锚索组成的锚固体系来取代转体所需的平衡重，这种转体方法不需利用（或少利用）墩、台圬工或配重。

2. 竖向转体

竖向转体适用于桥址地势平坦，桥孔下无水或水浅，在一孔中的两端桥墩、台从拱座开始顺桥向各搭设半孔拱架（或土拱胎），在其上现浇或组拼拱箱（肋或钢管肋），利用敷设在两岸桥台（或墩）上的扣索（扣索一端系在拱顶端，另一端通过桥台（或墩）顶进入卷扬机），先收紧一端扣索，拱箱（肋）即以拱座铰为中心，竖直旋转，使拱顶达设计标高，同法收紧另一端扣索合龙。

竖向转体视拱箱（肋）预制（或现浇）的方式不同分为：

（1）俯卧预制后向上转体（如上述）。

（2）竖直向上预制后再向下转体就位：在桥孔或墩、台上、下游侧均无搭设拱架进行拱箱（肋）现浇、组拼的施工现场，多采用此种方法，其主要原理是：从拱座（在拱座与拱箱用铰连接），向上现浇或组拼拱箱（肋），每现浇或组拼一定长度节段后用临时扣索和风缆将其稳定，用该办法直至拱箱（肋）完成 1/2 跨。在拱顶设置转体用扣索（其另一面设拉索）及在拱箱（肋）的两侧设顶缆，将 1/2 跨拱箱（肋）稳定，拆除临时扣索及临时风缆，收紧拉索，放松扣索及风缆，使拱箱（肋）徐徐向下转体，本法适用于钢管劲性骨架拱桁的预制安装。

3. 平竖结合转体

由于受到河岸地形条件的限制，拱桥采用转体施工时，可能遇到既不能按设计标高处预制半拱，也不可能在桥位竖平面内预制半拱的情况（如在平原区的中承式拱桥）。此时，拱体只能在适当位置预制后既需平转、又需竖转才能就位。这种平竖结合转体基本方法与前述相似，但其转轴构造较为复杂。当地形、施工条件适合时，混凝土肋拱、刚架拱、钢管混凝土可选用此法施工。

二、有平衡重平面转体施工

有平衡重平面转体施工的特点是转体质量重，施工的关键是转体。要把数百吨重的转动体系顺利、稳妥地转到设计位置，主要依靠两项措施实现：正确的转体设计；制作灵活可靠的转体装置，并布设牵引驱动系统。目前国内使用的转体装置有两种，都是通过转体实践考验，行之有效的。第一种是以四氟乙烯作为滑板的环道平面承重转体；第二种是以球面转轴支承辅以滚轮的轴心承重转体，如图 20-35 所示。

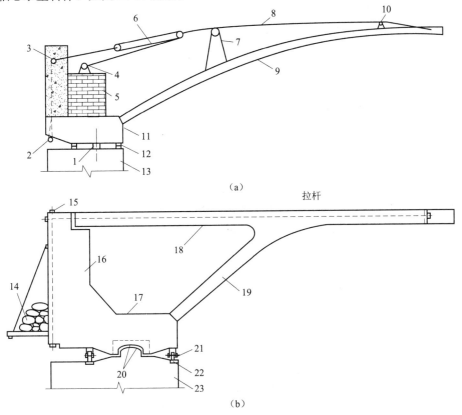

图 20-35　转动体系的一般构造

(a)四氟乙烯滑板环道转体；(b)球面转轴辅以滚轮转体

1—轴芯；2—锚梁；3—尾铰；4—绞车；5—平衡墙；6—滑轮组；7—支点 2；8—扣索；9—拱肋；
10—支点 1；11—上盘；12—上下环道；13—底盘；14—平衡重；15—竖向预应力筋；16—背墙；
17—上盘；18—横梁；19—斜腿；20—球面铰轴芯；21—滚轮；22—轨道板；23—底盘

第一种转体装置是利用了四氟乙烯材料摩擦系数特别小的物理特性，使转体成为可能。根据试验资料，四氟乙烯板之间的静摩擦系数为 0.035～0.055，动摩擦系数为 0.025～0.032，四氟乙烯板与不锈钢板或镀铬钢板之间的摩擦系数比四氟乙烯板间的摩擦系数要小，一般静摩擦系数为 0.032～0.051，动摩擦系数为 0.021--0.032，而且随着正压力的增大而减小。

第二种转体装置是用混凝土球面铰作为轴心承受转动体系重力，四周设保险滚轮，转体设计时要求转动体系的重心落在轴心上。这种装置一方面由于铰顶面涂了二硫化钼润滑剂，减小了牵引阻力；另一方面由于牵引转盘直径比球铰的直径大许多倍，而且又用了牵引增力滑轮组，因而转体也是十分方便可靠的。从我国桥梁转体施工的实践证明：桥梁转体施工不但理论上是可行的，而且实际施工中也是容易实现的。

牵引驱动系统通常由卷扬机(绞车)、倒链、滑轮组、普通千斤顶等机具组成。近来又出现了采用自动连续顶推系统作为转体动力设备的实例，其特点是：转体能连续同步、匀速、平稳、一次到位、结构紧凑、占地少、施工方便。

从图 20-35 中可知，转动体系主要由底盘、上盘、背墙、桥体上部构造、锚扣系统、拉杆（或拉索）组成。

（一）拱体预制

拱体预制应按设计桥型、两岸地形情况，设置适当的支架和模板（或土胎模），预制应按《公路桥涵施工技术规范》（JTG/T F50—2011）有关规定进行。同时还应注意以下几点：

（1）充分利用地形，合理布置场地，使拱体转动角度小，支架或土胎用料少，易于设置转动装置。

（2）严格控制拱体各部分标高、尺寸，特别要控制好转盘施工精度。

（二）转体拱桥的施工

有平衡重平面转体拱桥的主要施工程序如下：

制作底盘→制作上转盘→试转上转盘到预制轴线位置→浇筑背墙→浇筑主拱圈上部结构→张拉拉杆，使上部结构脱离支架，并且和上转盘、背墙形成一个转动体系，通过配重基本把重心调到磨心处→牵引转动体系，使半拱平面转动合龙→封上下盘，夯填桥台背土，封拱顶，松拉杆，实现体系转换。

1. 制作底盘（以钢球面铰为例）

底盘设有轴心（磨心）和环形轨道板，轴心起定位和承重作用。磨心顶面上的球面形钢铰上盖要加工精细，使接触面达 70% 以上。钢铰与钢管焊接时，焊缝要交错间断并辅以降温，防止变形。轴心定位要反复核对，轨道板要求高差 ±1 mm。注意板底与混凝土接触密实，不能有空隙。

2. 制作上转盘

在轨道板上按设计位置放好承重滚轮，滚轮下面垫有 2～3 mm 厚的小薄铁片，此铁片当上盘一旦转动后即可取出，这样便可在滚轮与轨道板间形成一个 2～3 mm 的间隙。这个间隙是保证转动体系的重力压在磨心上而不压在滚轮上的一个重要措施。它还可用来判断滚轮与轨道板接触松紧程度，调整重心。滚轮通过小木盒保护定位后，可用砂模或木模作底模，在滚轮支架顶板面涂抹黄油，在钢球铰上涂抹二硫化钼作润滑剂，盖好上铰盖并焊上锚筋，绑扎上盘钢筋，预留灌封盘混凝土的孔洞，即可浇上盘混凝土。

3. 布置牵引系统的锚碇及滑轮，试转上盘

要求主牵引索基本在一个平面内。上转盘混凝土强度达到设计要求后，在上转盘前方或后方配临时平衡重，把上盘重心调到轴心处，最后牵引上转盘到预制拼装上部构造的轴线位置。这是一次试转，一方面它可检查、试验整个转动牵引系统；另一方面是正式开始预制拼装上部结构前的一道工序。为了使牵引系统能够供正式转体时使用，布置转向轮时，应使其连线通过轴心且与轴心距离相等，这样求得正式转体时牵引力也是一对平行力偶。此问题在施工设计中还要做进一步介绍。

4. 浇筑背墙

上转盘试转到上部构造预制轴线位置后即可准备浇筑背墙。背墙往往是一个重量很大的实体，为了使新浇筑背墙与原来的上转盘形成一个整体，必须有一个坚固的背墙模板支架。为了保证墙上部截面的抗剪强度（主要指台帽处背墙的横截面），应尽量避免在此处留施工缝。如一定要留，也应使所留斜面往外倾斜。也可另用竖向预应力来确保该截面的抗剪安全。

5. 浇筑主拱圈上部结构

可利用两岸地形作支架土模，也可采用扣件式钢管作为满堂支架，以求节约木材。扣件式钢管能方便地形成所需要的拱底弧形，不必截断钢管，可以重复周转使用。为防止混凝土收缩和支架不均匀沉降产生的裂缝，浇半跨主拱圈时应按规范留施工缝。

主拱圈也可采用简易支架，用预制构件组装的方法形成。

6. 张拉脱架

当主拱圈混凝土达到设计强度后，即可进行安装拉杆钢筋，张拉脱架等工序。为了确保拉杆的安全可靠，要求每根拉杆钢筋都进行超荷载50％试拉。正式张拉前应先张拉背墙的竖向预应力筋，再张拉拉杆。在实际操作中，应反复张拉2～3次，使各根钢筋受力均匀。为了防止横向失稳，要求两台千斤顶的张拉合力应在拱桥轴线位置，不得有偏心。

通过张拉，要求把支撑在支架、滚轮、支墩上的上部结构与上转盘、背墙全部连接成一个转动体系，最后脱离其支撑，形成一个悬空的平衡体系支撑的轴心铰上。这是一个十分重要的工序，它将检验转体阶段的设计和施工质量。当拱圈全部脱离支架悬空后，上转盘背墙下的支承钢木楔也陆续松脱，根据楔子与滚轮的松紧程度加片石调整重心，或以千斤顶辅助拆除全部支承楔子，让转动体系悬空静置一天，观测各部变形有无异常，并检查牵引体系等均确认无误后，即可开始转体。

7. 转体合龙

把第一次试转时的牵引绳按相反的力向重新穿索、收紧，即可开始正式转体。为使其平稳转体，控制角速度为 0.5 rad/min。当快合龙时，为防止转体超过轴线位置，采用简易的反向收紧绳索系统，用手拉葫芦拉紧后慢慢放松，并在滚轮前微量松动木楔的方法徐徐就位。

轴线对中以后，接着进行拱顶标高调整，误差符合要求，合龙接口允许相对偏差为±1 cm，在上下转盘之间用千斤顶能很方便地实现拱顶升降，只是应把前后方向的滚轮先拆除，并在上下转盘四周用混凝土预制块或钢楔等瞬时合龙措施将其楔紧、楔稳，以保证轴线位置不再变化。拱顶最后的合龙标高应该考虑桥面荷载以及混凝土收缩、徐变等因素产生的挠度，并留够预拱度。当合龙温度与设计要求偏差 3 ℃或影响高程差±1 cm 时，应计算温度的影响。轴线与标高调整符合要求后，即可将拱顶钢筋用钢条焊接，以增加稳定性。

8. 封上下盘、封拱顶、松拉杆

封盘混凝土的坍落度宜选用 17～20 cm，且各边应宽出 20 cm，要求灌注的混凝土应从四周溢流，上下盘间密实。封盘后接着浇筑桥台后座，当后座达到设计要求强度后即可选择夜间气温较低时浇封拱顶接头混凝土，待其达到设计要求后，分批、分级松扣，拆除扣、锚索，实现桥梁体系的转化，完成主拱圈的施工。主拱圈完成后，即是常规的拱上建筑施工和桥面铺装，不再赘述。

三、无平衡重平面转体施工

采用有平衡重转体施工修建拱桥，转动体系中的平衡重一般选用桥台背墙，但随着桥梁跨径的增大，需要的平衡重量急剧增加，不但桥台不需如此巨大圬工，而且转体重量太大也增加了转体困难。与有平衡中转体相比，无平衡重转体施工是把有平衡重转体施工中的拱圈扣索拉力锚在两岸岩体中，从而节省了庞大的平衡重。锚碇拉力是由尾索预加应力传给引桥桥面板（或平撑、斜撑），以压力的形式储备。桥面板的压力随着拱箱转体的角度变化而变化，当转体到位时达到最小。这样，不仅使重量可大大减轻，而且设备简单，施工工艺得到简化；虽施工所需钢材略有增加，但全桥圬工数量大为减少。无平衡重转体施工需要有一个强大牢固的锚碇，因此宜在山区地质条件好或跨越深谷急流处建造大跨桥梁时选用。

根据桥位两岸的地形，无平衡重转体可以把半跨拱圈分为上、下游两个部件，同步对称转体；或在上、下游分别在不对称的位置上预制，转体时先转到对称位置，再对称同步转体，以使扣索产生的横向力互相平衡；或直接做成半跨拱体(桥全宽)，一次转体合龙。

(一)无平衡重转体一般构造

拱桥无平衡重转体施工是采用锚固体系代替平衡重平转法施工，利用了锚固、转动、位控三大体系构成平衡的转体系统，其一般构造如图 20-36 所示。

(二)无平衡重转体施工

拱桥无平衡重转体施工的主要内容和工艺有以下各项。

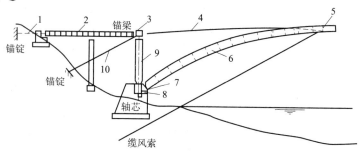

图 20-36 无平衡重转体一般构造图
1—轴向尾索轴；2—平撑；3—上转轴；4—扣索；5—扣点；6—拱肋；
7—下转盘；8—环道；9—墩上立柱；10—斜尾索

1. 转动体系施工

(1)安装下转轴、转盘及浇筑下环道。

(2)浇筑转盘混凝土。

(3)安装拱脚铰、浇筑铰脚混凝土。

(4)拼装拱体。

(5)设必要的支架、模板，设置立柱。

(6)安装扣索。

(7)安装锚梁、上转轴、轴套、环套。

这一部分的施工主要保证转轴、转盘、轴套、环套的制作安装精度及环道的水平高差的精度。转轴与轴套应转动灵活，其配合误差应控制在 0.6～1.0 mm，环道上的滑道采用固定式，其平整度应控制在 ±1 cm 以内；并要做好安装完毕到转体前的防护工作。

2. 锚碇系统施工

(1)制作桥轴线上的开口地锚。

(2)设置斜向洞锚。

(3)安装轴向、斜向平撑。

(4)尾索张拉。

(5)扣索张拉。

这一部分的施工对锚碇部分应绝对可靠，以确保安全。尾索张拉是在锚块端进行，扣索张拉在拱顶段拱箱内进行。张拉时，要按设计张拉力分级、对称、均衡加力，要密切注意锚碇和拱箱的变形、位移和裂缝，发现异常现象应仔细分析研究，处理后再转入下一工序，直至拱箱张拉脱架。

3. 转体施工

正式转体前应再次对桥体各部分进行系统、全面地检查，检查通过后方可转体。拱箱的转体是靠上、下转轴事先预留的偏心值形成的转动力矩来实现。启动时放松外缆风索，转到距桥轴线约 60°时开始收紧内缆风索，索力逐渐增大，但应控制在 20 kN 以下，如转不动则应以千斤顶在桥台上顶推马蹄形下转盘。为了使缆风索受力角度合理,可设置两个转向滑轮。缆风索走速,启动时宜选用0.5~0.6 m/min,一般行走时宜选用0.8~1.0 m/min。

4. 合龙卸扣施工

拱顶合龙后的高差,通过张紧扣索提升拱顶、放松扣索降低拱顶来调整到设计位置。封拱宜选择低温时进行。先用8对钢楔楔紧拱顶,焊接主筋、预埋铁件,然后先封桥台拱座混凝土,再浇封拱顶接头混凝土。当混凝土达到70%设计强度后,即可卸扣,卸索应对称、均衡、分级进行。

四、拱桥竖向转体施工

当桥位处无水或水很少时,可以将拱肋在桥位进行拼装成半跨,然后扒杆起吊安装。当桥位处水较深时,可以在桥位附近进行拼装成半跨,浮运至桥轴线位置,再用扒杆起吊安装。

(一)钢管拱肋竖转扒杆吊装的计算

钢管拱肋竖转扒杆吊装的工作内容为:将中拱分成两个半拱在地面胎架上焊接完成,经过对焊接质量、几何尺寸、拱轴线形等验收合格后,由竖在两个主墩顶部的两副扒杆分别将其拉起,在空中对接合龙。由于两边拱处地形较高,故边拱拱肋直接由吊车在胎架上就位拼装。扒杆吊装系统设计的主要工作为:起吊及平衡系统的计算(含卷扬机、起重索、滑轮、平衡梁、吊索、吊扣等);扒杆的计算;扒杆背索及主地锚的计算;设置拱脚旋转装置等。

(二)钢管拱肋竖转吊装

1. 转动体系

转动体系由转动铰、提升体系(动、定滑车组、牵引绳等)、锚固体系(锚索、锚碇等)等组成,如图20-37所示。

2. 竖转吊装的工作顺序

安装拱肋胎架→安装拱脚旋转装置→安装地锚→安装扒杆及背索→拼装钢管拱肋→安装起吊及平衡系统→起吊两侧半拱→拱肋合龙→拱肋标高调整→焊接合龙接头→拆除扒杆→封固拱脚。

3. 扒杆安装

为了便于安装,扒杆分段接长,立柱钢管以9 m左右为一节,两节之间用法兰连接。安装时先在地面将两根立柱拼装好,用吊车将其底部吊于墩顶扒杆底座上,并用临时轴销锁

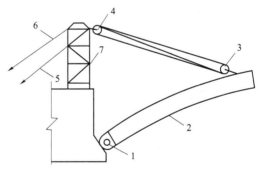

图20-37 竖转施工转动体系示意图
1—转动铰;2—桥体;3—动滑车;4—定滑车;
5—牵引车(卷扬机);6—锚索(接锚碇);7—塔架

定,待另一端安装完扒杆顶部横梁后,由吊车抬起扒杆头至一定高度,再改用扒杆背索的卷扬机收紧钢丝绳将扒杆竖起。

4. 拱肋吊装

起吊采用慢速卷扬机,待拱肋脱离胎架10 cm左右,停机检查各部运转是否正常,并根据对扒杆的受力与变形,钢丝绳的行走,卷扬机的电流变化等情况的观测结果,判断能否正常起吊。当一切正常时,即进行拱肋竖向转体吊装。拱肋吊装完成后,进行拱肋轴线调整和跨中拱肋接头的焊接。

第二十一章　桥梁墩台施工

• 学习要点 •

　　主要介绍明挖基础的施工步骤和要求；桩基础的施工要点和工艺要求；混凝土墩台的施工内容和工艺要求。

第一节　明挖扩大基础施工

　　天然地基浅基础的施工采用明挖法进行，其施工工序和主要内容包括：基础定位放样、基坑开挖、基坑排水、基坑围护、基坑检验和基底土处理、基础砌筑及基坑的回填等。

　　基坑的开挖工作应尽量选择在枯水或少雨季节进行，且不宜间断。基坑开挖时应根据土质及开挖深度等对坑壁设置围护或不设围护。在开挖过程中有渗水时，则需进行基坑排水。在水中开挖基坑时，通常需预先修筑临时性的挡水结构物（称为围堰）。基坑尺寸要比基底尺寸每边扩大 0.5～1.0 m，以便设置排水沟及支立模板和砌筑等工作。

　　下面分别按旱地上和水中浅基础施工进行叙述。

一、基础定位放样

　　基础定位放样就是将设计图纸上的结构物位置、形状和尺寸在实地上标定出来，它贯穿于整个施工过程。

　　在桥梁施工过程中，首先建立施工控制网；其次进行桥梁轴线标定和墩台中心定位；最后进行墩台施工放样，定出基础和基坑的各部分尺寸（图 21-1）。

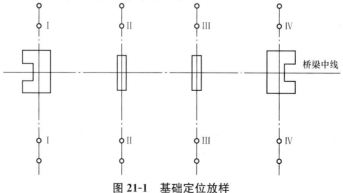

图 21-1　基础定位放样

桥梁的施工控制网除了用来测定桥梁长度外，还要用于各个位置控制，保证上部结构的正确连接。施工控制网常用三角控制网，其布设应根据总平面图设计和施工地区的地形条件来确定，并作为整个工程施工设计的一部分。布网时要考虑施工程序、方法以及施工场地的布置情况，可以用桥址地形图拟定布网方案。

桥梁轴线的位置是在桥梁勘测设计中根据路线的总走向、地形、地质、河床情况等选定的，在施工时必须现场恢复桥梁轴线位置，并进行墩台中心定位。中小桥梁一般采用直接丈量法标定桥轴线长度并定出墩台的中心位置，有条件的可以用测距仪或全站仪直接确定。

基础放样是根据实地标定的墩台中心位置为依据来进行的，在无水地点可直接将经纬仪安置在中心位置，用木桩准确固定基础纵横轴线和基础边缘。由于定位桩随着基坑开挖必将被挖去，所以必须在基坑开挖范围以外设置定位桩的保护桩，以备施工中随时检查基坑位置或基础位置是否正确，基坑外围通常用龙门板固定或在地上用石灰线标出，如图 21-2 所示。

对于建筑物标高的控制，常将拟建建筑物区域附近设置的水准点引测到施工现场附近不受施工影响的地方，设置临时水准点。

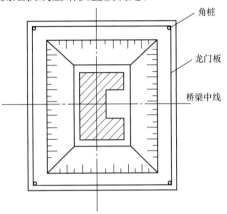

角桩

龙门板

桥梁中线

二、陆地上浅基础的施工

图 21-2　基坑放样

1. 基坑的开挖

基坑的开挖主要以施工机械为主来进行，局部采用人工相配合。它不需要复杂的机具，常用的机械为挖掘机和抓土斗等，技术条件和施工方法较简单且易操作。当采用机械挖土挖至距设计标高约 0.3 m 时，应采用人工修整，以保证地基土结构不被扰动破坏。

在基坑开挖过程中，应根据坑壁稳定与否，对坑壁不设围护或设置围护。

(1)不设围护的基坑。当基坑较浅，地下水水位较低或渗水量较少，不影响坑壁稳定时，坑壁可不设置围护。此时可将坑壁挖成竖直或斜坡形。竖直坑壁只适宜在岩石地基或基坑较浅又无地下水的硬黏土中采用。在一般土质条件下开挖基坑时，应采用放坡开挖的方法。基坑的形式如图 21-3 所示。

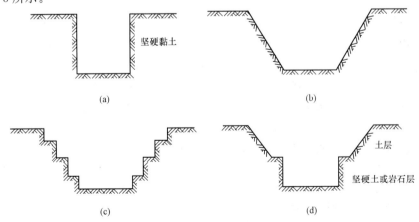

坚硬黏土

(a)

(b)

(c)

土层

坚硬土或岩石层

(d)

图 21-3　不设围护坑壁形式

(a)垂直坑壁；(b)斜坡坑壁；(c)阶梯坑壁；(d)上层斜坡下层垂直坑壁

当基坑深度在 5 m 以内，施工期较短，地下水在基底以下，且土的湿度接近最佳含水量，土质构造又较均匀时，基坑坡度可参考表 21-1 选用。

表 21-1　无围护基坑坑壁坡度

坑壁土类别	坑壁坡度		
	基坑顶缘无荷载	基坑顶缘有静载	基坑顶缘有动载
砂类土	1：1	1：1.25	1：1.5
碎卵石类土	1：0.75	1：1	1：1.25
粉质砂土	1：0.67	1：0.75	1：1
粉质黏土、黏土	1：0.33	1：0.5	1：0.75
极软岩	1：0.25	1：0.33	1：0.67
软质岩	1：0	1：0.1	1：0.25
硬质岩	1：0	1：0	1：0

如地基土的湿度较大可能引起坑壁坍塌时，坑壁坡度应适当放缓。当基坑顶缘有动荷载时，基坑顶缘与动荷载之间至少应留 1 m 宽的护道。如地质水文条件较差，应增宽护道或采取加固等措施，以增加边坡的稳定性。基坑深度大于 5 m 时，可将坑壁坡度适当放缓或加设平台，如图 21-4 所示。

必要时应在基坑顶缘四周适当距离处设置截水沟，以避免地表水冲刷坑壁，影响坑壁稳定性。还应经常注意观察坑边缘顶面土有无裂缝，坑壁有无松散塌落现象发生，以确保安全施工。

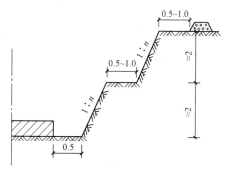

图 21-4　基坑放坡开挖

（2）设置围护的基坑。当基坑较深，坑壁土质松软，地下水影响较大，边坡不易稳定；或放坡开挖受到现场的限制；或放坡开挖造成土方量过大时，宜采用加设围护结构的竖直坑壁基坑，这样既保证了施工的安全，同时又可大量减少土方量。

基坑围护的方法很多，常用的基坑围护结构有：挡板、板桩墙、混凝土、临时挡土墙及桩体围护等。

1）挡板围护。挡板支撑适用于开挖面积不大，地下水水位较低，挖基深度较浅的基坑。挡板的施工特点是先开挖基坑后设置挡板围护。挡板形式有木挡板、钢木结合挡板和钢结构挡板等。

①木挡板。根据具体情况，挡板可垂直设置[图 21-5(a)]或水平横放[图 21-5(b)]。挡板支撑由立木、横枋、顶撑及衬板组成。衬板厚度为 4～6 cm，为便于挖基运土，顶撑应设置在同一竖直面内。

基坑开挖时，若坑壁土质密实，不会随挖随坍，可将基坑一次挖到设计标高，然后沿着坑壁竖向撑以衬板（密排或间隔排），再在衬板上压以横木，中间用顶撑撑住，如图 21-5(a)所示。

若坑壁土质较差，或所挖基坑较深，坑壁土有随挖随坍可能时，则可用水平衬板支撑，分层开挖，随挖随撑，如图 21-5(b)所示。

在路桥基础开挖施工中，除在特定条件下，木挡板现已较少采用。

②钢木结合围护。当基坑深度在 3 m 以上，或基坑过宽由于支撑过多而影响基坑出土时，

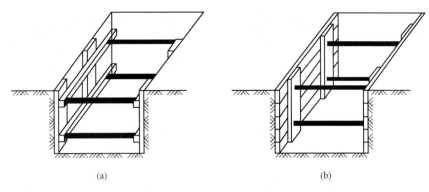

图 21-5 挡板围护

(a)竖直挡板;(b)水平挡板

可沿基坑周围每隔 1.5 m 左右打入一根型钢,至坑底面以下 1 m 左右,并以钢拉杆把型钢上端锚固于锚桩上,随着基坑下挖设置水平衬板,并在型钢与衬板之间用木楔塞紧,如图 21-6 所示。

③钢结构挡板。对于大型基坑,可采用定型钢模板作为挡板,用型钢作立木和纵横支撑。钢结构围护的优点是强度高,便于安装、拆卸,材料消耗少,有利于标准化、工业化生产,并可重复周转使用。

2)板桩墙围护。当基坑面积较大又较深,尤其是基坑底面在地下水位以下超过 1 m,涌水量较大,不宜采用挡板围护时,可采用板桩墙围护。板桩的施工方法与挡板不同,其施工特点是:在基坑开挖前先将板桩垂直打入土中至坑底以下一定深度,然后边挖边设支撑,开挖基坑过程中始终是在板桩支护下进行。

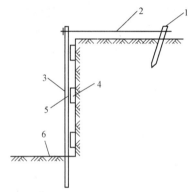

图 21-6 钢木结合围护

1—锚栓;2—拉杆;3—型钢;
4—衬板;5—木楔;6—基坑底

板桩材料有木板桩、钢筋混凝土板桩和钢板桩三种。

木板桩易于加工,但强度较低,长度受限制,现已很少采用。

钢筋混凝土板桩耐久性好,但制作复杂,质量重,运输和施工不便,防渗性能差,所以桥梁基础施工中也很少采用。

钢板桩的厚度较薄,质量轻,强度又大,能穿过较坚硬土层,施工方便,并且锁口紧密,不易漏水,还可以焊接接长,能重复使用,另外其断面形式较多(图 21-7),可适应不同形状基坑。上述这些特点使钢板桩应用较广泛,但价格较贵。

(a)　　　　　　　　　　(b)　　　　　　　　　　(c)

图 21-7 钢板桩断面形式

板桩墙分无支撑式[图 21-8(a)]、支撑式[图 21-8(b)、(c)]和锚撑式[图 21-8(d)]。支撑式板桩墙按设置支撑的层数可分为单支撑板桩墙[图 21-8(b)]和多支撑板桩墙[图 21-8(c)]。由于板桩墙多应用于较深基坑的开挖,故多支撑板桩墙应用较多。

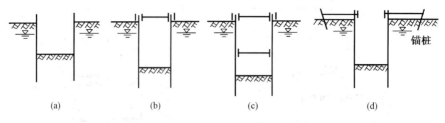

图 21-8 板桩墙支撑形式

(a)无支撑式；(b)单支撑式；(c)多支撑式；(d)锚撑式

3)混凝土围护。混凝土围护适用于除流砂和流塑状态黏性土外的各类土的基坑开挖，对直径较大、较深的圆形或椭圆形土质基坑更宜采用。混凝土围护的施工可采用喷射或现浇混凝土的方法，一般是随挖随喷(浇)，直至坑底。

①喷射混凝土围护。喷射混凝土围护，宜用于土质较稳定、渗水量不大、深度小于 10 m、直径为 6~12 m 的圆形基坑。对于有流砂或淤泥夹层的土质，也有使用成功的实例。

喷射混凝土护壁的基本原理是以高压空气为动力，将搅拌均匀的砂、石、水泥和速凝剂干料，由喷射机经输料管吹送到喷枪，在通过喷枪的瞬间，加入高压水进行混合，自喷嘴射出，喷射在坑壁，形成环形混凝土护壁结构，以承受土压力。

采用喷射混凝土护壁时，坑壁可根据土质和渗水等情况接近陡立或稍有坡度。每开挖一层喷护一层，每层高度为 1 m 左右，土层不稳定时应酌减，渗水较大时不宜超过 0.5 m。

混凝土的喷射顺序为：对无水、少量渗水坑壁可由下向上一环一环进行；对渗水较大坑壁，喷护应由上向下进行，以防新喷的混凝土被水冲流；对有集中渗出的股水的基坑，可从无水或水小处开始，逐步向水大处喷护，最后用竹管将集中的股水引出。喷射作业应沿坑周分若干区段进行，区段长度一般不超过 6 m。

对极易坍塌的流砂、淤泥层，可先在坑壁上打入小木桩或在小木桩上缠绕竹篱等，在有大量流砂之处可塞入草袋，然后再喷射混凝土。

喷射混凝土厚度主要取决地质条件、渗水量大小、基坑直径和基坑深度等因素。根据实践经验，对于不同土层，可取下列数值：一般黏性土、砂土和碎卵石类土层，如无渗水，厚度为 3~8 cm；如有少量渗水，厚度为 5~10 cm；对稳定性较差的土，如淤泥、粉砂等，如无渗水，厚度为 10~15 cm；如有少量渗水，厚度为 15 cm；当有大量渗水时，厚度为 15~20 cm。

一次喷射是否能达到规定的厚度，主要取决于混凝土与土之间的粘结力和渗水量大小。如一次喷射达不到规定的厚度，则应在混凝土终凝后再补喷，直至达到规定厚度为止。

喷射混凝土应当早强、速凝、有较高的不透水性，且其干料应能顺利通过喷射机。

经过对喷射混凝土试件进行抗压试验，7 d 后其抗压强度一般达 13 700 kPa，最高达 26 300 kPa。

②现浇混凝土围护。喷射混凝土围护要求有熟练的技术工人和专门设备，对混凝土用料的要求也较严。现浇混凝土护壁则适应性较强，可以按一般混凝土施工，基坑深度可达 15~20 m，除流砂及呈流塑状态黏土外，可适用于其他各种土类。

现浇混凝土护壁也是用混凝土环形结构承受土压力，但其混凝土壁是现场浇筑的普通混凝土，壁厚较喷射混凝土大，一般为 15~30 cm，也可按土压力作用下环形结构计算。

采用现浇混凝土护壁时，基坑自上而下分层垂直开挖，开挖一层后随即灌注一层混凝土壁。为防止已浇筑的围圈混凝土施工时因失去支承而下坠，顶层混凝土应一次整体浇筑，以下各层均间隔开挖和浇筑，并将上下层混凝土纵向接缝错开。开挖面应均匀分布对称施工，及时浇筑混凝土壁支护，每层坑壁无混凝土壁支护总长度应不大于周长的一半。分层高度以垂直开挖面不坍塌为原则，一般顶层高 2 m 左右，以下每层高 1～1.5 m。

现浇混凝土应紧贴坑壁灌注，不用外模，内模可做成圆形或多边形。施工中注意使层、段间各接缝密贴，防止其间夹泥土和有浮浆等而影响围圈的整体性。现浇混凝土一般采用 C15 早强混凝土。为使基坑开挖和支护工作连续不间断地进行，一般在围圈混凝土抗压强度到达 2 500 kPa 强度时，即可拆除模板，让它承受土压力。和喷射混凝土护壁一样，要防止地面水流入基坑，要避免在坑顶周围土的破坏棱体范围有不均匀附加荷载。

目前也有采用混凝土预制块分层砌筑来代替就地灌注的混凝土，它的好处是省去现场混凝土灌注和养护时间，使开挖与支护砌筑连续不间断进行，且混凝土质量容易得到保证。

4）桩体围护。在软弱土层中的较深基坑，也可以采用钻挖孔灌注桩或深层搅拌桩等，按密排或格框形布置成连续墙以形成支挡结构，如图 21-9 所示。这种围护形式较常用于市政工程、工业与民用建筑工程，桥梁工程也有使用。

在一些基础工程施工中，对局部坑壁的围护也常因地制宜、就地取材采用灵活多样的围护方法。

图 21-9　挖孔桩支护

2. 基坑排水

基坑如在地下水水位以下，随着基坑的下挖，渗水将不断涌集基坑，因此施工过程中必须不断地排水，以保持基坑的干燥，便于基坑挖土和基础的砌筑与养护。目前常用的基坑排水方法有集水坑排水法和井点降低地下水水位法两种。

（1）集水坑排水法。集水坑排水法也称表面排水法或明式排水法，是在基坑整个开挖过程及基础砌筑和养护期间，在基坑四周开挖集水沟汇集坑壁及基底的渗水，并引向一个或数个比集水沟挖得更深一些的集水坑，集水沟和集水坑应设在基础范围以外，在基坑每次下挖以前，必须先挖沟和坑，集水坑的深度应大于抽水机吸水龙头的高度，在吸水龙头上套竹筐或木笼围护，以防泥沙堵塞吸水龙头。

这种排水方法设备简单、费用低，一般土质条件下均可采用。但当地基土为饱和粉细砂土等粘聚力较小的细粒土层时，由于抽水会引起流砂现象，造成基坑的破坏和坍塌，因此当基坑为这类土时，应避免采用表面排水法。

（2）井点降低地下水水位法。对粉质土、粉砂类土等如采用表面排水极易引起流砂现象，影响基坑稳定，此时可采用井点法降低地下水水位排水。根据使用设备的不同，主要有轻型井点、喷射井点、电渗井点和深井泵井点等多种类型，可根据土的渗透系数、要求降低水位的深度及工程特点选用。

轻型井点降水（图 21-10）是在基坑开挖前预先在基坑四周打入（或沉入）若干根井管，井管下端

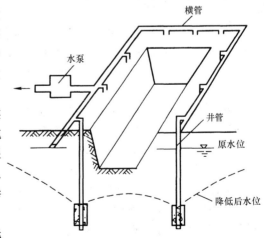

图 21-10　井点降低地下水位法

1.5 m 左右为滤管，上面钻有若干直径约 2 mm 的滤孔，外面用过滤层包扎起来。各个井管用集水管（横管）连接并抽水。由于使井管两侧一定范围内的水位逐渐下降，各井管相互影响形成了一个连续的疏干区。在整个施工过程中保持不断抽水，以保证在基坑开挖和基础砌筑的整个过程中基坑始终保持着无水状态。

该法可以避免发生流砂和边坡坍塌现象，且由于流水压力对土层还有一定的压密作用，在滤管部分包有铜丝过滤网，以免带走过多的土粒而引起土层的潜蚀现象。

井点降低地下不水位法适用于渗透系数为$(0.1\sim80)$m/d 的砂土。对于渗透系数小于 0.1 m/d 的淤泥、软黏土等则效果较差，需要采用电渗井点排水或其他方法。在采用井点法降低地下水水位时，应将滤管尽可能设置在透水性较好的土层中。同时还应注意到在四周水位下降的范围内对邻近建筑物的影响，因为由于水位的下降，土的自重应力的增加可能引起邻近结构物的附加沉降。

3. 基底检验

挖好基坑后，在基础浇筑前应按规定对其进行检验，看其是否符合设计要求。

基底检验的主要内容包括：

(1)基底平面位置、尺寸大小和基底标高是否与原设计相符。按《公路桥涵施工技术规范》(JTG/T F50—2011)的要求，基底平面位置允许偏差不得大于 20 cm，基底标高不得超过±5 cm（土质）、$+5\sim-20$ cm（石质）。

(2)基底土质是否与原设计相符，如有出入，应取样进行土质分析试验；

(3)基底地基承载力是否满足设计要求，如低于设计要求，可进行加固处理。

基底检验应根据桥涵大小、地基土质复杂情况（如溶洞、断层、软弱夹层、易溶岩等）、地基有无特殊要求等，按以下方法进行：

(1)小桥涵的地基，一般采用直观或触探方法，必要时进行土质试验。特殊设计的小桥涵对地基沉降有严格要求，且土质不良时，宜进行荷载试验。对经加固处理后的特殊地基，一般采用触探或作密实度检验等。

(2)大、中桥和填土 12 m 以上涵洞的地基，一般由检验人员用直观、触探、挖试坑或钻探（钻深至少 4 m）试验等方法，确定土质容许承载力是否符合设计要求。对地质特别复杂，或在设计文件中有特殊要求，或虽经加固处理又经触探、密实度检验后尚有疑问时，需进行荷载试验，确认符合设计要求后，方可进行基础结构物施工。

三、水中浅基础的施工

在水中修筑桥梁基础时，开挖基坑前需在基坑周围先修筑一道防水围堰，把围堰内水排干后，再开挖基坑修筑基础。如排水较困难，也可在围堰内进行水下挖土，挖至预定标高后先灌注水下封底混凝土，然后再抽干水继续修筑基础。在围堰内不但可以修筑浅基础，也可以修筑桩基础等。

水中围堰的种类有土围堰、草（麻）袋围堰、钢板桩围堰、套箱围堰等。围堰所用类型应根据当地水文、地质条件、材料来源及基础形式而定。但无论哪种类型的围堰，均需满足下列基本要求：

(1)围堰顶面标高应高出施工期间中可能出现的最高水位 0.70 m 以上，最低不能小于 0.50 m，有风浪时应适当加高，用于防御地下水的围堰宜高出水位或地面 20~40 cm。

(2)修筑围堰将压缩河道断面，使流速增大引起冲刷，或堵塞河道影响通航，因此要求河道断面压缩一般不超过流水断面积的 30%。对两边河岸、河堤或下游建筑物有可能造成危害时，必须采取有效防护措施。

（3）围堰内面积应满足基础施工要求，并留有适当工作面积，由基坑边缘至堰脚距离一般不少于 1 m。

（4）围堰结构应能承受施工期间产生的土压力、水压力以及其他可能发生的荷载，满足强度和稳定要求。

（5）围堰应具有良好的防渗性能，以减轻排水工作。

1. 土围堰和草袋围堰

在水深较浅（2 m 以内），流速缓慢，河床渗水较小的河流中修筑基础可采用土围堰（图 21-11）或草袋围堰（图 21-12）。

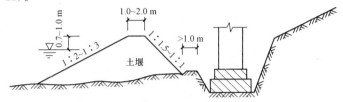

图 21-11　土围堰

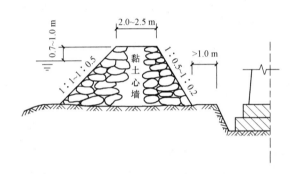

图 21-12　草袋围堰

土围堰可用任意土料筑成，但以黏土或砂类黏土填筑最好，无黏性土时，也可用砂土类填筑，但须加宽堰身以加大渗流长度，砂土颗粒越大堰身越要加厚。围堰断面应根据使用土质条件、渗水程度及水压力作用下的稳定确定。若堰外流速较大时，可在外侧用草袋柴排防护。另外，还可以采用竹笼片石围堰和木笼片石围堰，其结构由内外两层装片石的竹（木）笼中间填黏土心墙组成。黏土心墙厚度不应小于 2 m。为避免片石笼对基坑顶部压力过大，并为必要时变更基坑边坡留有余地，片石笼围堰内侧一般应距基坑顶缘 3 m 以上。

2. 钢板桩围堰

当水较深时，可采用钢板桩围堰。它具有材料强度高、防水性能好、穿透土层能力强、堵水面积小，并可重复使用的优点。钢板桩围堰一般适用于河床为砂土、碎石土和半干硬性黏土，并可嵌入风化岩层。围堰内抽水深度最大可达 20 m 左右。

钢板桩围堰的支撑（一般为万能杆件构架，也采用浮箱拼装）和导向（由槽钢组成内外导环）框架结构系统称为"围图"或"围笼"（图 21-13）。在深水中进行钢板桩围堰施工时，

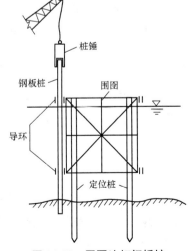

图 21-13　围图法打钢板桩

先在岸边或驳船上拼装围图，然后运到基础位置定位，在围图中打定位桩，将围图固定在定位桩上作为施工平台，撤除驳船。接着在施工平台上沿导环插打钢板桩。

插桩顺序应能保证钢板桩在流水压力作用下紧贴围图，一般自上游靠主流一角开始分两侧插向下游合龙，并使靠主流侧所插桩数多于另一侧。插打能否顺利合龙在于桩身是否垂直和围堰周边能否为钢板桩数所均分。插打合龙后再将钢板桩打至设计标高。打桩顺序应由合龙桩开始分两边依次进行。如钢板桩垂直度较好，可一次打桩至要求的深度，若垂直度较差，宜分两次施打，即先将所有桩打入约一半深度后，再第二次打到要求深度。

为加速打桩进度并减少锁口渗漏，宜事先将 2～3 块钢板桩拼成一组。要求组拼后的钢板桩两端都平齐，误差不大于 3 mm，每组上下宽度一致，误差不大于 30 mm。

钢板桩围堰在使用过程中应防止围堰内水位高于围堰外水位，一般可在低于低水位处设置连通管，到围堰内抽水时，再予以封闭。

围堰内除土一般采用空气吸泥机进行，吸泥达到预计标高就可清底并灌注水下混凝土封底，然后抽出围堰内的水，清除封底混凝土顶面的浮浆和污泥，修筑基础及墩身，墩身出水后就可拆除钢板桩围堰，继续周转使用。

围堰使用完毕，拔除钢板桩时，应先将钢板桩与导梁间焊接物切除，再在围堰内灌水至高出围堰外水位 1～1.5 m，使钢板桩较易与水下混凝土脱离。再在下游选择一组或一块较易拔除的钢板桩，先略锤击振动后拔高 1～2 m，然后挨次将所有钢板桩均拔高 1～2 m，使其都松动后，再从下游开始分两侧向上游依次拔除。

在深水中修筑钢板桩围堰，为确保围堰不透水，或基坑范围大，不便设置支撑时，可采用双层钢板桩围堰(图 21-14)。

3. 套箱围堰

套箱围堰适用于无覆盖层或覆盖层比较薄的水中基础。

如图 21-15 所示，套箱为无底的围套，内部设木或钢支撑，组成支架。木板套箱在支架外面钉装两层企口木板，用油灰捻缝以防漏水。钢套箱则设焊接或铆合而成的钢板外壁。

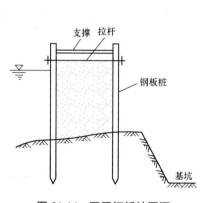

图 21-14　双层钢板桩围堰

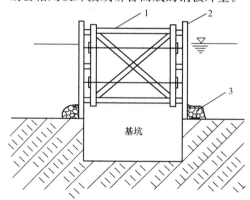

图 21-15　套箱围堰

1—套箱支架；2—套箱外壁；3—土袋护脚

木套箱采用浮运就位，然后加重下沉。钢套箱利用船运起吊就位下沉。在下沉套箱之前，应清理河床覆盖层并整平岩层。套箱沉至河底后，宜在箱脚外侧填以黏土或用装土草(麻)袋护脚。

第二节　桩基础施工

桩基础施工前应根据已定出的墩台纵横中心轴线直接定出桩基础轴线和各基桩桩位，目前，已普遍应用全站仪设置固定标志或控制桩，以便施工时随时校核。下面分别介绍钻孔灌注桩、挖孔灌注桩、沉管灌注桩、预制沉桩施工方法。

一、水中桩基础的施工

水中修筑桩基础显然比旱地上施工要复杂困难得多，尤其是在深水急流的大河中修筑桩基础。为了适应水中施工的环境，必然要增添浮运、沉桩及有关的设备，采用水中施工的特殊方法。

常用的浮运、沉桩设备是将桩架安设在驳船或浮箱组合的浮体上，或使用专用的打桩船，有时配合使用定位船、吊船等，在组合的船组中备有混凝土工厂、水泵、空气压缩机、动力设备、龙门吊或履带吊车及塔架等施工机具设备。所用设备可根据采用的施工方法和施工条件选择确定。

水中桩基础施工方法有多种，现按浅水和深水施工简要介绍如下。

1. 浅水中桩基础施工

位于浅水或临近河岸的桩基，其施工方法类同于浅水中浅基础常采用的围堰修筑法，即先筑围堰，后沉基桩的方法。对围堰所用材料和形式，以及各种围堰应注意的要求，与浅基础施工基本相同。

围堰筑好后，便可抽水后挖基坑或水中吸泥挖坑后再抽水，然后作基桩施工。

临近河岸的基础若场地有足够大时，桩基础施工如同在旱地施工一样。

河中桩基础施工，一般可借围堰支撑或用万能杆件拼制或打临时桩搭设脚手架，将桩架或龙门架与导向架设置在堰顶和脚手架平台上进行基桩施工。

在浅水中建桥，常在桥位旁设置施工临时便桥。在这种情况下，可利用便桥和相应搭设的脚手架，把桩架或龙门架与导向架安置在便桥和脚手架上，利用便桥进行围堰和基桩施工，这样在整个桩基础施工中可不必动用浮运打桩设备，同时也是解决料具、人员运输的好办法。

2. 深水中桩基础施工

在宽大的深水江河中进行桩基础施工时，常采用双壁钢围堰、钢板桩围堰和吊箱等施工方法，现简介如下：

(1)围堰法。在深水中的低桩承台桩基础或承台墩身有相当长度需在水下施工时，常采用围笼(围图)修筑钢板桩围堰进行桩基础施工。

钢板桩围堰桩基础施工的方法与步骤如下：

1)在导向船上拼制围笼，拖运至墩位，将围笼下沉、接高、沉至设计标高，用锚船(定位船)或抛锚定位；

2)在围笼内插打定位桩(可以是基础的基桩也可以是临时桩或护筒)，并将围笼固定在定位桩上，然后退出导向船；

3)在围笼上搭设工作平台，安置钻机或打桩设备；

4)沿围笼插打钢板桩，组成防水覆堰；

5)完成全部基桩的施工(钻孔灌注桩或打入桩);

6)用吸泥机吸泥,开挖基坑;

7)基坑经检验后,灌注水下混凝土封底;

8)待封底混凝土达到规定强度后,抽水,修筑承台和墩身直至出水面;

9)拆除围笼,拔除钢板桩。

在施工中也有采用先完成全部基桩施工后,再进行钢板桩围堰的施工。是先筑围堰还是先打基桩,应根据现场水文、地质条件、施工条件、航运情况和所选择的基桩类型等确定。

(2)吊箱法。在深水中修筑高桩承台桩基时,由于承台位置较高不需座落到河底,一般采用吊箱方法修筑桩基础,或在已完成的基桩上安置套箱的方法修筑高桩承台。

吊箱是悬吊在水中的箱形围堰,基桩施工时用作导向定位,基桩完成后封底抽水,灌注混凝土承台。

吊箱一般由围笼、底盘、侧面围堰板等部分组成。吊箱围笼平面尺寸与承台相应,分层拼装,最下一节将埋入封底混凝土内,以上部分可拆除周转使用。顶部设有起吊的横梁和工作平台,并留有导向孔。底盘用槽钢作纵、横梁,梁上铺以木板作封底混凝土的底板,并留有导向孔(大于桩径 50 mm)以控制桩位。侧面围堰板由钢板形成,整块吊装。

吊箱法的施工方法与步骤如下(图 21-16):

1)在岸上或岸边驳船 1 上拼制吊箱围堰,浮运至墩位,将吊箱 2 下沉至设计标高[图 21-16(a)];

2)插打围堰外定位桩 3,并固定吊箱围堰于定位桩上[图 21-16(b)、(c)];

3)基桩 4 施工[图 21-16(d)];

4)填塞底板缝隙,灌注水下混凝土;

5)抽水,将桩顶钢筋伸入承台,铺设承台钢筋,灌注承台及墩身混凝土;

6)拆除吊箱围堰连接螺栓外框,吊出吊箱上部后,连续灌注墩身混凝土[图 21-16(e)、(f)]。

(3)双壁钢围堰。双壁钢围堰为圆形围堰,其堰壁钢壳是由有加劲肋的内外壁板和若干层水平桁架所组成(图 21-17),水平桁架的间距根据围堰灌水下沉和围堰内抽水各阶段的水头压力计算,为 1.0～1.4 m 不等。堰壁底端设刃脚,以利于下沉入土。在堰壁内腔,用隔舱板等分为若干个密封的隔舱,借助向密闭隔舱注水或抽水来控制双壁钢围堰在下沉时的倾斜。

双壁钢围堰(图 21-18)一般用以配合深水中的大直径钻孔群桩基础施工,双壁钢围堰法修筑基础即为浮式(着床型与非着床型)沉井加钻孔基础,钢沉井只起施工围堰的作用,不参与主体结构受力,其基底不采取大面积清理基底淤泥方式,而是钻孔嵌入岩石。由于从下至上均为双壁结构,且中空的双壁较厚,空舱内壁有水平桁架支撑,其刚度较大、强度较高,能够抵抗很大的水头差,一般在 30 m 以上,能够承受较大的压力,承受洪水冲击。围堰内无支撑体系,工作面开阔,吸泥下沉、清基钻孔、灌注水下混凝土均很方便。由于钢围堰在施工中仅仅起临时围堰作用,工程完成到一定阶段后,要进行水下切割拆除回收,可以进行重复利用。下部不能切除部分可以对钻孔桩基础起到保护作用,可以防止因河床变迁引起的基础冲刷和对风化岩的破坏。

双壁钢围堰钻孔基础施工时,先制作底节沉井围堰,浮运至墩位处定位,通过水上起重设备起吊,放入水中浮起,并用导向船和缆绳将其在流水中定位,在向空壁中注水压重下沉并逐层接高压重,同时吸泥下沉。当围堰下沉至岩面时,可以将刃脚与岩面空隙填实,再向空壁中注水压重使其不再悬浮。双壁钢围堰下沉稳定后,可在其顶部搭设施工平台,安装固定钻孔护筒,灌注水下混凝土封底,安放钻孔设备进行钻孔桩施工。完成钻孔桩水下混凝土灌注后,可将围堰内的水抽干,修筑承台和墩身,墩身出水后,适时切除钢壳围堰,进入下一个施工循环。

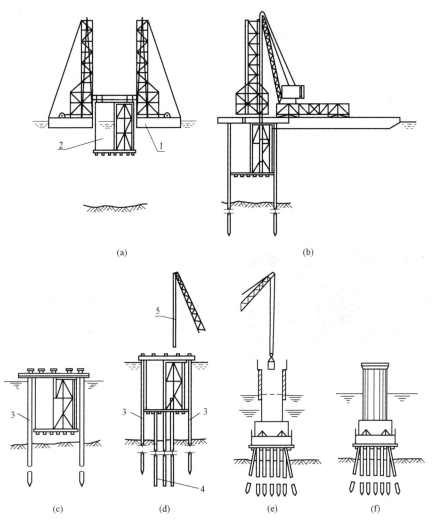

图 21-16　吊箱法修筑深水中高桩承台桩基过程

（a）吊箱围堰浮运及下沉；（b）插打吊箱定位桩；（c）将吊箱固定于定位桩上；
（d）插打基桩；（e）吊出吊箱上部后，连续灌注墩身混凝土；（f）桥墩全部竣工
1—驳船；2—吊箱；3—吊箱定位桩；4—基桩

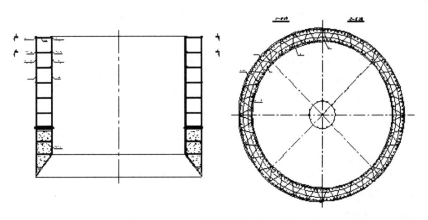

图 21-17　双壁钢围堰结构示意图

（4）沉井结合法。在深水中施工桩基础，当水底河床基岩裸露或卵石、漂石土层钢板围堰无法插打时，或在水深流急的河道上为使钻孔灌注桩在静水中施工时，还可以采用浮运钢筋混凝土沉井或薄壁沉井作桩基施工时的挡水挡土结构（相当于围堰）和沉井顶设做工作平台。沉井既可作为桩基础的施工设施，又可作为桩基础的一部分（即承台），如图21-19所示。薄壁沉井多用于钻孔灌注桩的施工，除能保持在静水状态施工外，可将几个桩孔一起圈在沉井内代替单个安设的护筒并可周转重复使用。

图 21-18 双壁钢围堰

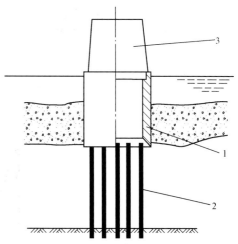

图 21-19 沉井桩基础施工
1—沉井；2—基础；3—桥墩

二、钻孔灌注桩的施工

钻孔灌注桩施工应根据土质、桩径大小、入土深度和机具设备等条件，选用适当的钻具和钻孔方法进行钻（冲）孔，以保证能顺利达到预计孔深，然后清孔、吊放钢筋笼架、灌注水下混凝土。

目前我国常使用的钻具有旋转钻、冲击钻和冲抓钻三种类型。为稳固孔壁，采用孔口埋设护筒和在孔内灌入黏土泥浆，并使孔内液面高出孔外水位，以在孔内形成一向外的静压力，而起到护壁、固壁作用。现按施工顺序介绍其主要工序。

1. 准备工作

（1）准备场地。施工前应将场地平整好，以便安装钻架进行钻孔。

1）当墩台位于无水岸滩时，钻架位量处应整平夯实，清除杂物，挖换软土。

2）当场地有浅水时，宜采用土或草袋围堰筑捣［图21-21(c)］。

3）当场地为深水或陡坡时，可用木桩或钢筋混凝土桩搭设支架，安装施工平台支承钻机（架）。深水中在水流较平稳时，也可将施工平台架设在浮船上，就位锚固稳定后在水上钻孔。水中支架的结构强度、刚度和船只的浮力、稳定都应事前进行验算。

（2）埋置护筒。护筒一般为圆筒形结构物，一般用木材、薄钢板或钢筋混凝土制成，如图21-20所示。护筒制作要求坚固、耐用、不易变形、不漏水、装卸方便和能重复使用。护筒内径应比钻头直径稍大，旋转钻须增大 0.1～0.2 m，冲击或冲抓钻增大 0.2～0.3 m。

护筒具有如下作用：

1）固定桩位，并作钻孔导向；

2)保护孔口，防止孔口土层坍塌；

3)隔离孔内外表层水，并保持钻孔内水位高出施工水位以稳固孔壁。因此，埋置护筒要求稳固、准确。

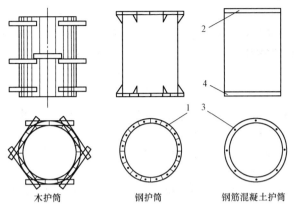

图 21-20 护筒

1—连接螺栓孔；2—连接钢板；3—纵向钢筋；4—连接钢板或刃脚

护筒埋设可采用下埋式(适于旱地)[图 21-21(a)]、上埋式(适于旱地或浅水筑捣)[图 21-21(b)、(c)]和下沉埋设(适于深水)[图 21-21(d)]。

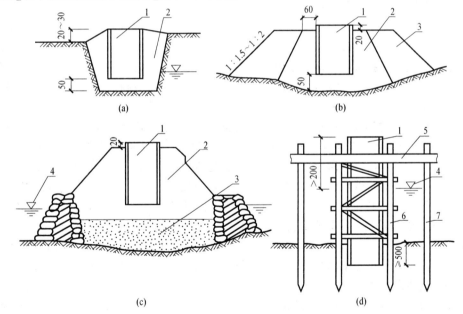

图 21-21 护筒的埋置

1—护筒；2—夯实黏土；3—砂土；4—施工水位；
5—工作平台；6—导向架；7—脚手架

埋置护筒时应注意下列几点：

1)护筒平面位置应埋设正确，偏差不宜大于 50 mm。

2)护筒顶标高应高出地下水水位和施工最高水位 1.5～2.0 m。在无水地层钻孔，因护壁顶设有溢浆口，因此筒顶也应高出地面 0.2～0.3 m。

3)护筒底应低于施工最低水位(一般低于 0.1～0.3 m 即可)。深水下沉埋设的护筒应沿导向架借自重、射水、震动或锤击等方法将护筒下沉至稳定深度，黏性土应达到 0.5～1 m，砂性土则应达到 3～4 m。

4)下埋式及上埋式护筒挖坑不宜太大(一般比护筒直径大 0.1～0.6 m)，护筒四周应夯填密实的黏土，护筒底应埋置在稳定的黏土层中，否则也应换填黏土并夯密实，其厚度一般为 0.50 m。

(3)制备泥浆。泥浆在钻孔中的作用表现在以下几项：

1)泥浆比重大、浮力大，在孔内可产生较大的悬浮液压力，可防止坍孔，起到护壁作用；

2)具有悬浮钻渣作用，利于钻渣的排出；

3)泥浆向孔外土层渗漏，在钻进过程中，由于钻头的活动，孔壁表面形成一层胶泥，具有护壁作用，同时将孔内外水流切断，能稳定孔内水位。

钻孔泥浆由水、黏土(或膨润土)和添加剂组成。开工前应准备数量充足和性能合格的黏土和膨润土。调制泥浆时，先将土加水浸透，然后用搅拌机或人工拌制，按不同地层情况严格控制泥浆浓度，正确选用正、反循环转法钻孔，为了回收泥浆原料和减少环境污染，应设置泥浆循环净化系统。调制泥浆的黏土塑性指数不宜小于 15。

在较好的黏土层中钻孔，也可先灌入清水，钻孔时在孔内自造泥浆。

(4)钢筋笼制作。在钻孔之前或者钻孔的同时要制作好钢筋笼，以便成孔、清孔后尽快下放钢筋笼、灌注混凝土，以防止塌孔事故的发生。

钢筋笼的质量好坏直接影响着整个桩的强度，所以钢筋笼应严格按图纸尺寸要求制作。在制作过程中应注意：在任一焊接接头中心至钢筋直径的 35 倍且不小于 500 mm 的长度区段内，同一根钢筋不得有两个接头，在该区段内的受拉区有接头的受力钢筋截面面积不宜超过受力钢筋总截面的 50%，在受压区和装配式构件间的连接钢筋不受此限制；螺旋筋布置在主筋外侧；定位筋应均匀对称地焊接在主筋外侧。

下放钢筋笼前应对其进行质量检查，保证钢筋根数、位置、净距、保护层厚度等满足要求。

(5)安装钻机或钻架。安装钻机前，应掌握勘探资料，并确认地质条件符合该机的要求，地下无埋设物，作业范围内无障碍物，施工现场与架空输电线路的安全距离符合要求。钻机安装场地应平整、夯实，能承载该机的工作压力；当地基不良时，钻机下应加铺钢板防护，当有多台钻机工作时应注意布置位置，做到互不干扰。安装钻机时，应在专业技术人员指挥下进行。安装人员必须经过培训，熟悉安装工艺及指挥信号，并有保证安全的技术措施。与钻机相匹配的起重机，应根据成桩时所需的高度和起重量进行选择。当钻机与起重机连接时，各个部位的连接均应牢固可靠。钻机与动力装置的液压油管和电缆线应按出厂说明书规定连接。引入机组的照明电源，应安装低压变压器，电压不应超过 36 V。

钻架是钻孔、吊放钢筋笼、灌注混凝土的支架。我国生产的定型旋转钻机和冲击钻机都附有定型钻架起、放钻架，应在指挥人员统一指挥下，有秩序地进行。竖立或放倒钻架时，应当埋牢地锚。作业人员应离开钻架起落范围，并应专人控制绷绳。钻架腿之间应当安装斜拉手。钢管钻架应采用无缝钢管制作，钻架腿要在连接处的外部套上钢管结箍加固。

钻机(架)安装就位时，应详细测量，底座应用枕木垫实塞紧，顶端应用缆风绳固定平稳，并在钻进过程中经常检查。

2. 钻孔

(1)钻孔方法和钻具。

1)旋转钻进成孔。

①普通旋转钻机成孔法。利用钻具的旋转切削土体钻进，并在钻进的同时常采用循环泥浆的方法护壁排渣，继续钻进成孔。我国现用旋转钻机按泥浆循环的程序不同分为正循环与反循环两种。

a. 正循环。即在钻进的同时，泥浆泵将泥浆压进泥浆笼头，通过钻杆中心从钻头喷入钻孔内，泥浆挟带钻渣沿钻孔上升，从护筒顶部排浆孔排出至沉淀池，钻渣在此沉淀而泥浆仍进入泥浆池循环使用，如图21-22所示。

b. 反循环。与上述正循环程序相

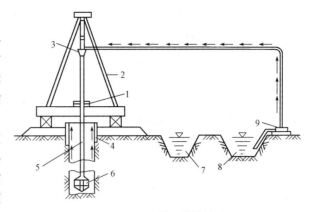

图21-22 正循环旋转钻孔
1—钻机；2—钻架；3—泥浆笼头；4—护筒；5—钻杆；
6—钻头；7—沉淀池；8—泥浆池；9—泥浆泵

反，将泥浆用泥浆用泥浆泵送至钻孔内，然后从钻头的钻杆下口吸进，通过钻杆中心排出到沉淀池，泥浆沉淀后再循环使用。

实现反循环有以下三种方法(图21-23)：

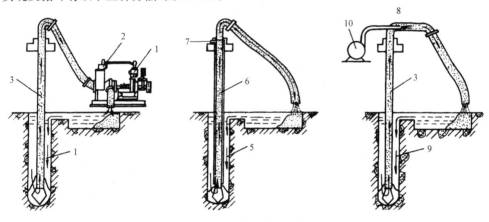

图21-23 反循环的工作原理
(a)泵吸反循环；(b)压气反循环；(c)射流反循环
1—真空泵；2—泥浆泵；3—钻渣；4、5、9—清水；6—气泡；
7—高压空气进气口；8—高压水进口；10—水泵

ⓐ泵吸反循环：利用沙石泵的抽吸力迫使钻杆内部水流上升，使孔底带有钻渣的钻液不断补充到钻杆中，再由泵的出水管排出至集渣坑。由于钻杆内的钻液流速大，对物体产生的浮力也大，只要小于管径的钻渣都能及时排出，因此钻孔效率高。

ⓑ气举反循环：将压缩空气通过供气管路送至钻杆下端的空气混合室，使其与钻杆内的钻液混合，在钻杆内形成比管外较轻的混合体，同时，在钻杆外侧压力水柱的作用下，产生一种足够排出较大粒径钻渣的提升力，将钻渣排出。这种作业有利于深掘削，当掘削深度小于5～7 m时不起扬水作用，还会发生反流现象。

ⓒ射流反循环：采用水泵为动力，将500～700 kPa的高压水通过喷射嘴射入钻杆内，从钻杆上方喷射出去，利用流速形成负压，迫使带有钻渣的钻液上升而排出孔外。此方法只能用于10 m之内的钻削作业。但是，作为空气升液式作业不足的补充作业，尤为有效。

反循环钻机的钻进及排渣效率较高，但在接长钻杆时装卸较麻烦，如钻渣粒径超过钻杆内径（一般为 120 mm）易堵塞管路，则不宜采用。

我国定型生产的旋转钻机在转盘、钻架、动力设备等均配套定型，钻头的构造根据土质情况可采用多种型式，正循环旋转钻机有鱼尾锥[图 21-24(a)]、圆柱形钻头[图 21-24(b)]、刺猬钻头[图 21-24(c)]等，常用的反循环钻头为三翼空心钻（图 21-25）。

②人工或机动推钻与螺旋钻成孔法。用人工或机动旋转钻具钻进，钻头一般采用大锅锥（图 21-26），钻孔时旋转锥削土入锅，然后提锥出渣，再放入孔内继续钻进。这种方法分钻进速度较慢，效率低，遇大卵石、漂石土层不易钻进，现很少采用。只是在桩径较细、孔深较小时可采用。

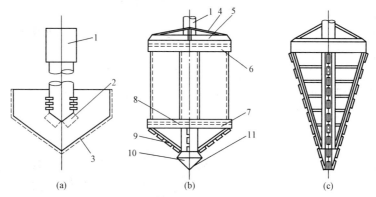

图 21-24　正循环旋转机钻头

(a)鱼尾锥；(b)圆柱形钻头；(c)刺猬钻头

1—钻杆；2—出浆口；3—刀刃；4—斜撑；5—斜挡板；6—上腰围；

7—下腰围；8—耐磨合金钢；9—刮板；10—超前钻；11—出浆口

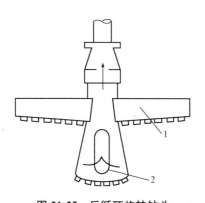

图 21-25　反循环旋转钻头

1—三翼刀板；2—剑尖

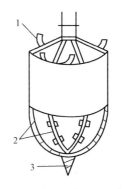

图 21-26　大锅锥

1—扩孔刀；2—切泥刀刃；3—钻尖

螺旋钻成孔法是通过动力旋转钻杆，使钻头的螺旋叶片旋转削土，土沿螺旋叶片提升并排出孔外。这种钻孔方法适合于地下水水位较低的一般黏土层、砂土及人工填土地基，而不适于有地下水的土层和淤泥质土。

螺旋钻机根据钻杆上螺旋叶片的多少分为长螺旋钻机和短螺旋钻机。长螺旋钻机（又称全叶片螺旋钻机）在钻杆的全长上都有螺旋叶片[图 21-27(a)]；而短螺旋钻机只在钻杆的下端有一小段螺旋叶片[图 21-27(b)]。长螺旋钻头外径较小，已生产的成品规格有 ϕ400 mm、ϕ600 mm 和

ϕ800 mm 等，成孔深度一般为 8～12 m，目前最深可达 30 m。短螺旋钻机成孔直径和深度较大，孔径可超过 2 m，孔深可达 100 m。

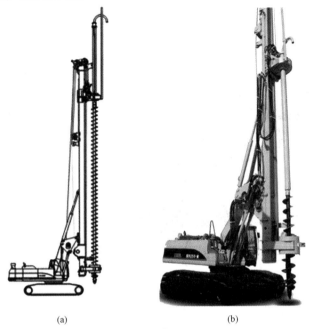

图 21-27　螺旋钻机
(a)长螺旋钻机；(b)短螺旋钻机

在软塑土层，含水量大时，可用疏纹叶片钻杆，以便较快地钻进。在可塑或硬塑黏土中，或含水量较小的砂土中应用密纹叶片钻杆，缓慢、均匀地钻进。

操作时要求钻杆垂直，钻孔过程中如发现钻杆摇晃或难钻进时，可能是遇到石块等异物，应立即停机检查。钻进速度应根据电流值变化及时调整。在钻进过程中，应随时清理孔口积土，遇到塌孔、缩孔等异常情况，应及时研究解决。

③旋挖钻机成孔法。旋挖钻机一般适用黏土、粉土、砂土、淤泥质土、人工回填土及含有部分卵石、碎石的地层，借钻具自重和钻机加压力，耙齿切入土层，在回转力矩的作用下钻斗同时回转配合不同钻具，适应于干式(短螺旋)、湿式(回转斗)及岩层(岩心钻)的成孔作业。根据不同的地质条件选用不同的钻杆、钻头及合理的斗齿刃角。对于具有大扭矩动力头和自动内锁式伸缩钻杆的钻机，可以适应微风化岩层的施工。

旋挖钻机(图 21-28)工作时能原地作整体回转运动。旋挖钻机钻孔取土时，依靠钻杆和钻头自重切入土层，斜向斗齿在钻斗回转时切下土块向斗内推进而完成钻取土；遇硬土时，自重力不足以使斗齿切入土层，此时可通过加压油缸对钻杆加压，强行将斗齿切入土中，完成钻孔取土。钻斗内装满土后，由起重机提升钻杆及钻斗至地面，拉动钻斗上的开关即打开底门，钻斗内的土依靠自重作用自动排出。钻杆向下放关好斗门，再回转到孔内进行下一斗的挖掘。旋挖钻机行走机动、灵活，终孔后能快速地移位或至下一桩位施工。

④潜水钻机成孔法。其特点是钻头与动力装置(电动机)联成一体，电动机直接驱动钻头旋转切土，能量损耗小而效率高，但设备管路较复杂，旋转电动机及变速装置均须密封安装在钻头与钻杆之间(图 21-29)。其钻进成孔方法与正循环法相同，钻孔时钻头旋转刀刃切土，并在钻头端部喷出高速水流冲刷土体，以水力排渣。

图 21-28 旋挖钻机

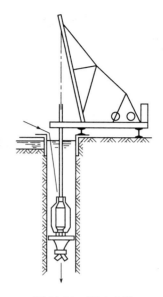

图 21-29 潜水电钻

由于旋转钻进成孔的施工方法受到机具和动力的限制,一般适用于较细、软的土层,如各种塑状的黏性土、砂土、夹少量粒径小于 100~200 mm 的砂卵石土层。对于坚硬土层或岩层,目前也有采用牙轮旋转钻头(由动力驱动大齿轮而带动若干个高强度小齿轮钻刃旋转切削岩体),已取得良好效果。

2)冲击成孔。利用钻锥(重为 10~35 kN)不断地提锥、落锥反复冲击孔底土层,把土层中的泥砂、石块挤向四壁或打成碎渣,钻渣悬浮于泥浆中,利用掏渣筒取出。重复上述过程冲击成孔,如图 21-30 所示。

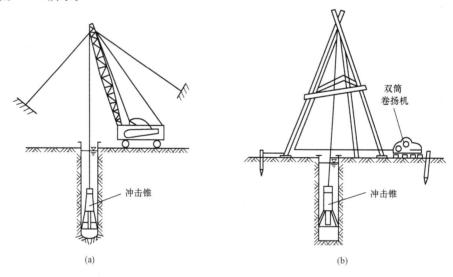

图 21-30 冲击成孔

(a)定型的冲击钻机;(b)简易冲击钻机

主要采用的机具有定型的冲击式钻机(包括钻架、动力、起重装置等)[图 21-30(a)]、冲击钻头、转向装置和掏渣筒等。也可用 30~50 kN 带离合器的卷扬机配合钢、木钻架及动力组成简易冲击钻机[图 21-30(b)]。

钻头一般是由整体铸钢做成的实体钻锥，钻刃常为十字形，采用高强度耐磨钢材做成，底刃最好不完全平直以加大单位长度上的压重，如图 21-31 所示(图中 $\beta = 70° \sim 90°$，$\varphi = 160° \sim 170°$)。冲击时钻头应有足够的重量、适当的冲程和冲击频率，以使它有足够的能量将岩块打碎。

冲锥每冲击一次旋转一个角度，才能得到圆形的钻孔。因此在锥头和提升钢丝绳连接处应有转向装置，常用的有合金套或转向环，以保证冲锥的转动，也避免了钢丝绳打结扭断。

掏渣筒是用以掏取孔内钻渣的工具，如图 21-32 所示，用 30 mm 左右厚的钢板制作，下面碗形阀门应与渣筒密合以防止漏水、漏浆。

冲击钻孔适用于含有漂卵石、大块石的土层及岩层，也能用于其他土层。成孔深度一般不宜超过 50 m。

3)冲抓成孔。用兼有冲击和抓土作用的冲抓锥，通过钻架，由带离合器的卷扬机操纵，靠冲锥自重(重为 10~20 kN)冲下使抓土瓣锥尖张开插入土层，然后由卷扬机提升锥头收拢抓土瓣将土抓出，弃土后继续冲抓钻进而成孔，如图 21-33 所示。

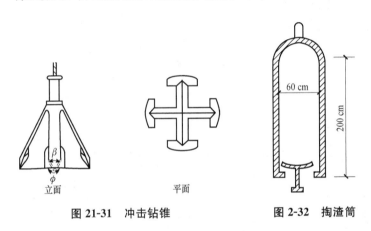

图 21-31　冲击钻锥　　　　图 2-32　掏渣筒

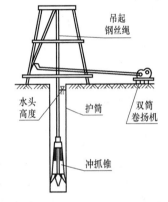

图 21-33　冲抓成孔

钻锥常采用四瓣或六瓣冲抓锥，其构造如图 21-34 所示。当收紧外套钢丝绳松内套钢丝绳，内套在自重作用下相对外套下坠，便使锥瓣张开插入土中。

冲抓成孔适用于黏性土、砂性土及夹有碎卵石的砂砾土层。成孔深度宜小于 30 m。

(2)钻孔注意事项。在钻孔过程中应防止坍孔、孔形扭歪或孔偏斜，甚至把钻头埋住或掉进孔内等事故。因此，钻孔时应注意下列各点：

1)在钻孔过程中，始终要保持钻孔护筒内水位要高出筒外 1~1.5 m 的水位差和护壁泥浆的要求(泥浆比重为 1.1~1.3、黏度为 10~25 s、含砂率≤6%等)，以起到护壁固壁作用，防止坍孔。若发现漏水(漏浆)现象，应找出原因及时处理。

2)在钻孔过程中，应根据土质等情况控制钻进速度、调整泥浆稠度，以防止坍孔及钻孔偏斜、卡钻和旋转钻机负荷超载等情况发生。

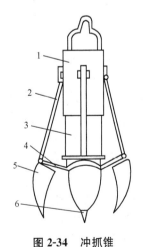

图 2-34　冲抓锥

1—外套；2—连杆；3—内套；
4—支撑杆；5—叶瓣；6—锥头

3)钻孔宜一气呵成，不宜中途停钻以避免坍孔，若坍孔严重应回填重钻。

4)钻孔过程中应加强对桩位、成孔情况的检查工作。

终孔时应对桩位、孔径、形状、深度、倾斜度及孔底土质等情况进行检验，合格后立即清孔、吊放钢筋笼，灌注混凝土。

3. 清孔

清孔目的是抽、换孔内泥浆，清除钻渣，尽量减少孔底沉淀层厚度，防止桩底存留过厚的沉淀层而降低桩的承载力；其次，清孔还为灌注水下混凝土创造良好条件，使测深正确，灌注顺利，保证灌注的混凝土质量。

清孔应紧接在终孔检查后进行，避免间隔时间过长引起泥浆沉淀过厚及孔壁坍塌。

4. 吊放钢筋骨架

钻孔桩的钢筋应按设计要求预先焊成钢筋笼骨架，整体或分段就位，吊入钻孔。钢筋笼骨架吊放前应检查孔底深度是否符合要求；孔壁有无妨碍骨架吊放和正确就位的情况。钢筋骨架吊装可利用钻架或另立扒杆进行。吊放时应避免骨架碰撞孔壁，并保证骨架外混凝土保护层厚度，应随时校正骨架位置。钢筋骨架达到设计标高后，应将其牢固定位于孔口。钢筋骨架安置完毕后，须再次进行孔底检查，有时须进行二次清孔，达到要求后即可灌注水下混凝土。

5. 灌注水下混凝土

(1)灌注方法及有关设备。目前我国多采用直升导管法灌注水下混凝土。

导管法的施工过程如图 21-35 所示。将导管居中插入到离孔底 0.30～0.40 m（不能插入孔底沉积的泥浆中），导管上口接漏斗，在接口处设隔水栓，以隔绝混凝土与导管内水的接触。在漏斗中存备足够数量的混凝土后，放开隔水栓使漏斗中存备的混凝土连同隔水栓向孔底猛落，将导管内水挤出，混凝土从导管下落至孔底堆积，并使导管埋在混凝土内，此后向导管连续灌注混凝土。导管下口埋入孔内混凝土内 1～1.5 m 深以保证钻孔内的水不可能重新流入导管。随着混凝土不断由漏斗、导管灌入钻孔，钻孔内初期灌注的混凝土及其上面的水或泥浆不断被顶托升

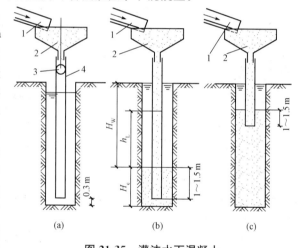

图 21-35　灌注水下混凝土
1—溜槽；2—漏斗；3—隔水栓；4—导管

高，相应地不断提升导管和拆除导管，直至钻孔灌注混凝土完毕。

导管是内径 0.20～0.40 m 的钢管，壁厚 3～4 mm，每节长度 1～2 m，最下面一节导管应较长，一般为 3～4 m。管两端用法兰盘及螺栓连接，并垫橡皮圈以保证接头不漏水，如图 21-36 所示，导管内壁应光滑，内径大小一致，连接牢固在压力下不漏水。

隔水栓常用直径较导管内径小 20～30 mm 的木球，或混凝土球、砂袋等，以粗钢丝悬挂在导管上口或近导管内水面处，要求隔水球能在导管内滑动自如不致卡管。木球隔水栓构造如图 21-35 和图 21-36 所示。目前也有采用在漏斗与导管接头处设置活门或铁抽板来代替隔水球，它是利用混凝土下落排出导管内的水，施工较简单但需有丰富操作经验。

首批灌注的混凝土数量要保证将导管内的水全部压出，并能将导管初次埋入 1～1.5 m 深。

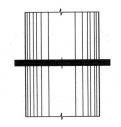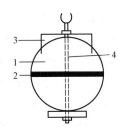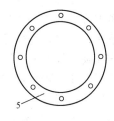

图 21-36　导管接头及木球

1—木球；2—橡皮垫；3—导向架；4—螺栓；5—法兰盘

按照这个要求，应计算漏斗应有的最小容量，从而确定漏斗的尺寸大小及储料槽的大小。

漏斗顶端至少应高出桩顶(桩顶在水面以下时应比水面)3 m，以保证在灌注最后部分混凝土时，管内混凝土能满足顶托管外混凝土及其上面的水或泥浆重力的需要。

(2)对混凝土材料的要求。为保证水下混凝土的质量，混凝土材料应满足以下要求：

1)进行混凝土配合比设计时，要将混凝土强度提高 20%；

2)混凝土应有必要的流动性，坍落度宜在 180~220 mm 范围内；

3)每立方米混凝土水泥用量不少于 360 kg，水胶比宜用 0.5~0.6，并可适当提高含砂率(宜采用 40%~50%)使混凝土有较好的和易性；

4)为防卡管，石料尽可能用卵石，适宜直径为 5~30 mm，最大粒径不超过 40 mm。

(3)灌注水下混凝土的注意事项。灌注水下混凝土是钻孔灌注桩施工最后一道带有关键性的工序，其施工质量将严重影响到成桩质量，施工中应注意以下几点：

1)混凝土拌和必须均匀，尽可能缩短运输距离和减小颠簸，防止混凝土离析而发生卡管事故。

2)灌注混凝土必须连续作业，一气呵成，避免任何原因的中断灌注，因此混凝土的搅拌和运输设备应满足连续作业的要求，孔内混凝土上升到接近钢筋笼架底处时应防止钢筋笼架被混凝土顶起。

3)在灌注过程中，要随时测量和记录孔内混凝土灌注标高和导管入孔长度，提管时控制和保证导管埋入混凝土面内有 3~5 m 深度。防止导管提升过猛，管底提离混凝土面或埋入过浅，而使导管内进水造成断桩夹泥。另外也要防止导管埋入过深，而造成导管内混凝土压不出或导管为混凝土埋住凝结，不能提升，导致中止浇灌而成断桩。

4)灌注的桩顶标高应比设计值预加一定的高度，此范围的浮浆和混凝土应凿除，以确保桩顶混凝土的质量，预加高度一般为 0.5 m，深桩应酌量增加。待桩身混凝土达到设计强度，按规定检验后方可灌注系梁、盖梁或承台。

三、挖孔灌注桩的施工

挖孔灌注桩适用于无水或少水的较密实的各类土层中，桩的直径(或边长)不宜小于 1.4 m，孔深一般不宜超过 20 m。

挖孔桩施工，必须在保证安全的基础上不间断地快速进行。每一桩孔开挖、提升出土、排水、支撑、立模板、吊装钢筋骨架、灌注混凝土等作业都应事先准备好，紧密配合。

1. 开挖桩孔

一般采用人工开挖，开挖之前应清除现场四周及山坡上悬石、浮土等排除一切不安全的因素，做好孔口四周临时围护，排水设备、孔口应采取措施防止土石掉入孔内，并安排好排土提升设备，布置好弃土通道，必要时孔口应搭雨棚。

挖土过程中要随时检查桩孔尺寸和平面位置，防止误差。注意施工安全，下孔人员必须佩戴安全帽和安全绳，提取土渣的机具必须经常检查。孔深超过 10 m 时，应经常检查孔内二氧化碳浓度，如超过 0.3％应增加通风措施。孔内如用爆破施工，应采用浅眼爆破法，且在炮眼附近要加强支护，以防止震坍孔壁。桩孔较深时，应采用电引爆，爆破后应通风排烟，经检查孔内无毒后施工人员方可下孔。应根据孔内渗水情况，注意做好孔内排水工作。

2. 护壁和支撑

挖孔桩开挖过程中，开挖和护壁两个工序，必须连续作业，以确保孔壁不坍。应根据地质、水文条件、材料来源等情况因地制宜选择支撑和护壁方法。桩孔较深，土质相对较差，出水量较大或遇流砂等情况时，宜采用就地灌注混凝土护壁，如图 21-37(a)所示，每下挖 1～2 m 灌注一次，随挖随支。护壁厚度一般采用 0.15～0.20 m 厚混凝土，必要时可配置少量的钢筋，也可采用下沉预制钢筋混凝土护壁。如土质较松散而渗水量不大时，可考虑用木料作框架式支撑或在木框架后面铺木板作支撑，如图 21-37(b)所示，木框架或木框架与木板间应用扒钉钉牢，木板后面也应与土面塞紧。如土质尚好、渗水不大时也可用荆条、竹笆作护壁，随挖随护壁，以保证挖土安全进行。

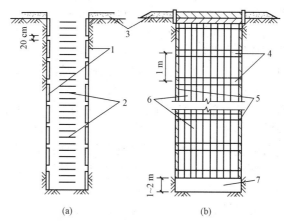

图 21-37 护壁与支撑

1—混凝土护壁；2—固定在护壁上供人上下用的钢筋；3—孔口围护；
4—木框架支撑；5—支撑木板；6—木框架支撑；7—不设支撑地段

3. 排水

孔内如渗水量不大，可采用人工排水；若渗水量较大，可用高扬程抽水机或将抽水机吊入孔内抽水。若同一墩台有几个桩孔同时施工，可以安排一孔超前开挖，使地下水集中在一孔排出。

4. 吊装钢筋骨架及灌注桩身混凝土

挖孔到达设计深度后，应检查和处理孔底和孔壁情况，清除孔壁、孔底浮土，孔底必须平整，土质及尺寸符合设计要求，以保证基桩质量。吊装钢筋笼架及需要时灌注水下混凝土的方法和注意事项与钻孔灌注桩基本相同。

当挖孔过深(超过 20 m)、或孔壁土质易于坍塌、或渗水量较大的情况下，采用挖孔桩都应慎重考虑。

第三节　混凝土和石砌墩台的施工

一、混凝土墩台的施工

混凝土墩台施工有两个主要工序，一是制作与安装墩台模板；二是混凝土浇筑。

（一）墩台模板

根据《公路桥涵施工技术规范》(JTG/T F50—2011)的规定，模板的设计原则如下：
(1)宜优先使用胶合板和钢模板。
(2)在计算荷载作用下，对模板结构按受力程序分别验算其强度、刚度及稳定性。
(3)模板板面之间应平整，接缝严密，不漏浆，保证结构物外露面美观，线条流畅，可设倒角。
(4)结构简单，制作、拆装方便。
模板可采用一般用钢材、胶合板、塑料和其他符合设计要求的材料制成。浇筑混凝土之前，木板应涂刷脱模剂，外露面混凝土模板的脱模剂应采用同一种品种，不得使用废机油等油料，且不得污染钢筋及混凝土的施工缝处。重复使用的模板应经常检查、维修。常用的模板类型如下。

1. 拼装式模板

拼装式模板系用各种尺寸的标准模板利用销钉连接，并与拉杆、加劲构件等组成墩台所需形状的模板。如图 21-38 所示，将墩台表面划分为若干小块，尽量使每部分板扇尺寸相同，以便于周转使用。板扇高度通常与墩台分节灌注高度相同，一般可为 3～6 m，宽度可为 1～2 m，具体视墩台尺寸和起吊条件而定。拼装式模板由于在厂内加工制造，因此板面平整、尺寸准确、体积小、重量轻，拆装容易、快速，运输方便，故应用广泛。

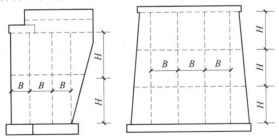

图 21-38　墩台模板划分示意图

2. 整体吊装模板

整体吊装模板系将墩台模板水平分成若干段，每段模板组成一个整体，在地面拼装后吊装就位(图 21-39)。分段高度可视起吊能力而定，一般可为 2～4 m。整体吊装模板的优点是：安装时间短，无须设施工接缝，加快施工进度，提高了施工质量；将拼装模板的高空作业改为平地操作，有利于施工安全；模板刚性较强，可少设拉筋或不设拉筋，节约钢材；可利用模外框架作简易脚手架，不需另搭施工脚手架；结构简单，装拆方便，对建造较高的桥墩较为经济。

3. 组合型钢模板

组合型钢模板系以各种长度、宽度及转角标准构件，用定型的连接件将钢模拼成结构用模板，具有体积小、质量轻、运输方便、装拆简单、接缝紧密等优点，适用于在地面拼装，整体吊装的结构上。

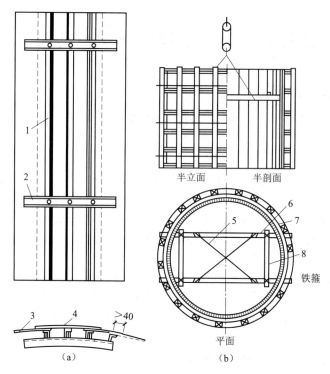

图 21-39 圆形桥墩整体模板

1—竖带；2—横带；3—边板；4—心板；5—千斤绳；6—方木；7—肋本；8—撑杆

4. 滑动钢模板

滑动钢模板适用于各种类型的桥墩（详见后文）。各种模板在工程上的应用，可根据墩台高度、墩台形式、机具设备、施工期限等条件，因地制宜，合理选用。

模板的设计可参照《公路钢结构设计规范》(JTG D64—2015)的有关规定，验算模板的刚度，其变形值不得超过下列数值：结构表面外露的模板，挠度为模板构件跨度的 1/400；结构表面隐蔽的模板，挠度为模板构件跨度的 1/250；钢模板的面板变形为 1.5 mm，钢模板的钢棱、柱箍变形为 3.0 mm。

模板安装前应对模板尺寸进行检查；安装时要坚实牢固，以免振捣混凝土时引起跑模漏浆；安装位置要符合结构设计要求。有关模板制作与安装的允许偏差见表 21-2 和表 21-3。

表 21-2 模板制作的允许偏差

项次	项 目		允许偏差/mm
木模板	模板的长度和宽度		±5.0
	不刨光模板相邻两板表面高低差		3.0
	刨光模板相邻两板表面高低差		1.0
	平板模板表面最大的局部不平（用 2 m 直尺检查）	刨光模板	3.0
		不刨光模板	5.0
	拼合板中木板间的缝隙宽度		2.0
	榫槽嵌接紧密度		2.0

项次	项 目		允许偏差/mm
钢模板	外形尺寸	长和宽	0，−1
		肋高	±5
	面板端偏斜		≤0.5
	连接配件(螺栓、卡子等)的孔眼位置	孔中心与板面的间距	±0.3
		板端孔中心与板端的间距	0，−0.5
		沿板长、宽方向的孔	±0.6
	板眼局部不平(用 300 mm 长平尺检查)		1.0
	板面和板侧挠度		±1.0

表 21-3　模板安装的允许偏差

项次	项 目		允许偏差/mm
一	模板标高	基础	±15
		墩台	±10
二	模板内部尺寸	基础	±30
		墩台	±20
三	轴线偏位	基础	±15
		墩台	±10
四	装配式构件支承面的标高		+2，−5
五	模板相邻两板表面高低差		2
	模板表面平整(用 2 m 直尺检查)		5
六	预埋件中心线位置		3
	预留孔洞中心线位置		10
	预留孔洞截面内部尺寸		+10，−0

(二)混凝土浇筑施工要点

墩台身混凝土施工前，应将基础顶面冲洗干净，凿除表面浮浆，整修连接钢筋。灌筑混凝土时，应经常检查模板、钢筋及预埋件的位置和保护层的尺寸，确保位置正确，不发生变形。混凝土施工中，应切实保证混凝土的配合比、水灰比和坍落度等技术性能指标满足规范要求。

1. 混凝土的运送

墩台混凝土的水平与垂直运输相互配合方式与适用条件可参照表 21-4 选用。如混凝土数量大，浇筑捣固速度快时，可采用混凝土皮带运输机或混凝土输送泵。运输带速度应不大于 1.0～1.2 m/s，其最大倾斜角：当混凝土坍落度小于 40 mm 时，向上传送角度不大于 18°，向下传送角度不大于 12°；当坍落度为 40～80 mm 时，则角度不大于分别为 15°与 10°。

2. 混凝土的灌筑速度

为保证灌筑质量，混凝土的配制、输送及浇注的速度不得小于：

$$v \geqslant Sh/t$$

式中 v——混凝土配料、输送及灌注的容许最小速度(m^3/h);

S——灌注的面积(m^2);

h——灌注层的厚度(m);

t——所用水泥的初凝时间(h)。

如混凝土的配制、输送及灌注需时较长,则应采用下式计算:

$$v \geqslant Sh/(t-t_0)$$

式中 t_0——混凝土配制、输送及灌注所消费的时间(h)。

混凝土灌注层的厚度 h,可根据使用捣固方法按规定数值采用。

表 21-4 混凝土的运输方式及适用条件

水平运输	垂直运输	适用条件		附 注
人力混凝土手推车、内燃翻斗车、轻便轨人力推运翻斗车,或混凝土吊车	手推车	中小桥,水平运距较近	墩高 $H<10$ m	搭设脚手平台,铺设坡道,用卷扬机拖拉手推车上平台
	轨道爬坡翻斗车		$H<10$ m	搭设脚手平台,铺设坡道,用卷扬机拖拉手推车上平台
	皮带输送机		$H<10$ m	倾角不宜超过 15°,速度不超过 1.2 m/s。高度不足时,可用两台串联使用
	履带(或轮胎)起重机起吊高度≈20 m		$10<H<20$ m	用吊斗输送混凝土
	木制或钢制扒杆		$10<H<20$ m	用吊斗输送混凝土
	墩外井架提升		$H>20$ m	在井架上安装扒杆提升吊斗
	墩内井架提升		$H>20$ m	适用于空心桥墩
	无井架提升		$H>20$ m	适用于滑动模板
轨道牵引车输送混凝土、翻斗车或混凝土吊斗汽车倾卸车、汽车运送混凝土吊斗、内燃翻斗车	履带(或轮胎)起重机起吊高度≈30 m	大中桥,水平运距较远	$20<H<30$ m	用吊斗输送混凝土
	塔式吊机		$20<H<50$ m	用吊斗输送混凝土
	墩外井架提升		$H<50$ m	井架可用万能杆件组装
	墩内井架提升		$H>50$ m	适用于空心桥墩
	无井架提升		$H>50$ m	适用于滑动模板
索道吊机		$H>50$ m		
混凝土输送泵		$H<50$ m		可用于大体积实心墩台

墩台是大体积圬工,为避免水化热过高,导致混凝土因内外温差引起裂缝,可采取如下措施:

(1)用改善骨料级配、降低水灰比、掺加混合材料与外加剂、掺入片石等方法减少水泥用量。

(2)采用 C_3A、C_3S 含量小、水化热低的水泥,如大坝水泥、矿渣水泥、粉煤灰水泥、低强度等级水泥等。

(3)减小浇筑层厚度,加快混凝土散热速度。

(4)混凝土用料应避免日光暴晒,以降低初始温度。

(5)在混凝土内埋设冷却管通水冷却。

当浇筑的平面面积过大，不能在前层混凝土初凝或能重塑前浇筑完成次层混凝土时，为保证结构的整体性，宜分块浇筑。分块时应注意：各分块面积不得小于 50 m²；每块高度不宜超过 2 m；块与块间的竖向接缝面应与墩台身或基础平截面短边平行，与平截面长边垂直；上下邻层间的竖向接缝应错开位置做成企口，并应按施工接缝处理。混凝土中填放片石时应符合有关规定。

3. 混凝土浇筑

为防止墩台基础第一层混凝土中的水分被基底吸收或基底水分渗入混凝土，对墩台基底处理除应符合天然地基的有关规定外，尚应满足以下要求：

(1)基底为非黏性土或干土时，应将其湿润。

(2)如为过湿土时，应在基底设计标高下夯填一层 10～15 cm 厚片石或碎(卵)石层。

(3)基底面为岩石时，应加以润湿，铺一层厚 2～3 cm 水泥砂浆，然后于水泥砂浆凝结前浇筑第一层混凝土。

墩台身钢筋的绑扎应和混凝土的灌注配合进行。在配置第一层垂直钢筋时，应有不同的长度，同一断面的钢筋接头应符合施工规范的规定，水平钢筋的接头，也应内外、上下互相错开。钢筋保护层的净厚度，应符合设计要求。如无设计要求时，则可取墩台身受力钢筋的净保护层不小于 30 mm，承台基础受力钢筋的净保护层不小于 35 mm。墩台身混凝土宜一次连续灌筑，否则应按桥涵施工规范的要求，处理好连接缝。墩台身混凝土未达到终凝前，不得泡水。混凝土墩台的位置及外形尺寸允许偏差见表 21-5。

表 21-5 混凝土、钢筋混凝土基础及墩台允许偏差　　　　　　　　　　　　mm

项次	项　目		基础	承台	墩台身	柱式墩台	墩台帽
1	端面尺寸		±50	±30	±20		±20
2	垂直或斜坡				0.2%H	0.3%H≤20	
3	底面标高		±50				
4	顶面标高		±30	±20	±10	±10	
5	轴线偏位		25	15	10	10	10
6	预埋件位置				10		
7	相邻间距					±15	
8	平整度						
9	跨径	L_0≤60 m			±20		
		L_0>60 m			±L_0/3 000		
10	支座处顶面标高	简支梁					±10
		连续梁					±5
		双支座梁					±2

注：表中 H 为结构高度；L_0 为标准跨径。

二、石砌墩台施工

石砌墩台具有就地取材和经久耐用等优点，在石料丰富地区建造墩台时，在施工期限许可的条件下，为节约水泥，应优先考虑石砌墩台方案。

1. 石料、砂浆与脚手架

石砌墩台是用片石、块石及粗料石以水泥砂浆砌筑的，石料与砂浆的规格要符合有关规定。浆砌片石一般适用于高度小于 6 m 的墩台身、基础、镶面以及各式墩台身填腹；浆砌粗料石则用于磨耗及冲击严重的分水体及破冰体的镶面工程以及有整齐美观要求的桥墩、台身等。

将石料吊运并安砌到正确位置是砌石工程中比较困难的工序。当重量小或距地面不高时，可用简单的马凳跳板直接运送；当重量较大或距离地面较高时，可采用固定式动臂吊机或桅杆式吊机或井式吊机，将材料运到墩台上，然后再分运到安砌地点。用于砌石的脚手架应环绕墩台搭设，用以堆放材料，并支持施工人员砌筑镶面定位行列及勾缝。脚手架一般常用固定式轻型脚手架(适用于 6 m 以下的墩台)、简易活动脚手架(能用在 25 m 以下的墩台)以及悬吊式脚手架(用于较高的墩台)。

2. 墩台砌筑施工要点

在砌筑前应按设计图放出实样，挂线砌筑。砌筑基础的第一层砌块时，如基底为土质，只在已砌石块的侧面铺上砂浆即可，不需坐浆；如基底为石质，应将其表面清洗、润湿后，先坐浆再砌石。砌筑斜面墩台时，斜面应逐层放坡，以保证规定的坡度。砌块间用砂浆黏结并保持一定的缝厚，所有砌缝要求砂浆饱满。形状比较复杂的工程，应先做出配料设计图(图 21-40)，注明块石尺寸；形状比较简单的，也要根据砌体高度、尺寸、错缝等，先行放样配好料石再砌。

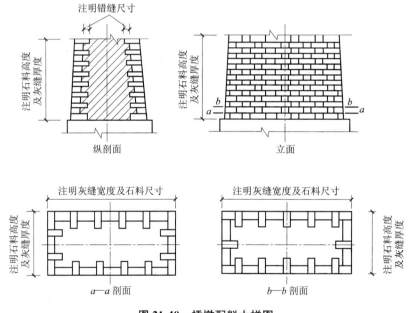

图 21-40 桥墩配料大样图

砌筑方法：同一层石料及水平灰缝的厚度要均匀一致，每层按水平砌筑，丁顺相间，砌石灰缝互相垂直，灰缝宽度和错缝按表 21-6 规定办理。砌石顺序为先角石，再镶面，后填腹。填腹石的分层厚度应与镶面相同；圆端、尖端及转角形砌体的砌石顺序，应自顶点开始，按丁顺排列接砌镶面石。砌筑图例如图 21-41 所示，圆端形桥墩的圆端顶点不得有垂直灰缝，砌石应从顶端开始先砌石块①[图 21-41(a)]，然后应丁顺相间排列，安砌四周镶面石；尖端形桥墩的尖端及转角处不得有垂直灰缝，砌石应从两端开始，先砌石块①[图 21-41(b)]，再砌侧面转角②，然后丁顺相间排列，安砌四周的镶面石。

表 21-6　浆砌镶面石灰缝规定　　　　　　　　　cm

种类	灰缝宽度	错缝(层间或行列间)	三块石料相接处空隙	砌筑行列高度
粗料石	1.5~2	≥10	1.5~2	每层石料厚度一致
半细料石	1~1.5	≥10	1~1.5	每层石料厚度一致
细料石	0.8~1	≥10	0.8~1	每层石料厚度一致

砌体质量应符合以下规定:

(1)砌体所有各项材料类别、规格及质量符合要求。

(2)砌缝砂浆或小石子混凝土铺填饱满、强度符合要求。

(3)砌缝宽度、错缝距离符合规定,勾缝坚固、整齐,深度和形式符合要求。

(4)砌筑方法正确。

(5)砌体位置、尺寸不超过允许偏差。

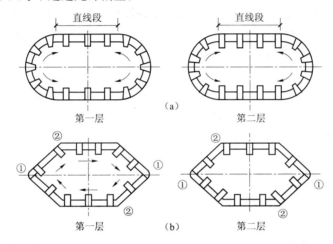

图 21-41　桥墩的砌筑

(a)圆端形桥墩的砌筑;(b)尖端形桥墩的砌筑

墩台砌体位置及外形允许偏差见表 21-7。

表 21-7　墩台砌体位置及外形尺寸允许偏差

项次	检查项目	砌体类别	允许偏差/mm
1	跨径 L_0	$L_0 \leq 60$ m	±20
		$L_0 > 60$ m	$±L_0/3\ 000$
2	墩台宽度及长度	片石	+40,−10
		块石	+30,−10
		粗料石	+20,−10
3	大面积平整度 (2 m 直尺检查)	片石	30
		块石	20
		粗料石	10
4	竖直度或坡度	片石	0.5%H
		块石、粗料石	0.3%H

项次	检查项目	砌体类别	允许偏差/mm
5	墩台顶面标高		±10
6	轴线偏位		10

三、墩台帽施工

墩台帽是用来支撑桥跨结构的，其位置、高程及垫石表面平整度等，均应符合设计要求，以避免桥跨结构安装困难，或使/顶帽、垫石等出现破裂或裂缝，影响墩台的正常使用功能和耐久性。墩台顶帽施工的主要工序如下。

1. 墩台帽放样

墩台混凝土(或砌石)灌注至离墩台帽底下 30～50 cm 高度时，即需测出墩台纵横中心线，并开始竖立墩台帽模板，安装锚栓孔或安装顶埋支座垫板、绑扎钢筋等。墩台帽放样时，应注意不要以基础中心线作为墩台帽背墙线，浇筑前应反复核实，以确保墩台帽中心、支座垫石等位置方向与水平标高等不出差错。

2. 墩、台帽模板

墩台帽系支撑上部结构的重要部分，其尺寸位置和水平标高的准确度要求较严，浇筑混凝土应从墩台帽下 30～50 cm 处至墩台帽顶面一次浇筑，以保证墩台帽底有足够厚度的紧密混凝土。图 21-42(a)所示为混凝土桥墩墩台帽模板图，墩台帽模板下面的一根拉杆可利用墩台帽下层的分布钢筋，以节省铁件。墩台帽背墙模板应特别注意纵向支撑或拉条的刚度，防止浇筑混凝土时发生鼓肚，侵占梁端空隙。

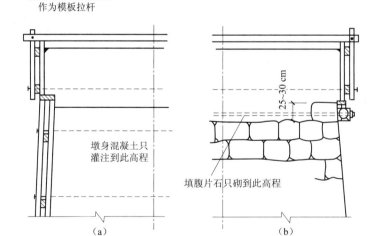

图 21-42 桥墩墩台帽模板

(a)混凝土桥墩墩帽模板；(b)石砌桥墩墩帽模板

3. 钢筋和支座垫板的安设

墩台帽钢筋绑扎应遵照《公路桥涵施工技术规范》(JTG/T F50—2011)有关钢筋工程的规定。墩台帽上的支座垫板的安设一般采用预埋支座垫板和预留锚栓孔的方法。前者须在绑扎墩台帽和支座垫石钢筋时将焊有锚固钢筋的钢垫板安设在支座的准确位置上，即将锚固钢筋和墩台帽骨架钢筋焊接固定，同时将钢垫板作一木架，固定在墩台帽模板上。此法在施工时垫板位置不易准确，应经常校正。后者须在安装墩台帽模板时，安装好预留孔模板，在绑扎钢筋时注意将锚栓孔位置留出。此法安装支座施工方便，支座垫板位置准确。

第四节　桩柱式墩台施工

桩柱式桥是桩式、双柱式、单柱式桥墩的统称。一般由基础上的系梁、柱式墩身和盖梁组成。优点是能减轻墩身自重，节约圬工材料，比较美观，刚度和强度都较大，在有漂流物和流冰的河流中可以使用。桩式墩是将钻孔桩基础向上延伸作为桥墩的墩身，在桩顶浇筑盖梁。在墩位上的横向可以是一根或多根桩，设置一排桩时叫排桩墩。材料用量经济，施工简便，适合平原地区建桥使用。桩柱式桥墩多采用就地灌注钢筋混凝土建造，也有采用预制构件拼装，或将打入桩组成排架式墩的。

桩柱式桥墩按截面形式划分可以分为两类：方形截面桩和圆形空心桩。以下重点介绍圆形桩柱式桥墩施工的几种主要工序。

一、系梁施工

为了增加桩柱的横向刚度，在桩柱之间设置横系梁。墩柱一般采用C20~C30级的钢筋混凝土，直径0.6~1.5 m的圆柱或方形、六角形柱，其构造如图21-43和图21-44所示。为使桩柱与盖梁或承台有较好的整体性，桩柱顶一般应嵌入盖梁或承台15~20 cm，露出柱顶与柱底的主筋可弯成与铅垂线约成15°倾斜角的喇叭形，伸入盖梁或承台中，喇叭形主筋外围应设置直径不小于8 mm的箍筋，间距一般为10~20 cm。单排桩基的主筋应与盖梁主筋连接。

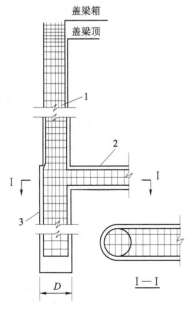

图21-43　墩柱与桩的构造
1—墩柱；2—横系梁；3—钻孔桩

图21-44　系梁及墩柱钢筋构造

1. 施工工艺流程

测量放样→铺设底模→钢筋安装→模板安装→混凝土浇筑→养护→模板拆除。

2. 施工工艺方法

(1)铺设底模:按墩身系梁位置进行底模铺设。

(2)钢筋安装:钢筋在加工场地预制成型,运至施工现场,采用常规方法进行焊接、安装。在进行主筋(水平筋)接头时,将预埋筋按单面焊的搭接长度进行搭接,并满足同一搭接长度区段内接头错开50%,焊接标准执行施工规范的要求。安装时应注意预埋盖梁预埋钢筋。

(3)模板安装:模板找正采用全站仪跟踪测量,水平仪测量顶面高程的方法控制,模板支立前涂刷优质脱模剂,以保证混凝土外观质量及拆模便利之用。

(4)混凝土浇筑:系梁混凝土采用集中搅拌站拌和,人工手持振捣棒分层浇筑振捣,塑料布覆盖洒水保湿养护的方法施工。

(5)拆模:待混凝土强度达到设计规定强度再行拆模,采用人工配合吊车扶模拆卸。拆模时应注意不能损坏台体混凝土。

二、柱式墩台墩身施工

墩台施工工艺流程如下:施工准备→钢筋工程→模板工程→混凝土工程→拆模养护。

1. 钢筋工程

(1)下料。进场材料要通过抽样检测,确保钢筋的力学指标符合规范要求,原材料表面应无锈蚀,无裂纹,无污染。下料前,钢筋要进行调直,应该按施工图进行配筋,以减少接头数量,同一根钢筋应避免出现多个接头,同一截面接头数量不得超过50%。

(2)焊接。钢筋焊接前,必须根据施工条件进行试焊,经试验室检验合格后方可正式施焊,焊工必须持证上岗。钢筋采用搭接焊时,焊接前须将搭头弯折,以保证钢筋轴线一致,搭接长度≥5d(采用双面焊)。焊缝要饱满,表观平顺圆滑,无气孔、无夹渣,不伤筋,不咬筋,焊缝隙的长度、宽度和厚度均要符合规范要求,并将焊渣清除干净。

焊接完成后,质检工程师须逐一检查,剔除不合格构件,对有缺陷的构件立即进行处理和废弃。做好检查记录,整理好资料。制作好的钢筋分类集中堆放,并加覆盖,防止生锈和污染。图 21-45 所示为检测现场。

(3)运输。钢筋在钢筋加工厂加工成型,经检查合格后运往施工现场进行安装,在往现场运输的过程中,防止制作好的钢筋构件弯曲变形,到达现场后分类堆放,防止混淆。

(4)安装。安装时,钢筋骨架的位置、间距要准确无误,插入下层混凝土中的深度应与设计一致。绑扎、焊接要牢固,对于主筋之间的焊接要对交叉处的四个点进行施焊,主筋与螺旋筋用扎铁丝绑扎牢固,必要时可用点焊焊牢,如图 21-46 所示。在施工过程中,要确保预埋件的位置和数量准确无误。

2. 模板工程

常用的墩台模板类型有拼装式模板(图 21-47),整体吊装模板,组合型钢模板等。对于柱式桥墩台,采用定型圆钢模,每节 2~4 m,汽车吊配合逐节拼装立模。高度小于 15 m 的墩柱,一模到顶一次浇筑。高度大于 15 m 的墩柱,分节拼装立模浇筑。先接长主筋,再吊装钢模,用螺栓连接,缆风绳定位固定,混凝土泵送入模,分层浇筑,机械振捣。模板垂直稳定用四根缆风绳对称固定,如图 21-48 所示。

图 21-45　钢筋骨架检测

图 21-46　钢筋绑扎、焊接

3. 混凝土工程

墩台身混凝土施工前，应将基础顶面冲洗干净，凿除表面浮浆，整修连接钢筋。灌注混凝土时，应经常检查模板、钢筋及预埋件的位置和保护层的尺寸，确保位置正确，不发生变形。混凝土施工中，应切实保证混凝土的配合比、水胶比和坍落度等技术性能指标满足规范要求。

（1）混凝土的运送：墩台混凝土的水平与垂直运输相互配合的方式。如混凝土数量大，浇筑捣固速度快时，可采用混凝土皮带运输机或混凝土输送泵。

（2）混凝土的灌注速度：为保证灌注质量，混凝土的灌注的速度，不宜过快，否则易使钢筋笼上浮，灌注过程中随着混凝土的上升，适时提升和拆卸导管。

4. 混凝土养护

根据施工对象、环境、水泥品种、外加剂以及混凝土性能的不同采用不同的养护方案，各类混凝土结构的养护措施及养护时间遵守《混凝土强度检验评定标准》(GB/T 50107—2010)规定。当新浇结构物与流动水接触时，采取防水措施，保证混凝土在规定的养护期之内不受水的冲刷。

图 21-47　拼装式模板

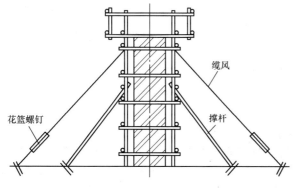

缆风

撑杆

花篮螺钉

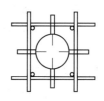

图 21-48　立柱模板支撑示意图

拆模后的混凝土立即使用保温保湿的覆盖物(图21-49)，使用自动喷水系统和喷雾器，不间断养护，避免形成干湿循环，养护时间不少于 7 d，保湿养护 14 d 以上。养护期间混凝土强度未达到规定强度之前，不得承受外荷载。

三、盖梁施工

桩柱墩帽亦称盖梁，除装配式的外，需要现场立模浇筑。盖梁圬工体积小，有条件利用钢筋混凝土桩柱本身作模板支承(图21-50)。其方法是用两根钢梁将整排柱用螺栓相对夹紧，上铺横梁，横梁间衬以方木调节间距，也可用螺栓隔桩柱成对夹紧，在横梁上直接安装底模板。两侧模板借助于横梁、上拉杆和一对三角撑所组成的方框架来固定。所有框架、榫眼及角撑均预先制好，安装时只用木楔楔紧框构四周，就能迅速而正确地使模板定位。

图 21-49　柱式桥墩混凝土养护

1. 钢筋网的安装

盖梁内钢筋根据图纸要求，在钢筋加工场进行加工，组装成钢筋骨架，利用吊机将骨架吊装就位、固定，如图 21-51 所示。一般箍筋后进行绑扎。

图 3-50　利用预埋螺栓固定工字钢

图 21-51　安装盖梁钢筋

2. 预留锚栓孔的安装

墩、台帽上的预留锚栓孔须在安装墩、台帽模板时，安装好锚栓留孔模板，在绑扎钢筋时注意将预留孔位置留出。预留孔应该下大上小，其模板可采用拼装式。模板安装时，顶面可比支座垫石顶面约低 5 mm，以便垫石顶面抹平。带弯钩的锚栓的模板安装时需考虑钩的方向。为便于安装锚栓后灌实锚栓孔，可在每一锚栓孔模板的外侧三角木块部分预留进浆槽。

3. 浇筑盖梁混凝土

遵循规范中关于大体积混凝土的技术要求，混凝土分层浇筑，分层厚度控制在 30～45 cm。振捣采用插入式振动器，振捣时严禁碰撞钢筋和模型。振动器的振动深度一般不超过棒长度2/3～3/4 倍，振动时要快插慢拔，不断上下移动振动棒，以便捣实均匀，减少混凝土表面气泡。振动棒插入下层混凝土中 5～10 cm，移动间距不超过 40 cm，与侧模保持 5～10 cm 距离，对每一个振动部位，振动到该部位混凝土密实为止，即混凝土不再冒出气泡，表面出现平坦泛浆。如图 21-52 和图 21-53 所示。

图 21-52　铺设盖梁

图 21-53　浇筑盖梁混凝土

4. 混凝土养护

混凝土养护与墩柱相似，不再赘述。

第五节　特殊模板系统下的高墩施工

公路通过深沟宽谷或大型水库，采用高桥墩，能使桥梁更为经济合理，不仅可以缩短线路，节省造价，而且可以提高运营效益，减少日常维护工作。高桥墩可分为实体墩、空心墩与钢架墩。自 20 世纪 70 年代以后，较高的桥墩一般均采用空心墩。

高桥墩的施工设备与一般桥墩所用设备大体相同，但其模板却另有特色。一般有滑动模板、爬升模板、翻升模板等几种，这些模板都是依附于灌注的混凝土墩壁上，随着墩身的逐步加高而向上升高。目前滑动模板的高度已达百米。滑动模板施工的主要优点：施工进度快，在一般气温下，每昼夜平均进度可达 5～6 m；混凝土质量好，采用干硬性混凝土，机械振捣，连续作业，可提高墩台质量；节约木材和劳力，有资料统计表明，可节省劳动力 30%，节约木材 70%；滑动模板可用于直坡墩身，也可用于斜坡墩身，模板本身附带有内外吊篮、平台与拉杆等，以墩身为支架，墩身混凝土的浇筑随模板缓慢滑升连续不断地进行，故而安全可靠。

一、滑动模板施工法

1. 滑动模板构造

滑动模板是将模板悬挂在工作平台的围圈上，沿着所施工的混凝土结构截面的周界组拼装配，并随着混凝土的灌注由千斤顶带动向上滑升。滑动模板的构造，由于桥墩类型、提升工具的类型不同，模板构造也稍有差异，但其主要部件与功能则大致相同，一般主要由工作平台、内外模板、混凝土平台、工作吊篮和提升设备等组成，如图 21-54 所示。

(1)工作平台(1)由外钢环(5)、辐射梁(3)、内钢环(6)、栏杆(4)、步板(18)组成，除提供

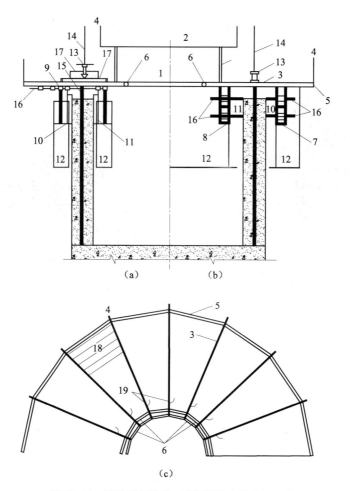

图 21-54 滑动模板构造示意图(尺寸单位：cm)

(a)等壁厚收坡滑模半剖面(螺杆千斤顶)；
(b)不等壁厚收坡滑模半剖面(液压千斤顶)；(c)工作平台半剖面
1—工作平台；2—混凝土平台；3—辐射梁；4—栏杆；5—外钢环；6—内钢环；7—外立柱；
8—内立柱；9—滚轴；10—外模板；11—内模板；12—吊篮；13—千斤顶；14—顶杆；
15—导管；16—收坡丝杆；17—顶架横梁；18—步板；19—混凝土平台柱

施工操作的场地外，还用它把滑模的其他部分与顶杆(14)相互连接起来，使整个滑模结构支承在顶杆上。可以说，工作平台是整个滑模结构的骨架，因此，应具有足够的强度和刚度。

(2)内外模板(10)、(11)采用薄钢板制作，用于上下壁厚相同的直坡空心桥墩的滑模。内外模板均通过立柱(7)、(8)固定在工作平台的辐射梁上。用于上下壁厚相同的斜坡空心墩的收坡滑模，内外模板仍固定在立柱上，但立柱架或顶梁(17)不是固定在辐射梁上，而是通过滚轴(9)悬挂在辐射梁上，并可利用收坡丝杆(16)沿辐射方向移动立柱架及内外模板位置。用于斜坡式不等壁厚空心墩的收坡滑模，则内外立柱固定在辐射梁上，而在模板与立柱间安装收坡丝杆，以便分别移动内外模板的位置。

(3)混凝土平台(2)由辐射梁、步板、栏杆等组成，利用立柱(19)支承在工作平台的辐射梁上，供堆放及灌注混凝土的施工操作用。

(4)工作吊篮系悬挂在工作平台的辐射梁和内外模板的立柱上，它随着模板的提升而向上移动，供施工人员对刚脱模的混凝土进行表面修饰和养护等施工操作之用。

(5)提升设备由千斤顶(13)、顶杆(14)、顶杆导管(15)等组成，通过顶升工作平台的辐射梁使整个滑模提升。

2. 滑动模板提升工艺

滑动模板提升设备主要由提升千斤顶、支承顶杆及液压控制装置等几部分。其提升过程如下所述：

(1)螺旋千斤顶提升步骤(图21-55)。①转动手轮②使螺杆③旋转，使千斤顶顶座④及顶架上横梁⑤带动整个滑模徐徐上升。此时，上卡头⑥、卡瓦⑦、卡板⑧卡住顶杆，而下卡头⑨、卡瓦⑦、卡板⑧则沿顶杆向上滑行，当滑至与上下卡挖接触或螺杆不能再旋转时，即完成一个行程的提升。向相反方向转动手轮，此时，下卡头、卡瓦、卡板卡住顶杆①，整个滑模处于静止状态。仅上卡头、卡瓦、卡板连同螺杆、手轮沿顶杆向上滑行，至上卡头与顶架上横梁接触或螺杆不能再旋转时为止，即完成整个一个循环。

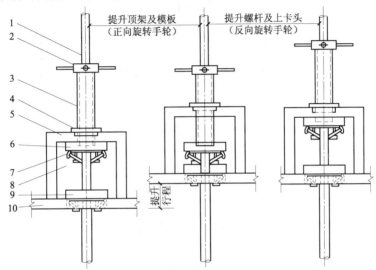

图 21-55 螺旋千斤顶提升示意图

1—顶杆；2—手轮；3—螺杆；4—顶座；5—顶架上的横梁；
6—上卡头；7—卡瓦；8—卡板；9—下卡头；10—顶梁下横梁

(2)液压千斤顶提升步骤(图21-56)。首先进油提升：利用油泵将油压入缸盖(3)与活塞(5)间，在油压作用时，上卡头(6)立即卡紧顶杆(1)使活塞固定于顶杆上[图21-56(a)]。随着缸盖与活塞间进油量的增加，使缸盖连同缸筒(4)、底座(9)及整个滑模结构一起上升，直至上、下卡头(8)顶紧时[图21-56(b)]，提升暂停。此时，缸筒内排油弹簧完全处于压缩状态。

然后排油归位：开通回油管路，解除油压，利用排油弹簧(7)推动下卡头使其与顶杆卡紧，同时推动上卡头将油排出缸筒，在千斤顶及整个滑模位置不变的情况下，使活塞回到进油前位置。至此，完成一个提升循环。为了使各液压前千斤顶能协同一致地工作[图21-56(c)]，应将油泵与各千斤顶用高压油管连通，由操作台统一集中控制。

提升时，滑模与平台上临时荷载全由支撑顶杆承受。顶杆多用 φ3 与 φ5 圆钢制作，直径 25 mm，φ5 圆钢的承载能力约为 12.5 kN(A3 则为 10 kN)。顶杆一端埋置于墩、台结构的混凝土中，一端穿过千斤顶芯孔，每节长 2.0～4.0 m，用工具式或焊接。为了节约钢材使支承顶杆能重复使用，可在顶杆外安上套管，套管随同滑模整个结构一起上升，待施工完毕后，可拨出支承顶杆。

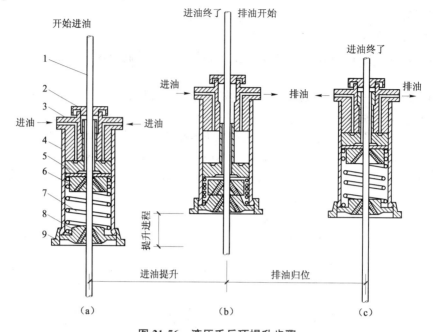

图 21-56　液压千斤顶提升步骤

1—顶杆；2—行程调整帽；3—缸盖；4—缸筒；5—活塞；
6—上卡头；7—排油弹簧；8—下卡头；9—底座

3. 滑模浇筑混凝土施工要点

(1)滑模组装。在墩位上就地进行组装时，安装步骤为：

1)在基础顶面搭枕木垛，定出桥墩中心线；

2)在枕木垛上先安装内钢环，并准确定位，再依次安装辐射梁、外钢环、立柱、千斤顶、模板等；

3)提升整个装置，撤去枕木垛，再将模板落下就位，随后安装余下的设施；内外吊架待模板滑升至一定高度，及时安装；模板在安装前，表面需涂润滑剂，以减少滑升时的摩阻力；组装完毕后，必须按设计要求及组装质量标准进行全面检查，并及时纠正偏差。

(2)灌注混凝土。滑模宜采用低流动度或半干硬性混凝土分层、分段对称地进行灌注，分层厚度以 20～30 cm 为宜，灌注后混凝土表面距模板上缘宜有不小于 10～15 cm 的距离，应采用插入式震动器捣固。混凝土可根据气温、水泥强度经试验后掺入一定量的早强剂，以加速提升；脱模后 8 h 左右开始养护，用吊在下吊架上的环绕墩身的带小孔的水管来进行。养护水管一般设在距模板下缘 1.8～2.0 处效果较好。

(3)提升与收坡。整个桥墩灌注过程可分为初次滑升、正常滑升和最后滑升三个阶段。从开始灌注混凝土到模板首次试升为初次滑升阶段，混凝土具有 0.2～0.4 MPa 的脱模强度，可以开始缓慢提升 20 cm 左右。初升后，经全面检查设备，即可进入正常滑升阶段。即每灌注一层混凝土，滑模提升一次，使每次灌注的厚度与每次提升的高度基本一致。在正常气温条件下，提升时间不宜超过 1 h。最后滑升阶段是混凝土已经灌注到需要高度，不再继续灌注，但模板尚需继续滑升的阶段。灌完最后一层混凝土后，每隔 1～2 h 将模板提升 5～10 cm，滑动 2～3 次后即可避免混凝土模板胶合。滑模提升时应做到垂直、均衡一致，顶架间高差不大于 20 mm，顶架横梁水平高差不大于 5 mm。并要求三班连续作业，不得随意停工。

随着模板的提升，应转动收坡丝杆，调整墩壁曲面的半径，使之符合设计要求的收坡坡度。

4. 接长顶杆、绑扎钢筋

模板每提升至一定高度后，就需要穿插进行接长顶杆、绑扎钢筋等工作。为了不影响提升时间，钢筋接头均应事先配好，并注意将接头错开。对预埋件及预埋的接头钢筋，滑模抽离后，要及时清理，使之外露。

在整个施工过程中，由于工序的改变，或发生意外事故，使混凝土的灌注工作停止较长时间，即需要进行停工处理。例如，每隔半小时左右稍为提升模板一次，以免粘结；停工时在混凝土表面要插入短钢筋等，以加强新老混凝土的粘结；复工时还需将混凝土表面凿毛，并用水冲走残渣，湿润混凝土表面，灌注一层厚度为 2～3 cm 的 1∶1 水泥砂浆，然后再灌注原配合比的混凝土，继续滑模施工，如图 21-57 所示。

图 21-57　滑模施工

二、爬升模板施工

爬升模板施工(图 21-58)与滑动模板施工(图 21-57)相似，不同的是支架通过千斤顶支承于预埋在墩壁中的预埋件上。待浇筑好的墩身混凝土达到一定强度后，将模板松开，千斤顶上顶，把支架连同模板升到新的位置，模板就位后，再继续浇筑墩身混凝土。如此往复循环，逐节爬升。每次升高约 2 m。爬升模板的应用还不太普遍。

三、翻升模板施工

翻升模板施工(图 21-59)是采用一种特殊钢模板，一般由三层模板组成一个基本单元，并配置有随模板升高的混凝土接料工作平台。当浇筑完上层模板的混凝土后，将最下层模板拆除翻上来拼装成第四层模板，以此类推，循环施工。翻升模板也能够用于有坡度的桥墩施工。

图 21-58　爬模施工

图 21-59　翻升模板

四、高桥墩常用三种模板的施工方法的比较

高桥墩常用三种模板的施工方法的比较见表21-8。

表 21-8 滑动模板、爬升模板、翻升模板施工方法对比一览表

项目	施工方法		
	滑动模板	爬升模板	翻升模板
工艺原理	滑模装置由模板系统、操作平台系统、液压提升系统和垂直运输系统等四大系统组成。滑模施工工艺原理是预先在墩身混凝土结构中埋置钢管(称之为支承杆),利用千斤顶与提升架将滑升模板的全部施工荷载转至支承杆上,待混凝土具备规定强度后,通过自身液压提升系统将整个装置沿支承杆上滑,模板定位后又继续浇筑混凝土并不断循环的一种施工工艺	爬模是综合大模板与滑升模板工艺特点的一种施工方法。爬模主要由爬升装置、外组合模板、移动模板支架、上爬架、下吊架、内爬架、模板及电器、液压控制系统等部分构成。液压自爬模板工艺原理为自爬模的顶升运动通过液压油缸对导轨和爬架交替顶升来实现,导轨和爬模架互不关联,二者之间可进行相互运动,当爬模架工作时,导轨和爬模架都支撑在埋件支座上,两者之间无相对运动	翻模是大模板施工方法,以墩身作为支承主体,上层模板支撑在下层模板上,循环交替上升。分为塔吊翻模和液压翻模两种,前者工作平台支撑于钢模板的牛腿支架或横竖肋背带上,通过塔吊提升模板及工作平台;后者工作平台与模板是分离的,工作平台支撑于提升架上,模板的提升靠固定在墩身主筋上的手动葫芦来完成
适用范围	适宜浇筑低流动度或半干硬性混凝土,同时由于其工作原理,滑模施工要求结构物结构形式单一、断面变化少、无局部凸出物及其他预埋件等物体,应用范围较为狭窄。适用于等截面或变截面的实体或薄壁空心墩	适应于浇筑钢筋混凝土竖直或倾斜结构,适用于墙体、桥梁墩柱、索塔塔柱等,范围较广	适用于等截面或变截面的实体或薄壁空心墩等,范围较广
施工效率	一般混凝土的浇筑及滑升速度为平均 0.2 m/h,模板高度为0.9~1.5 m。	每次混凝土浇筑高度约为4.5~6 m。5~6 天一个循环,每天 1 m	塔式起重机翻模模板分 2~3 节,每次浇筑高度约为4~6 m;液压翻模模板分3节,每次浇筑高度约为1.5~4 m。5~6 天一个循环,每天 1 m
外观质量	因脱模时间早,所以滑模混凝土外观需经过涂抹才能达到比较光滑。施工当中墩身的垂直度控制好坏取决于千斤顶是否同步顶升,控制不好将发生墩身截面扭转和不规则错台现象	由于采用整体大块模板,并且脱模时间有保证,所以混凝土外观质量易于控制、施工接缝易于处理	由于采用整体大块钢模板,并且脱模时间有保证,所以混凝土外观质量易于控制、施工接缝易于处理
优点	施工速度快,安全度高	实体及外观质量好	实体及外观质量好

	施工方法		
项目	滑动模板	爬升模板	翻升模板
缺点	投入较大,施工质量相对较差。不便于在施工和养护期间对桥墩混凝土进行保温和蒸汽养护	投入较大,施工进度相对较慢。不便于在施工和养护期间对桥墩混凝土进行保温和蒸汽养护	施工进度相对较慢。不便于在施工和养护期间对桥墩混凝土进行保温和蒸汽养护
经济投入	较大	较大	塔式起重机翻模:较少;液压翻模:较大

第二十二章　涵洞的施工

· 学习要点 ·

了解涵洞施工准备工作和施工放样的内容；了解各类涵洞施工工艺及方法。

第一节　施工准备工作和施工放样

一、准备工作

1. 现场核对

涵洞开工前，应根据设计资料，结合现场实际地形、地质情况，对其位置、方向、孔径、长度、出入口高程以及与灌溉系统的连接等进行核对。核对时，还需注意农田灌溉的要求，需要增减涵洞数量、变更涵型和孔径时，应向监理反映，按照合同有关规定办理。

2. 施工详图

若原设计文件、图纸不能满足施工要求时，例如地形复杂处的陡峻沟谷涵洞、斜交涵洞、平曲线或大纵坡上的涵洞、地质情况与原设计资料不符处的涵洞等应先绘出施工详图或变更设计图，然后再依图放样施工。

二、施工放样

涵洞施工设计图是施工放样的依据，根据设计中心里程，在地面上标定位置并设置涵洞纵向轴线。当涵洞位于路线的直线部分时，其中心应根据线路控制桩的方向和附近百米桩里程来测定，位于曲线部分时，应按曲线测设方法测定。正交涵洞的轴线垂直于路线中线，斜交涵洞的轴线与路线中线前进方向的右侧成斜交角 θ，θ 角与 $90°$ 之差称为斜度 φ（图 22-1）。

涵洞轴线确定后量出上下游涵长，考虑进出口是否顺畅，当无须改善时，用小木桩标定涵端，用大木桩控制涵洞轴线，并以轴线为基准测定基坑和基础在平面上的所有尺寸，用木桩标出（图 22-2）。

测量放样时，应注意涵洞长度、涵底标高的正确性。对位于曲线和陡坡上的涵洞应考虑加宽、超高和纵坡的影响。涵洞各个细部的高程，均用水准仪测定。对基础面的纵坡，当涵洞填土高度在 2 m 以上时，应预留拱度，以便路堤下沉后仍能保持涵洞应有的坡度，此种拱度最好做成弧形，其数值可按表 22-1 所列计算，但应使进水口标高高于涵洞中心标高，以防积水。基础建成后，安装管节或砌筑涵身时均以涵洞轴线为基准详细放样。

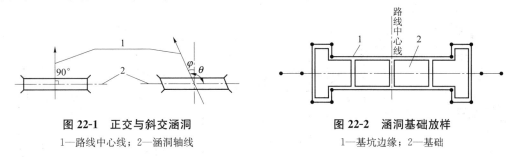

图 22-1　正交与斜交涵洞　　　　　　　图 22-2　涵洞基础放样
1—路线中心线；2—涵洞轴线　　　　　　1—基坑边缘；2—基础

表 22-1　涵洞填土在 2 m 以上的预留拱度

基底土种类	涵洞建筑拱度
卵石土、砾类土、砂类土	$H/80$
粉质土、黏质土、细黏质土及黄土	$H/50$
注：H 为线路中心处涵洞流水槽面到路基设计高的填方高度。	

第二节　各种类型涵洞施工技术

一、混凝土和钢筋混凝土管涵

(一)涵管预制

公路涵管的施工一般先预制成管节，每节长度多为 1 m，然后运往现场安装。为了保证涵管节的质量，涵管宜在工厂中预制。距大城市较近的公路涵管可在城市工厂中订制，否则应在适当地点设置混凝土圆管预制厂。

预制混凝土圆管可采用振动制管法、离心法、悬辊法和立式挤压法。后三种方法制管工效高、速度快、质量好，但制管设备复杂、投资大。如涵管预制数量不多时，可采用第一种制管法。本节主要介绍振动制管法。

振动制管法可分为外模固定、提升内模法和内模固定、提升外模法两种模式，这里只介绍前种方法。

1. 模板构造

本法的模板是由可拆装的钢外模与附有振动器的钢内模组成。外模由两片厚约 5 mm 的钢板半圆筒(涵管直径 2 m 时为 3 片)拼制，半圆管用带楔的销栓连接。内模为一圆筒，下口直径较上口小 5 mm，以便内模易于取出。同时用上下各 3 对销子将内、外模板间距固定，以保证涵管的设计厚度。提升内模振动器模板的构造如图 22-3 和图 22-4 所示。

2. 提升内模振动制管

用提升内模振动制管器制管是在铺放水泥纸袋筑实平整的地坪或振动台上施工，应注意使模板轴线垂直于平整的地坪底盘或振动台。底盘应平整，以保证管节不歪斜。混凝土浇筑前模板与混凝土接触的表面先涂润滑剂(可用废机油)。钢筋放在内外模之间，设法固定后，先振动

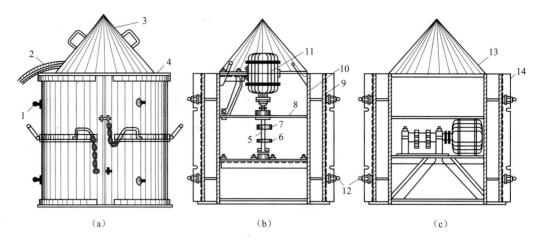

图 22-3　提升内模的振动制管器(一)

(a)振动模板立面；(b)垂直装置振动器的振动模板；(c)水平装置振动器的振动模板

1，12—固定销；2—电动机导线；3，13—灌注用锥形盖；4，9，14—外模；5—轴；6—振动器；

7—偏心轮；8—加劲环；10—内模；11—振动器的电动机

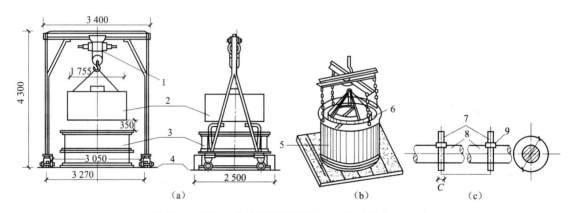

图 22-4　提升内模的振动制管器(二)(尺寸单位：mm)

(a)龙门架起吊振动模型；(b)十字梁起吊振动模型；(c)振动模型内偏心轴

1—架空自动运车；2—内模板；3—振动模型；4—木铺板；5—外模板；

6—内模板；7—偏心轮；8—轴；9—横栓

10 s 左右，使模型贴地密实，以防漏浆。在振动台上浇筑时，不必先振动。每节涵管可分 5 层浇筑，每层新混凝土摊平后开动振动器振至混凝土冒浆后再浇次一层，最后一层振动冒浆后，抹平顶面，2～3 min 后即关闭振动器。模板的固定销在浇筑中逐渐抽出，先抽下边后抽上边，停振抹平后，用链滑车吊起内模。起吊时应保持内模绝对竖直。刚起吊时应辅以振动(振动 2～3 次，每次 1 s 左右)，使内模与混凝土脱离。内模吊离外模 20 cm 高后，即不要再振动。为使吊起的内模能顺利移至另一制管位置，宜配合龙门桁车起吊，如图 22-4 所示。外模在最后一次混凝土浇筑 5～10 min 后拆除。如不及时拆除，则需等待至混凝土初凝后才能再拆。外模拆除后，混凝土表面如有缺陷应及时以抹刀修整。

3. 浇筑混凝土的技术要求

制管的混凝土坍落度应≤1 cm 或工作度为 20～40 s；砂率为 45%～48%；砂子最大粒径不宜大于 5 mm，平均粒径细度模数为 2.3～3.0；粗集料粒径为 5～10 mm，筛余宜为 40%～

45%；每立方米混凝土水泥用量视混凝土设计强度等级经试配确定。水泥品种以用硅酸盐水泥或普通水泥为主，长期浸于水中的管涵可用火山灰质硅酸盐水泥。

4. 预制涵管注意事项

(1)用振动制管法在工地预制涵管时，必须注意防止内模或外模单独发生水平移动造成管壁厚度不匀的情况(有的周边厚些，有的周边薄些，超过容许偏差)，若超过容许偏差，该管节应报废，并查找原因，采取措施，防止类似事件继续发生。

(2)同直径涵管，但因管顶填土高度不同，而钢筋配筋数量不同的管节应分别浇筑，分开摊放，脱模后立即在管节上用油漆注明使用的管顶填土高度和浇筑日期，防止装运管节时弄错或因养护期不够，混凝土强度不合要求。对无筋混凝土涵管随填土高度不同而管壁厚度不同时，也要注明使用的管顶填土高度。

(3)每次浇筑涵管混凝土时，应同时浇筑一定数量(按规范规定的数量)的混凝土试件，在试件上注明浇筑日期，并与养护预制涵管的同样条件进行养护。

(二)管节运输与装卸

(1)待运的管节其各项质量应符合规范规定的质量标准，应特别注意检查待运管节的管顶填土高度是否符合设计要求，防止错装、错运。

(2)运输管节的工具，可根据道路情况和设备条件采用汽车、拖拉机拖车，不通公路地段可采用马车。

(3)管节的装卸可根据工地条件，使用各种起重设备：龙门吊机、汽车吊和小型起重工具滑车、链滑车等。

(4)在装卸和运输过程中，应小心谨慎。运输途中每个管节底面宜铺以稻草，用木块圆木楔紧，并用绳索捆绑固定，防止管节滚动、相互碰撞破坏。固定方法可参考图 22-5。

(5)从车上卸下管节时，应采用起重设备。严禁由汽车上将管节滚下，造成管节破裂。

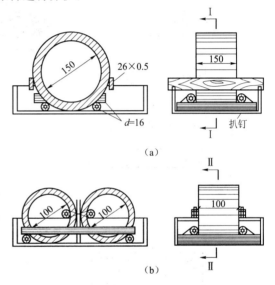

图 22-5　涵管固定在车身内的方法
(尺寸单位：cm)
(a)断面Ⅰ—Ⅰ；(b)断面Ⅱ—Ⅱ

(三)涵管施工

1. 涵管施工程序

现将单孔、双孔的有坞工基础和无坞工基础涵管的施工程序介绍如下：

(1)单孔有坞工基础涵管。单孔有坞工基础涵管。整个程序如图 22-6 所示。

1)挖基坑并准备修筑涵管基础的材料。

2)砌筑坞工基础或浇筑混凝土基础。

3)安装涵洞管节，修筑涵管出入口端墙、翼墙及涵底(端墙外涵底铺装)。

4)铺设涵管防水层及修整。

5)铺设涵管顶部防水黏土(设计需要时)，填筑涵洞缺口填土及修建加固工程。

(2)单孔无坞工基础涵管。单孔无坞工基础涵管。洞身安装程序如图 22-7 所示。

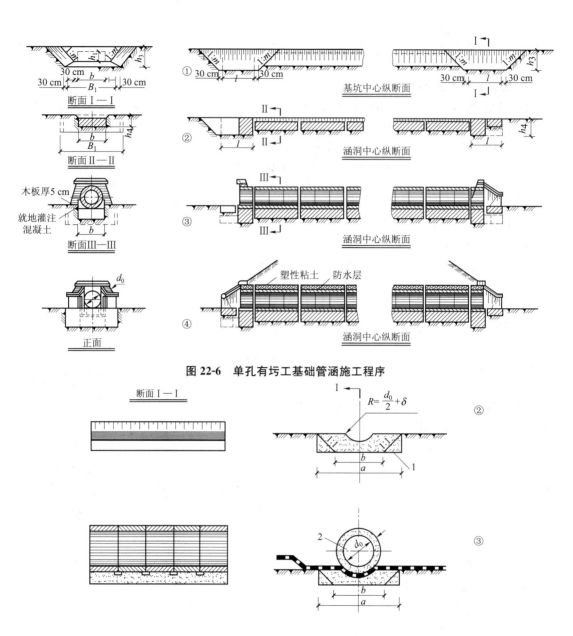

图 22-6　单孔有坞工基础管涵施工程序

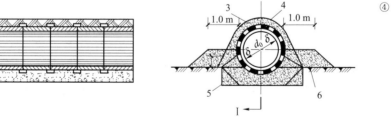

图 22-7　洞身安装程序

1—夯实的天然土壤表层或砂垫层；2—M10 水泥砂浆；3—塑性黏土；4—防水层；
5—用天然土或砂垫层材料填充并夯实；6—防水层及塑性黏土敷设后立即填筑的
一部分涵洞两侧特别填土(不冻胀土)

1)挖基备料与图 22-6 同，本图未示出。

2)在捣固夯实的天然土表层或矿砂垫层上，修筑截面为圆弧状的管座，其深度等于管壁的厚度。

3)在圆弧管座上铺设垫层的防水层，然后安装管节，管节间接缝宜留 1 cm 宽。缝中填塞防水材料，详见第三节防水层。

4)在管节的下侧再用天然土或砂砾垫层材料作培填料，并捣实至设计高程，并切实保证培填料与管节密贴。再将防水层向上包裹管节，防水层外再铺设黏质土，水平径线以下的一部分特别填土，应立即填筑，以免管节下面的砂垫层松散，并保证其与管节密贴。在严寒地区这部分特别填土必须填筑不冻胀土料。

5)修筑涵管出入口端墙、翼墙及两端涵底和整修工作(图中未示出)。

(3)双孔无坞工基础管涵。双孔无坞工基础管涵。洞身施工程序如图 22-8 所示。

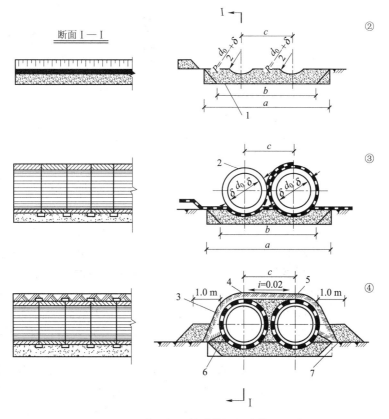

图 22-8 双孔无坞工基础管涵洞身施工程序

1—夯实的天然土壤表层或砂垫层；2—M10 水泥砂浆；3—塑性黏土；4—C10 混凝土；5—防水层；
6—用天然土壤或砂垫层作材料并夯实；7—防水层及塑性黏土敷设后立即填筑的
一部分涵洞两侧特别填土(不冻胀土)

1)挖基、备料与前同，本图未示出。

2)在捣固夯实的天然土表层或砂垫层上修筑圆弧状管座，其深度等于管壁的厚度。

3)按图 22-7 的程序，先安装右边管并铺设防水层，在左边一孔管节未安装前，在砂垫层上先铺设垫底的防水层，然后按同样方法安装管节。管节间接缝尽量抵紧，管节内外接缝均以 10 MPa 水泥砂浆填塞。

4)在管节下侧用天然土或砂垫层材料作填料,夯实至设计高程处(如图所示),并切实保证与管节密贴。左孔防水层铺设完后,用贫混凝土填充管节间的上部空腔,再铺设软塑状黏性土。

防水层及黏土铺设后,涵管两侧水平直径线以下的一部分填土应立即填筑,以免管节下面的砂垫层松散。在严寒地区此部分填土必须填筑不冻胀土料。

5)修筑出入口两端端墙、翼墙及涵底和整修工作。

4)涵底陡坡台阶式基础涵管。涵底纵坡很陡时,为防止涵洞基础和管节向下滑移,可采用管节为台阶式的涵管,每段长度一般为3~5 m,台阶高差一般不超过相邻涵节最小壁厚的3/4。如坡度较大,可按2~3 m分段或加大台阶高度,但不应大于0.7 m,且台阶处的净空高度不应小于1.0 m。此时在低处的涵洞顶上应设挡墙,以掩盖可能产生的缝隙,如图22-9所示。

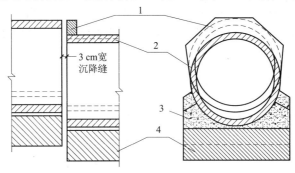

图 22-9 陡坡台阶涵管
1—挡墙;2—管壁;3—管座;4—基础

无圬工基础的陡坡涵洞,只可采用管节斜置的办法,斜置的坡度不得大于5%。

2. 涵管基础修筑

(1)地基土为岩石。管节下采用无圬工基础,管节下挖去风化层或软层后,填筑0.4 m厚砂垫层;出入口两端端墙、翼墙下,在岩石层上用C15混凝土作基础,其埋置深度至风化层下0.15~0.25 m,并最小等于管壁厚度加5 cm。风化层过深时,可改用片石圬工,最深不大于1 m。管节下为硬岩时,可用混凝土抹成与管节密贴的垫层。

(2)地基土为砾石土、卵石土或砾砂、粗砂、中砂、细砂或匀质黏性土。管节下一般采用无圬工基础,对砾、卵石土先用砂填充地基土空隙并夯实,然后填筑0.4 m厚砂垫层;对粗、中、细砂地基土表层应夯实;对匀质黏性地基土应做砂垫层。出入口两端端墙、翼墙的圬工基础埋置深度,设计无规定时为1.0 m,对于匀质黏性土,负温时的地下水位在冻结深度以上时,出入口两端端墙、翼墙圬工基础埋置深度为1.0~1.5 m,当冻结深度不深时,基础埋深等于冻结深度的0.7倍,当此值大于1.5 m时,可采用砂夹卵石在圬工基础下换填至冻结深度的0.7倍。

(3)地基土为黏性土。管节下应采用0.5 m厚的圬工基础,出入口两端端墙、翼墙基础埋置深度为1.0~1.5 m;当地下水冻结深度不深时,埋深应等于冻结深度;当冻结深度大于1.5 m时,可在圬工基础下用砂夹卵石换填至冻结深度。

(4)必须采用有圬工基础的涵管。

1)管顶填土高度超过5 m。

2)最大洪水流量时,涵前壅水高度超过2.5 m。

3)河沟经常流水。

4)沼泽地区深度在2.0 m以内。

5)沼泽地区淤积物、泥炭等厚度超过2.0 m时,应按特别设计的基础施工。

(5)严寒地区的涵管基础。常年最冷月份平均气温低于-15 ℃的地区称严寒地区。

1)匀质黏性土和一般黏性土的基础均须采用圬工基础。

2)出入口两端端墙、翼墙基础应埋置在冻结线以下0.25 m。

3)一般黏性土地区的地下水位在冻结深度以上时,管节下基础埋置深度应为$H/8$(H为涵底至路面填土高度),但不小于0.5 m,也不得超过1.5 m。

(6)基础砂垫层材料。可采用当地的砂、砾石或碎石,但必须注意清除基底植物层。为避免管节承受冒尖石料的集中应力,当使用碎石、卵石作垫层时,要有一定级配或掺入一定数量的砂,并夯捣密度。

(7)软土地区涵管地基处理。涵管地基土如遇到软土,应按软土层厚度分别进行处理。当软土层厚度小于2 m时,可采取换填法处理,即将软土层全部挖除,换填当地碎石、卵石、砂夹石、土夹石、砾砂、粗砂、中砂等材料并碾压密实,压实度要求94%~97%。如采用灰土(石灰土、粉煤灰土)换填,压实度要求93%~95%,换填土的干密度宜用重型击实试验法确定。碎石或卵石的干密度可取2.2~2.4 t/m³。换填层上面再砌筑0.5 m厚的圬工基础。

当软土层超过2 m时,应按软土层厚度、路堤高度、软土性质作特殊设计处理。

3. 管节安装

管节安装可根据地形及设备条件采用下列各种办法:

(1)滚动安装法。如图22-10所示,管节在垫板上滚动至安装位置前,转动90°使其与涵管方向一致,略偏一侧。在管节后端用木撬棍拨动至设计位置,然后将管节向侧面推开,取出垫板再滚回原位。

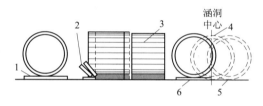

图22-10 涵管滚动安装法
1—垫板;2—木撬棍;3—已安装好的管节;
4—安装就位;5—侧向横移位置;6—垫板在横滚后抽出

(2)滚木安装法。如图22-11所示,先将管节沿基础滚至安装位置前1 m处,旋转90°,使与涵管方向一致[图22-11(a)、(b)]。把薄铁板放在管节前的基础上,摆上圆滚木6根,在管节两端放入半圆形承托木架,以杉木杆插入管内,用力将前端撬起,垫入圆滚木[图22-11(c)、(d)、(e)],再滚动管节至安装位置将管节侧向推开,取出滚木及铁板,再滚回来并以撬棍(用硬木护木承垫)仔细调整。

(3)压绳下管法。当涵洞基坑较深,需沿基坑边坡侧向将管滚入基坑时,可采用压绳下管法,如图22-12所示。

压绳下管法是侧向下管的方法之一,下管前,应在涵管基坑外3~5 m处埋设木桩,木桩直径不小于25 cm,长2.5 m,埋深最少1 m。桩为缠绳用。在管两端各套一根长绳,绳一端紧固于桩上,另一端在桩上缠两圈后,绳端分别用两组或两盘绞车拉紧。下管时由专人指挥,两端徐徐松绳,管子渐渐由边坡滚入基坑内。大绳用优质麻制成,直径50 mm,绳长应满足下管要求。下管前应检查管子质量及绳子、绳扣是否牢固,下管时基坑内严禁站人。

管节滚入基坑后,再用滚动安装法或滚木安装法将管节准确安装于设计位置。

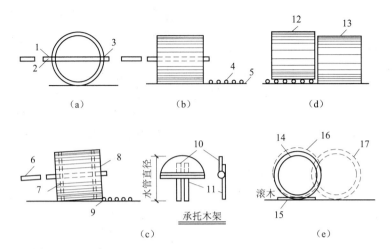

图 22-11   涵管滚木安装法

1—着力点；2—$d12\times400$ 杉木杆；3—支点；4—滚木；5—铁板；6—着力点杉木杆 $d12\times400$；

7—支点托木架；8—着力点承托木架；9—垫进滚木或铁管；10—管圆形 5 cm 厚木板；11—圆木架；

12—推到安装位置；13—已安装好的管节；14—滚回安装位置；15—铁板；

16—推到安装位置(虚线表示)；17—侧向滚开位置

(4)龙门架安装法。如图 22-13 所示，这种方法适用于孔径较大管节的安装，移动龙门架时，可在柱脚下放 3 根滚杠用撬棒拨移。

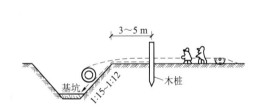

图 22-12   涵管压绳下管法

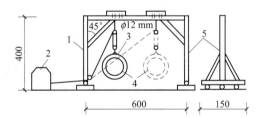

图 22-13   龙门架安装法(尺寸单位：cm)

1—$20\times20\times600$ 方木；2—50 kN 绞车；

3—钢丝绳；4—管节；5—龙门架

4. 涵管施工注意事项

(1)有坞工基础的管座混凝土浇筑时应与管座紧密相贴，浆砌块石基础应加做一层混凝土管座，使涵管受力均匀，无坞工基础的圆管基底应夯填密实，并做好弧形管座。

(2)无企口的管节接头采用顶头接缝，应尽量顶紧，缝宽不得大于 1 cm，严禁因涵身长度不够，将所有接缝宽度加大来凑合涵身长度。管身周围无防水层设计的接缝，须用沥青麻絮或其他具有弹性的不透水材料从内、外侧仔细填塞。设计规定管身外围做防水层的，按前述施工程序施工。

(3)长度较大的管涵设计有沉降缝的，管身沉降缝应与坞工基础的沉降缝位置一致。缝宽为 2~3 cm，应采用沥青麻絮或其他具有弹性的不透水材料，从内、外侧仔细填塞。

(4)长度较大、填土较高的管涵应设预拱度。预拱度大小应按照设计规定设置。设计无预拱度大小规定时，可按照本章第一节所述计算。

(5)各管节设预拱度后，管内底面应成平顺圆滑曲线，不得有逆坡。相邻管节如因管壁厚不一致(在允许偏差内)产生台阶时,应凿平后用水泥环氧砂浆抹补。

二、混凝土和钢筋混凝土拱涵、盖板涵和箱涵

混凝土和钢筋混凝土拱涵(包括半环涵即无涵台身的各种曲线的拱涵)、盖板涵、箱涵的施工分为现场浇筑和在工地预制安装两大类,本节主要介绍后一种施工方法。

(一)预制构件结构的要求

(1)拱圈、盖板、箱涵节等构件预制长度,应根据起重设备和运输能力决定,但应保证结构的稳定性和刚性,一般不小于 1 m,但也不宜太长。

(2)拱圈构件上应设吊装孔,以便起吊。吊孔应考虑平吊及立吊两种,安装后可用砂浆将吊孔填塞。箱涵节、盖板和半环节等构件,可设吊孔,也可于顶面设立吊环。吊环位置、孔径大小和制环用钢筋应符合设计要求,并要求吊钩伸入吊环内和吊装时吊环筋不断裂。安装完毕,环筋应锯掉或气割掉。

(3)若采用钢丝绳捆绑起吊可不设吊孔或吊环。

(二)预制构件常用模板

1. 木模

预制构件木模所用木材应符合现行《公路桥涵施工技术规范》的有关规定。

木模与混凝土接触的表面应平直,在拼装前,应仔细选择木模厚度,并将模板表面刨光。木模接缝可做成平缝、搭接缝或企口缝。当采用平缝时,应在拼缝内镶嵌塑料管(线)或在拼缝外钉以板条,内压水泥袋纸,以防漏浆。若在模板内侧表面铺一层回纺粗布,可提前拆模。预制拱圈木模如图 22-14 所示,竖向施工支立方法与圆管模板同。

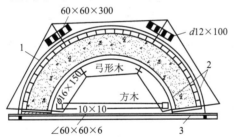

图 22-14 预制拱圈木模(尺寸单位:cm)
1—φ12 钢筋箍;2—模板厚50;3—三角垫木

2. 土模

为了节约木材、钢材,预制构件时,可采用土、砖模。土模可分为地下式、半地下式和地上式 3 类。土模如图 22-15 所示,砖模如图 22-16 所示。

土模宜用低液限黏土($W_1 < 50$,W_1 为液限),土中不应含杂质,粒径应小于 1.5 cm,土的湿度应适当。夯筑土模时含水量一般控制在 20% 左右,夏季含水量可高一些,冬季可低一些。

预制土模的场地必须坚实、平整,按照构件的放线位置进行拍底找平。为了减少土方挖填量,一般根据自然地坪拉线顺平即可。如场地土质不好,含砂多,湿度大,可以夯打厚 10 cm 灰土(2:8)后,再行找平、拍实。

当土模需预埋钢件时,应注意以下几点:

（1）预埋螺栓时，露出构件外面的螺栓头可插入土模，伸入钢筋骨架的螺栓尾应和骨架钢筋焊牢。

（2）预埋钢板时，露出构件表面的钢板应紧贴土模，钢板四周打入铁钉，用铁钉帽挂住钢板。钢板上伸入钢筋的锚固脚应和骨架钢筋焊牢，如图22-17所示。

（3）预埋插铁时，若插铁伸出构件较短，可将露出部分插进土模，里面的一段和骨架钢筋绑牢或焊牢。若插铁伸出构件较长不易插入土模时，可将插铁弯成90°，紧贴在土模表面上，拆模后再按要求扳直，如图22-18所示。

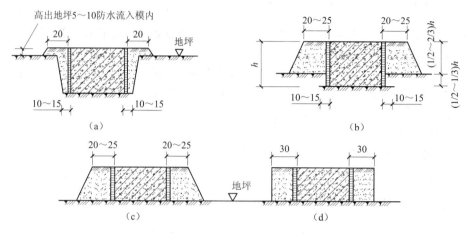

图 22-15　土模(尺寸单位：cm)

(a)地下式土模；(b)半地下式土模；(c)地上式土模；(d) 地下式"板打样"土模

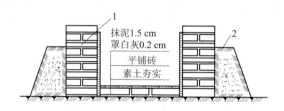

图 22-16　砖模(尺寸单位：cm)

1—砌一砖厚侧模；2—培土夯实

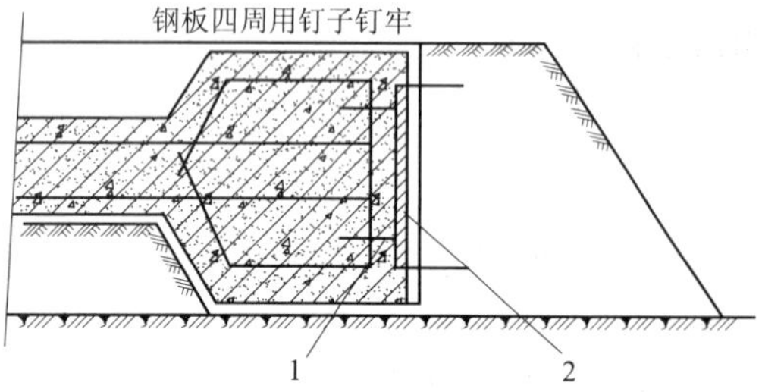

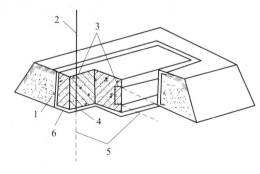

图 22-17　紧贴侧模的钢板埋置方法

（尺寸单位：cm）

1—埋件锚固脚；2—预埋钢板

图 22-18　插铁埋置方法

1—土侧面；2—插铁露出部分；3—插铁埋入混凝土部分；4—插铁弯90°贴侧模；5—插铁伸直后的位置；6—抹灰面

土模可与砖模、木模、钢丝网水泥模、钢模等定型模板组成混合模，可快速脱模，流水作业，效果较好。

3. 钢丝网水泥模板

用角钢做边框，用 $\phi6$ mm 的钢筋或 $\phi4$ mm 的冷拔钢丝作横向筋，焊成骨架，铺一层钢丝网，上面抹水泥砂浆制成，其构造如图 22-19 所示。

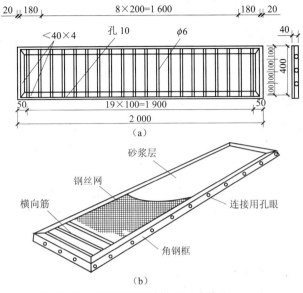

图 22-19 钢丝网水泥模板(尺寸单位：mm)

(a)骨架；(b)构造

钢丝网水泥模板坚固耐用，可以周转使用，宜做成工具式模板。模板规格不宜过多，质量不能太大，使安装、拆除比较方便，一般采用以下尺寸：模板长度 1 500 mm、2 000 mm、2 500 mm；模板宽度 200 mm、300 mm、400 mm、500 mm；模板厚度 10～12 mm。

钢丝网水泥模板制作时，应注意以下几点：

(1)钢丝网水泥模板的框架必须平直，尺寸准确，框架角钢下料时应用样板划线。

(2)钢丝网水泥模板所用钢丝直径为 0.9～1 mm(即 20 号)，常用钢丝网网孔为 10 mm×10 mm，最大不超过 15 mm×15 mm。钢丝网可从市场上采购，也可自己编织。

(3)钢丝网水泥模板抹灰时宜用以下几种砂浆配合比：

强度等级 42.5 MPa 水泥：中砂＝1：1.9(质量比)

强度等级 42.5 MPa 水泥：中砂＝1：2.5(质量比)

强度等级 32.5 MPa 水泥：中砂：石子＝1：1.5：0.5(质量比，石子的粒径为 3～8 mm)。

钢丝网上抹水泥砂浆时，应压实、操平、抹光，以保证模板的强度和平整度。

4. 翻转模板

翻转模板适用于中、小型混凝土预制构件，如涵洞盖板、人行道块、缘石、栏杆等。构件尺寸不宜过长，对矩形板、梁，长度不宜超过 4 m，宽度不宜超过 0.8 m，高度不宜超过 0.2 m。构件中钢筋直径一般不宜超过 14 mm。

翻转模板应轻便坚固，制造简单，装拆灵活，一般可做成钢木混合模板。

(1)翻转模板的构造。由翻转架和模板两部分组成。

1)翻转架：有木制和钢制两种，其构造如图 22-20 及图 22-21 所示。翻转架的高度以 50～70 cm 为宜。

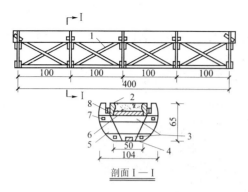

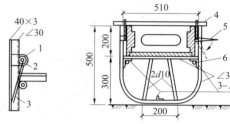

图 22-20　木翻转架横板(尺寸单位：cm)　　　　图 22-21　钢翻转架横板(尺寸单位：cm)

1—斜撑；2—侧模；3—夹板 10×2.5；4—楞木 10×5；　　　1—d25 连杆；2—连板厚 4 cm；3—扳手；

5—5 cm 厚翻转架轱辘；6—底模；7—d10 螺栓；8—硬木楔　　　4—压杠；5—扳手；6—端剖接焊圆管把手

2)模板：模板由底板、侧模、端模和芯模(预制空心构件时)等组成。

底模用 5 cm 厚木板拼制，应尽量选用整板，减少接缝。底模与翻转架用螺栓或钉子连接。为便于脱模，底模在浇筑混凝土前应铺棉布或油毡、塑料布等。

侧模一般采用 5 cm 厚木板制作，在侧模上加钉一根 40 mm×40 mm×5 mm 角钢，以增强侧模刚度。为防止模板粘掉构件表面上的混凝土，侧模内侧需铺布。侧模用两侧打进的木楔或钢楔与翻转架固定。

端模可用 10~15 mm 厚的钢板制成，两侧用销钉与侧模预留孔固定。

生产空心构件时，需设置芯模。芯模可采用充气橡胶管或钢管，也可采用木制芯模。

(2)翻转模板预制构件时的注意事项。

1)用来翻转模板的场地需碾压整平，然后铺一层砂，砂层厚一般为 7~10 cm，应摊铺均匀。砂不宜过干或过湿，含水率一般为 2%~6%。

2)模板安装时，应将端模和底模对齐，用木楔或钢楔与翻转架固定，楔子应打紧，以免翻转时松动。两端的楔子要斜着打，中间的楔子要靠底部平着打，打楔子时用力要均匀。

3)翻转模板的钢筋骨架宜用点焊，以防止钢筋在翻动时错位。构件应使用干硬性混凝土浇筑。

4)模板翻转时位置要准确，不得用力过猛，模板和构件要缓慢落下，当模板和构件质量较大，人力不易控制时，可在模板两端各加一组滑轮，翻转下落时用滑轮控制，如图 22-22 所示。翻转后的模板与前一构件的距离不宜小于 30 cm。

5)构件翻转后，应立即抽芯(指空心构件)和拆模，拆模时要小心，不要将构件棱角碰掉。构件如有局部损伤，应立即用与混凝土同强度等级的水泥砂浆修补。

6)模板拆除后，应立即将构件遮盖，进行养护。当混凝土强度达到设计强度的 70% 时，再将构件翻身(使毛面朝上)。翻身时，可由两人用撬杠进行。为防止构件翻身时被振坏，构件翻身处的砂垫层可加厚至 30 cm。翻身后，将构件运至堆放场，继续进行养护。堆放场地同样要求坚实平整，避免因地基不均匀沉降而造成构件断裂。

(三)构件运输

构件达到设计强度并经检查质量和尺寸大小符合要求后，才能搬运，常用的运输方法有以下几种。

1. 近距离搬运

可在成品下面垫放托木及滚轴沿着地面滚移，用 A 形架运输或用摇头扒杆起吊，如

图 22-23 所示。图 22-23(a)所示为平吊的千斤绳拴绑示意，图 22-23(b)所示为立吊的千斤绳示意。立吊时由于靠近起拱线的 4 个吊孔(兼作平吊之用)在拱圈重心以下，故须另设一根副千斤绳从拱顶吊孔拉紧，以免拱圈翻身(拱顶副千斤绳只需收紧即可，吊重依靠主千斤绳)。

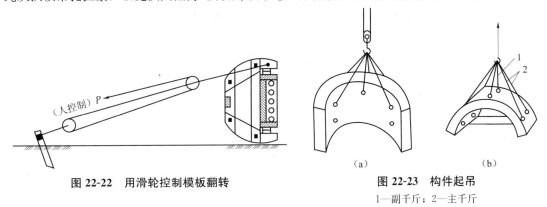

图 22-22　用滑轮控制模板翻转

　　（a）　　　　　　　　（b）

图 22-23　构件起吊

1—副千斤；2—主千斤

2. 远距离运输

可用扒杆或吊机将构件装上汽车、拖车或平板挂车运输。

(四)施工和安装

1. 基础、拱涵和盖板涵的涵台身

基础根据地基土类别和基础类型采用就地浇筑的施工方法。台身大都采用砌筑结构，可参看有关施工技术规范。

2. 上部构件的安装

拱圈、盖板、箱涵节的安装技术要求如下：

(1)安装之前应再检查构件尺寸、涵台尺寸和涵台间距离，并核对其高程，调整构件大小位置使与沉降缝重合。

(2)拱座接触面及拱圈两边均应凿毛(沉降缝处除外)并浇水湿润，用灰浆砌筑。灰浆坍落度宜小一些，以免流失。

(3)构件砌缝宽度一般为 1 cm，拼装每段的砌缝应与设计沉降缝重合。

(4)构件可用扒杆、链滑车或汽车吊进行吊装。

三、倒虹吸管

(一)适用范围

当路线穿过沟渠，路堤高度很低或在浅挖方地段通过，填、挖高度不足，难以修建明涵时或因灌溉需要，必须提高渠底高程，建筑架空渡槽又不能满足路上净空要求时，常修建倒虹吸管。

公路上通常采用的倒虹吸管为竖井出入口式，如图 22-24 和图 22-25 所示。两者使用场合为：如路基边沟底部高程低于灌溉渠底部高程可采用图 22-24 形式；如路基边沟底部高程高于灌溉渠底部标高则采用图 22-25 形式。两者构造的主要区别在于前者的路基边沟设于倒虹吸管两个竖井出入口之内，多用于需要跨过浅路堑的灌溉渠；后者的路基边沟(或无边沟)设于倒虹吸管两个竖井之外。

(二)施工布置和注意事项

1. 倒虹吸管总长的确定

其长度取决于进出口竖井的位置。对于图 22-24 的形式可按下式计算：

$$L=[B+2(a+b+c)]/\cos\alpha$$

式中 L——倒虹吸管总长度，计算至竖井内壁边缘(m)；

B——路基宽度(m)；

a——进出水口竖井壁厚度(m)；

b——路基边沟上口宽度(m)；

c——井壁至边沟上口边缘的安全距离，一般 $c>0.25$ m；

α——虹吸管轴线与路线中线的垂线的交角。

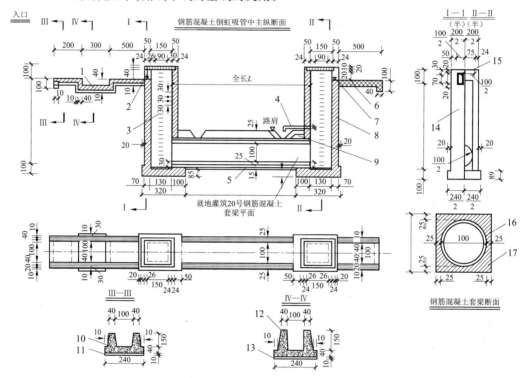

图 22-24 竖井式倒虹吸管(一)(尺寸单位：cm)

1—沉淀池；2—拦污栅；3—铁脚蹬；4—泄水管及阀门；5—碎石垫层；6—M10 水泥砂浆砌片石；7—碎石垫层；8—C15 混凝土；9—M5 水泥砂浆砌片石；10—M10 水泥砂浆砌片石；11—碎石垫层；12—M10 水泥砂浆砌片石；13—碎石垫层；14—C15 级混凝土；15—C20 级钢筋混凝土；16—预制钢筋混凝土圆管；17—钢筋混凝土套梁

对于图 22-25 的形式可按下式计算：

$$L=[B+2a]/\cos\alpha$$

式中符号含义与前式同。

2. 管节结构

一般可采用预制的钢筋混凝土圆管，管径可按有压力式的流量选择一般为 0.5～1.5 m。管节长度一般为 1 m，调整管涵长度的管节长 0.5 m，并有正交、斜交两种，可根据实际情况选用。

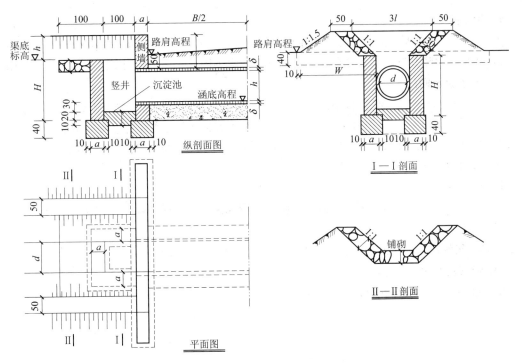

图 22-25　竖井式倒虹吸管(二)(尺寸单位：cm)

3. 倒虹吸管埋置深度的确定

埋置深度应适当，过浅则车轮荷载传布影响较大，受力状况不利，管节有可能被压破裂；在严寒地区还受到冻害影响。埋置过深则工程量增加造成浪费。一般埋置深度要求为：

(1)管顶面距离路基边缘深度不少于 50 cm。

(2)管顶距离边沟底覆土不少于 25 cm(图 22-24 形式)。

(3)管节顶部必须埋置在当地最深冰冻线以下。

4. 倒虹吸管底坡

倒虹吸管内水流系有压力式水流，水流状态与管底纵坡大小无关，一般均做成水平。

5. 管基

管基宜采用外包混凝土管基形式，如图 22-24 右下图所示，图 22-25 未示出。混凝土基础下面宜填筑 15~30 cm 砂砾垫层，并用重锤夯实。

6. 防漏接缝

过去对圆管涵的防漏接缝处理，一般采用浸过沥青的麻絮填塞，外用满涂热沥青油毛毡包裹两道。这种渗接缝形式，对有压水流防止渗漏不够安全。比较好的办法是按上述程序处理之后，外包以就地浇筑的钢筋混凝土方形套梁，使形成整体。套梁底设置 15 cm 砂砾或碎石基础垫层，如上所述。

7. 进出口竖井

倒虹吸管上、下游两端的连接构造物宜用 C15 混凝土就地浇筑，比砌体圬工好。

8. 沉淀池

水流落入竖井前和进入虹吸管前各设沉淀池一个。图 22-25 未示出渠道沉淀池。一般沉淀池深度为 30 cm。

9. 拦污栅

为防止漂浮物或人、畜吸（跌）入竖井和倒虹吸管内，在竖井进口处设立拦污栅（图 22-25 未示出），其尺寸随竖井进水口尺寸而定，可用钢筋或扁钢制成，用现浇混凝土固定于竖井框壁。

10. 泄水管及阀门

用直径 150 mm 铸铁管制成，附设相应阀门（图 22-25 形式的倒虹吸管可不设）以排除管阀高度以上竖井积水，便于人员下井清除泥污。如能将灌溉水流在进入竖井之临时分流出去，也可不设泄水管阀，而用小抽水机将井管内的水排走后，人员再下井去清除污泥。图 21-25 的形式即可采用抽水机排水法。

11. 铁脚蹬

每阶距 30 cm，用 ϕ16 mm 钢筋制成，施工时浇入井壁，以便清除泥污和检查人员上下。

12. 井盖

用 C20 级钢筋混凝土制成，覆盖于井口顶上，防止人畜跌入井内。

13. 管槽及井槽回填土

填土覆盖前应做灌水试验，符合要求后再填土。

第二十三章 桥面系及附属工程施工

第一节 桥面铺装施工

一、沥青混凝土桥梁铺装

沥青混凝土桥梁铺装施工应符合如下规定：

(1)铺装的层数和厚度应符合设计规定，铺装前应对桥面进行检查，桥面应平整、粗糙、干燥、整洁。铺筑前应洒布黏层沥青。

(2)当采用刻槽方式增加沥青混凝土铺装层与混凝土桥面的啮合，提高其抗滑能力时，刻槽的宽度宜为 20 mm，槽间距宜为 20 mm，槽深宜为 3～5 mm。

(3)沥青混凝土的配合比设计、铺筑及碾压等施工，应符合现行行业标准《公路沥青路面施工技术规范》(JTG F40—2004)的有关规定。

二、水泥混凝土桥面铺装

(一)水泥混凝土桥面铺装施工要求

(1)铺装的厚度、材料、铺装层结构、混凝土强度、防水层设置等均应符合设计规定。

(2)桥面铺装工作应在梁体的横向联结钢板焊接工作或湿接缝浇筑完成后，方可进行。

(3)铺装施工前应使梁、板顶面粗糙，清洗干净，并应按设计要求铺设纵向接缝钢筋和桥面钢筋网。

(4)水泥混凝土桥面铺装，其做面应采取防滑措施，并宜分两次进行，第二次抹平后，应沿横坡方向拉毛或采用机具压槽，拉毛或压槽的深度应符合现行行业标准《公路水泥混凝土路面施工技术细则》(JTG/T F30—2014)的有关规定。

(5)水泥混凝土桥面铺装，如设计为防水混凝土，施工时应按照防水混凝土的相关规定执行。

(6)纤维水泥混凝土桥面铺装的施工，可参照现行行业标准《纤维混凝土结构技术规程》(CECS 38—2004)的规定执行。

(二)施工工艺

水泥混凝土桥面铺装层的施工工艺为：施工准备工作→安装模板→桥面钢筋绑扎→混凝土制备→混凝土运输→桥面混凝土浇筑→接缝施工→表面修整→养护。

下面介绍其中部分施工工艺的施工要点。

(1)施工准备工作。桥面混凝土铺装必须在横向连接钢板焊接工作完成后方可进行，以免后焊的钢板胀缩引起桥面混凝土在接缝处出现裂纹。

浇筑铺装层之前，应复测量梁（板）面高程，如是预应力混凝土梁，则每跨至少复测跨中和支点处的中线和边线高程。

(2)桥面钢筋绑扎。桥面钢筋应根据设计要求和相关规定绑扎。正交桥必须注意放正钢筋；斜交桥桥面钢筋应按图样规定方向放置。所有钢筋均应正确留设保护层厚度；采用双层钢筋网时，两层钢筋之间应有足够数量的定位撑筋，以保证两层钢筋的位置正确。

(3)桥面混凝土制备、运输和浇筑。桥面混凝土施工方法有人工配合小型机具施工和机械施工两种，可根据具体情况酌情采用；一般以采用人工配合小型机具施工为主。

混凝土的运输宜采用混凝土搅拌车。混凝土运至施工场地后，均匀卸成若干堆，铲运时采用"扣揪法"，禁止抛甩，以减少混凝土出现离析的可能性。

混凝土振捣时，先用插入式振捣棒沿模板边角均匀插捣，然后用平板振捣器对中间部分混凝土进行振捣，直至混凝土不再下沉；最后用振动梁进行粗平。水泥混凝土桥面施工可采用真空脱水工艺，脱水后还应进行表面平整和提浆。如不采用真空脱水工艺，应采用抹子反复抹面直至表面平整、无泌水为止。

浇筑铺装层时，为防止钢筋变位，不得在钢筋上搁置重物，并不得让运料小车在钢筋网上推运或人员在钢筋网上行走践踏而使钢筋变位。如必须通行，可搭设支架架空走道。在浇筑过程中，应随时注意纠正钢筋位置。

浇筑混凝土时，宜从下坡向上坡进行。路拱必须符合设计规定，面层必须平整、粗糙。由于桥面纵坡较大，因此必须采取防滑措施。第二次抹平后，应沿横坡方向拉毛或采用机具压槽，拉毛和压槽深度应为 1～2 mm，浇筑完后待表面有一定硬度时即可开始养护。常用的养护方法为覆盖草麻袋、草帘、塑料薄膜，或覆盖土工布并洒水。

第二节　桥面防水与排水施工

一、桥面防水施工

（一）一般规定

(1) 桥面应采用柔性防水，不宜单独铺设刚性防水层。桥面防水层使用的涂料、卷材、胶粘剂及辅助材料必须符合环保要求。

(2)为防止基层混凝土继续水化失水造成防水层黏结不牢，或基层混凝土继续干缩开裂导致防水层开裂，规定桥面防水层应在现浇桥面结构混凝土或垫层混凝土达到设计要求强度，经验收合格后方可施工。

(3)桥面防水层应直接铺设在混凝土表面上，不得在两者间加铺砂浆找平层。

(4)防水基层面应坚实、平整、光滑、干燥，阴、阳角处 应按规定半径做成圆弧。防水层施工前应将浮尘及松散物质清除干净，并应涂刷基层处理剂。基层处理剂应使用与卷材或涂料性质配套的材料。涂层应均匀、全面覆盖，待渗入基层且表面干燥后方可施作卷材或涂膜防水层。

(5)防水卷材和防水涂膜均应具有高延伸率、高抗拉强度、良好的弹塑性、耐高温和低温与抗老化性能。防水卷材及防水涂料应符合国家现行标准和设计要求。

(6)桥面采用热铺沥青混合料作磨耗层时，应使用可耐 140 ℃～160 ℃高温的高聚合物物改性沥青等防水卷材及防水涂料。

(7)桥面防水层应采用满贴法。防水层总厚度和卷材或胎体层数应符合设计要求。缘石、地袱、变形缝、汇水槽和泄水口等部位应按设计和防水规范细部要求作局部加强处理。防水层与汇水槽、泄水口之间必须黏结牢固、封闭严密。

(8)防水层完成后应加强成品保护，防止压破、刺穿、划痕损坏防水层，经验收合格后铺设桥面铺装层。

(9)防水层严禁在雨天、雪天和 5 级(含)以上大风天气施工。气温低于−5 ℃ 时不宜施工。

(二)卷材防水层施工

防水层施工前应保持桥面板平整、干燥、清洁，并在桥面板上预先洒布黏层沥青或涂刷冷底子油，使桥面板与防水层紧密相连。

卷材铺贴前，应保持干燥，并应将表面的云母、滑石粉等清除。铺贴沥青卷材时，应采用沥青胶将卷材与基面密贴，并用滚筒烫平压实。沥青胶厚度一般为 1.5～2.5 mm，不得超过 3 mm。应沿水流(桥面坡度)方向上层卷材压住下层卷材，上下层的搭接缝应错开半幅，纵缝搭接长度应为 80～100 mm，横缝搭接不应少于 100 mm。

粘贴卷材应展平压实，卷材与基层及各层卷材间必须黏结紧密，并将多铺的沥青胶挤出。搭接缝必须封缝严密，防止出现水路。粘贴完最后一层卷材后，表面应再涂一层厚为 1～1.5 mm 的热沥青胶粘材料。

卷材防水层铺贴的气温不应低于 5 ℃，沥青胶工作温度不低于 150 ℃。

(三)涂料防水层施工

涂料防水层是涂刷各种高分子聚合物防水涂料而形成的防水层。

涂料防水层施工前的基层表面必须平整、密实、洁净。防水涂料的配合比应按照设计规定或涂料说明书确定，配制时应搅拌均匀。

防水涂料可用手工涂刷或喷涂，要求厚度应均匀一致。第一层涂料涂刷完毕，必须干燥后方可涂刷下一层，一般涂刷 2～3 层。涂刷第一层时必须与混凝土密实结合，不得夹有空隙。

如涂料防水层中夹有各类纤维布时，应在涂刷一遍涂料后，逐条紧贴纤维布，并要求使涂料吃透布料，不得出现起鼓、翘边、皱褶现象。

(四)水泥砂浆防水层施工

水泥砂浆防水层的材料及配合比必须按要求严格控制。

底层表面要求平整、粗糙、干净、湿润，不得有积水。水泥砂浆应分层铺设，每层厚度 5～10 mm，前层初凝后再铺设后一层，总厚度不小于 20 mm。铺抹的最后一层，应将表面压光。

二、桥面排水施工

桥面雨水通过横坡排入泄水管，然后由泄水管把水排出桥面。

(1)泄水管的安装，宜在浇筑主梁时预留孔洞，在做桥面铺装时一起埋入。施工时注意进水口四周和铺装层要做严实，泄水管壁和防水层衔接处要做好防水，防止雨水渗入结构层。

(2)汇水槽、泄水口顶面高程应低于桥面铺装层 10～15 mm。

(3)泄水管下端至少应伸出构筑物底面 100～150 mm。泄水管宜通过竖向管道直接引至地面或雨水管线，其竖向管道应采用抱锥、卡环、定位卡等预埋件固定在结构物上。

（4）泄水管安装应牢固可靠，与铺装层及防水层之间应结合密实，无渗漏现象；金属泄水管应进行防腐处理。

（5）桥面泄水口位置允许偏差应符合《公路桥涵施工技术规范》（JTG/T F50—2011）的相关规定。

第三节　桥梁伸缩缝的施工

一、伸缩装置安装一般规定

（1）伸缩装置安装前应检查修正梁端预留缝的间隙，缝宽应符合设计要求，上下必须贯通，不得堵塞。伸缩装置应锚固可靠，浇筑锚固段（过渡段）混凝土时应采取措施防止堵塞梁端伸缩缝隙。

（2）伸缩装置安装前应对照设计要求、产品说明，对成品进行验收，合格后方可使用。安装伸缩装置时应按安装时气温确定安装定位值，保证设计伸缩量。

伸缩装置在安装时，应用 3 m 直尺检查其自身平整度和与桥面衔接的平整度，确保行车舒适度。

（3）伸缩装置宜采用后嵌法安装，即先铺桥面层，再切割出预留槽安装伸缩装置。

（4）在施工过程中，施工人员需跨越伸缩缝时，应支搭临时便桥，并符合下列规定：

1）施工机械、机动车与行人便桥宽度应根据现场交通量、机械和车辆的宽度，在施工设计中确定：人行便桥宽不得小于 80 cm；手推车便桥宽不得小于 1.0 m；机动翻斗车便桥宽不得小于 2.5 m；汽车便桥宽不得小于 3.5 m。

2）便桥两侧必须设不低于 1.2 m 的防护栏杆，其底部设挡脚板。栏杆、挡脚板应安设牢固。

3）便桥桥面应具有良好的防滑性能，钢质桥面应设防滑层。

4）便桥两端必须设限载标志。

5）便桥搭设完成后应经验收，确认合格并形成文件后，方可使用。

6）在使用过程中，应随时检查和维护，保持完好。

二、填充式伸缩装置施工

填充式伸缩装置适用于伸缩量为 50 mm 以下的中小跨径桥梁。改性沥青填充型伸缩装置是由橡胶、塑料、沥青等为主的高分子聚合物与碎石拌和后，填充于桥梁伸缩缝槽口内而形成的一种无缝伸缩装置，改性沥青填充型伸缩装置施工方便，行车平稳，防水可靠，较适合于伸缩量小于 50 mm 的中、小桥。其施工应符合下列规定：

（1）预留槽宜为 50 cm 宽、5 cm 深，安装前预留槽基面和侧面应进行清洗和烘干。

（2）梁端伸缩缝处应粘固止水密封条。

（3）填料填充前应在预留槽基面上涂刷底胶，热拌混合料应分层摊铺在槽内并捣实。

（4）填料顶面应略高于桥面，并撒布一层黑色碎石，用压路机碾压成型。

三、齿形钢板伸缩装置施工

齿形钢板伸缩装置由齿形钢板、底层支承钢板、角钢和预埋锚固筋（件）焊接组成。钢板伸缩缝以钢板作为跨缝材料，其构造如图 23-1 所示。其适用梁端变形量在 4～6 cm 以上的情况。

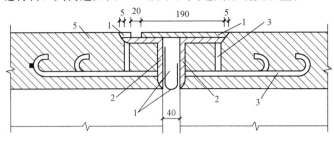

图 23-1　钢板伸缩缝

齿形钢板伸缩装置施工应符合下列规定：

(1)底层支承角钢应与梁端锚固筋焊接。

(2)支承角钢与底层钢板焊接时，应采取防止钢板局部变形的措施。

(3)齿形钢板宜采用整块钢板仿形切割成型，经加工后对号入座。

(4)安装顶部齿形钢板，应按安装时气温经计算确定定位值。齿形钢板与底层钢板端部焊缝应采用间隔跳焊，中部塞孔焊应间隔分层满焊。焊接后齿形钢板与底层钢板应密贴。

(5)齿形钢板伸缩装置宜在梁端伸缩缝处采用 U 形铝板或橡胶板止水带防水。

四、改性沥青弹塑体伸缩装置施工

1. 开槽

(1)标出要开挖沟槽的边线，用切割机沿边线整齐切割。

(2)凿除边线范围内铺装层。若开挖的是旧伸缩缝且基础表面混凝土已严重损坏，应将其清除，重新浇筑高强度等级的混凝土，并养护至规定强度。

(3)清除沟槽四周及接缝处的砂石、淤泥等杂物，并用压缩空气喷吹，清除松动部分及接缝内的细小杂物；用喷火器烘干沟槽的水汽，使之充分干燥。

2. 黏结料加热

铺设伸缩缝前约 2 h，应将黏结料投入加热容器中进行加热，温度控制为 180 ℃～200 ℃。待其熔化后，按一定比例加入石英砂。

3. 安装跨缝钢板

(1)将背面刷好防锈油漆的 T 形钢板平稳置于接缝上，并将各片钢板首尾焊接、形成整体，以增强其稳定性。连成整体后的钢板端头应留有 5 mm 左右的伸缩空间，避免灌入高温黏结料时钢板受热上拱。

(2)安置好钢板后，应将钢板两侧缝隙塞住，防止黏结料外漏。

4. 涂黏结料

在安装好钢板的沟槽表面均匀地涂一层熔化的黏结料。涂料时，操作要娴熟、迅速，并应在其凝固前涂刷完毕。

5. 铺装混合料

(1)将粗集料烘干，加热到 180 ℃～200 ℃。将熔化的黏结料倒入搅拌机与粗集料一起拌和约为 5 min。黏结料与粗集料拌和体积比例为 1:(2～3)。

(2)用拌好的粗混合料摊铺底层，直至其表面距沟槽顶 10 mm 左右为止。

（3）用熔化的黏结料及时(底层混合料温度不低于100℃)灌注底层，使底层的粗混合料空隙充满黏结料。

（4）细集料烘干加热至180℃～200℃。将熔化的黏结料倒入搅拌机与细集料一起拌和约为5 min，黏结料与细集料拌和体积比例为1：(3.5～4.5)。

（5）用拌好的细混合料摊铺上层，上层的表面应与桥面平齐。

（6）在热混合料上面铺一层米石作为磨耗层，压实、冷却后，可开放交通。

改性沥青弹塑体伸缩装置的使用性能受混合料的配合比和施工影响很大，要保证其质量，必须采用专业施工队伍施工。

第四节　支座安装

一、支座安装一般规定

（1）支座的规格、性能应符合设计要求，并应符合相应产品标准的规定。

（2）支座在使用前，应对其规格和技术性能进行核对检查，不符合设计要求的不得用在工程中。对有包装箱保护的支座，在安装前方可拆箱，并不得随意拆卸支座上的固定件。

（3）支座在安装前，应对支座垫石的混凝土强度、平面位置、顶面高程、预留地脚螺栓孔和预埋钢垫板等进行复核检查，确认符合设计要求后方可进行安装。支座垫石的顶面高程应准确，表面应平整、清洁；对先安装后填灌浆料的支座，其垫石的顶面应预留出足够的灌浆料层的厚度。

（4）支座安装时，应分别在垫石和支座上标出纵横向的中心十字线。安装完成的支座应与梁在顺桥方向的中心线相平行或重合，且支座应保持水平，不得有偏斜、不均匀受力和脱空等现象。

二、板式橡胶支座安装

1. 安装准备

（1）板式橡胶支座安装处宜设置支承垫石，支承垫石平面尺寸大小应按局部承压计算确定，垫石长度、宽度应比支座相应的尺寸增大50 mm左右，其高度应为100 mm以上，且应考虑便于支座的更换。

（2）支座垫石内应布置钢筋网，钢筋直径为8 mm时，间距宜为50 mm×50 mm；桥梁墩、台内应有竖向钢筋延伸至支座垫石内，支座垫石的混凝土强度不应低于C30。

（3）支座垫石表面应平整、清洁、干爽、无浮沙。支座垫石顶面标高要求准确无误。在平坡情况下，同一片梁两端支承垫石及同一桥墩、台上支承垫石应处于同一设计标高平面内，其相对高差不应超过±0.5 mm，同一支承垫石高差应小于0.5 mm。

2. 支座安装

（1）支座进场后，应检查支座上是否有制造商的商标或永久性标记。安装时，应按照设计图样要求，在支承垫石和支座上均标出支座位置中心线，以保证支座准确就位。

（2）支座安装时，应防止支座出现偏压或产生过大的初始剪切变形。安装完成后，必须保证支座与上、下部结构紧密接触，不得出现脱空现象。对未形成整体的梁板结构，应避免重型车辆通过。

(3)桥梁墩台的设计应考虑支座养护、更换的需要。任何情况下，不允许两个或两个以上的支座沿梁纵向中心线在同一支承点并排安装；在同一根梁(板)上，横向不宜设置两个以上的支座；不同规格的支座不应并排安装。

(4)支座安装后，应全面检查是否有支座漏放，支座安装方向、支座形式是否有错，临时固定设施是否拆除，四氟滑板支座是否注入硅脂油(严禁使用润滑油代替硅脂油)等现象。一经发现，应及时调整和处理，确保支座安装后的正常工作，并记录支座安装后出现的各项偏差及异常情况。

三、盆式橡胶支座安装

(1)盆式支座下面应设置支承垫石，支承垫石混凝土强度等级不宜低于 C40。垫石高度应考虑支座安装、养护和更换的方便。支承垫石及墩顶混凝土应按《公路钢筋混凝土及预应力混凝土桥涵设计规范》(JTG 3362—2018)中的局部承压构件要求配置相应的钢筋网。墩台顶面需按锚固套筒规格、数批预留锚体孔。预留锚栓孔的直径和深度应大于套筒直径及长度 50 ~ 60 mm。锚栓孔中心位置偏差不应超过 10 mm。

(2)支座运达施工现场后，应开箱检查支座各部件及装箱单，检查合格后再装入包装箱内，支座安装时方可再开箱。

(3)活动支座开箱后，要注意对聚四氟乙烯板和不锈钢冷轧钢板的保护，防止划伤和污物粘附于不锈钢冷轧钢板与聚四氟乙烯板表面，并注意检查硅脂是否注满。

(4)支座安装时，支承垫石顶面应凿毛，并用清水冲去垫石表面的碎石和细砂，同时清除锚孔内的杂物。待垫石表面干燥后，在锚固螺栓孔位置以外的支承垫石顶面涂满环氧砂浆调平层，调平层高程略高于支座设计高程，然后将支座就位、对中并调整水平后，当支座调至设计高程时，用垫块将支座垫起，再用环氧砂浆或强度等级高的砂浆灌注套筒周围空隙及支座底板四周未填满环氧砂浆的部位，并注意将环氧砂浆填捣密实。支座底板以外溢出的砂浆应清理干净。待砂浆硬化后，再拆去支座的垫块，并用环氧砂浆将垫块部位填满。

(5)有纵坡的桥梁，在支座顶板长度范围内的桥梁梁底，设计时应将该部位梁底用预埋钢板调成水平。支座顶板范围内的梁体混凝土也应按《公路钢筋混凝土及预应力混凝土桥涵设计规范》(JTG 3362—2018)进行局部承压计算并配置相应的钢筋网。活动支座顶板安装时，应考虑安装温度对位移的影响。

(6)双向活动支座和单向活动支座安装时，要特别注意检查聚四氟乙烯板，聚四氟乙烯板的主要滑移方向应与桥梁顺桥向相一致。

(7)支座中心线与主梁中心线应重合或平行，单向活动支座安装时，顶板导向块和中间钢板的导向滑条应保持平行，交叉角不得大于 5°。

(8)在桥梁实行体系转换要切割临时锚固装置时，应采取隔热措施，以免损坏橡胶板和聚四氟乙烯板。

(9)支座安装完毕检查合格后，要拆除支座出厂时顶、底板间的连接构件，并安装支座防尘围板。

参 考 文 献

[1] 中华人民共和国交通运输部.JTG B01—2014公路工程技术标准[S].北京：人民交通出版社，2015.

[2] 中华人民共和国交通部.JTG D60—2015公路桥涵设计通用规范[S].北京：人民交通出版社，2015.

[3] 中华人民共和国交通部.JTG D61—2005公路圬工桥涵设计规范[S].北京：人民交通出版社，2005.

[4] 中华人民共和国交通部.JTG 3362—2018公路钢筋混凝土及预应力混凝土桥涵设计规范[S].北京：人民交通出版社，2018.

[5] 中华人民共和国交通部.JTG D63—2007公路桥涵地基与基础设计规范[S].北京：人民交通出版社，2007.

[6] 中华人民共和国交通运输部.JTG/T F50—2011公路桥涵施工技术规范[S].北京：人民交通出版社，2011.

[7] 刘龄嘉.桥梁工程[M].2版.北京：人民交通出版社，2017.

[8] 李辅元.桥梁工程[M].3版.北京：人民交通出版社，2013.

[9] 周先雁，王解军.桥梁工程[M].2版.北京：北京大学出版社，2012.

[10] 姜福香.桥梁工程[M].北京：机械工业出版社，2010.

[11] 马国峰，王保群.桥梁工程[M].北京：机械工业出版社，2007.

[12] 卫申蔚.桥梁工程施工技术[M].北京：人民交通出版社，2008.

[13] 周传林.桥梁上部施工技术[M].北京：人民交通出版社，2014.

[14] 张辉.桥梁下部施工技术[M].2版.北京：人民交通出版社，2015.

[15] 薛安顺.桥梁工程技术[M].北京：高等教育出版社，2009.

[16] 王常才.桥涵施工技术[M].2版.北京：人民交通出版社，2007.

[17] 张省侠，张鹏.桥涵工程技术[M].北京：人民交通出版社，2014.